KB212523

부의 제한선

1% 슈퍼 리치는 왜 우리 사회와 중산층 그리고 자기 자신에게 해로운가

LIMITARIANISM

The Case Against Extreme Wealth

부의 제한선

잉그리드 로베인스 지음 | 김승진 옮김

시공

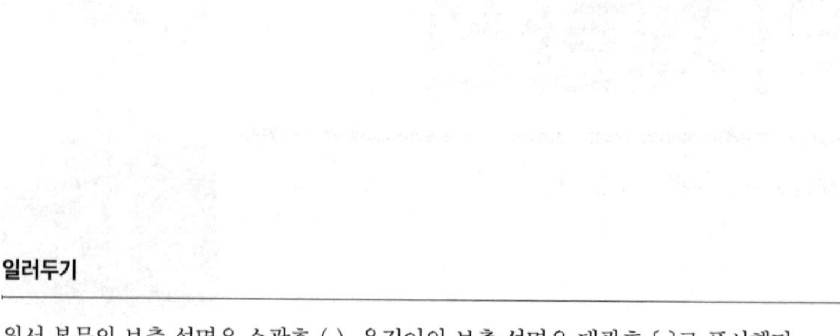

일러두기

원서 본문의 보충 설명은 소괄호 ( ), 옮긴이의 보충 설명은 대괄호 〔 〕로 표시했다.

불의에 굴하지 않는
모든 이들에게 이 책을 바칩니다.

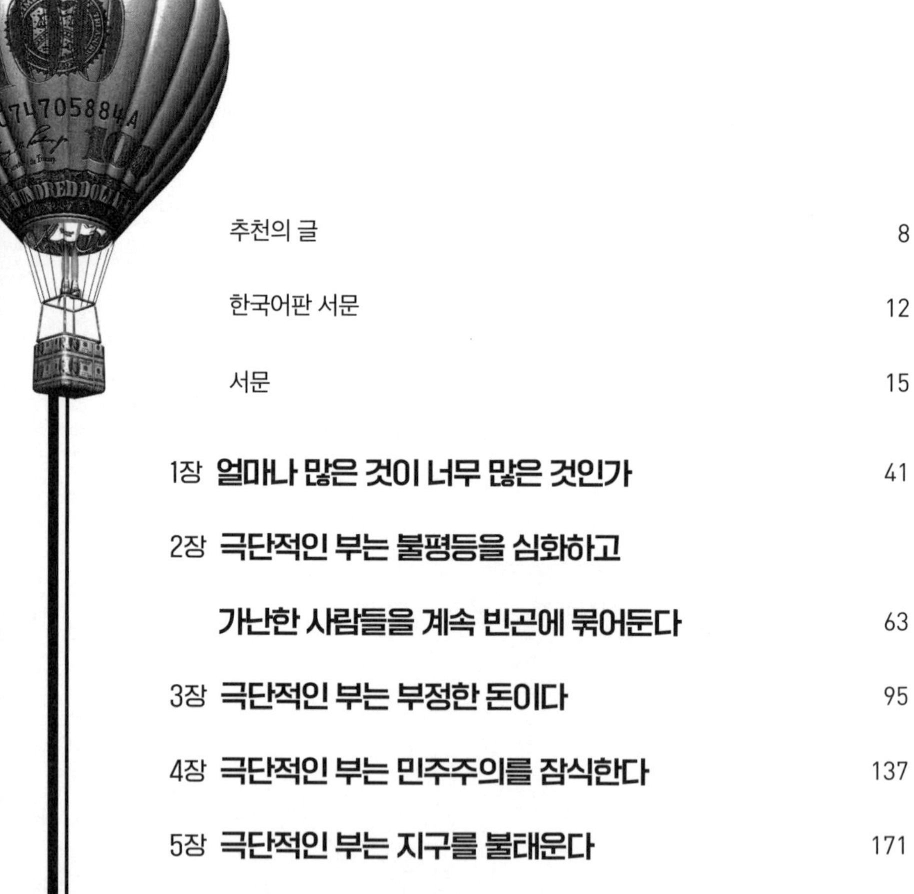

차례

추천의 글

'부의 제한선'이라는 렌즈로 불평등 감수성 높이기

한국인은 불평등에 예민하다. 얼마 전 출간된 사회학자 조돈문의 《불평등 이데올로기》를 살펴보면, 다수의 한국인은 불평등이 심화되고 있고, 불평등의 심화가 정당하지 않다고 말한다. 즉 한국인은 불평등을 완화해야 할 사회문제로 인식하고 있다. 하지만 불평등을 완화할 해법에서는 조세의 정의와 보편적 복지의 추구만큼 혹은 그 이상으로 '계층 이동성'을 중요시한다. 그런데 계층 이동성이 강조되는 사회는 경쟁이 치열하고 결과적으로 부의 불평등이 일정 수준 이상 유지될 수밖에 없다. 이런 딜레마 구조 속에서 드러나는 전적인 예가 한국의 극렬한 대입 경쟁, 공기업 정규직 전환에서 대두되었던 '능력주의'와 '공정' 문제였으리라. 주로 시험이 될 수밖에 없는 공정하게 경쟁하는 기제를 건드리는 시도에 보이는 예민함이 불평등에 대한 예민함과 병치되는 게 일상이다.

부자에 대한 생각도 이런 딜레마 구조와 연결되어 있다. 꽤 오랜 기간 한국인은 부자들을 비윤리적인 방식으로 권력과 유착하거나 탈세를 동반한 상속 등과 연결되어 있으리라는 혐의를 가지고 바라보았다. 산업화 과정에서 있었던 다양한 형태의 기업 '특혜'를 기억하고, 보통 사람들은 얻기 힘든 정보를 바탕으로 부동산에 투자해 자산을 증식한 '고관대작'을 시민들이 기억하기 때문이리라. 그런데 이에 대한 해법도 공정한 과세나 특권 철폐라고 언급하면서도 많은 사람은 '파이어(조기 퇴사와 생활비를 해결할 수 있는 배당 구축)'할 수 있도록 코인에 대한 과한 규제와 금융투자소득세의 철폐를 동시에 바라기도 한다. 국가가 적당한 수준에서 '판'을 깔아주고 '공정'하게 룰을 돌린다면, 거기서 벌어지는 결과로서 불평등은 일정 수준에서 감내할 수도 있다는 태도다. 슈퍼 리치와 '부자'(금융자산 10억 원 이상, 《2023 한국 부자 보고서》)의 존재 자체는 큰 문제가 되지 않는다.

불평등을 첨예하게 받아들이면서도 이를 개인과 가족의 노력과 계층 이동성으로 극복하려는 한국인의 노력은 역사적으로 구축된 것이다. 농경사회, 산업화, 정보화, 선진국 진입을 한 세기가 걸리지 않는 기간에 압축적으로 경제성장을 통해 달성하는 동안 생겨난 습속, 일련의 '성공 방정식'이 있지만, 더는 빠르게 성장하지 않게 된 사회에서 탈락자가 늘어나는 것도 분명하다. 저출산과 고령화로 표현되는

'피크 코리아'의 사정은 이런 사회적 열망 구조가 덫에 갇혀 '독'이 될 수 있음을 너무나 잘 드러낸다.

그런 의미에서 '디톡스'가 필요하다. 이 책의 저자인 잉그리드 로베인스가 제안하는 '부의 제한선'이라는 렌즈는 우리 안에 있는 독을 빼는 데 큰 도움을 준다. 로베인스는 철학자이자 경제학 박사로 불평등 연구를 지속해왔다. 그는 '정치적 제한선'으로 자산 기준 1천만 달러(혹은 유로)를 설정하고 '윤리적 제한선'으로 자산 기준 1백만 달러(혹은 유로)를 설정한다. 윤리적 제한선은 돈이 더 있다고 한들 후생을 크게 늘리지 못하는 기준이고, 정치적 제한선은 개인이 더는 축적할 수 없게 제도가 제약해야 하는 기준이다. 저자는 두 가지 제한선을 작동시키는 것을 '부의 제한주의'라고 한다.

물론 정치적 제한선을 설정한다고 그 이상의 부를 가지게 될 때 100% 과세하라는 말도 아니고, 윤리적 제한선을 넘어선 부를 가진 개인들이 윤리적 지탄을 받아야 한다는 말도 아니다. 오히려 저자는 '적정한 수준'을 사회적으로 사고하는 것이 민주주의에 대해, 계급에 대해, 지구생태계에 대해 더 나은 대안을 창출할 수 있다고 보기 때문이다.

부를 가진 이들이 민주주의에 직간접적으로 개입하거나, 태어난 지역(글로벌 북부/남부)이나 상속액의 차이로 청년들의 출발선부터 격차를 키우거나, 탐욕적 소비로 지구를 황폐화하는 일에 대해 '부의 제한선'을 인지하고 바라본다면 대안을 창출해낼 수 있다는 것이다. 예컨대 정치적 제한선을 고민하면서 상속세를 바라보면 국가의 제도적 보호 속에서만 작동하는 재산권의 의미를 재발견할 수 있고 "도덕적으로 정당화되지 않는 부의 집중화 기제"로 대규모 상속을 해석하고, 수취된 상속세로 보편적인 청년들이 '기본 자산'을 형성하는 데 도움을 줄 수도 있다고 저자는 말한다. 또 기업가의 부 축적이 노동자 착취, 식민지에 대한 역사적 착취에 기반한다면, 추가 피해를 끼치지 못하게 제도적으로 제약함과 동시에 지금까지 누적된 피해를 회복할 수 있도록 세금을 쓸 수도 있는 것이다.

엄밀하게 말해 '부의 제한주의' 노선을 정치와 행정 그리고 사법으로 작동시키기는 만만한 일이 아니다. 저자는 철학적 논거와 프로그램의 개요를 설명할 따름이고, '부의 제한주의'를 작동시키기 위해 구체적으로 신자유주의 이데올로기의 해체, 계급 간 분리의 해체, 경제 권력의 균형 잡기를 제안하지만 이 역시 '실행'을 어떻게 해야 하느냐는 문제에서는 순환논리에 빠지게 되고 만다. 또한 분배, 재분배, 성장 중 어디에 초점을 두느냐는 불평등의 정도와 상관없이 많은 국가의 고유한 특징을 반영한다는 점에서 프로그램을 일률적으로 설계하기도 어렵다. 그럼에도 저자가 논증하는 '부의 제한선'의 철학적 논거를 곱씹는 것은 한국사회의 관점에서는 딜레마를 해소하는 담론적 틈새를 연다는 데서 충분히 도움이 될 '디톡스'임이 분명하다.

양승훈

경남대학교 사회학과 교수

한국어판 서문

이 책은 우리가 왜 불평등을 제어해야만 하는지를 다룬 책입니다. 또한 그러려면 빈곤을 없애야 할 뿐 아니라 왜 부의 집중도 없애야 하는지에 대한 책이지요. 경제 불평등은 시급히 다루어야 할 문제입니다. 사회의 응집을 해치고, 생태적 지속가능성과 함께 갈 수 없으며, 민주주의를 위협하고, 도덕 원칙들을 위배하기 때문입니다.

이 책에서 저는 여러 나라의 데이터를 사용했지만, 특히 초점을 둔 곳은 세계에서 가장 부유하지만 또한 가장 불평등한 축에 드는 나라 미국입니다. 한국의 데이터는 이 책에 많이 담겨 있지 않습니다. 하지만 여기에서 개진한 주장들은 틀림없이 한국에도 해당될 것입니다. 실제로 《세계 부 데이터북Global Wealth Databook 2023》(UBS) 통계를 보면 한국은 백만장자〔순자산 100만 달러 이상〕의 수가 세계에서 열 번째로 많은 나라입니다. 한국도 부의 분포가 매우 불평등해서 상위 10%가 전체 부의 53.3%를 가지고 있습니다. 또한 다른 나라와 마찬가지로 상위 1%는 유독 부유해서 전체 부의 22.3%를 가지고 있습니다.

영국 케임브리지대학교의 저명한 한국인 경제학자 장하준 교수는 오늘날 부유한 사회들 중에서도 특히 한국이 직면하고 있는 취약점에 대해 언급한 바 있습니다. 1960년대부터 1990년대까지 한국은 '경제적 기적'을 이루었습니다. 그 시기에 한국은 1인당 소득이 인도보다 낮았던 데서 대부분의 유럽 국가와 비등한 수준이 되었습니다. 또한 한국은 엄격한 시장 규제와 평등주의적인 사회적 규범들로 불평등 수준도 낮게 유지할 수 있었습니다. 하지만 여타의 부유한 나라들과 달리 한국은 경제가 발전하는 동안 폭넓은 복지 국가 제도를 마련하지는 않았습니다. 그보다, 질병과 실업 등에 대해 대가족이 보험의 역할을 했습니다. 한국의 또 한 가지 독특한 특징은 재벌이 경제에서, 또한 정치에서 차지하는 역할입니다.

1990년대 초 한국에 신자유주의 정책들이 도입되면서 시장을 통한 불평등이 증가했고, 이 대목에서 고려해야 할 중요한 요인이 재벌입니다. 또한 재분배 정책이 약하고, 강한 복지 제도가 없는 상태에서 보험 메커니즘으로 기능하던 대가족이 해체되면서 소득과 부의 불평등이 크게 증가했습니다. '경제적 기적' 시기를 특징지었던 희망이 사람들 사이에서 희미해지고 있습니다. 〔2010년대 말의〕 사회 지표들을 보면, 한국은 부유한 국가들 중 가장 높은 자살률을 보이고 있고 한 조사에 따르면 한국의 젊은이 중 70% 이상이 이민을 원하고 있다고 합니다. 또한 출산율은 [2022년 현재 홍콩에 이어] 세계에서 두 번째로 낮습니다.

이 책이 보여주듯이 불평등은 모든 나라에서 심각한 문제이고 이를 다루기 위해 취해야 할 조치 중 어떤 것은 분명히 글로벌 수준에서 이뤄져야 합니다. 우리는 세계의 모든 곳에서 경제 불평등 심화의 근원을 없애야 합니다. 즉 세계적으로 신자유주의 정책과 이데올로기를 끝내야 합니다. 하지만 필요한 변화 중 일부는 국가마다 다르기도 합니다. 국가마다 각자의 구조와 제도와 정책을 가지고 있기 때문입니다. 이 책의 한국어판 출간이 한국에서 이와 관련된 논의와 정보를 풍성하게 하는 데 조금이나마 도움이 된다면 기쁘겠습니다.

2024년 8월

잉그리드 로베인스

서문

〈선데이 타임스Sunday Times〉는 해마다 '부자 순위'를 발표한다. 영국에서 가장 부유한 사람들의 목록인데, 2021년에는 레너드 블라바트니크Leonard Blavatnik가 1위였다. 〈선데이 타임스〉에 따르면 그가 가진 재산의 총가치는 230억 파운드였다. 굉장히 많은 돈같이 들린다. 그런데, 정말로 이것은 얼마나 많은 돈인가? 사실 우리 대부분은 감이 없다. 우리가 아는 부의 단위를 너무 벗어나 있어서 그게 얼마나 많은 돈인지 가늠할 준거점이 없기 때문이다. 0 하나를 보태거나 빼도 우리는 차이를 잘 모를 것이다. 그리고 아마 슈퍼 부자 본인들도 그들끼리 비교하는 용도로 쓰일 때 말고는 이런 정도의 숫자들이 실제로 무엇을 의미하는지 제대로 이해하고 있지 못할 것이다.

'230억 파운드'를 우리에게 조금 더 감이 오도록 다시 이야기해보자. 당신이 20세부터 65세까지 한 해도, 한 주도 거르지 않고 매주 50시간씩 일한다고 해보자. 230억 파운드를 벌려면 시간당 임금이 얼마여야 할까? 답은 19만 6,581파운드다. 45년 동안, 일하는 매시간, 그만큼을 받아야 하는 것이다. 그만큼이면 당신은 런던 중심부에 있는 방 두 개짜리 아파트를 날마다 한 채씩 살 수 있다.

물론 〈선데이 타임스〉의 부자 순위에는 등락이 있다. 2022년에 블라바트니크는 재산이 30억 파운드 줄어서 4위로 내려왔다. 그해의 1위는 스리 힌두자Sri Hinduja · 고피 힌두자Gopi HInduja 형제와 그들의 가족이었고, 이들의 총자산 가치는 285억 파운드였다. 지금쯤 당신은 매우 합당하게도 이렇게 묻고 싶을 것이다. 블라바트니크가 1위에서 밀려났든 말든 무슨 상관인가? 부의 극단적인 집중화라는 현상을 파악하고자 하는 우리에게 1위가 누구이고 2위가 누구인지는 중요하지 않다. 중요한 것은 이러한 부의 규모다. 우리가 알아야 할 것은 지난 5년 동안 영국 부자 순위 10위 안에 든 사람 모두가 자산이 100억 파운드가 넘었다는 사실이다. 100억은 숫자로 표현하면 10,000,000,000이고, 런던 중심부의 방 두 개짜리 아파트 1만 채를 살 수 있는 돈이다. 1만 채!

세계를 보면 숫자는 더 어질어질하다. 2022년에 테슬라와 스페이스X 소유주 일론 머스크Elon Musk는 미국 경제지 〈포브스Forbes〉가 발표하는 억만장자[billionaire. 10억 달러 이상 소유한 사람. 수백억 또는 수천억까지도 포함한다. 통상적인 표현대로 billionaire를 '억만장자'로 옮겼으며 여기에서 '억만'은 1조(1억 곱하기 1만)를 말하는 것이 아니다. millionaire와

decamillionaire는 각각 백만장자와 천만장자로 옮겼고, multimillionaire는 경우에 따라 백만장자 또는 천만장자로 옮겼다.—옮긴이] 순위에서 1위에 올랐다.[1] 그때 그의 총재산 추정액은 2,190억 달러였다. 앞에서와 같은 방식으로 환산해보자. 머스크의 총자산만큼 돈을 벌려면 평생에 걸쳐 당신의 시간당 임금이 얼마여야 할까? 답은 187만 1,794달러다. 45년 동안, **일하는 매시간, 거의 200만 달러씩** 받아야 하는 것이다.

우리가 이렇게 말하면 〈포브스〉는 억만장자들의 부가 아주 짧은 기간에도 크게 줄어들 수 있다고 서둘러 덧붙일 것이다. 실제로 2022년 10월에 일론 머스크가 440억 달러나 주고 트위터를 인수했을 때 테슬라 주가가 3분의 1 이상 떨어졌고 머스크의 총자산 추정액도 20% 가까이 줄어 1,800억 달러가 되었다. 그래서 이듬해 봄에 발표된 순위에서는 그가 1위에서 밀려나고 루이비통, 크리스찬 디올, 티파니 등 명품 브랜드를 소유하고 있는 프랑스의 베르나르 아르노Bernard Arnault가 1위에 올랐다. 아르노는 2022년에 재산이 530억 달러 늘어서 순위를 매긴 시점에 총자산이 2,110억 달러였다.

베르나르 아르노, 일론 머스크, 제프 베조스Jeff Bezos, 빌 게이츠Bill Gates 등 글로벌 부자 목록의 맨 꼭대기에 있는 억만장자들이 몹시 예외적인 사람들로 보일지 모른다. 어느 면에서는 그렇기도 하다. 하지만 눈이 휘둥그레지는 액수는 맨 꼭대기층에만 있는 것이 아니다. 2022년에 〈포브스〉의 억만장자 목록에는 2,668명이 있었으며, 이들의 자산을 다 합하면 12,700,000,000,000달러였다. 나처럼 여러분도 이 숫자의 의미가 소화되지 않아서 그저 0들이 눈앞에 둥둥 떠다니고 있는가? 소리 내어 읽어보면 이 숫자는 '십이**조** 칠천**억**'이고, 2,668명으로 평균을 내면 47억 5,000만 달러가 된다. 다시 한번 환산을 해보자. 평생에 걸쳐 당신의 시간당 임금이 얼마여야 이 돈을 벌 수 있을까? 답은 시간당 4만 598달러이고, 이것은 많은 미국 가구가 **1년 동안** 버는 돈이다.

게다가 이는 빙산의 일각일 뿐이다. 억만장자는 10억 달러 이상을 소유한 사람인데, 단위를 조금 낮춰서 백만 달러나 천만 달러 이상 가진 사람을 보면 억만장자보다 수가 훨씬 더 많다. 당신이 5,000만 달러(또는 파운드 또는 유로)를 가지고 있다면 트위터나 스페이스X를 살 수는 없겠지만 평생 돈 걱정은 하지 않아도 될 것이다. 아니, 돈 걱정을 안 해도 되는 정도보다 훨씬 더 많은 돈일 것이다.

오랫동안 나는 개인이 이렇게 많은 부를 축적하는 것이 왠지 문제라고 느끼고 있었는데, 이유를 이거다 싶게 조목조목 설명하기가 어려웠다. 불평등 심화가 '자본주의' 탓이라는 병병한 설명은 만족스럽지 않았다. 마치 자본주의가 그것을 작동시키는 사람들 없이 스스로의 의지로 움직이는 기계이기라도 한 것처럼 말이다. 그러던 중 2008년 금융위기에 이어 2011년에 벌어진 '점령하라Occupy' 운동이 대번에 내 관심을 사로잡았다. 극소수에게 부가 집중되는 일이 심각한 문제임을 학계의 연구자 대부분보다 운동가들이 먼저 깨달은 것 같았다. '점령하라' 운동 자체는 차차 수그러들었지만 이 운동은 부의 불균등 문제를 대중에게 새로이 인식시켰다. '점령하라' 운동 참여자들은 "우리는 99%다"라고 선언했고, 이는 나머지 1%가 우리 모두에게 문제를 일으키고 있는지 모른다는 사실에 대중이 눈뜨게 했다. 그리

고 이러한 인식은 점점 더 높아졌다.[2]

이듬해인 2012년에 나는 철학과 경제학을 공부했다는 점을 살려 다음의 질문에 답을 찾아보기로 했다. 누군가가 **너무 부자**라는 말이 성립하는가? 여기에 답한다는 것은 '너무 부자'가 무엇을 의미하는지 알아내야 한다는 뜻이었고, 누군가가 '너무 부자'라는 말이 성립한다면 그것이 왜 나쁜지 이유도 알아내야 한다는 뜻이었다. 그리고 그 이유는 합당한 것이어야 했다. 알고 봤더니 부의 축적에 반대하는 주장이 논리와 사실관계로 뒷받침되지 않을 수도 있지 않은가? 소수의 사람들이 너무 많은 부를 축적하고 있는 것이 무언가 잘못된 일이라는 내 생각이 틀렸다고 판명 날 가능성을 배제하지 말아야 했다. 누군가가 수백만, 수천만, 아니 수십억 달러를 가지고 있다 한들 여기에 잘못된 것은 아무것도 없을지도 몰랐다. 나는 그저 그런지 아닌지를 알아보고 싶었다.

처음에 내가 이 문제를 파고들어보고 싶다고 하자 몇몇 동료 학자들(철학, 경제학, 기타 인접 학과의 몇몇 교수들)은 웃어넘겼다. 어떤 사람은 중요한 건 빈곤이지 불평등이 아니라고 했다. 어떤 사람은 내가 부자들에게 초점을 맞추는 것이 질투심의 발로라고 생각하는 듯했다. 여기에는 훈계의 뉘앙스가 있었다. 어떤 사안에 대한 견해를 질투심에 기초해 형성한다는 것은 명백히 옳지 않으니 말이다. 연구를 해나가면서 나는 이런 반응을 점점 더 많이 접했다. 정치인에게서도 들었고 소셜미디어에서도 보았다.

하지만 극단적인 부에 대한 문제의식은 나만 가지고 있는 것이 아니었다. 내가 속한 분야인 철학과 경제학에서도, 또 그밖의 다른 분야에서도 연구자들은 사회의 최상층에서 무언가가 벌어지고 있으며 우리가 거기에 관심을 가져야 한다는 점을 포착해가고 있었다. 철학자들은 불평등이 왜 문제인지에 대해 새로운 논거들을 발달시키기 시작했다. 사회학자들은 극단적인 부가 슈퍼 부자들 및 그들의 자녀들에게 어떤 영향을 미치는지 연구하고 있었고, 점점 더 불평등해지는 세상에서 이렇게 많은 부를 가진 소수가 그것을 어떻게 정당화하고 있는지 알아보고 있었다. 경제학자들은 방대한 데이터를 모아 소득과 부의 분배가 어떻게 달라져왔는지 분석했다. 이들의 연구는 산업화된 국가들에서 20세기 전반기에는 부와 소득의 불평등이 줄었지만 이 경향이 1980년대에 끝났음을 보여주었다. 몇몇 국가에서는 이때 사실 부와 소득의 불평등이 다시 증가하기 시작했고, 이는 특히 미국과 영국에서 두드러졌다. 또 정치경제학자들은 시장을 관장하는 규칙이 [부자들의 이해관계에 따라] 의도적으로 수정되면서 경제 시스템이 어떻게 바뀌었는지 살펴봄으로써 불평등의 심화를 설명했다. 다양한 연구 분야에서 나온 다양한 퍼즐 조각들이 한데 맞춰지고 있었다.[3]

연구를 해나가면서, 극단적인 부가 야기한 문제가 현실적이고 정치적인 문제이기만 한 것이 아니라 근본적으로 도덕의 문제이기도 하다는 사실이 점점 더 분명해졌다. 불평등의 정당성, 특히 극단적인 부의 정당성을 어떻게 평가할 것인가는 근본적인 철학적 질문들에 직면해야만 하는 문제였다. 우리는 인간으로서 우리 자신을 어떻게 이해하고 있는가? 우리는 사회에서 우리와 타인 사이의 관계를 어떻게 인식하고 있는가? 취약한 사람들에 대해, 또한 공공재의 공급에 대해 우리는 어떤 책임을 가지고 있는가? 자신이 그렇게 많은 돈과 권력을 가지고 있는 것을 두고 부자들이 제시하는 정당화 논리를 우리는 어떻게 판단해야 하는가?

나는 부의 극단적인 집중화와 관련된 윤리의 문제를 체계적으로 살펴보기 시작했고, 몇몇 내용을 학술 논문으로 발표했다. 다행히 이 주제는 학계에서 묻히지 않고 다른 학자들의 더 많은 연구로 이어졌다. 극단적인 부를 10년간 연구하고 논의한 뒤, 나는 분명한 근거를 바탕으로 아무도 슈퍼 부자가 아닌 세상을 만들어야 한다는 결론에 도달할 수 있었다. 한 사람이 가질 수 있는 부에는 상한이 있어야 한다고 말이다. 나는 이것을 **부의 제한주의**limitarianism라고 부른다.[4]

개념으로는 간단하다. 하지만 부의 제한주의가 실행에서 의미하는 바는 무엇인가? 정치적 강압으로 부를 제한하자는 이야기인가? 아니면 제도 개혁으로? 아니면 그저 기부를 더 독려해서 해결할 문제인가? 정부가 갑자기 들이닥쳐 억만장자의 재산을 몰수해야 한다고 주장하는 것인가? 아니면 세율을 누진적으로 올리고 만연한 조세 회피를 엄중히 단속하자는 이야기인가? 혹은 제한주의를 실현하려면 사회 자체가 제한주의적이 되도록 일단 현 경제 시스템과 정치적 규칙부터 싹 바꾸어서 그다음에는 어떻게 일하고 물건을 팔고 돈을 저축하고 투자하고 물건을 사든지 간에 슈퍼 부자가 되는 것이 애초에 불가능해지도록 해야 한다는 뜻인가?

이 책은 이러한 질문 모두에 답을 시도할 것이다. 하지만 부의 제한주의가 모든 것을 한 방에 해결하는 마법의 정책으로 귀결되지는 않는다는 점을 먼저 밝혀두어야겠다. 부의 제한주의는 **규제적 이상**

regulative ideal이라고 이해하는 것이 가장 적합하다. 그곳에 도달하고자 우리가 노력을 경주하는 지향점이되, 세상이 현재 조직되어 있는 방식을 생각할 때 그곳에 정말로 도달할 수 있을 법하지는 않은 어딘가인 것이다. 우리 사회가 **이상**으로 삼고 있는 것 대부분이 그렇다. 빈곤 타파라는 이상도 그렇고(빈곤을 줄이기 위한 정책과 노력에 포괄되지 못하는 사람은 늘 있을 것이다) 차별 철폐라는 이상도 그렇다(이 이상을 완전히 실현하려면 모든 사람과 모든 기관이 도덕적으로 흠 없이 행동해야 하는데, 있을 법하지 않은 일이다). 빈곤 타파나 차별 철폐가 규제적 이상이라는 점을 인정한다고 해서 그것들의 중요성이 적어지는 것은 전혀 아니다. 개인이 축적할 수 있는 부가 어느 정도를 넘지 않게 하자는 이상도 마찬가지다.

사회적 이상이 늘 절대로 실현 불가능하다는 말은 아니다. 치명적인 바이러스성 감염병의 종식이라는 이상을 생각해보자. 국제 보건 기관들은 오랫동안 감염병 근절이라는 이상을 실현하고자 노력해왔는데, 결과를 보면 그 이상의 달성이 얼마나 어려운 일인지 알 수 있다. 하지만 천연두의 경우에는 이상을 달성하는 데 성공했다. 두창 바이러스로 전파되는 천연두는 걸리면 열에 셋은 숨질 정도로 치명적이다. 하지만 1960년대와 1970년대에 백신 접종이 집중적으로 이루어지면서 1980년에 세계보건기구WHO는 천연두의 완전한 종식을 선포할 수 있었다. 하지만 이러한 성공은 매우 드물고, 천연두는 이상이 실현될 수 있음을 보여주는 사례라기보다 일반적으로는 실현 불가능함을 보여주는 예외로서의 사례다. 그렇다고 이상을 달성하려는 노력을 포기해야 하는 것은 아니다. 우리가 목표로 삼아야 할 것은 쓸 수 있는 모든 조치와 전략을 동원해서 이상에 한 걸음 더 가까이 가는 것이다.

실행에서 부의 제한주의에는 세 가지 행동이 필요하다. 첫째는 **구조적 행동**이다. 감당 가능한 가격대로 제공되는 보육, 양질의 무상 교육, 종합적인 빈곤 타파 전략 등을 통해 우리 사회의 주요 사회 제도와 경제 제도가 사람들에게 진정으로 동등한 기회를 주도록 구성되어야 한다. 또한 경제 시스템은 부가 형평성 있게 분배되고 모든 사람이 온당한 생활 수준을 누리도록 구성되어야 한다. 즉 존엄을 잃지 않고 살아갈 수 있는 수준의 최저임금제, 감당 가능한 가격대에서 누구나 이용할 수 있는 의료 시스템, 투기 세력과 상업적 약탈 세력의 왜곡에서 보호되는 주거 시장과 같은 정책이 필요하다. 이러한 종류의 구조적 행동은 빈곤층과 중산층의 경제적 입지를 강화함으로써 불평등 증가에 제동을 건다. 이는 가난한 사람들에게 지금보다 더 큰 파이 조각이 가고 현재 파이의 대부분을 가져가는 사람들에게는 지금보다 덜 가야 한다는 말이다.

불평등에 대해 구조적 행동을 더 많이 취할수록 두 번째 전략인 **재정적 행동**을 해야 할 필요성은 줄어든다. 위에서 언급한 구조적 조치 자체만으로는 대규모의 불평등이 발생하는 것을 막고 모든 사람이 존엄한 삶을 살게 하기에 충분하지 않다. 여기에 더해서 재정 시스템, 즉 조세와 사회적 급부 제공의 시스템이 꼭 필요하다. 만약 부에 제한선을 두는 데 쓸 수 있는 도구가 조세밖에 없다면 일정 금액 이상의 부와 소득에는 세율이 100%가 되어야 한다. 스포일러를 말씀드리면, 부에 제한선을 두는 데 쓸 수 있는 도구는 조세 말고도 많다. 그렇더라도, 극단적인 부에 제도적으로 상한을 부과해야 한다는 주장은 여러 논거로 강하게 뒷받침된다(뒤에서 알아볼 것이다).

하지만 구조적 변화를 일구고 극단적인 부에 유의미한 과세를 하더라도 우리 각자의 실천이 없다면 부의 제한주의는 가능하지 않을 것이다. 그래서 세 번째 행동인 **윤리적 행동**이 필요하다. 우리 모두 제한주의 에토스를 가져야 한다. 단기적으로는 부의 제한주의를 실현하는 데 필요한 구조적·재정적 조치를 필요한 정도에 부응하는 수준으로 수행하기 어려울 것이다. 정치적 관성의 문제도 있고, 부유한 지배층이 정치에 압도적으로 크게 영향을 미치기 때문이기도 하다. 오늘날의 지배적인 이데올로기적 규범과 이해관계를 보건대, 부의 제한주의에는 엄청난 정치적 반대가 있을 것이다. 그리고 어쨌거나 아웃라이어는 늘 있기 마련이다. 〔부의 제한주의를 실현하기 위해〕 효과적인 사회 구조와 재정 체계가 새로이 마련된 세계에서도 어떤 사람들은 커다란 행운의 덕으로 '너무 많이' 부유해질 수 있다. 이 모든 경우에 제한주의 윤리는 사회의 문제를 해결하고 사람들의 고통을 완화하기 위해 슈퍼 부자들이 잉여 재산을 기부해야 할 이유를 제시한다. 내가 부자이고 사회에 극단적인 부가 집중되지 않아야 한다는 데 동의한다면, 사회 전체가 제한주의적으로 재구성될 때까지 기다리고만 있지 말아야 한다. 우리 사회가 현재 수준의 불평등과 불의에서 멀어져서 더 공정한 세계, 누구도 과도하게 부자가 될 수 없고 과도한 부를 계속 유지할 수도 없는 세계로 나아가게 하기 위해 부자들이 바로 지금 할 수 있는 일은 아주 많다.[5]

몇 년 동안 연구를 진행하면서 부의 제한주의가 꼭 그렇게 급진적인 아이디어는 아니라고 생각하는 사람들을 많이 볼 수 있었다. 그들은 한참 전부터도 이런 식으로 생각하고 있었고 이제 자신이 믿는 바에 이름이 생겼다는 것을 알게 되어서, 그리고 부의 극단적인 집중이 일으키는 위험과 부의 제한이 우리 모두에게 줄 수 있는 기회에 대해 마침내 더 폭넓은 대화를 할 수 있는 때가 와서 기뻐했다. 이런 반응은 배경이 매우 다양한 사람들에게서 두루 볼 수 있었다. 한 번은 뉴욕에서 제한주의에 대한 연구 내용을 발표했는데, 골드만삭스에서 일한다는 한 참가자가 내가 제안한 내용에 동의한다고 말했다. 또 한 번은 네덜란드의 개신교 교회에서 지역 주민들에게 강연을 했는데, 뒤에서 한 목사가 내 주장에 동의한다는 뜻으로 고개를 끄덕이는 것이 보였다. 강연 뒤에 그는 내게 다가와서 우리에게 너무나 필요한 종류의 논의였다고 말했다. 신문과 잡지에서 내 글을 읽은 사람들도 내 논지에 자신이 얼마나 강하게 동의하는지 알려주고 싶어서 보낸다며 아주 많은 이메일과 서신을 보내왔다.

차차 살펴보겠지만, 이들이 직관적으로 느끼고 있었던 바는 아주 많은 도덕적·정치적·실천적 논거로도 뒷받침된다. 극단적인 부의 집중에 **반대**해야 할, 다시 말하면 부의 제한주의를 **지지**해야 할 이유가 아주 많은 것이다. 나는 희망적이다. 우리가 불평등에 대해 정직한 논쟁을 벌일 수 있고 제한주의의 주장과 논거에 진정으로 귀를 기울일 수 있다면, 대부분의 사람들이 여기에 설득되리라고 생각한다.

하지만 우리는 먼저 무엇이 건전한 논쟁을 구성하는지에 대해서부터 동의해야 한다. 2023년 초의 몇 달 동안 네덜란드와 벨기에의 미디어에서 제한주의에 대해 열띤 논쟁이 벌어졌다. 하지만 전개는 너무나 예측 가능한 양상으로 흘러갔다. 이 주제에 대한 논쟁을 닫아버리고 싶어 하는 사람들이 제한주의를 말도 안 되게 왜곡하고서 그 왜곡된 허수아비 버전을 공격하기 시작한 것이다. 어떤 이들은 제한주의가 무조건 소득에(부가 아니라) 누진세를 적용하고 최고세율을 100%로 하자는 말이라고 가정했다. 봉급이 어느 금액을 넘으면 그다음부터는 열심히 번 돈을 나라에서 몽땅 세금으로 거둬간다는 소리인 것처럼 말이다. 개인이 축적할 수 있는 부가 제한되는 사회를 달성하는 데는 다른 방법도 많다는 사실을 이해하지 못한 것인데, 사실 그들에게 그것은 전혀 중요하지 않아 보였다. 어떤 이는 제한주의 주창자들이 상한선 이상의 돈을 다 세금으로 거두어 확보한 돈으로 무엇을 할지는 생각하지도 않고서 무작정 그런 주장을 편다고 비난했다. 부의 제한주의가 그저 부유한 사람들을 부유하다는 이유로 처벌하자는 것이나 다름없다고 말이다.

이러한 반응은, 매우 긴요하지만 대체로 간과되어온 질문들에 대해 논의 자체를 질식시키기 위해 시도되는 부정직한 방법이다. 어떤 사람이 '너무 부유하다'는 것이 성립하는가? 극도로 많은 부는 부정적인 영향을 일으키는가? 만약 그렇다면, 즉 어떤 사람이 '너무 부유하다'는 것이 개념적으로 성립하고 그것의 결과가 심각하게 나쁘다면, 우리는 무엇을 할 것인가? 이 긴요한 질문들에 우리는 희화화와 조롱으로 빠지는 것보다 더 나은 논의를 할 수 있다.

또 혹자는 불평등이 나쁘다는 데는 동의하면서도 개인이 가질 수 있는 부에 제한을 두는 것은 너무 가혹한 조치라고 하는데, 이는 굉장히 어리둥절해지는 주장이다. 이것이 어떻게 성립하는가? 여기에서 이야기한 두 가지, 즉 위쪽을 눌러 불평등을 제한하는 것과 부의 과도한 집중이 일으키는 낭비와 피해를 없애는 것은 동일한 동전의 양면이다. 만약 당신이 어느 누구도 빈곤에 계속 묶여 있지 않기를 원하고 불평등의 심화가 나쁜 것이라고 인정한다면, 개인이 얼마나 많이 가질 수 있느냐에 제한이 있어야 한다고 생각하는 것이 논리적이다. 숫자로 말하자면, 불평등은 바닥과 꼭대기 사이의 거리다. 불평등이 줄어야 한다면 꼭대기에 한계가 있어야 하고, 자연히 그 상한은 개인이 축적할 수 있는 부에 제한선을 설정하게 된다. 물론 그 선이 정확히 얼마에서 그어져야 하는가와 이 제한선을 현실에서 도입할 것인가, 한다면 어떤 방식으로 할 것인가에 대해서는 의견이 다를 수 있다. 하지만 불평등이 정의롭지 못하고 바람직하지 않다고 생각하는 사람이라면 부에 **모종의** 상한을 부과해야 한다는 점은 받아들여야 한다.

자, 그럼 그 제한선은 얼마여야 하는가? 궁극적으로는 각 국가의 시민들이 잘 규율된 정치적 과정을 거쳐 결정할 문제다. 건전한 공론장이 있다면 부의 제한주의에 대한 논거들이 꼼꼼하게 논의될 것이고 그러한 논의의 내용이 정확히 얼마 이상이면 너무 많은 것인지를 정하는 정치적 숙의 과정에 들어올 것이다. 하지만 이것이 내 대답의 전부라면 당연히 당신은 실망할 터이고 논의를 촉진하는 데도 도움이 되지 않을 것이다. 5,000파운드를 상한으로 주장하느냐와 500억 파운드를 상한으로 주장하느냐는 매우 다른 이야기가 아닌가? 그래서 부의 제한선이 어디여야 하는지에 대해 내가 생각하는 금액을 제시하고자 한다. 물론 이 숫자는 더 많은 논의를 추동하기 위한 도약대로서 제시하는 것일 뿐임을 분명히 해둔다.

내가 제안하려는 부의 상한선은 하나가 아니라 둘이다. 하나는 정치적인 제한선으로, 사회 구조와 재정 시스템이 제도적으로 부과해야 할 제한선이다. 다른 하나는 개인적인 제한선으로, 각자 윤리적으로 실천해야 할 더 낮은 액수의 [즉 더 강한] 제한선이다.

더 높은 액수인 정치적 제한선은 어디여야 하는가? 어떤 사람들은 억만장자 한 명 한 명이 정책 실패를 나타내는 증거라며 10억[달러 또는 유로 또는 파운드]을 상한으로 제시한다. 억만장자 대열에 진입하는 모든 사람에게 '자본주의상'과 트로피를 주고 반려견 공원에 그들의 이름을 붙여준 뒤 10억 이상의 부는 모두 징발하자는 제안이 우스개처럼 소셜미디어에 떠돌기도 한다.

이 농담은 재미있지만 유의미한 상한선이 되기에 10억은 너무 높다. 정치적 제한선을 계산할 때는 그것이 적용될 사회의 맥락을 생각해야 한다(다음 장에서 상세히 설명할 것이다). 사회경제적 여건이 내가 사는 네덜란드와 비슷한 곳이라면 아무도 1,000만 유로 이상 갖지 않는 사회를 목표로 해야 한다. 즉 나는 정치적 상한선을 1,000만으로 제안한다. 유로로든, 달러로든, 파운드로든 1,000만이라는 상한선은 부유한 선진 경제권 국가들에서 대략 통용될 수 있을 것이다. 여기에서 중요한 것은 구체적인 액수보다 그 액수를 도출하는 데 사용되는 방법이다. 앞으로 보겠지만, 그 방법은 사회경제적 시스템이 이와 다른 경제권에 사는 사람들은 1,000만이 아니라 자신의 사회에 더 잘 부합하는 제한선을 정할 수 있게 하는 것이어야 한다.

윤리적 제한선은 정치적 제한선인 1,000만보다 훨씬 더 낮게 잡아야 한다. 나는 사회연금 제도가 탄탄하게 마련되어 있는 사회라면 한 사람이 가질 수 있는 부의 윤리적 제한선은 100만(파운드 또는 달러 또는 유로) 정도가 되어야 한다고 생각한다. 물론 윤리적 제한선도 사회의 맥락에 따라 정해져야 하므로 이보다 낮을 수도 있고 높을 수도 있다. 여기에서도 중요한 것은 숫자 자체가 아니라 그 숫자에 도달하는 데 사용되는 방법이다. 두 제한선 모두에 대해 틀림없이 다른 의견들도 있을 것이고 어떤 이들은 윤리적 제한선이 내가 제안한 100만보다 훨씬 더 낮아야 한다고 생각할 것이다.

몇몇 독자들이 지금쯤 생각하고 있을 몇 가지 반대 주장을 짚고 넘어가기로 하자. 첫째, 부의 제한주의는 모든 사람이 그가 무엇을 하는지와 상관없이 동일한 결과를 갖게 만들려는 것 아닌가? 답은 간단한데, '아니요'다. 부의 제한주의는 엄격한 평등을 주장하는 것이 아니다. 어느 정도의 불평등이 정당화된다는 점은 현실 논리상으로도, 원칙 논리상으로도 여러 근거에 의해 뒷받침될 수 있다. 어떤 사람은 다른 사람들보다 훨씬 더 열심히 일하고 일에서 더 많은 리스크나 더 큰 책임을 진다. 어떤 사람은 위험하거나 극도로 압박이 심한 일, 또는 건강에 무리가 가는 일을 한다. 어떤 일은 일상적인 가정 생활이 가능하지 않은 시간대에 이뤄진다. 어떤 일은 계속해서 긴급한 호출에 대기하고 있어야 한다. 또 어떤 사람은 매우 절약하는 생활 습관이 있어서 저축으로 부가 많이 쌓였는지 모른다. 어느 정도의 불평등이 정당화되는 이유는 이밖에도 많다(이후에 알아볼 것이다). 하지만 어느 것도 **무한한** 불평등을 정당화하지는 않으며, 부의 제한주의에서 중요한 것은 바로 이 점이다.

둘째, 한 사람이 가질 수 있는 부에 제한을 둔다는 것은 사유재산이나 시장 메커니즘을 포기하고 소련식 공산주의 체제로 가게 만드는 것 아닌가? 이런 주장을 접할 때면, 이것이 드러내는 우리 사회의 담론 수준에 너무나 놀라게 된다. 이런 반대는 말도 안 되는 소리이며, 아마도 반대 논리라기보다는 현 상태에 대해 유의미한 비판을 침묵시키려는 시도일 것이다. 그렇기는 해도, 상당히 자주 접하게 되는 반대이므로 미리 분명히 말해두는 게 좋겠다. 나는 소련식 공산주의도, 시장이나 사유재산의 철폐가 필요한 어떤 체제도 주장하지 않는다. 시장은 물질적 후생을 확보하는 데 매우 강력한 도구이며, 사유재산은 우리의 안정성과 자율성과 번영의 주춧돌이다. 제대로 기능하는 사회에는 모두가 접할 수 있는 공공재 및 집합적 자원과 더불어 시장과 사유재산이 꼭 필요하다. 시장과 사유재산을 없앤다면 제 발등을 찍는 바보짓이 될 것이다. 우리가 답을 찾아야 할 진짜 질문은 부의 제한주의를 달성하려면 시장과 사유재산에 **어떤 제약이** 있어야 하는지다.

셋째, 극도로 많은 부의 정당성에 문제를 제기하는 것은 사실 질투심 때문 아닌가? 앞에서도 본 이 주장은 부의 제한주의에 가장 흔하게 제기되는 비판일 것이다. 부의 제한주의만이 아니라 지금보다 더 누진적인 조세 체계를 주장하기만 해도 이런 반대에 직면한다. 2020년 미국 대선 당시 민주당 경선 후보 버니 샌더스Bernie Sanders와 엘리자베스 워런Elizabeth Warren이 부자들에 대한 과세를 제안했을 때도 부자들을 시기해서 그러는 게 아니냐는 비난을 받았다. 2019년에 독일 정치인들이 부유세 도입을 논의했을 때도 비판자들은 여기에 '시기 담론eine Neiddebatte'이라는 프레임을 씌웠다. 2012년에 영국 부총리 닉 클레그Nick Clegg가 경제 불황에 대응하고 사회적 동요를 피하기 위해 1회성으로 슈퍼 부자들에게 과세를 하자고 제안했을 때도 '질투의 정치'를 한다고 비난받았다. 네덜란드에서는 보수주의자들과 우파 정치인들이 '시기세jaloesiebelasting'라는 신조어를 만들어서, 누군가가 슈퍼 부자들에게 주로 해당되는 과세를 제안할 때마다 이 단어를 들이민다. 이 모두가 부자들을 정책의 초점으로 겨냥하는 것은 그들에 대한 질투심의 발로라는 동일한 주제의 변주다.[6]

온건한 진보 성향 사람들도 포함해서 일반적인 분위기는 슈퍼 부자들의 부에 대해 투덜대는 것은 옳지 않다는 인식인 것 같다. 슈퍼 부자들은 그들의 근면과 노력과 재능을 볼 때 그만한 부를 가질 자격이 있다는 것이다. 따라서 그들을 비판하는 것은 안 좋은 버릇이고 나아가 부끄러운 일이 된다. 당신이 그만큼 능력이 없거나 그만큼 열심히 일하려는 태도가 없다는 의미일 테니 말이다. 과도한 부에 대한 비판에 이런 프레임을 씌우는 것은 보수주의자나 우파만이 아니다. 전 미국 대통령 버락 오바마Barack Obama도 이러한 분위기를 잘 보여주었다. 한 기자가 〔기업인 등이 받는〕 고액 보너스에 대해 질문하자 그는 이렇게 대답했다. "대부분의 미국인처럼 저도 사람들의 부나 성공을 못마땅해하지 않습니다. 그것은 자유로운 시장 시스템의 일부입니다."[7]

아주 널리 퍼져 있는 프레임이니 질투론을 〔그냥 일축하기보다〕 진지하게 따져보자. 질투론을 반박하는 가장 간단한 방법은 슈퍼 부자들 중에서도 꼭대기를 아래로 눌러서 불평등을 제약하는 정책을 지지하는 사람이 많다는 사실을 보여주는 것이다. 많은 백만장자, 천만장자,

억만장자가 불평등이 과도하게 심화되고 있으며 정부가 부자들에게 과세를 늘려야 한다고 주장한다. 2023년 1월에 백만장자 약 200명이 다보스에서 열린 연례 세계경제포럼 참석자들에게 부자들에 대한 과세를 높여야 한다고 촉구하는 공개 서한을 작성했다. 빌 게이츠도 여러 번 이렇게 주장했으며, 조지 소로스George Soros를 포함해 슈퍼 부자 17명은 2020년 미국 대선에 나선 후보들에게 부유세 도입을 공약으로 내걸라고 촉구했다. 자신이 속한 계급에 세금을 더 물리라고 촉구하고 자기 돈을 자주 기부하는 사람이 자신과 자신의 계급이 가진 부를 질투해서 그러는 것이라는 주장은 말이 되지 않는다. 누가 자기 자신을 질투하는가?[8]

이에 더해, 시기와 질투 운운하며 부의 제한주의를 반대하는 사람들의 논리가 자충수임을 지적할 수도 있다. 덴마크의 정치학자 데이비드 악셀슨David Axelsen과 라세 니엘슨Lasse Nielsen이 설명했듯이, 불평등을 줄이면 사람들 사이에 질투를 일으킬 수 있는 토대가 줄어들어서 궁극적으로 질투 자체가 줄어든다. 질투론을 들며 부의 제한주의에 반대하는 사람들은 국가의 정책이 가난한 사람들이 남들이 가진 것을 부러워하게 만들지 말아야 한다고 보는 듯하다. 남들 쳐다볼 게 아니라 자기 일에나 집중해서 자기 삶을 향상하려 해야 한다고 말이다. 그런데 악셀슨과 니엘슨이 지적했듯이, 개인의 축적과 소비가 어느 정도 이내로 제한된다면 자연스럽게 사람들은 남들이 무엇을 가지고 있는지에 신경 쓰지 않고 자기 일에 집중하게 될 것이다. 지위재 경쟁을 덜 하게 되어서 애초에 과시적 소비로 질투가 촉발되는 일 자체가 줄어들 것이기 때문이다. 부에 상한이 있는 사회는 지위재의 무한 경쟁을 하지 않아도 되므로 부자들도 포함해 모든 사람에게 더 좋은 사회일 것이다. 시기와 질투가 나쁘다고 생각하는 사람이라면, 과도한 부와 거기에서 파생되는 과도한 소비에 상한을 두는 것을 지지해야 할 강력한 이유가 있는 것이다.[9]

질투론을 반박할 수 있는 근거가 하나 더 있다. 설령 부의 제한주의를 주장하는 어떤 사람이 부자를 질투한다고 한들 그게 무슨 문제인가? 중요한 것은 그가 불평등을 제한하자는 주장을 건전한 논리와 근거로 뒷받침하고 있느냐다. 건전한 논리와 근거가 있다면, 남을 질투하는 그의 태도가 좀 아쉽기는 할지언정 부의 제한주의를 옹호하는 그의 주장은 여전히 유효하다. 우리가 관심을 두어야 할 것은 주장과 논거이지 그 주장을 펴는 사람의 태도가 아니다. 아마 질투론도 〔진지한 반대 논리라기보다는〕 우리가 부의 지나친 집중이 일으키는 피해를 따져보고 제한주의의 근거를 논의하는 데서 멀어지도록 관심을 흩뜨리려는 또 하나의 전략일 것이다. 그러니 관심을 돌리지 말고 계속 초점을 맞추기로 하자.[10]

지난 몇 년 사이에 알게 된 훈훈한 사실 하나는 부의 제한주의를 이미 실천하고 있는 슈퍼 부자들이 존재한다는 것이었다. 나와 이야기를 나눈 영국의 한 천만장자는 그와 아내, 그리고 자녀들을 위해 200만 파운드 이상은 갖지 않을 것이라고 했다. 나머지는 2030년까지 모두 기부할 계획이다. 그는 집을 몇 채라도 살 수 있는 돈이 있지만 평범한 주택에 살기로 했고 사치스러운 데 돈을 쓰지 않기로 했다. 그가 돈을 기부하려는 이유는 충족적이고 성취감을 주는 삶에 돈이 더 필요하지 않다고 생각했기 때문이다. 200만 파운드면 영국에서 4인 가구가 좋은 삶을 사는 데 필요한 것들을 풍부하게 누릴 수 있다. 나머지 돈은 운이 덜 좋은 사람들의 삶을 향상하는 데 매우 유용하게 쓰일 수 있을 것이다.

개인의 부에 제한이 있어야 한다고 생각하는 사람은 익명의 백만장자들만이 아니다. 훨씬 더 큰 규모로 제한주의를 실천한 잘 알려진 사례들도 있다. 찰스 피니Charles Feeney('척'이라고도 불린다)는 중년의 나이에 자신이 억만장자가 되었다는 것을 발견하고서, 그리고 주변에서 보이는 과시적 소비에 깊은 염증을 느껴서 거의 전 재산을 기부했다. 그는 가장 좋은 대응은 살아 있는 동안 돈을 기부하는 것이라고 생각했고, 그렇게 했다. 그는 재산의 대부분인 80억 달러를 기부하고서 2020년에 이를 위해 만들었던 자선 재단의 문을 닫았다. 91세인 그는 남겨둔 재산 200만 달러로 아내와 방 두 개짜리 아파트에서 생활한다고 알려져 있다. 다섯 자녀도 큰 재산을 물려받을 것을 기대하지 않았다. 보도에 따르면, 그들은 평범한 삶을 살 수 있었던 것을 감사히 여긴다.[11]

더 최근에는 아웃도어 의류업체 파타고니아의 설립자 이본 쉬나드Yvon Chouinard가 회사의 소유권을 비영리기구에 넘기기로 결정했다. 회사의 수익이 기후변화에 대응하고 저개발 국가들을 보호하는 일에 쓰일 수 있게 하기 위해서였다. 파타고니아의 회사 가치는 30억 달러로 추산되며 매년 수익이 1억 달러 정도 된다. 찰스 피니와 달리 이본 쉬나드의 결정은 그의 라이프스타일과는 관련이 덜하다(휴대전화도 컴퓨터도 사용하지 않는다고 하니 그의 라이프스타일도 사치와는 거리가 멀겠지만 말이다). 그의 결정은 지구에 긍정적인 영향을 미치는 것이 기업의 존재 근거라는 견해에서 추동되었다. 이윤보다 사람과 지구를 앞에 놓는 쉬나드의 기업 비전은 아마도 정통적이지는 않을 것이다. 그렇기는 해도, 성공적으로 운영되는 다국적 기업도 얼마든지 제한주의에 입각한 세계관을 가질 수 있음을 보여준다.[12]

내가 만나본 거의 모든 슈퍼 부자가 불평등이 심각한 정치 이슈이며 정부가 슈퍼 부자들이 책임을 피하도록 허용하고 있다고 생각했다. 나는 슈퍼 부자들이 자신의 부를 어떻게 생각하는지, 부의 작동 방식을 어떻게 경험했는지 알기 위해 그들을 찾아 이야기를 들었고, 그들이 기부하면서 직면하는 딜레마에 대해 들으면서 중요한 통찰을 얻었다. 물론 슈퍼 부자들 다수는 자신에게 그렇게 많은 돈이 있는 것을 합리화하려 하며, 이것은 놀랄 일이 아니다. 그들도 사람이고, 모든 사람은 자신의 선택을 옹호하려 하기 마련이다. 우리는 자신이 가진 특권을 직면하지 못하거나 직면하고 싶어 하지 않는다. 그럼에도, 내가 만나본 슈퍼 부자들 모두가 현 수준의 불평등이 일으키는 문제를 아주 잘 인식하고 있었다. 그들 대부분은 이론가나 연구자가 아니었지만 많은 이들이 이 책에서 보게 될 부의 제한주의 논리와 비슷한 것들을 이야기했다. 제한주의 논리의 많은 부분이 우리 사회가 제한주의를 실현하는 쪽으로 전환되면 자기 돈을 많이 잃게 될 계층의 사람들에게도 동의받고 있음을 발견하니 무척 안심이 되었다.

물론 이들은 드문 경우임을 짚어두어야 할 것이다. 백만장자, 천만장자, 억만장자 중 훨씬 더 많은 사람들은 그 돈을 다 가지고 있으려 하고, 기부는 기껏해야 미미하게만 하거나 더 안 좋게는 재산을 더욱 늘리려고 기부를 한다. 자선 재단을 만들어 자기 기업의 이익을 위해 사용하거나 세액 공제를 받는 방편으로 이용하는 것이다. 자신은 이만한 부를 가질 자격과 권리가 있다고 생각하는 부자들이 그 이유에 대해 논의하기를 꺼린다는 것은 불행한 일이다. 미디어에서 경험한 바(그리고 이 책을 쓰려고 연구하면서 알게 된 바)로 보건대, 막대한 부에 대한 부자들의 합리화 논리를 공개적인 자리에서 기꺼이 말하려는 사람을 찾기는 매우 어렵다. 특히 보수적인 슈퍼 부자들이 도덕적으로 용인 가능한 불평등의 한계선에 대해 논의하는 것을 싫어한다. 2022년 1월에 텔레비전 채널 CBS는 부의 제한주의를 다루면서 나를 인터뷰했고, 불평등 심화에 맞서서 정치 활동을 벌이고 있는 디즈니 상속녀이자 영화 제작자 애비게일 디즈니와 이야기를 나누었다. 내가 알기로, CBS는 슈퍼 부자들의 부를 합리화하는 논리도 방송에서 다루려고 그것을 말해줄 슈퍼 부자를 찾기 위해 몇 개월이나 애를 썼지만 한 명도 찾지 못했다. 마침내 미국의 기업가이자 1세대 투자자이며 훗날 미 대선에서 공화당 경선 후보로도 나서는 비벡 라마스와미Vivek Ramaswamy를 섭외했는데, 그는 평등한 기회의 중요성에 대해 실제 쟁점과는 별 관련이 없는 이야기를 했다. 물론 우리 모두 평등한 기회를 지지한다. 처지가 안 좋은 사람들을 위해 좋은 일을 하려 노력한 것이야 칭찬할 만한 이야기이지만, 부자들은 그 이야기를 부의 불평등한 분포에 대해서는 어떤 질문도 회피하는 방식으로 하는 법을 터득한 것 같았다. 그런 질문이 사회구조, 정치적 선택, 권력의 차이 등 현재 수준의 심각한 불평등을 가져온 요인들을 파고드는 데로 이어질 수밖에 없기 때문이다. 슈퍼 부자들은 그런 분석에서 얻을 게 없고, 당연

히 그들 대다수는 이 주제를 회피한다.[13]

그래도 우리는 슈퍼 부자들과 대화하려는 노력을 계속해야 한다. 너무 거만해서 정떨어지는 사람들이 있더라도 말이다. 극도로 부유한 사람들을 그저 맹비난하는 것은 진보주의자들이 빠지기 쉬운 흔한 함정이다. 하지만 (그런 비난을 받아 마땅한 부자들이 일부 있다 해도) 그것은 너무 쉬운 반응이다. 부의 극단적인 집중화는 무엇보다 구조적인 문제다. 따라서 우리는 구조적으로 어떤 변화가 필요한지에 먼저 초점을 두어야 한다. 그들이 꼭 필요한 구조적 변화를 적극적으로 가로막는 경우가 아니라면, 부유한 사람들 자체에 집착하지는 말아야 한다.

또한 슈퍼 부자들의 이념적 스펙트럼이 매우 넓다는 것도 기억해야 한다. 내가 만난 사람 중 어떤 이들은 부자에게서 빈곤층과 중산층으로 부와 권력을 재분배해야 한다고 주장하며 극단적 부에 반대하는 정치 활동을 벌이고 있었다. 어떤 이들은 한 발 더 나아가 현 경제 시스템을 완전히 재구성해야 한다고 주장했다. 이들까지 모든 슈퍼 부자를 하나로 뭉뚱그리는 것은 부당하며, 진정한 변화를 일구고자 한다면 전략적으로도 매우 현명하지 못한 일일 것이다.

더 근본적인 면에서, 의견이 크게 다른 사람들이 서로 소통할 수 있는 길을 계속 열어두는 것은 굉장히 중요하다. 모든 참여자가 거짓, 기만, 비방으로 빠지려는 유혹을 뿌리치고 다른 이들의 이야기를 들을 의지가 있다면 말이다(그러려면 미디어가 그러한 토론을 가능케 해야 하고 기업 권력의 남용에서 자유로워야 한다는 문제가 있는데, 이에 대해서는 다시 논의할 것이다). 부의 극단적인 집중화라는 더 폭넓은 문제에 초점을 맞추기보다 부자들을 비난하는 데만 몰두한다면 그런 대화는 더 어려워질 것이다. 기꺼이 다른 이들과 생각을 교환하고 내 견해를 도전에 노출할 의사가 있는 것, 경우에 따라서는 내 견해를 바꿀 의사가 있는 것은 성찰하는 존재로서 우리를 규정해주는 특징이며 민주적 사회의 맥동하는 심장이다. 아난드 기리다라다스Anand Giridharadas가 《설득하는 사람들The Persuaders》에서 주장했듯이, 더 나은 세상에서 살고자 한다면 우리는 다른 이들을 설득하려 노력해야 하고 다른 이들로부터 설득당하는 것에 열려 있어야 한다. 이는 도전을 받았을 때 자신의 정치적 견해를 외치기만 할 것이 아니라 내가 왜 그런 견해를 가지게 되었는지를 따져봐야 한다는 뜻이다. 우리는 다른 이들에게 우리의 논거를 존중하는 마음을 가지고 제시해야 한다. 우리 모두 각자의 나라에서, 그리고 하나의 지구에서 동료 인간들과 더불어 살아가는 존재이기 때문이다.[14]

10여 년쯤 전에 나는 극단적인 부에 무언가 잘못된 것이 있는지 알아보려는 학문적 여정을 시작했다. 여러 실증 연구와 탐사보도가 제공해준 풍성한 사실정보들을 바탕으로 다양한 도덕적·정치적·실천적 논리들을 깊이 살펴보았다. 그 결과를 이 책에 담았고 이로써 내 연구는 〔학계를 넘어서〕 대중을 '설득'하기 위한 공개적인 행동이 되었다. 나는 슈퍼 부자가 없는 세상에서, 그리고 '그냥 부자'들이 (세금을 성실히 내고 난 다음에) 운이 덜 좋은 사람들에게 지금보다 더 많이 나누는 세상에서 우리 모두가 더 잘 살 수 있으리라는 전망에 독자들이 설득되기를 바란다. 그 세상은 거의 모두의 삶을 더 나아지게 해주는 세상일 것이고, 모든 종류의 불의가 훨씬 더 적은 세상이기도 할 것이다.

진보주의자들 상당수는 이 책에서 자신이 이미 믿고 있는 바를 뒷받침해주는 논거들을 보게 될 것이다. 보수주의자, 신자유주의자, 우파 자유지상주의자는 이 논쟁에서 내가 서 있는 위치와 훨씬 더 먼 곳에 있겠지만, 그럼에도 나는 그들 역시 대화에 참여할 의사가 있기를 희망한다. 결국 이 문제는 그들의 미래에 대한 것이기도 하니 말이다. 우리 모두와 마찬가지로, 그들도 우리 사회가 지금처럼 계속 간다면 많은 것을 잃게 될 것이기 때문이다.

1장

얼마나 많은 것이 너무 많은 것인가

큰아이가 열두 살이던 어느 날 우리는 자전거를 타고 위트레흐트의 우리 집에서 근처 마을로 가고 있었다. 네덜란드 중부 도시인 위트레흐트는 중세시대 건물이 많은 고풍스러운 도시로, 아름답고 생기 넘치는 곳이다. 여느 도시도 그렇듯이 여기라고 어려움이 없는 것은 아니지만 도시 당국이 오랫동안 진보적인 정책을 시행한 덕분에 주민들의 삶의 질은 높은 편이다. 그리고 네덜란드 도시답게 자전거 인프라가 매우 훌륭하고 젊은이, 노인, 부자, 가난한 사람 할 것 없이 거의 모두가 자전거를 탄다.

화창한 날 이야기를 나누면서 자전거를 타고 가다가 위트레흐트 외곽 즈음에서 어떤 남자가 누워 자고 있는 벤치 옆을 지나게 되었다.

그는 확실히 상태가 안 좋아 보였다. 옷은 낡고 얼룩이 많았으며 신발은 해졌고 얼굴과 손은 염증투성이였다. 그 옆을 지나친 뒤에 아들이 내게 물었다. "엄마, 보셨어요?" 내가 대답했다. "그래, 노숙인이야." 아들은 몇 초간 말이 없더니 이렇게 말했다. "우리 사회가 이런 식으로 사람을 대우하는 게 부끄러워요."

벤치 위에서나 바닥에 상자를 깔고 잠을 자는 노숙인의 모습은 더하고 덜한 차이는 있겠으나 도처에서 볼 수 있다. 극도의 빈곤은 대체로 모든 이에게 가시적으로 드러난다. 노숙인의 형태이든, 늘 같은 옷을 입고 학교에 오고 학교에서 무상으로 주는 급식에 의존해야 하는 아이의 형태이든, 또 그밖의 어떤 물질적 결핍의 형태이든 말이다. 하지만 극도의 부는 종종 비가시적이다. 많은 나라에서 부자들과 슈퍼부자들은 다른 이들의 시야에 드러나지 않으려 한다. 그들은 높은 담장을 둘러친 저택에 살거나 외부인 출입을 통제하는 주거지에 산다. 외부인이 기웃거릴 틈이 없도록 CCTV 카메라가 둘러싸고 있음은 물론이다. 그들은 슈퍼 부자들끼리 모이는 자리에는 비싼 옷에 고급 장신구를 하고 가지만, 나머지 우리들과 공개적으로 같은 자리에 있어야 하는 드문 상황에서는 티나지 않게 섞여 들어가려고 노력한다. 겉으로 보이는 곳에서 불평등은 극단적인 부의 모습으로보다는 빈곤의 모습으로 스스로를 드러낸다.

당연한 말이지만 불평등에는 양쪽이 있다. 불평등은 가난한 사람들이 더 가난해져서도 생기고 부자들이 (빈곤층과 중산층을 점점 더 멀리 뒤에 남겨놓으면서) 더 부유해져서도 생긴다. 가난한 사람들이 더 가난해지거나 중산층이 쪼그라들어서 불평등이 생길 때는 우리 눈에 더 잘 보이고 많은 사람이 피부로 이를 경험한다. 예를 들어, 길에 노숙인이나 걸인이 더 많이 보일 것이다. 푸드뱅크를 운영하는 사람들은 기자들에게 줄이 언제부터 길어지기 시작했는지 어렵지 않게 이야기할 수 있을 것이다. 가구 소득이 기본적인 필요를 충족하기에도 더이상 충분치 않아져서 사람들이 지원에 절박하게 매달려야 하게 된 시점이 언제였는지 말이다. 반면, 매우 부유한 사람들이 더 부유해지는 경우에는 겉으로 드러나는 것이 별로 없고 우리 대부분의 일상도 적어도 곧바로는 달라지지 않는다. 1년에 한 번 나오는 '부자 순위'를 보거나 언론이 부의 분포에 대한 최신 통계를 보도하기로 했을 때나 무슨 일이 벌어졌는지 알 수 있을 뿐이다. 즉 우리는 언론이 이 이슈를 보도하기로 결정했을 때만 상황을 알 수 있다.

아마도 이것이 20세기의 마지막 20년 동안 불평등이 증가하기 시작한 것을 알아차린 사람이 매우 적었던 한 가지 이유일 것이다. 많은 나라에서 한동안 빈곤이 눈에 띄게는 증가하지 않았고, 중국 같은 몇몇 개도국에서는 중산층이 크게 성장하고 있었다. 대부분 경제학자들은 후자에 집중했고 교역의 확장이 글로벌 남부에서 극빈곤을 줄이는 데 효과가 있었다고 환영했다. 2008년 금융위기는 빈곤으로 떨어진 사람들의 수를 가시적으로 크게 늘렸지만, '위기'라는 말은 대중을 오도했다. 원래는 평등한 토대에서 모두가 더 높은 후생을 누리게 해주는 시스템인데 어쩌다 일시적으로 작은 문제가 발생했다고 여기게 만든 것이다.

그러다가 2013년에 프랑스 경제학자 토마 피케티Thomas Piketty가

《21세기 자본Le Capital au XXIe siècle》을 펴내면서 이 모든 것이 달라졌다. 이 책은 폭탄 선언처럼 세상에 등장했다. 피케티와 여러 나라의 동료 연구자들은 과거의 조세 기록처럼 전에는 분석되지 않았던 자료를 포함해 새로운 데이터를 오랫동안 수집해왔다. 이들의 연구는, 잘 알려져 있었던 대로 제2차 세계대전 직후 한동안은 많은 부유한 국가에서 불평등이 줄어들었음을 보여주었다. 전쟁 자체가 평준화의 잔혹한 기제였다. 전쟁으로 대규모 재산이 상당히 파괴되었고 전쟁 후에는 모두가 번영할 수 있는 방향으로 사회를 다시 세우려는 통합된 노력이 펼쳐졌기 때문이다. 하지만 피케티 등의 분석은 1970년대 말에 명백한 전환점이 있었고 그후로는 소득 불평등이 계속 심화되었다는 사실도 보여주었다. 자산 불평등의 증가는 심지어 더 심했다. 피케티는 중세 봉건시대 수준의 극심한 불평등이 다시 올 리는 없다는 신화를 깨뜨렸다. 그는 정치적인 개입이 없다면 극소수가 거의 전부를 갖고 대다수는 거의 아무것도 갖지 못하는 새로운 준봉건시대로 가게 될 것이라고 경고했다.[1]

불행히도 이제까지 상황을 보건대 그가 옳았던 것 같다. 우리가 내리고 있는 정치적 선택을 보면 극단적인 부는 거의 프리패스를 얻은 것이나 다름없어 보인다. 그리고 불평등은 눈덩이처럼 계속 불고 있어서 다루기가 점점 더 어려워지고 있다. 피케티의 책이 나오고서 10년 동안 부자들은 더 부유해졌다. 옥스팜Oxfam은 매년 글로벌 불평등 통계를 발표하는데 이 숫자는 매번 사람들을 충격에 빠트린다. 일례로 2020년에서 2022년 사이에 전 세계 상위 1%는 나머지 99%가 얻은 소득과 부의 두 배 이상을 얻었다.[2]

이 문제의 해법을 찾을 수 있는 가능성이 있으려면 먼저 극단적인 부의 속성과 규모를 알아야 한다. 노숙인을 본 아들이 물어보면 우리는 왜 이런 일이 일어나는지나 무엇을 해야 하는지는 이야기할 수 있을지 모르지만, 출입이 통제되는 대문 뒤의 저택에 사는 슈퍼 부자와 길에서 겨우겨우 살아가는 노숙인 사이에, 또는 그런 슈퍼 부자와 다음 달 집세를 내기 위해 고전하는 중산층 사이에는 관계가 없는지, 있다면 어떤 관계가 있는지는 잘 질문해보지 않는다.[3]

통계와 그밖의 자료들에서 우리는 가장 부유한 사람들이 전형적으로 얼마를 벌고 얼마를 가지고 있는지, 그들의 재산이 시간이 가면서 얼마나 증가했는지, 애초에 그들이 그 돈을 어떻게 벌었는지, 그리고 가장 중요하게, 하나의 집단으로서 상위 1%가 부를 어떻게 증가시켰는지 알아볼 수 있다. 하지만 이러한 숫자들을 보기 전에 이들이 누구인지부터 알아보아야 한다. 우리는 누구에 대해 이야기하고 있는 것인가? 그들은 어떤 종류의 삶을 사는 사람들인가? 물론 슈퍼 부자는 모두 돈이 많은 사람들이다. '많은 돈'이 무엇을 의미하는지는 뒤에서 다시 이야기하기로 하고, 일단 여기에서는 자산 평가액이 500만 파운드 이상이거나 앞으로 500만 파운드를 모을 수 있을 만큼의 소득을 가진 사람을 슈퍼 부자라고 해보자. 이들 중 다수는 직업에서 상당히 높은 소득을 올린다. 가령 대기업 CEO는 종종 연봉이 1,000만 파운드가 넘는다. 또 어떤 이들은 소득은 이보다 낮지만 토지, 부동산, 상속 재산 등으로 많은 자산을 보유하고 있다. 이렇게 굵직한 자본을 가지고 있으면 재산이 자가 증식하게 할 수 있다. 큰 자본을 투자하거나 대출했을 때 기대되는 수익이 중산층 가구가 얼마 안 되는 돈을 저축했을 때 얻을 수 있을 수익보다 훨씬 크기 때문이다. 평범한 사람이 은행에 소소한 액수를 저축했을 때 받는 이자는 1%가 안 되지만 큰돈을 장기로 투자할 수 있는 사람은 일반적으로 수익률이 5%가 넘는다.

하지만 어떤 삶을 사는지, 돈을 어떻게 모았는지, 자신의 재산으로 무엇을 하는지, 자신이 가진 부의 정당성에 대해 어떻게 생각하는지 등에서 슈퍼 부자들은 매우 다양하다. 그렇다고 부의 집중이 사회에 위험을 불러온다는 사실 자체가 달라지는 것은 아니다. 그가 어떤 사람이든 슈퍼 부자가 가지고 있는 재산의 어마어마한 규모는 매우 탄탄한 논거로 비판할 수 있다. 그렇더라도 슈퍼 부자가 다양한 사람들로 구성되어 있다는 점은 중요하다. 부의 제한주의를 찬성하거나 반대하는 논의를 할 때 슈퍼 부자들 각각의 재산이 어떤 원천에서 나왔는지 알면 부의 제한주의에 대한 여러 논거 중 그들 각자에게 어떤 것이 적용될지 판단하는 데 도움이 될 것이다(여러 가지 논거가 적용될 수 있겠지만 모든 논거가 그들 모두에게 적용되는 것은 아니며 모든 논거가 모두 같은 정도로 적용되는 것도 아니다). 그뿐 아니라, 정말로 우리가 극단적인 부에 대해 정치적 대화를 나눌 거라면, 슈퍼 부자 중 일부에게만 고착되어서 거기에서 도출한 주장을 일반화해서는 안 된다. 그렇게 했다가는 슈퍼 부자들을 하나로 뭉뚱그려 악마화하거나 아니면 통째로 찬양하게 될 것이다.

물론 슈퍼 부자들 모두 한 가지 공통점이 있다. 바로 돈이 많다는 사실이다. 그 재산을 지켜주고 그것이 한층 더 증식되게 해주는 시스템에서 살고 있다는 점도 공통적이다(뒤에서 더 자세히 알아볼 것이다). 하지만 불평등 심화라는 현상을 설명해줄 요인을 찾고자 한다면, 그리고 극단적인 부가 일으킬 결과를 알고자 한다면, 더 완전한 그림을 알아야 한다. 자, 그들은 누구인가?

흐뭇한 성공 스토리의 주인공부터 시작해보자. 이들은 역경을 딛고 성공한 드문 경우의 슈퍼 부자들로, 누구라도 '성공'할 수 있음을 보여주는 살아 있는 증거라고 흔히 이야기된다. J. K. 롤링J. K. Rowling을 생각해보자. '해리포터Harry Potter' 시리즈가 처음 나왔을 때 그는 사회보장 급여로 살아가는 싱글맘이었다. 그런데 소설과 뒤이어 나온 영화가 성공하면서 영국에서 생존 작가 중 가장 유명한 베스트셀러 저자가 되었고 10억 파운드로 추정되는 자산을 소유하게 되었다. 오프라 윈프리Oprah Winfrey도 있다. 그는 극도로 비참한 가난 속에서 자랐고 어렸을 때 성적 학대도 반복적으로 당했다. 하지만 지독히도 가혹한 어린 시절을 보냈음에도 텔레비전에서 커리어가 승승장구했고 미국에서 가장 영향력 있는 방송인이 되었으며 억만장자가 되었다. 하지만 우리는 롤링이나 윈프리의 자수성가 이야기에 너무 들뜨지 말아야 한다. 물론 어떤 이들은 역경을 딛고 부자가 된다. 하지만 모두가 빈곤에서 탈출해 성공할 수 있다는 말은 아니다. 오히려 반대다. 빈곤층이나 중하위층 출신인데도 야망을 가지고 열심히 노력해서 억만장자가 되는 경우는 극히 드물고, 대부분은 롤링이나 윈프리 같은 예외적인 인생역전을 꿈으로만 꿀 수 있을 뿐이다. 우리는 예외적인 소수의 이야기에 기쁘게 스포트라이트와 찬사를 보내지만, 빈곤층과 중하위층 대다수는 아무리 최선을 다해도 계속 그 자리다.

슈퍼 부자 중 조금 더 일반적인 경우는 중상층이나 중산층 가정 출신으로, 사업을 해서 '자수성가'한 사람들이다. 대개 물려받은 재산

없이 처음 얼마간은 소득이 그리 높지 않은 일자리에서 일하다가 어느 시점에 우호적인 시장에서 창업을 한다. 그리고 회사를 매각하고 물러났을 때(보통 40대 후반이나 50대) 어마어마한 돈을 갖게 된다. 어떤 곳은 정말로 규모가 커지기도 하지만, 자수성가한 비즈니스맨 천만장자들이 다 트위터〔현 X〕를 인수하거나 우주 여행 계획을 세우는 불합리한 일을 하지는 않는다. 많은 이들이 여전히 땅에 발을 단단히 딛고 있다. 내가 인터뷰한 몇몇 천만장자도 그랬다. 그들은 인생의 첫 몇십 년을 평범한 중산층 환경에서 살았고, 아마도 이것이 돈이 이렇게 많은 것을 그들이 편하게 여기지 않는 한 가지 이유일 것이다. 어떤 사람들은 재산을 사려 깊은 방식으로 기부하려고 적극적으로 노력한다. 어떤 사람들은 자신의 부를 더 근본적으로 문제라고 여겨서 부자들에게 과세를 늘리라고 주장하는 정치 단체에서 활동한다. 미국과 영국의 '애국적인 백만장자Patriotic Millionaires,' 독일어권 유럽의 텍스미나우taxmenow, 글로벌하게 활동하는 '인류를 위한 백만장자Millionaires for Humanity' 등이 그런 단체다.[4]

비즈니스로 천만장자와 억만장자가 된 사람들은 오프라 윈프리처럼 정말 아무것도 없이 시작한 완전한 자수성가 사례로 보일지 모른다. 하지만 종종 이는 사실이 아니다. 대개 이들은 자녀의 재능을 북돋워주고 적극적으로 투자해준 부모가 있었고, 심혈을 기울여주는 좋은 선생님이 있었다. 또는 가족 친지 중 부유한 사람이 있어서 대학 학비를 지원해준 덕분에 막대한 학자금 대출을 갚아야 할 부담 없이 노동 시장에 들어올 수 있었다. 또는 창업을 할 수 있게 해주거나 충분히 자리가 잡힌 다음에도 계속 지원해주는 정부 정책의 도움을 받은 경우도 많다.

그다음으로는 스스로 창업을 하지는 않았지만 기업 사다리를 정점까지 올라간, 조금 더 두루뭉술한 그룹이 있다. 이들은 자본주의라는 게임에서의 성공을 표상하고 체현하는 사람들이다. 이들은 주요 자원을 전지구적으로 움직이고, 소비자의 재화와 서비스를 생산하는 큰 기업들을 경영하며, 금융적 부를 창출하는 사람들이다(이들이 소비자에게, 또는 다른 누구에게라도 후생을 창출해주는지는 다른 문제다. 시장에서 판매되는 모든 재화가 우리의 후생을 증가시키는 것은 아니다). 2014년부터 2022년까지 쉘 석유 CEO였던 벤 반 뷰어든Ben van Beurden을 보자. 쉘 웹사이트에 따르면 CEO 재직 중 그의 핵심 업적은 회사의 재무 성과를 크게 개선한 것이었다. 조정수익이 65% 증가했고 주주 배당이 두 배로 늘었다. 그가 오늘날의 글로벌화된 자본주의 경제에서 기업을 운영하는 데 매우 뛰어난 사람임은 명백해 보인다. 2019년 3월에 네덜란드에서 그의 연수입이 2017년 890만 유로에서 2018년 2,010만 유로로 증가한 것을 두고 논쟁이 일었다. 2018년 1년간 하루에 5만 5,000유로씩을 번 셈이다. 그가 CEO로 재직했던 대부분의 해에는 소득이 대체로 연 500만 달러에서 800만 달러 사이였다.[5] 네덜란드 기준으로는 매우 큰 소득이지만 반 뷰어든이 미국이나 영국 CEO들을 본다면 자기 소득은 소소하다고 생각할 것이다. 2018년에 미국에서 가장 큰 기업 350곳의 CEO 평균 소득은 연 1,400만 달러였고 스톡옵션을 합하면 1,720만 달러였다.[6] 항상 누군가는 나보다 많이 번다.

물론 슈퍼 부자 중 또 한 그룹은 그 돈을 버는 데 자신은 아무 기여도 하지 않은 사람들이다. 상속 재산을 가진 사람들 말이다. 먼저, 왕족이 있다. 대개 왕족은 매우 부유하게 태어나고 상당한 연수입을 올린다. 엘리자베스 2세 여왕 사후에 왕세자가 된 윌리엄 왕자는 현재 10억 파운드의 가치가 있는 영지를 소유하고 있으며 여기에서 나오는 연수입이 최근 2,000만 파운드를 넘었다.[7] 왕족만 방대한 상속을 누리는 것은 아니다. 현재 전체 부의 절반 이상이 상속된 재산이다(혹은 세습 슈퍼 부자들의 관점에 따르면, 일련의 상속들을 거친 재산이다). 상속의 수혜자는 직업이 있을 수도 있고 아무 일도 안 하고 있을 수도 있다. 상속받은 재산을 종잣돈으로 삼아 창업을 하기도 하는데, 이 경우 그의 부는 상속받은 재산과 사업으로 번 돈이 합해진 것이라고 볼 수 있다. 그렇더라도 그의 사업이 종잣돈으로 쓸 수 있었던 상속 자본의 덕을 보았다는 점을 기억해야 한다. 큰 재산을 상속받은 사람은 무엇이든 좋아하는 일을 직업으로 택할 수 있겠지만, 흥미롭게도 그들이 무엇을 해야 하는지, 더 중요하게는 무엇을 하면 안 되는지와 관련해 계급 특정적인 기대치가 있다고 한다. 금융계의 슈퍼 부자들을 많이 취재한 한 지인에 따르면, 유럽 상류층의 젊은 여성은 집안의 미술 수집품을 관리할 수 있게 미술사를 전공하도록 독려받는 경향이 있다. 남편은 금융 분야에서 일하고 말이다.

척 콜린스처럼 상속을 받았지만 그 재산을 갖지 않기로 한 사람도 있다. 1960년대와 1970년대에 디트로이트 교외에서 자란 콜린스는 부의 불평등이 극심한 기회의 격차를 발생시키는 것을 직접 목격했다. 그는 다른 사람들은 허름한 이동주택에서 언제 쫓겨날지 몰라 전전긍긍 살아가는데 자신은 태어날 때부터 신탁 펀드가 있었다는 것이 공정하지 않다고 생각했다. 또한 자신이 속한 부유층의 연장자들이 젊은 백만장자에게 황금알을 낳는 거위의 배를 가르지 말라고 엄숙히 충고하는 것에도 거부감이 들었다. 물려받은 자본의 원금을 건드리지 말고 자가 증식하도록 해서 그 지대로 먹고살라는 조언이었다. 1985년에 26세이던 콜린스는 물려받은 재산을 기부했다. 당시에 50만 달러였는데, 한 기자의 추산에 따르면 2016년 가치로 700만 달러가 넘는다. 그 이후 콜린스는 불평등에 대해 연구와 인식 제고 활동을 벌이는 여러 기관에서 일했으며, 불평등 관련 정책을 개발하고 불평등을 다룬 책도 여러 권 썼다. 빌 게이츠 시니어와 함께 쓴 책도 한 권 있는데, 이들은 여기에서 유산세(상속 재산에 부과되는 세금) 폐지 주장에 반대했다.[8]

물려받은 돈을 가지면 안 된다고 생각한 사람은 콜린스만이 아니다. 유럽을 보면, 거액을 상속받는 것이 정당하지 않다고 소리 높여 비판하는 사람 중 한 명으로 독일계 오스트리아인 마를레네 엥겔호른Marlene Engelhorn이 있다. 엥겔호른은 2022년에 할머니로부터 상속받게 될 수천만 달러를 자신이 갖는 것이 적절치 않다고 생각한다고 밝혀 세계적으로 주목을 받았다. 엥겔호른은 가질 자격이 있기에는 그 재산을 창출하는 데 자신이 기여한 바가 없다며, 적어도 90%를 기부하겠다고 언론에 밝혔다. 하지만 사실 자신이 더 선호하는 방안은 자신을 비롯해 모든 부자에게 정부가 세금을 물리는 것이라고 덧붙였다. 그 돈의 용처를 정하는 일이 자신의 개인적 선호에 따라 이루어지지 않아야 한다고 생각했기 때문이다.[9]

엥겔호른의 견해는 부의 제한주의 원칙을 선언문에서 밝히고 있는('부의 제한주의'라는 단어를 쓴 것은 아니지만) 미국 단체 '자원생성Resource

Generation' 회원들 사이에서도 볼 수 있다. 자원생성은 25년 전에 기부 행사들에서 종종 만나는, 그리고 더 나이든 세대의 부자들에게 거리감을 느끼는 부유한 젊은이들의 비공식 모임으로 시작되었다. 이들은 비슷한 생각을 하는 사람들의 공동체에 목말라하고 있었다. 그러다 미국 사회에 내재된 시스템적 불의를 드러낸 일련의 사건이 있은 뒤, 이 모임은 공식 단체로 새로이 출범했다. 첫 번째 주요 계기는 2008년과 2009년의 금융위기였다. 금융기관들의 제약 없는 이윤 추구와 점점 더 위험해지는 행태 때문에 수많은 평범한 사람들의 삶이 폐허가 되었다. 그리고 얼마 뒤인 2011년에는 '점령하라' 운동이 일어났다. 자원생성 회원들은 연대의 의미로 "나는 1%다. 나에게 과세하라"라고 쓰인 피켓을 들고 동참했다. 자원생성은 미국의 18~35세 인구 중 상위 10%의 부유한 젊은이들로 구성되어 있으며, 회비로 운영된다. 현재 미국 전역에서 회원이 1,100명이 넘는다. 자원생성은 회원들이 평범한 생활 수준(되도록이면 모든 사람이 받아들일 수 있는 라이프스타일)을 고수하고 그 이상의 재산은 기부하도록 독려한다. 또한 기부할 때는 사회정의를 위한 운동과 과도한 부를 가진 특권층이 없는 사회를 향한 노력을 진전시키는 데 도움이 되는 방식으로 하도록 독려한다.[10]

슈퍼 부자 중 마지막, 하지만 중요도는 결코 덜하지 않은 그룹은 범죄, 억압, 착취로 부를 축적한 사람들이다. 러시아의 슈퍼 부자들, 구소련 붕괴 이후 국영 회사들을 차지해 막대한 부를 쌓은 올리가르히oligarch들이 그런 사례다. 이들은 런던, 베를린 등지에 거대한 요트와 저택을 소유하고 있으며 몰타 등 다른 유럽 국가에 이중 국적을 가지고 있다. 블라디미르 푸틴Vladimir Putin도 아마 이 범주에 들어갈 것이다. 2022년 상반기에 세계에서 가장 부유한 사람은 자산이 2,600억 달러이던 일론 머스크라고 일반적으로 알려져 있었지만, 2022년 3월에 한 인터뷰에서 지구상에서 가장 부유한 사람이 된 기분이 어떠냐는 질문에 머스크는 블라디미르 푸틴이 자신보다 훨씬 더 부자일 것 같다고 대답했다. 푸틴의 실제 재산에 대한 정보는 연구자에게든, 기자에게든, 러시아 시민에게든 꽁꽁 숨겨져 있지만, 몇몇 내부자는 2,000억 달러가 넘을 것으로 추정한다. 확실한 증거는 없지만, 푸틴의 국정 운영 방식과 올리가르히들에게서 돈을 뽑아내는 방식에 대해 알려진 바를 생각해보면 2,000억 달러가 있을 법하지 않은 숫자는 아니다. 그리고 규모가 얼마이든, 푸틴의 재산은 불법적인 금융 거래와 매우 관련이 깊을 가능성이 크다.[11]

이들은 각기 다른 배경을 가지고 있고 각기 다른 수준의 부를 가지고 있다. 이들을 하나로 묶어주는 것은 상위 1%에 속한다는 사실이다. 이들은 **극도로** 부유한 사람들이다. 우리가 여기에서 이야기하고 있는 사람들은 그냥 부자가 아니라 슈퍼 부자다. 상속을 받았든 사업체를 운영하든 도둑정치적 국가 지도자이든 간에 모두 자신에게 필요한 것보다 훨씬, 훨씬 많은 부를 가지고 있고, 그들이 가져도 좋을 마땅한 몫보다 훨씬, 훨씬 많은 부를 가지고 있다. 그리고 이들은 우리 모두에게서 점점 더 멀어지고 있다.

많이 이야기되지는 않지만, '그냥 부자'와 '슈퍼 부자'는 다르며, 최근의 몇몇 연구에서도 이를 확인할 수 있다. 두 연구팀이 '그냥 부자'

와 '슈퍼 부자'를 구분하는 것이 가능한지 알아보는 연구를 진행했다. 사회학자 애비게일 데이비스Abigail Davis가 이끈 영국의 연구팀은 포커스그룹 인터뷰를 이용한 질적 연구를 수행했다. 이들은 각각 10명으로 구성된 여섯 집단의 참가자에게 런던 사람들의 생활 수준을 구분해보게 했다. 런던은 세계적으로 불평등한 도시 중 하나여서 빈곤선 아래에서 살아가는 사람도 있고 막대한 부를 소유한 사람도 있다. 흥미롭게도, 생활 수준을 범주로 나누어 보라고 했을 때 참가자들이 생각하는 그림은 상당히 비슷했다.[12]

생활 수준 스펙트럼의 바닥에는 빈곤선(영국에서는 최저소득기준이라고 부른다) 이하에서 살아가는 사람들이 있다. 그다음으로는 차례로 중하층, 중산층, 그리고 그냥 부자, 이렇게 세 그룹이 있고, 맨 위에 별도 범주로 슈퍼 부자가 있다. 중하층은 빈곤선 아래의 사람들보다 조금 더 안정감을 느끼며 살아간다. 저축도 약간 있을 것이고 돈이 많이 들지 않는 몇몇 취미 생활도 할 수 있을 것이다. 중산층은 더 큰 안정성과 경제적 풍요를 누린다. 집을 소유하고 있을 수도 있고(대출은 있겠지만), 시장에서 보육 서비스를 이용할 돈도 있을 것이며, 때때로 해외 여행도 할 수 있을 것이다. 부자들은 대출 없이 집을 살 수 있을 것이고 해외에 세컨드 하우스가 있을 수도 있다. 또한 유모, 정원사, 재무관리사와 같은 개인 서비스를 이용할 돈도 있을 것이다. 자동차도 여러 대 있을 테고 상당한 투자 자산도 있을 것이다. 마지막으로 거물 기업인, 셀럽, 사업가 등이 포함되는 슈퍼 부자들은 집이 여러 채 있을 테고 여러 가지 개인적인 관리 업무를 처리해주는 사람들을 고용하고 있을 것이며 원한다면 개인 비행기와 요트도 살 수 있을 것이다.

전부는 아니었지만 이 연구의 참가자 다수가 슈퍼 부자들이 좋은 삶을 사는 데 필요한 것 이상을 가지고 있다고 생각했고 어떤 이들은 '그냥 부자'들도 그렇다고 생각했다. 하지만 좋은 삶을 사는 데 필요한 것 이상을 가지고 있다고 해서 그 추가적인 돈을 그들이 가지지 말아야 한다는 의미라고는 보지 않았다. 참가자들은 부자들과 슈퍼 부자들이 막대한 재산을 가져도 되느냐 안 되느냐는 그 부를 어떤 방식으로 축적했는지와 다른 이들을 위해 세상을 더 낫게 만드는 데 기여했는지에 따라 다르다고 생각했다. 참가자들은 금수저를 물고 태어난 사람이 억만장자인 것에 비해 J. K. 롤링이 억만장자인 것은 훨씬 덜 문제라고 생각했다.

두 번째 연구는 2018년에 위트레흐트대학교에서 내가 이끈 연구팀이 진행한 것으로, 참가자들에게 4인 가구에 대해 우리가 묘사한 상황(세컨드 하우스가 있는지, 차를 몇 대 소유했는지, 그 차는 어떤 종류인지, 여행을 얼마나 자주 가는지, 총저축액과 투자 자산은 얼마인지 등)을 보고 그 가구의 생활 수준이 어느 범주에 속할 것 같은지 이름을 붙여보라고 했다. 참가자 거의 모두(96.5%)가 '부자'와 '슈퍼 부자' 사이에 선을 긋는 것을 어려워하지 않았다. 하지만 정확히 어디에 선을 긋는지는 서로 달랐다. 참가자 절반 정도는 멋진 저택, 소박한 세컨드 하우스, 고급 자동차 두 대, 연간 세 차례의 여행, 20만 유로의 저축액이 있으면 어느 정도의 사치와 함께 좋은 생활을 누리기에 충분하다고 생각했고, 그것보다 많으면 '부유선rich line' 위로 올라가서 높은 생활 수준을 누리는 데 필요한 정도 이상을 가진 '슈퍼 부자'가 된다고 보았다. 4인 가구의 물질적 생활 수준 묘사를 고급 자동차를 두 대 소유하고, 1년에 다섯 번 여행을 갈 수 있고, 저축이나 투자 자산으로 100만 유로가 있는 정도로 올리면 참가자의 3분의 2가 이 수준 이상이 슈퍼 부자라고 생각했다. 저축과 투자 자산이 1,000만 유로로 올라가면 참가자의 94%가 그 이상이면 슈퍼 부자라고 생각했다. 우리 연구팀은 여기에 묘사된 라이프스타일에 포함되는 재산의 총금전 가치를 추산했고, 이를 통해 응답자의 83%가 4인 가족이 265만 유로가 넘는 총자산을 소유하고 있으면 슈퍼 부자라고 생각하고, 415만 유로를 기준으로 잡으면 89%가 그렇게 생각한다는 것을 알 수 있었다.[13]

이 연구를 토대로 우리는 네덜란드 사람들의 압도적 다수가 아주 좋은 삶을 사는 데 1인당 100만 유로(4인 가구당 400만 유로) 이상 필요하지는 않다고 생각한다는 결론을 내릴 수 있었다. 이러한 연구는 **윤리적 제한선**을 어디에서 그을지 정하는 한 가지 방법이 될 수 있다. 제도로 부과되는 정치적 제한선과 별개로 이타적인 사람이라면 자기 삶에서 지침으로 삼아야 할 기준으로서 말이다. 영국의 천만장자 중 자기 돈을 대부분 기부해서 없애기로 한 사람들도 본질적으로 이와 비슷한 기준점을 상정하고 있었다. 이들은 살고 있는 집 이외에 자신과 가족(주로 자녀가 둘이나 셋이다)을 위해 200만~400만 유로를 보유하고 나머지를 기부했다.

어디에 선을 그을 것인가, 즉 매우 좋은 삶을 꾸리기에 필요한 돈은 얼마만큼인가 하는 질문은 학계 밖에서도 점점 더 많이 논의되고 있다. '애국적인 백만장자'는 부자들에게 세금을 올리고 모든 이에게 생활 임금과 동등한 정치적 대표성을 보장하기 위해 정책 개선 활동을 벌인다. 이 단체의 회원이 되려면 부자(내 기준으로는 슈퍼 부자)여야 한다. 이 단체가 정한 부자의 기준점은 어디일까? 미국의 '애국적인 백만장자'는 소득 100만 달러 이상, 또는 자산 500만 달러 이상이 기준이다. 영국의 자매 단체도 같은 기준을 적용하고 있다. 이들이 '부자에게 과세를 올리자'고 할 때 '부자' 기준도 이와 같다. 하지만 미국의 '애국적인 백만장자' 창립자이자 회장 에리카 페인Erica Payne은 그것보다 소득이 낮다고 해서, 예를 들어 소득이 25만 달러라고 해서 세금을 많이 내지 않아도 된다는 말은 아니라고 강조했다. 슈퍼 부자에게 초점을 맞춘다는 말은 소득과 자산이 그보다는 적지만 좋은 삶을 살기에 필요한 수준보다는 훨씬 많은 사람들에게 과세를 높이지 말아야 한다는 말이 아니다.[14]

우리는 부자와 슈퍼 부자 사이에 그을 수 있는 몇몇 경계선을 살펴보았다. 네덜란드의 한 연구에서는 1인당 100만 유로가 제시되었고, 미국의 한 단체는 1인당 500만 유로를 제시했다. 나는 이 숫자들이 어떤 효과를 발휘하는지 아주 잘 안다. 다들 숫자 자체에만 고착되어 정작 그 숫자가 무엇을 의미하는지는 생각해보지 않는 것이다. 네덜란드 미디어에서 부의 제한주의 프로젝트를 다루었을 때 바로 그런 일이 벌어졌다. 신문 칼럼과 TV 토크쇼들은 언론에서 언급한 숫자인 220만 유로가 너무 적은 것 아니냐는 질문에만 온통 관심을 집중했다. 물론 이 숫자가 너무 낮은 제한선이라고 생각하는 사람도 있을 수 있다. 4인 가구가 자산이 220만 유로이면 '너무 부자'인 것인가? 뉴욕이나 도쿄나 파리에 사는 사람은 부의 상한선으로 220만은 불합리하게 낮은 숫자라고 생각할지 모른다. 그 도시들에서는 물가가 비싸서 220만 유로 이상의 자산을 가지고 있어도(그리고 대체로는 그 자산도 살

고 있는 집일 것이다) 슈퍼 부자들처럼 사치스럽게 살지는 못하기 때문이다.[15]

이 대목에서 사회의 맥락이 중요해진다. 내가 앞에서 언급한 부유선 연구를 수행했던 네덜란드에서는 모든 시민과 영주권자가 정부가 지원하는 기본 연금을 받을 수 있다(연금 액수는 빈곤선과 대략 비슷하다). 이에 더해, 전일제 노동자와 파트타임 노동자 모두 고용주를 통해 연금에 가입된다(이런 이유에서 우리는 연구에서 연금에 불입된 돈은 제외했다). 또한 네덜란드는 물가가 가장 비싼 도시라 해도 부동산 가격이 런던이나 뉴욕만큼 비싸지는 않다. 우리가 주목해야 할 점은 숫자 자체가 아니라 대부분의 사람들이 '부자'와 '슈퍼 부자'를 별 어려움 없이 구별한다는 사실이다. 다른 곳에서도 이와 비슷한 연구를 해볼 수 있을 것이다. 이러한 대화의 목적은 각 사회의 맥락에서 '질 좋은 삶을 누리며 풍요롭게 사는 데 필요한 생활 수준은 어느 정도인가'에 대해 그 사회에 적합한 합의를 도출하는 것이다.

자, 이 논의는 우리를 어디로 데려가는가? '부유선'을 개인의 부가 거기에 도달하면 그 사람이 온전하게 번성할 수 있는 여건을 마련해 주기에 충분한 정도의 부라고 정의해보자. 부유선에 일단 도달하면 부를 더 늘리는 것은 그 사람의 삶의 질에 이렇다 할 추가적인 영향을 주지 못한다. 부유선이 어디여야 할지는 각자가 사는 사회의 정책과 공공재의 제공에 달려 있다. 양질의 교육이 공공재로서 누구에게나 제공되는 곳과 소수의 특권층만 사적으로 돈을 들여 누릴 수 있는 곳은 '부자'와 '슈퍼 부자'를 가르는 선이 크게 달라야 한다. 유럽 대부분에서는 학부 1년 학비가 150~3,000유로이고 영국은 9,250유로다. 미국은 5만~6만 5,000달러이고 사립 학교 중에는 더 비싼 곳도 있다. 대학에 가는 것이 슈퍼 부자들만의 특권이 아니어야 한다고 생각한다면, 미국에서의 부유선은 대륙 유럽 국가들에서보다 훨씬 더 높아야 하고 영국에서보다도 상당히 높아야 한다.

여기에 중요한 시사점이 있다. 사회가 모든 이에게 재화와 서비스를 적절하게 제공한다면 각 가구는 의료, 주거, 교육 등의 비용을 감당할 목적에서는 돈을 덜 벌고 덜 쌓아두어도 될 것이다. 마찬가지로, 사람들이 필요로 할 때 사회가 적절한 금융 안정성을 제공할 수 있다면, 가령 노년, 실업, 질병, 장애를 대비한 사회보험이 있다면, 각 가구는 은퇴할 때, 일자리를 잃었을 때, 병에 걸렸을 때, 장애나 만성질환이 있는 아이를 키워야 할 때 등을 위해 큰돈을 떼어놓아야 할 필요가 없을 것이다. 기본적인 공공재가 제공되고 기본적인 위험에 금융적 대비가 제공되는 사회에서는 불운에서 스스로를 보호하기 위해 개인적으로 부를 많이 축적할 필요가 없다. 따라서 제대로 기능하는 복지 제도와 사회보장 시스템이 있는 사회에서는 다른 곳보다 부유선이 훨씬 더 낮을 것이다. 사회 안전망이 잘 작동하면 개인적으로 돈을 많이 쟁여두어야 할 필요가 없기 때문이다.[16]

이제까지 살펴본 바를 토대로 할 때, '부유선,' 즉 '충분한 것보다 많은' 부의 기준선이 존재한다는 주장에는 대체로 이견이 없을 것이다(그것이 정확히 얼마인지는 맥락에 따라 다르지만 말이다). 이를 전제로, 부의 제한주의 프로젝트에서 우리가 물어야 할 다음 질문은 더 많이 갖는 것이 **부도덕한** 일이 되는 부의 기준선도 존재하느냐다. 이에 대한 답도 '그렇다'인 것으로 보인다. 즉 어느 지점을 넘어서면 **'너무 많이 가졌다'**는 〔도덕적〕 판단이 성립된다.

그렇다면, 우리는 부의 제한주의와 관련해 서로 구별되는 세 가지 기준선을 이야기할 수 있다. 부유선, 윤리적 제한선, 정치적 제한선이다. 기준선이 세 개나 있으면 이야기가 약간 더 복잡해지지만 이 구별은 꼭 필요하다.

부유선은 추가적인 돈이 삶의 수준을 적어도 유의미하게는 높여주지 못하는 지점을 말한다. 런던과 위트레흐트에서 이루어진 연구에서 알아본 것이 부유선이라고 볼 수 있는데, 이 연구들은 사람들이 부유선이 어디인지를 곧바로 짚을 수 있음을 보여주었다. 부유선은 돈과 라이프스타일 사이의 관계를 관찰한 데서 나온 묘사적인 결론이며, 도덕적인 판단은 아니다.

윤리적 제한선은 도덕적으로 한 사람이 가질 수 있는 최대한의 돈이 얼마인지를 의미한다. 윤리적 제한선을 넘어가면 추가적인 돈을 계속 가지고 있는 것을 양심의 가책 없이 정당화할 수 없다. 어떤 사람들은 부유선과 윤리적 제한선이 같다고 생각한다. 즉 이들은 후생에 향상을 가져오지 않는 부는 소유하지 않는 것이 윤리적으로도 마땅하지만, 이 수준보다 적게 가지고 있을 때는 가진 것을 다른 이에게 주어야 할 의무가 발생하지 않는다고 본다. 이 경우, 네덜란드에서 수행된 부유선 연구를 실마리로 삼는다면 윤리적 제한선을 1인당 100만 유로라고 설정할 수 있을 것이다. 한편, 어떤 사람들은 100만 유로가 윤리적 제한선으로는 너무 높으며, 세계의 모든 비참함과 불의를 생각할 때 우리가 스스로 부과해야 할 윤리적 한계는 부유선보다 낮아야 한다고 본다. 부유선보다 훨씬 낮은 정도의 부로도 좋을 삶을 누릴 수 있고, 많은 사람들이 실제로 그렇게 살고 있지 않은가?

정치적 제한선은 국가가 사회 시스템과 조세 재정 시스템을 만들 때 목표로 삼을 수 있는, 개인의 부를 〔제도적으로〕 제한하는 가장 궁극적인 상한선이다. 이 선을 넘는 부는 부도덕하다. 정부는 정책과 제도를 적절히 설계해서 누구도 그것보다 많은 돈을 축적할 수 없게 해야 한다. 그 이상의 소득에 꼭 100% 세율을 적용해야 한다는 말이 아니다. 이상적으로는 여러 다양한 조치를 함께 사용해서 극단적인 부의 집중을 막을 수 있다. 하지만 이 숫자가 공상적인 숫자로 여겨져서도 안 된다. 이것은 현실에서 최대한 견고하게 집행될 수 있는 제한선이어야 한다.[17]

부유선과 마찬가지로 정치적 제한선과 윤리적 제한선도 글로벌 수준과 지역 수준에서, 또 지역별로 맥락에 따라 달라야 한다. 이상적인 세상에서라면 아마도 우리 모두 1년에 해외 여행을 여섯 번 정도 갈 수 있을 것이고, 여러 가지 매력적인 일자리 중에서 고를 수 있거나 돈 버는 일을 아예 안 할 수도 있을 것이며, 다들 매우 부유할 것이다. 하지만 이것은 판타지이고 현재의 세상은 이렇지 않다. 우리의 세상은 생태적 자원이 극적으로 고갈되고 있고, 매우 불평등하며, 놀라운 속도로 격차가 더 벌어지고 있는 세상이다. 우리의 세상은 날마다 많은 사람이 굶주린 채 잠자리에 드는 세상이고, 많은 사람이 원인이 구조적인 데 있기 때문에 그들로서는 해결할 수 없는 문제들로 걱정하고 고투하는 세상이다.

깊이 불의한 이 세상에서, 나는 정치적 제한선을 **대략** 1인당 1,000

만으로 제안하고자 한다('대략'이라고 했으니 이것이 유로인지 달러인지 파운드인지는 중요하지 않다. 우리는 일반적 원칙에 초점을 맞춰야 하고, 우리가 논의하고 있는 것이 '규모'이지 정확한 '숫자'가 아니라는 점을 기억해야 한다). 왜 1,000만인가? 상세한 답은 이후의 8개 장에서 설명하겠지만, 짧은 답은 다음과 같다. 이것은 서로 다른 도덕적·정치적 고려사항들이 시사하는 최대 액수들 사이에서 균형을 이루는 지점이다. 어떤 상한선은 기후와 관련된 불의를 해결하거나 긴요한 인간의 필요를 충족하는 데 그 돈이 더 잘 쓰일 수 있기 때문에 개인이 그 이상을 갖는 것이 전적으로 낭비가 되기 시작하는 선을 의미한다. 정치적 평등이 요구하는 상한선도 있다. 생산성이 매우 높은 사람들이 경제에 계속 기여하게 할 인센티브 효과를 감안한 상한선도 있다. 슈퍼 부자들의 삶의 질과 후생을 보호하기 위한 상한선도 있다. 이것은 그들이 끝없는 부의 축적에 중독된 데서 빠져나오게 하고 그들의 자녀가 부모의 과도한 부가 야기하는 피해 없이 자랄 수 있게 하기 위해 두어야 할 상한선을 말한다. 이러한 고려사항들을 종합적으로 감안해 상한선들의 평균을 찾아보면 1,000만 정도가 나온다.

하지만 숫자를 제시하는 것과 동시에, 부의 제한주의가 숫자에 대한 것이 아니라 극단적인 부의 집중이 없는 사회가 우리 모두에게 더 좋은 사회인 이유들에 대한 것임을 기억해야 한다.

2장

극단적인 부는 불평등을 심화하고 가난한 사람들을 계속 빈곤에 묶어둔다

2023년 1월, 영향력 있는 글로벌 인사들이 연례 경제 포럼에 참석하기 위해 다보스에 모였을 때 옥스팜은 빈곤과 부에 대한 연례 보고서를 발표했다. 기아, 기본 재화 가격의 급등, 25년 만에 처음으로 세계 빈곤 인구의 증가와 같은 여러 위기가 펼쳐졌지만, 세계에서 가장 부유한 사람들의 부는 늘어난 것으로 나타났다. 옥스팜 보고서에 따르면 하위 90%의 소득은 미미하게 늘었거나 마이너스 증가율을 보였는데 상위 1%의 부, 특히 억만장자들의 부는 치솟고 있었다. 2012년부터 2021년 사이에 새로 창출된 100달러마다 54.4달러가 상위 1%에게 갔고 하위 50%에게는 고작 0.7달러가 갔다. 2020년 10월부터 2022년 사이 하위 90%가 얻는 1달러마다 억만장자 집단은 170만 달러를

얻었다. 억만장자들은 전 세계 부의 50% 이상을 가지고 있었다.[1]

개별 사례를 넘어 빈곤과 불평등의 전체 경향을 보면 부의 분포 문제가 악화되고 있음을 명백하게 알 수 있다. 옥스팜 보고서에는 아주 많은 통계와 자료가 나온다. 학계에서도 경제학자들이 수십 년간 모은 데이터가 있어서 오늘날의 상황을 파악하는 데 필요한 자료를 얻을 수 있다. 불평등과 부를 논하는 데 다른 방법은 없다. 그것을 알려면 통계와 데이터를 바탕으로 현 상황을 정확하게 분석해야 한다. 자, 그럼 빈곤과 불평등의 추이는 우리에게 무엇을 알려주는가?[2]

글로벌 수준부터 시작해보자. 당신은 최근에 세계 빈곤 인구가 증가한 것이 일시적인 현상이라고 믿고 싶을 것이다. 경제학자와 통계학자들은 극빈곤 인구가 감소해온 것을 현대의 가장 중요한 발전으로 내내 이야기해오지 않았는가? 삶의 질에 대한 많은 지표가 지난 몇십 년간 크게 좋아진 것은 사실이다. 경제학자 맥스 로저Max Roser는 이런 추이를 분석하는 연구 센터 '데이터로 보는 우리 세계Our World in Data'를 세웠고, 이곳의 분석 결과는 일반 대중이 볼 수 있게 공개되어 있다. 널리 공유된 이곳의 몇몇 그래프는 아동사망률, 극빈곤율, 문맹률, 의료 접근성, 교육 접근성 등에서 인류가 엄청난 진보를 이루었음을 보여준다. 이에 따르면 극빈곤 인구 비중은 1820년 90%이던 데서 2015년에는 10% 미만으로 줄었다. 경이로운 감소폭이다! 또한 이곳의 데이터는 1800년 이래 아동사망률과 모성사망률이 막대하게 줄었고 평균 기대수명과 문해율이 크게 높아졌음을 보여준다.[3]

우리는 큰 불황이나 금융위기처럼 예기치 못한 재앙이 닥치면 일반적으로 글로벌 빈곤이 심화된다는 것을 알고 있다. 2020~2022년의 코로나19 팬데믹 때가 바로 그랬다. 2020년에 극빈곤 인구가 11%, 절대수로는 7,000만 명이나 증가할 것으로 추산되었다. 세계은행World Bank은 정부가 적절히 개입하면 극빈곤이 감소하는 추세로 다시 돌아갈 수 있으리라고 기대하지만, 식량 가격과 에너지 가격이 높은 데다 글로벌 성장 전망이 낮아서 '회복이 정체'를 보이고 있다고 언급했다. 그래도 미래를 확실히 알 수는 없다. 코로나19 이후에 급증한 빈곤은 일시적인 것일 수도 있다. 아무튼 장기적으로는 빈곤율이 꾸준히 감소해온 듯한 추이를 보이고 있지 않은가?[4]

낙관주의자들은 그러한 추이를 보여주는 숫자가 환호할 만한 것이라고 말한다. 경제학자만이 아니라 기업가 정신으로 사회의 심각한 병폐들을 해결할 수 있다고 믿는 많은 부유한 자선가들도 그렇다. '빌 & 멜린다 게이츠 재단Bill & Melinda Gates Foundation'의 뉴스레터는 제목이 매우 적절하게도 〈낙관주의자The Optimist〉이고 부제는 "평등한 세상을 향한 수그러들지 않는 추구"다. 팬데믹이 시작되기 1년 전에 빌 게이츠는 "내가 제일 좋아하는 인포그래픽"이라며 빈곤이 극적으로 감소했음을 보여주는 '데이터로 보는 우리 세계' 그래프를 트위터에 공유하고 이렇게 언급했다. "지난 200년 동안 삶이 얼마나 많이 향상되었는지를 많은 이들이 과소평가하고 있다."[5]

하지만 이 숫자들은 다르게도 읽을 수 있다.

경제인류학자 제이슨 히켈Jason Hickel이 지적했듯이, 과거에는 다들 너무 가난했지만 그 뒤에 전 세계적으로 극빈곤이 크게 줄었다는 지배적인 내러티브는 틀렸거나 오도의 소지가 있다. 이 내러티브에 대해 우리가 시급히 고려해보아야 할 반박 내러티브가 존재하며, 이 논의는 우리에게 꼭 필요하다. '데이터로 보는 우리 세계' 그래프들이 제시하는, 그리고 열렬히 공유되고 있는 그림은 글로벌 자본주의가 빈곤 감소에 가장 효과적인 것처럼 보이게 해서 글로벌 자본주의를 정당화하기 위한 광범위한 시도의 일부일 수 있다. 자, 이 내러티브에는 어떤 문제가 있을까?[6]

첫째, '데이터로 보는 우리 세계'와 동일한 결론을 내리기에는 일단 정보가 충분하지 않다. 1981년 이전에는 글로벌 빈곤에 대해 유의미한 데이터가 없기 때문에 어떤 주장도 모델과 추정치에 기댈 수밖에 없고, 특히 과거 사람들의 소득이 어느 정도였을지에 대한 추측에 기댈 수밖에 없다. 그런데 이 수치는 매우 정교하지 못하다. 그리고 경제학자 로버트 앨런Robert Allen이 지적했듯이 더 유의미한 데이터를 사용하면, 예를 들어 얼마를 버는지보다 무엇을 소비하는지를 기준으로 살펴보면, '사회가 진보해왔다'는 내러티브는 붕괴한다. 일례로, 인도에서 극빈곤율은 영국 식민지가 되기 전[예를 들어 1600년]이 19세기 초보다 낮았고 식민 시기 동안 두 배가량 높아진 것으로 보인다. 앨런은 과거의 극빈곤 인구수를 추정하고 싶다면 사람들이 무엇을 얼마만큼 먹을 수 있었는지, 또 옷·연료·주거·기타 필수품에 얼마를 쓸 수 있었는지에 대한 데이터를 분석해야 한다고 말한다. 이렇게 소비 데이터로 살펴보면, 빈곤율은 과거에 훨씬 낮았던 것으로 보이는데, 이 사실은 '막대한 진보'가 있었다는 내러티브에 강하게 압박을 가한다. 어떤 데이터를 사용하는지는 중요하며, 가장 널리 사용되는 데이터가 가장 적합한 데이터는 아닐 수도 있다.

둘째, '데이터로 보는 우리 세계'가 빈곤 통계를 낼 때 사용하는 빈곤선이 극단적으로 낮다. 이 빈곤선은 구매력 평가로 보정한 2011년 기준 하루 1.90달러다. 구매력 평가 보정이란 상이한 나라들 사이의 화폐 가치를 비교 가능하게 조정하는 경제학적 기법으로, 구매력 평가로 보정한 1.90달러의 의미는 뉴델리나 안타나나리보(마다가스카르 수도)에서 1.90달러로 구매할 수 있었던 것이 아니라 2011년에 미국에서 그 돈으로 구매할 수 있었던 것을 의미한다. 우리는 이 빈곤선의 의미를 생각해보아야 한다. 이것은 빈곤이 아니라 **극빈곤**이다. 또한 우리가 사회 발전의 주요 지표로 이 빈곤선을 사용한다면 기준을 너무 낮게 잡고 있다는 의미이기도 하다.

많은 경제학자가 빈곤선을 2011년 미국에서의 구매력을 기준으로 하루 7.40~15달러 선으로 잡아야 한다고 주장한다. 로버트 앨런은 현재 빈곤선인 하루 1.90달러로는 19세기 미국 노예**만도 못한** 생활 수준밖에 유지할 수 없다고 지적했다. 이는 극빈곤 인구를 계산하는 데 사용하기에는 불합리하게 낮은 기준이다. 이것은 사회적 · 경제적 진보를 가늠하는 척도가 될 수 없다. 더 현실적으로 10달러를 빈곤선으로 삼으면 어떻게 될까? 세계 인구의 10%가 아니라 무려 3분의 2가 여전히 극빈곤에서 살아가는 것으로 나타난다. 다시 말하지만, 2011년에 미국에서 10달러로 구매할 수 있었던 것을 말하고 있는 것이다.[7]

낙관주의자들이 즐겨 말하는 '윈윈 내러티브,' 즉 우리가 나눌 파이가 커졌기 때문에 모든 이의 삶의 수준이 향상되었다는 내러티브는 이런 추이를 긍정적으로 보이게 만들고자 무진 애를 쓴다. 지난 200년 동안 글로벌 경제의 발달이 부자와 빈자 모두에게 득이 되었다고 믿게 만들려고 말이다. 크게 보면 사실이긴 하다. 하지만 많은 이들이 이것을 세계화와 자본주의의 확산에서 부자와 빈자가 동일하게 득을 보았다는 의미로 받아들이는데, 이 결론은 여러 이유에서 문제가 있다.

첫째, 우리가 정말로 물어야 할 질문은 세계화의 이득이 어떻게 분배되었는지다. 윈윈 상황인지 묻는 것만으로는 충분하지 않다. 우리는 이것이 **공정한** 윈윈 상황인지 물어야 하고, 모든 가능한 윈윈 상황 중 최선인지 물어야 한다. 둘째, 글로벌 빈곤 감소의 대부분은 중국에서 벌어졌는데, 중국은 일반적인 의미에서 자본주의 국가가 아니다. 빈곤 인구가 줄어든 기간에 중국은 매우 강한 관리 경제 체제를 유지하고 있었다. 셋째, 노벨상을 수상한 경제학자 아마르티아 센Amartya Sen이 수십 년간 주장해왔듯이, 빈곤을 측정할 때 초점을 두어야 할 것은 사람들이 얼마나 많은 돈을 가지고 있느냐가 아니라 무엇을 할 수 있고 어떤 삶을 살 수 있느냐다. 따라서 돈을 볼 것이 아니라 수명, 아동사망률, 문해율, 성평등 지수 등 인간 발달과 관련된 지표들을 봐야 한다. 센은 벨기에 출신 인도 역사학자 장 드레즈Jean Drèze와 공동으로 한 연구에서 (종종 지역 정부 수준에서) 인간을 중심에 놓는 경제·사회 정책들이 사람들을 빈곤에서 벗어나게 하는 데 매우 효과적임을 보여주었다. 예를 들어, 인도에서 인간 발달 지표들이 훨씬 좋은 케랄라주는 많은 이들이 '사회주의적'이라고 분류할 만한 정책들을 수십 년간 펴왔다. 개발경제학자 장하준이 언급했듯이, 자유시장 정책이 가난한 사람을 부유하게 만들어준다는 개념은 자본주의에 대한 '신화' 중 하나다. 넷째, 피케티의 분석이 잘 보여주었듯이 "서구 세계가 부를 획득하는 데는 노예제와 식민주의가 핵심적인 역할을 했다"는 점 또한 윈윈 내러티브를 깨트린다. 글로벌 자본주의의 많은 옹호자들이 글로벌 남부가 몇백 년간 착취당했다는 사실을 완전히 간과하고 있지만, 그 착취의 영향은 오늘날까지도 남아 있다.[8]

심지어 지난 몇십 년만 보더라도, 그리고 〔인간 개발 지표 말고〕 돈에 대한 지표만 보더라도 윈윈 내러티브에는 금이 간다. 윈윈 내러티브는 글로벌 경제의 확장이 가져온 이득 중 방대한 양을 부자들이 가져갔고 빈곤층과 중산층이 가져갈 몫은 거의 남겨놓지 않았다는 사실을 고려하지 않는다. 이 불균등은 통계에 명확히 드러난다. 2016년에 크리스토프 래크너Christoph Lakner와 브랑코 밀라노비치Branko Milanovic는 《세계은행 경제 리뷰World Bank Economic Review》에 한 논문을 게재했는데, 많은 이목을 끈 또 하나의 그래프가 실려 있었다. 모양 때문에 '코끼리 그래프'라는 별명이 붙은 이 '성장 발생 곡선' 그래프는 1988년부터 2008년 사이에 전 세계 인구 중 소득 분포상의 집단별로 소득 증가폭이 몇 퍼센트였는지를 보여주었다. 이에 따르면, 하위 70%가 전반적으로 소득이 가장 큰 폭으로 증가했다(최하위 5%는 예외였다. 이들은 글로벌 평균보다 증가폭이 작았다). 그중 중위 소득자가 가장 큰 폭의 증가를 기록해서 소득이 75%나 늘었다. 상위 20%의 소득은 매우 제한적으로만 증가했다. 다만, 상위 1%는 예외여서 이들의 소득은 약 65%나 증가했다.[9]

낙관주의자들은 자본주의 덕분에 모두의 상황이 향상되었으며 특히 중산층이 성장했다는 근거로 이 그래프를 즐겨 사용한다. 하지만 이것도 잘못된 결론이다. 2019년에 제이슨 히켈과 후자이파 줌카왈라Huzaifa Zoomkawala는 1980~2016년의 36년 치 자료로 그래프를 업

데이트해보았다. 일단 여기에서도 매우 비슷한 코끼리 모양 그래프가 나오긴 했다. 36년간 글로벌 소득 분포상의 하위 절반이 가장 높은 소득 증가율을 보였다. 하지만 히켈과 줌카왈라는 각 집단의 **시작 시점 소득을 기준으로 퍼센트 증가분을 이야기하면** 시작 시점에 소득이 거의 없었던 사람들은 증가분이 매우 커 보이게 된다고 지적했다. 하루 1달러로 살던 사람이 하루 2달러로 살게 되면 소득이 100% 증가한 것이 되지만, 그래도 이들은 여전히 매우 가난하다. 반면에 하루 1,000달러를 가지고 있다가 소득이 1,001달러로 1달러 늘면 겨우 0.1% 증가한 것이 된다. 히켈과 줌카왈라는 집단마다 시작 시점 소득을 기준으로 증가폭을 계산하지 말고 전 세계의 경제 성장분이 집단 간에 어떻게 분배되었는지를 보면 충격적으로 다른 그림이 나타난다는 사실을 보여주었다. 금액으로 볼 때, 부유하지 않은 90%의 소득 증가는 미미했고 가장 가난한 사람들의 소득은 겨우 193달러 증가했다. 글로벌 경제 성장의 압도적인 부분은 슈퍼 부자들에게 돌아갔다. 상위 1%는 이 기간에 연소득이 평균 12만 4,897달러 늘었고, 그다음 9%는 1만 3,739달러 늘었다.[10]

엄밀히 말하면 1980년대 이후 점점 더 글로벌화되는 경제에서 모든 집단이 소득 면에서 **무언가**를 얻은 것은 사실이고 글로벌 자본주의를 옹호하는 사람들이 이를 근거로 즐겨 들지만, 이것은 가난한 사람들의 승리라고 보기 어렵다. 또한 이 결과에 '자연적'이거나 불가피한 면은 없다는 사실도 중요하다. 이것은 강력한 사람들이 내린 구체적인 선택들의 결과다. 지금과 다른, 더 평등한 시나리오도 얼마든지 가능했다. 제이슨 히켈, 딜런 설리번Dylan Sullivan, 후자이파 줌카왈라의

2021년 연구가 이를 말해준다. 이들은 1960년대 이래 '불평등 교환'으로 글로벌 남부에서 빠져나간 부가 어느 정도인지 추적했다. 불평등 교환은 노동과 자원의 가격이 국가 사이에, 또 대륙 사이에 체계적으로 다를 때 발생한다. 평균적으로 글로벌 남부 노동자의 임금은 글로벌 북부 노동자의 5분의 1 수준이다. 따라서 글로벌 남부에서 글로벌 북부로 '숨겨진 가치 이전'이 발생한다.[11]

히켈, 설리번, 줌카왈라는 글로벌 북부 국가들이 글로벌 남부 국가들의 임금과 천연자원 가격을 인위적으로 낮추고자 여러 가지 조치를 통해 개입했다고 지적했다. 노동 이주에는 국경을 닫았고 종종 농산품에도 국경을 닫았다. 반면, 자본은 자유롭게 이동하도록 했다. 또한 글로벌 남부에서 노동자의 권리를 없애고 노조 권력을 (또는 노조 권력의 가능성을) 억눌렀다. 나아가 노엄 촘스키 등이 지적했듯이, 글로벌 남부에서 노동자의 임금을 높이고 천연자원 가격을 공정하게 설정하려는 국가 지도자들을 암살하는 것부터 쿠데타를 일으켜 정부를 전복하는 것까지 온갖 지정학적 전술도 사용했다.[12] 그와 동시에, 글로벌 북부의 기업들은 너무나 규모가 커져서 몇몇 재화의 경우 사실상 국제 가격을 그들이 설정할 수 있게 되었고, 그렇게 되자 그들은 매우 높은 가격을 설정했다. 이렇게 불균등한 글로벌 교역 조건으로 1960년에서 2017년 사이에 글로벌 남부가 잃은 돈이 약 62**조** 달러에 달하는 것으로 추산되었다. 이는 글로벌 남부 GDP의 97%, 1인당으로는 9,951달러에 해당한다. 같은 기간, 글로벌 북부는 68조 달러, 1인당으로는 6만 5,517달러를 얻었다.[13]

이와 관련해서도 현 경제 질서를 방어하려는 사람들은 글로벌 교역에서 어쨌거나 모든 이가 이득을 얻지 않았냐고 말할 것이다. 물론 그렇다. 하지만 그 결과가 전반적으로 긍정적이었는지를 알고자 한다면 이 사실은 그다지 관련이 없다. 우리는 현 상황을 교역이 더 공정하게 이뤄졌더라면 우리가 가졌을 세상과 비교해야 한다. 각국이 자신의 경제를 자신이 선호하는 모델에 따라 운영할 수 있는 세상 말이다. 이에 비추어보면 글로벌 남부가 막대한 손실을 입고 있다고 결론 내릴 수 있다. 〈포브스〉 목록에 있는 억만장자들의 주머니로 들어간 어마어마한 이윤은 글로벌 남부의 노동자들에게 정당한 임금을 지급하는 데 쓰였을 수도 있었다. 글로벌 북부의 기업과 정부가 누린 경제적 권력을 글로벌 남부의 정부들이 유지하고 있었을 수도 있다. 하지만 불행히도 대부분의 경제학자는 이 사실을 관련성 있는 사항으로 여기지 않는다.

그러한 불공정의 결과가 무엇인지는 2022년판 《세계 부富 보고서》에서 단적으로 볼 수 있는데, 이 숫자들은 충격적이다. 크레디트스위스Credit Suisse가 매년 펴내는 이 보고서는 지역별, 대륙별로 전년도에 성인 한 명이 평균적으로 보유한 자산이 얼마인지 보여준다. 2021년에 성인 1인당 평균 자산은 북미 56만 달러, 유럽 18만 달러, 중국 7만 7,000달러, 아시아 태평양 지역 6만 5,000달러, 남미 2만 8,000달러, 인도 1만 6,000달러, 아프리카 8,000달러였다. 하지만 국가 내에서의 막대한 불평등을 생각할 때, 이 숫자들은 대부분의 가구가 가지고 있는 재산이 어느 정도인지에 대해서는 말해주는 바가 거의 없으며 부의 집중화가 두드러진 북미에서는 특히 더 그렇다. 위의 숫자들은 국가 간에 막대한 불평등이 있다는 점만 말해줄 뿐이다. 우리는 도덕적 관점과 정치적 관점 모두에서 교역의 이득이 더 공정하게 나뉘

었더라면, 또한 가장 많은 부와 권력을 가진 사람들이 세계화를 자신의 부를 한층 더 증식하는 데 이용하지 않았더라면 이 숫자들이 훨씬 적은 불평등을 보여줄 수도 있었다는 사실을 반드시 인식해야 한다. 그러나 세상은 그렇게 되지 않았고, 그들의 부는 증식되었다.[14]

세계에서 제일 부유한 사람들은 어디에 많이 살고 있을까? 재산을 미국 달러로 환산했을 때 2021년에 전 세계 백만장자 수는 6,250만 명이었다. 이들이 가장 많이 사는 곳은 미국으로, 세계 백만장자 중 39.2%가 미국에 산다. 중국에 9.9%, 일본에 5.4%가 살고, 그다음은 영국, 프랑스, 독일, 캐나다, 호주로, 각각 백만장자 중 3~5%가 산다. 백만장자 중 재산이 5,000만 달러 이상인 사람(금융권에서는 이들을 초고액순자산보유자라고 부른다)은 약 26만 4,200명인데, 《세계 부 보고서》에 따르면 이들의 수는 2022년 이전의 두 해 동안 50%나 늘었다. 이들 울트라 부자들로만 한정해보면, 미국 집중도가 더 심하다. 53%인 14만 1,140명이 미국에 살고, 3만 2,710명이 중국에 살며, 다시 뚝 떨어져서 9,720명이 독일에 산다. 그다음은 캐나다, 인도, 일본, 프랑스, 호주, 영국, 이탈리아로, 각각 울트라 부자 1만 명에서 4,000명 정도가 산다. 상위 20위에 있는 나머지 나라들은 한국, 러시아, 스위스, 홍콩, 스웨덴, 타이완, 스페인, 브라질, 싱가포르, 네덜란드다. 정치적 제한선(1,000만 달러 또는 유로 또는 파운드)이 가장 긴급하게 적용되어야 할 사람들이 어디에 있는지를 보여주는 목록이라고도 말할 수 있다.[15]

모든 대륙에 백만장자가 있지만 슈퍼 부자들의 글로벌 분포는 매우 불균등하다. 극단적인 부의 집중은 특히 미국과 관련이 있는 이슈다. 미국은 세계 인구의 4.25%밖에 차지하지 않지만 재산이 5,000만 달러 이상인 사람 중에서는 53%를 차지한다. 더 큰 범위로 보면, 극단적인 부가 글로벌 북부(미국, 독일, 프랑스, 영국 등)와 아시아의 일부 국가(가장 두드러지게는 중국)에 쏠려 있는 것을 알 수 있다.

이런 숫자들은 또 다른 면에서도 중요한 시사점이 있다. 절대 숫자로 슈퍼 부자들의 수는 상당해서 6,200만 명이 넘는다. 전체 인구 중 차지하는 비중으로는 작을지 몰라도 마음만 먹으면 상당한 권력을 휘두를 만한 규모는 되고도 남는다. 그리고 최근 데이터가 보여주듯이 슈퍼 부자의 수는 빠르게 늘고 있다. 극단적인 부의 집중이 문제라면, 그것이 증가하는 것도 문제다.

명백하게 불평등과 빈곤은 글로벌 규모의 문제다. 그렇더라도 그에 대한 공공 담론은 (그리고 우리가 그것을 해결하기 위해 취해야 할 조치들은) 개별 국가에 초점을 맞추곤 한다. 국가마다 불평등 수준이 다르기 때문이다. 국가 내 불평등 수준을 살펴볼 때, 소득과 부[자산]를 구별하는 것이 중요하다. 물려받은 자산으로 부자가 된 사람, 창업한 사업가, 투자자 등은 소득은 매우 적더라도 주식을 수백만 주 가지고 있을 수 있다. 반면 중하층인 사람은 소득은 어느 정도 되더라도 자기 소유의 집도 없고 저축도 별로 없어서 자산이 매우 적을 것이다.

또한 소득과 부는 다르게 경험된다. 대개 가난한 사람들은 소득만 있고 부자들은 소득과 부가 둘 다 있다. 그런데 소득만으로는 미래를 계획하기 어렵다. 소득은 우리의 시야를 단기적인 문제에 집중시킨다('다음 월급 들어오기 전에 가족이 먹을 것을 살 현금이 떨어지면 어떡하는가?'). 반면 부는 장기적인 사고를 촉진한다. 부를 가진 사람은 미래의 리스크를 줄일 수 있고 미래에 대해 계획을 세울 수 있다.[16] 거의 모든 국가에서 소득 불평등보다 부의 불평등이 더 크다. 그리고 부의 분포에 대한 데이터는 세 가지 주요 사실(학자들은 이것을 '유형화된 사실'이라고 부른다. 구체적인 세부 사항까지 꼭 다 맞는 것은 아니지만 일반적으로 옳은 사실을 말한다)을 말해준다.

첫째, 국가 내 불평등은 막대하다. 부유한 사회에서도 인구의 하위 절반은 전체 부 중에서 아주 작은 몫밖에 가지고 있지 못하다. 부의 분배가 완벽하게 평등하다면 하위 절반은 전체 부의 50%를 가지고 있어야 하지만, 실제로는 2%에서 10% 사이를 가지고 있다. 그다음 40%는 어느 정도 풍요롭게 사는 사람들인데, 인구 비례와 비슷한 비중의 부를 가지고 있다. 전체 부의 가장 큰 몫은 상위 10%가 가지고 있는데, 이들은 전체 부의 50~70%를 소유하고 있다. 그중에서도 상위 1%가 특히 두드러지는데, 이들은 전체 부의 20~30%를 소유하고 있다. 다시 이 중에서도 0.1%(1,000명 중 한 명)가 가진 것과 그다음 0.9%(1,000명 중 9명)가 가진 것 사이에 차이가 크다. 많은 나라에서 상위 0.1%가 세계화로 가장 큰 이득을 보았다.

미국의 경우를 보자. 2022년에 부의 분포상에서 미국 가구의 하위 절반은 미국 전체 부의 2.8%를 가지고 있었다. 이들은 경제적으로 매우 취약하다. 세 가구 중 하나가 불시에 400달러를 지출해야 할 상황이 생길 경우에 이를 감당할 수 없다. 성인 4명 중 1명이 돈이 없어서 치과 치료를 받지 못한다. 어떤 지표로 측정하느냐에 따라 다르지만 미국인의 8~12%가 빈곤 인구다. 미국 인구가 3억 3,500만이므로, 공식적으로 빈곤 상황에 사는 사람이 2,700만~4,000만 명이라는 말이다. 그다음 40%(51~90퍼센타일 사이) 가구는 미국 전체 부의 28.4%를 가지고 있다. 마지막으로 상위 10% 가구가 전체 부의 68.9%를 소유하고 있다. 상위 10% 안에서는 불평등이 더 극적인데, 상위 1%가 미국 전체 부의 32%를 가지고 있다.[17]

다른 부유한 국가들은 미국만큼 부의 불평등이 심하지는 않지만 패턴은 동일하다. 하위 절반은 매우 적게 가지고 있고 그다음 40%는 인구 비례 대비 '공정한 몫'을 가지고 있으며, 상위 10%가 전체 부의 50~70%를 가지고 있고 그중 절반은 다시 상위 1%가 가지고 있다. 가장 불평등한 나라는 러시아로, 상위 1%가 전체 부의 58.6%를 소유하고 있다.[18]

부의 분포 데이터에서 두 번째로 중요한 사실은 많은 국가에서 부의 불평등이 크기만 한 게 아니라 증가하고 있다는 점이다. 최근 몇십 년 동안 하위 90%는 전체 부 중 차지하는 몫이 줄었고 상위 10%는 늘었다. 피케티가 보여주었듯이, 유럽과 북미의 일반적인 추세를 보면 제2차 세계대전 전에 하위 50%는 거의 부를 소유하고 있지 못했다. 그러다가 제2차 세계대전 직후부터 1980년대까지 전체 부의 10%를 가지게 되었지만, 그 후로 이들이 가진 부의 비중은 다시 줄었다. 그러는 동안 최상층의 부는 치솟았다. 비교적 평등한 국가로 여겨지는 프랑스도 다르지 않아서 제2차 세계대전 전에는 상위 1%가 전체 부의 55%를 가지고 있었다가 전쟁 후부터 1980년대 초까지 이 비중이 20% 이하로 떨어졌지만 그 후 다시 증가해 2020년에는 25%가 되었다.[19] 부의 불평등이 매우 심한 나라인 미국에서는 1990년 이래 아래쪽 90%는 전체 부에서 차지하는 비중이 줄었고 상위 10%만 늘었다. 상위 10%가 전체 부에서 차지하는 비중은 1990년에 약 60%였는데 지금은 약 69%다.

퍼센트 숫자만으로는 이러한 변화가 일으켰을 막대한 영향이 잘 포착되지 않을 테니 금액으로도 살펴보자. 1990년에서 2020년까지 30년 동안 미국의 전체 부는 23조 5,800억 달러에서 135조 7,600억 달러로 무려 112조 1,800억 달러나 증가했다. 이 증가분이 균등하게 분배되었다면 하위 50%는 부가 1조 7,200억 달러에서 57조 8,100억 달러로 늘었어야 한다. 하지만 현재 이들의 부는 4조 4,100억 달러에 불과하다. 반면, 상위 10%의 부는 1990년 12조 8,600억 달러에서 2020년 92조 6,200억 달러로 증가했다. 지난 30년간 미국에서 증가한 부 112조 달러 중 3분의 2 이상인 80조 달러가 슈퍼 부자들에게 들어갔다.

게다가 이 숫자들은 인플레를 감안하지 않은 것이고 자동차, 냉장고와 같은 소비자 내구재까지 자산에 포함한 것이다. 인플레를 조정하고 소비자 내구재를 빼면 상위 1%의 부는 1989년 8조 4,000억 달러에서 2018년 29조 5,000억 달러로 늘었고 하위 50%는 같은 기간 9,000억 달러가 **순감했다.**[20]

퍼센트로 보든 금액으로 보든, 원래도 매우 불평등했던 미국의 자산 분포는 더 불평등해지고 있다. 다른 부유한 국가들은 미국만큼 부의 불평등이 심하지는 않지만, 이들 역시 부의 불평등이 증가하고 있다.[21]

부의 분포 데이터에서 세 번째로 중요한 사실은 이미 막대할 뿐 아니라 증가하고 있는 자산 불평등에 젠더와 인종의 차원이 존재한다는 점이다. 남성이고 백인이라면 부의 분포에서 더 위쪽에 있을 가능성이 크고 여성과 유색인은 아래쪽에 있을 가능성이 크다. 경제 불평등의 인종적 측면은 노예제 등 인종적 지배의 역사가 있는 나라에서 특히 두드러질 것이다. 미국에서 라티노와 히스패닉은 인구 비중은 5분의 1 정도지만 전체 부 중에서 차지하는 비중은 3%도 되지 않는다. 흑인은 미국 인구의 약 14%를 차지하지만 전체 부의 5% 이하밖에 가지고 있지 못하다. 놀랍지 않게도, 현 시스템이 부를 분배하는 방식에서 가장 크게 이득을 얻은 인종은 백인이다. 게다가 조세 시스템은 인종 간 경제 불평등을 악화시킨다. 자본 이득에 대한 세율이 [노동 소득 대비] 낮은 것이나 주택 소유자에게 제공되는 세제 혜택처럼 자산에 주어지는 세금 우대가 자산이 없는 흑인과 히스패닉 가구에는 해당 사항이 없는 경우가 많기 때문이다.[22]

앞으로의 전망은 암울하다. 대부분의 국가에서 부의 불평등과 소득 불평등이 둘 다 증가하고 있고, 정부와 시민들이 지난 40년과는 근본적으로 다른 선택을 하지 않는다면 한층 더 증가할 것으로 보인다. 다른 선택을 하는 것이 가능할지는 뜨거운 논쟁이 벌어지는 주제다. 불평등이 용인 가능하지 않은 수준으로까지 커졌으며 상위 1%의 권력이 정부에 대해서마저 책무성을 갖지 않을 만큼 커졌다는 데는 많은 이들이 동의하고 있다. 현재의 경제적 배열이 불의하므로 긴급하게 이를 해소해야 한다고 느끼는 사람들과 현재의 배열을 그대로 가져가고 싶어 하는 사람들 사이의 긴장은 이미 첨예하게 고조되고 있다.

이 모든 숫자가 결국 가리키는 것은 사회 경제적 집단들 사이에서 이해관계의 충돌이 증가하고 있다는 사실이다. 계층 간 이해관계의 충돌은 단순히 성공한 개인들이나 테크 분야에서 갑부가 된 유명인에게만 초점을 맞춰서는 이야기할 수 없다. 위에서 본 통계는 우리가 정말로 이야기해야 할 것이 무엇인지를 드러내준다. 그런데 그 이야기는 현재의 공공 담론에서 거의 찾아보기 어렵다. 우리가 이야기해야 할 것은 돈과 권력의 관계이고, 상이한 사회경제적 집단 사이의 관계이며, 어떤 요인이 부의 분배에 이러한 변화를 일으키는가다. 다른 말로 우리는 계급을 이야기해야 한다. 계급이라는 단어는 여러 방식으로 사용할 수 있지만, 이 책에서는 부유한 나라의 불평등에 대해 양적 연구를 할 때 연구자들이 사용하는 방식을 빌려 오기로 하자. 통상 이러한 연구들은 한 나라의 인구를 네 집단으로 나눈다. 노동자 계급 또는 사회적으로 불리한 처지에 있는 계급(합해서 하위 50%), 중산층(그다음 40%), 부유층(상위 10%), 그리고 그중 슈퍼 부자 계층 또는 지배층(상위 1%)이다. 경우에 따라서는 상위 0.1%의 울트라 부자를 다시 별도로 떼어서 보기도 한다. 노동자 계급 안에서도 '빈곤층 및 극빈곤층'을 별도로 분류할 수 있는데, 부유한 나라에서 이들은 5~17%를 차지한다. 신흥 경제국에서도 동일한 범주 구분이 사용되는데, 각 집단의 상대적 규모가 부유한 나라와 다르다. 개도국은 빈곤율이 높아서 남미와 동아시아는 평균 30%, 사하라 이남 아프리카는 평균 80%나 되며 중산층, 부유층, 슈퍼 부자 계층 비중은 훨씬 낮다.[23]

계급을 이야기하지 않고는 극단적인 부에 반대하는 논의를 시작조차 할 수 없다. 하지만 많은 사회에서 금기시되고 있기 때문에 계급을 이야기하기는 어렵다. 잘 알려진 농담 한 토막을 보자.

사람 1: 당신은 미국의 계급 시스템이 어떻게 작동하는지 알고 계십니까?

사람 2: 미국에 계급 시스템이 있나요?

사람 1: 바로 이것이 미국의 계급 시스템이 작동하는 방식입니다.

우리 대부분은 계급이 우리 사회와 삶에서 어떻게 작동하는지 모른다. 이것은 놀랄 일이 아니다. 1960년대 말과 1970년대에 민권 운동과 해방 운동이 성공하는 것을 보면서 많은 이들이 이제는 모두가 동등한 기회를 누린다고 믿게 되었다. 모두가 동등한 기회를 갖고 있다면 계급은 더 이상 중요하지 않다. 안 그런가?

이와 함께, 거의 모든 곳에서 노조가 꾸준히 쇠락하고 노조 파괴까지 자행되면서 계급 간 차이에 대해 대중의 인식을 높이는 데 기여하던 주요 제도 하나가 약화되었다. 더 은밀한 변화도 있는데, 서로 다른 계급 사람들이 섞일 기회가 점점 더 없어지는 방향으로 사회가 달라진 것이다. 주거, 교육, 의료 등이 대체로 계급선을 따라 분절되어 있고, 유럽에서는 탈종교화가 진전되면서 모든 사회 계층이 모이던 곳 중 하나가, 즉 교회가 이제 더 이상 사람들이 오는 곳이 아니게 되었다. 보편 징집(대부분의 나라에서 남성만 해당되었지만)의 폐지도 상이한 계층 사람들을 한데 모이게 하던 몇 남지 않은 제도 하나를 없앤 격이 되었다. 이제 많은 사람들이 자신과 다른 계급에 속하는 사람들의 삶과 그들이 직면하는 제약을 잘 이해하지 못한다.

아마도 이러한 변화 때문에 우리가 불평등 정도를 실제보다 더 낮게 생각하게 되었을 것이다. 가난한 사람들은 자신들의 위치를 실제보다 높게 평가하고 부유한 사람들은 자신들이 다른 이들보다 얼마나 더 많이 가졌는지를 실제보다 작게 생각한다.

사회 전체적으로, 우리는 계급이라는 관점으로 경제적 차이를 논의할 기회가 매우 부족하다. 금기시된 주제여서이기도 하지만, 나는 더 심각한 이유가 있다고 생각한다. 우리가 단지 계급에 대해 말하지 말도록 독려되기만 한 것이 아니라 계급이라는 관점으로 이야기하는 법 자체를 잊은 것 같다는 생각이 드는 것이다. 우리는 삶에서 달성할 성공을 우리 개인이 내린 선택의 결과이리라고 생각하고 싶어 한다. 그래서 새로운 테크놀로지의 발달이라든가 상이한 집단 간 이해관계 충돌이나 권력의 차이, 또는 우리가 일하는 회사를 소유한 사람들과 국가를 경영하는 사람들 사이의 관계와 같은 외부 요인들은 잘 생각하지 않는다.

계급이라는 용어가 많은 사회에서 가장 신성하게 여겨지는 정치 원칙 하나와 충돌한다는 문제도 있다. 모든 사람은 평등하다는 원칙 말이다. 프랑스보다 이 원칙을 더 명시적으로 선언한 나라는 없을 것이다. 프랑스에서는 평등이 아예 국가의 모토('자유, 평등, 박애')에 들어가 있다. 이 모토의 기원은 프랑스대혁명인데, 중세 이래 지배적이었던 봉건적 사회 정치 구조에 종지부를 찍으면서 프랑스 사람들은 (그리고 곧 유럽 다른 곳의 사람들도) 모든 시민이 정치적 권리 면에서 동등하다는 것을 법령으로 확고히 했다(사실 여기에서 '모두'는 남성만 의미했지만 말이다). 이러한 평등 개념은 전 세계 모든 민주주의 국가의 핵심이다. 모든 사람의 투표는 동등하게 중요하다. 법적 제도들은 법 앞에서 평등할 권리를 보호한다. 널리 퍼져 있는 이 헌법적·공식적 평등 개념은 우리 사회가 **정말로** 평등하다고 믿게끔 우리를 유도한다. 하지만 불행히도 데이터가 말해주는 바는 다르다. 헌법에서는 모든 이가 평등하다고 선언했을지 모르지만, 삶에서 가질 수 있는 기회는 매우 불평등하고 얻게 되는 결과도 매우 불평등하다. 앞으로 보겠지만, 이는 단지 능력이 불평등하게 주어져서이거나 각자 서로 다른 선택을 내려서만이 아니다. 현실의 불평등은 우리의 '사회 계약'(우리 사회가 조직된 토대인 도덕적·정치적 원칙들)이 평등과 사회 정의를 정말로 우선시하지는 않는다는 데서 나오는 문제다. 현실에서 우리는 경제적 효율성의 원칙에 따라, 그리고 '각자 다른 이들에게서 뽑아낼 수 있는 것을 최대한 뽑아내야 한다'는 원칙에 따라 살아간다.[24]

물론 우리 사회가 사람들을 동등하게 취급하지 않는다는 사실을 잘 인식하고 있는 사람들도 있다. 여성 운동, 반인종주의 운동, 장애 운동, LGBTQ+ 운동〔성소수자 운동〕, 그리고 어떤 나라에서는 달리트나 원주민 운동 등이 동등한 대우를 쟁취하려는 싸움을 수세기 동안이나 벌여왔다. 하지만 계급에 대해 말하자면, 많은 이들이 그것은 우리가 이미 극복해서 해소한 불평등이라고 믿는다.

계급이 존재하지 않는다는 믿음을 촉진하는 데 특히나 이해관계가 크게 걸려 있는 집단이 하나 있는데, 매우 부유한 사람들과 슈퍼 부자들이다. 인구 다수가 계급이 더 이상 사회적·정치적 삶에서 중요한 역할을 하지 않는다고 믿게 할 수 있다면, 계급 투쟁도 없을 것이고 부의 재분배나 사회 계약의 근본적 수정도 필요치 않아질 것이다.

이는 애비게일 디즈니와 자원생성 회원들처럼 부자와 슈퍼 부자들 중 현재 수준의 불평등을 끝내고자 하는 사람들이 왜 자신이 계급의 배신자라고 '커밍 아웃'해야 했는지를 어느 정도 설명해준다. 자원생성 사무총장 야히야 알라즈라크Yahya Alazrak는 내게 이렇게 설명했다.

사회는 현 계급 시스템을 유지하는 방향으로 지어져 있습니다. 물질적 번영의 대가로 우리에게는 어느 정도의 충성과 의리가 요구됩니다. 자원생성은 회원들에게 가난한 사람들, 노동자 계급 사람들과 연대하기를 선택하라고 요구하는데, 부유한 사람들에게는 이것이 배신의 행동입니다.

알라즈라크에게 미국에서 계급을 이야기하기가 어렵냐고 물었더니 그는 주저하지 않고 그렇다고 대답했다. "그것은 금기예요. 그래서 우리가 존재하는 것이죠. 금기를 바꾸려고요. 우리의 전략적 목적 중 하나는 우리 문화를 계급에 대해 공개적인 대화가 더 많이 이루어지는 문화로 바꾸는 것입니다. 그리고 물론 돈에 대한 대화도요."[25]

우리는 어쩌다 이 지경에 오게 되었는가? 데이터가 보여주는 놀라운 사실 하나는 전후 1945년부터 대략 1975년까지는 유럽과 북미에 불평등이 훨씬 덜했다는 점이다. 그런데 이 추세는 왜 뒤집혔을까?

주류 경제학자들은 기술 진보, 세계화의 확산 등 경제 발전과 관련된 요인들을 중심으로 이를 설명한다. 이러한 변화로 고소득 국가에서 육체 노동자에 대한 수요가 줄었다. 저임금 국가에서 노동력을 더 싸게 이용할 수 있게 되었거나 컴퓨터로 돌아가는 자동화 기계로 대체할 수 있게 되었기 때문이다. 수요 감소로 육체 노동자들의 임금이 낮아지면서 이들과 대졸 노동자 사이에 임금 격차가 커졌다. 따라서 이것은 경제 불평등의 증가를 설명해주는 한 요인이 된다. 하지만 1990년대에 빌 클린턴Bill Clinton 행정부의 노동장관이었던 경제학

교수 로버트 라이히Robert Reich가 지적했듯이 이것은 이야기의 일부일 뿐이고, 그는 자신이 이 설명을 그렇게 오랫동안 믿은 것을 후회한다.[26]

이 설명이 놓치고 있는 것은 1970년대 이후에 이기심이 경제 행위를 추동하는 요인이라고 보는 시장 근본주의 이데올로기가 경제, 정치 시스템을 장악했다는 사실이다. 이 이데올로기는 핵심 행위자들이 지배 계층에게 매우 큰 이득을 가져다주는 쪽으로 시스템을 바꾸도록 추동했다. 특정한 우파 이념가들이 거버넌스와 정책 결정을 장악하기 위해 의도적으로 일으킨 이 이데올로기 혁명은 점진적으로 시작되었지만 궁극적으로 성공했다. 이 이데올로기가 가장 가시적으로 드러난 시기는 미국의 로널드 레이건Ronald Reagan 행정부 시기와 영국의 마거릿 대처Margeret Thatcher 총리 시기일 것이다. 레이건은 집권 후 미국 역사상 가장 큰 폭의 감세를 단행했다. 70%였던 최고소득세율이 그의 임기가 끝났을 때는 28%가 되어 있었다. 또한 레이건과 대처 모두 강경한 반노조 정책을 폈고 파업 노동자들을 아무 거리낌 없이 해고했다. 1981년에 레이건은 항공관제사 1만 1,000명이 파업을 하자 전원 해고하고 연방 기관에서 다시는 일하지 못하게 했다. 비슷하게, 대처도 1984년에 영국 광산 노조가 파업에 돌입하자 전임자들보다 훨씬 공격적으로 대응했다. 파업은 분쇄되었고 노조는 약화되었다. 영국 전체적으로 단체 협상이 적용되는 노동자 비중은 대처가 처음 집권했을 때 82%였던 데서 2018년에는 겨우 26%가 되었다.[27] 다른 유럽 국가들은 이 정도로 심하게 감세나 파업 진압을 하지는 않았지만 레이건과 대처 정부의 기반이 된 경제 이데올로기는 차차 이들 국가

에서도 확고히 뿌리를 내렸고 전 세계적으로도 마찬가지였다.[28]

그 전 시기, 즉 제2차 세계대전 직후부터 약 30년 동안에는 '혼합 경제'에서 가장 큰 사회적 진보가 달성될 수 있다는 견해에 지지가 높았다. 혼합 경제는 자본주의적 시장과 정부의 규제가 혼합된 형태의 경제 시스템을 말한다. 영국 경제학자 존 메이너드 케인스John Maynard Keynes의 사상을 지침으로, 각국 정부는 의료나 교육처럼 모두에게 이득을 주는 공공재에 상당한 투자를 함으로써 빈곤을 없애고 불평등을 줄이고 사회적 계층 이동성을 높인다는 목표를 세웠다. 세금은 훨씬 더 높았고 훨씬 더 누진적이었지만, 유럽과 북미의 사람들은 세금을 안전하고 공정하고 문명화된 사회를 만드는 수단이라고 여겼다. 그리고 몇몇 산업의 보호를 포함한 광범위한 정부 개입을 경제 발전의 검증된 해법이라고 여겼다.

대부분의 경제학자는 1970년대 초에 선진국들이 스태그플레이션(실업, 성장 둔화〔스태그네이션〕, 높은 물가 상승〔인플레이션〕의 결합)을 겪으면서 케인스주의 경제학이 토대를 잃었다고 말할 것이다. 스태그플레이션에 대처하는 데 케인스주의가 적합한 해법이 아니라고 여겨지면서 새로운 경제 개념이 뿌리를 내리기에 비옥한 토양이 되었고 특히 오랫동안 조용히 싹을 틔워오고 있었던 신자유주의적 거버넌스 패러다임이 자라기에 좋은 토양이 되었다는 것이다.[29]

역사학 연구들에 따르면 신자유주의 주창자들이 정치에 중대한 영향을 미치기 시작한 것은 1970년대부터였어도 신자유주의 개념은 여러 나라에 걸친 학자들의 네트워크에서 1930년대부터 발달해오고 있었다. 모든 경제 이데올로기가 그렇듯이, 신자유주의도 기저의 도덕적 전제와 이상, 그리고 현실에서의 정책 제안으로 구성되어 있다. 신자유주의 이데올로기는 가정 외부의 영역에서 인간의 행동은 이기심으로 추동되며 이를 전제로 해서 사회를 조직하면 모두가 더 부유해질 것이라는 믿음에서 시작한다. 이는 인간이 열심히 일하도록 내재적으로 동기부여되는 존재가 아니며 따라서 막대한 관료제를 불러오더라도 강도 높은 감시와 보고 시스템을 부과해야 한다는 믿음으로 이어진다. 또한 이 전제는 경제를 효율적으로 돌리려면 사람들이 서로 경쟁하게 만들어야 한다는 믿음을 촉진한다. 물론 시장은 이윤을 추구하는 사람들 사이에 즉각적으로 경쟁을 창출한다. 그런데 신자유주의는 교육이나 의료 같은 공공재도 경쟁 모델에 기초해야 한다고 주장한다. 민간 영역이 정부보다 더 효율적으로 공공 서비스를 제공할 수 있고 더 효율적으로 문제를 해결할 수 있다는 것이다. 또한 신자유주의 이데올로기는 개개인이 자신의 성공과 실패에 온전히 책임을 져야 한다는 믿음을 설파한다.[30]

신자유주의 시대는 우리 사회에 충격적인 영향을 미쳤고 특히 부의 분배가 대대적으로 달라졌다. 우선 가장 가시적인 변화를 꼽자면, 신자유주의 정치인들은 전기, 의료, 대중교통 등 정부가 제공하던 수많은 공공 서비스를 민영화했다. 또한 많은 유럽 국가에서 자금은 정부가 (부분적으로) 댔지만 다른 주체들이 제공을 담당했던 돌봄과 교육 영역에 엄격한 규칙 준수와 모니터링 시스템이 부과되었다. 이는 공공 영역은 경쟁이 없고 이윤을 추구하지 않기 때문에 공무원들이 자기 일에 내재적으로 동기부여되지 않는다고 보는 신자유주의적 믿음의 결과였다.

하지만 변화는 이보다 더 근본적이었다. 신자유주의는 슈퍼 부자들이 자신의 이해관계를 한층 더 밀어붙이기에 완벽한 환경을 제공했다. 노엄 촘스키가 정확하게 강조했듯이, 우리가 목격한 현실 버전의 신자유주의(특히 미국에서의 현실 버전 신자유주의)는 가난한 사람들과 노동자 계급 사람들에게만 신자유주의가 강요되고 거대 기업과 부자들은 정부에서 후한 보조금을 받는 형태였다고 묘사하는 것이 더 정확하다. 신자유주의자들은 시장 규제 완화, 기업과 부자에 대한 감세, 해외에서 공격적인 지정학적 개입 등을 위해 로비를 벌였다. 이 모두가 가장 많이 가진 사람들에게 득이 되었고 가장 취약한 사람들에게 해가 되었다.

핵심은 신자유주의 메커니즘이 국내적으로도 글로벌 규모에서도 극단적인 부의 집중을 가능하게 했을 뿐 아니라 빈곤을 영구적인 덫이 되게 만들기도 했다는 점이다. 이것이 불평등이 증가하고 있고 몇몇 국가에서는 사실상 통제 범위를 벗어날 정도로 악화되고 있는 이유다.[31]

이 결론에 크게 두 가지 반대가 제기될 법하다. 하나는, 우리가 초점을 두어야 할 것은 불평등이 아니라 빈곤이라는 (또는 부富라는) 주장이다. 아이비리그 대학들에서 교수로 재직하다 시티은행 글로벌 수석 경제학자가 된 윌렘 바우터Willem Buiter의 말이 이러한 견해를 잘 보여준다. "빈곤은 나를 괴롭히지만 불평등은 그렇지 않다. 나는 불평등에는 관심이 없다."[32] 바우터 말고도 평등과 분배를 이슈 삼는 것이 사람들의 관심을 엉뚱한 데로 돌리는 것이라고 보는 경제학자들이 적지 않다. 또한 경제학자들뿐 아니라 더 나은 세상을 위해 노력하고 있다고 말하는 정치인들과 기업인들, 그리고 많은 자선가들의 주장이기도 하다. '빈곤을 근절하자! 정말로 중요한 것은 빈곤을 없애는 것이다!' 불평등은 단순히 그들의 어젠다가 아니다.

우리는 왜 빈곤에 관심을 기울여야 하는가? 이 질문에 대한 답은 빈곤의 개념을 어떻게 정의하느냐에 따라 달라진다. '어떤 사람의 물질적 조건에서 생겨나는 고통의 상태'라고 본다면 빈곤은 **본질적인**intrinsical 문제가 된다. 빈곤 자체가 없애야 할 병폐의 상태인 것이다. 한편, 단지 돈이 충분하지 않은 (또는 자급자족 경제라면 소비할 재화가 충분하지 않은) 문제라고 본다면 빈곤은 **도구적인**instrumental 문제가 된다. 기아, 스트레스, 사회적 배제 등 부정적인 결과를 가져오기 때문에 문제인 것이다. 빈곤이 본질적인 문제가 아니라 도구적인 문제라 해도 도덕과 관련이 없어지는 것은 아니다. 대기 중 온실가스 농도가 너무 높다든지 모든 나라가 코로나 백신을 확보하지는 못하고 있다든지 하는 경우처럼, 도구적 관점에서도 매우 중요한 사례들이 있다.

빈곤은 '상대 빈곤' 개념으로도 정의할 수 있다. 여기에서는 주어진 사회에서 다른 이들이 가진 부의 정도에 대비해 빈곤이 이야기된다. 부유한 국가들에서 널리 사용되는 빈곤 지표가 이 개념에 기반하고 있다. OECD의 빈곤 지표는 해당 국가 가처분소득 중앙값의 절반을 빈곤선으로 삼는다. 여기에 깔린 개념은 빈곤이란 그 사회에서 '중간쯤'으로 사는 사람이 무엇을 할 수 있는가에 대비해서 생각해야 할 상대적 개념이라는 것이다. 상대 빈곤은 빈곤 개념에 불평등의 차원을 가지고 온다. 따라서 우리가 관심을 기울여야 할 빈곤이 상대 빈곤이라면 불평등에 (적어도 불평등의 몇몇 측면에) 관심을 기울여야 한다는 결론이 논리적으로 도출된다(이 경우에는 관심 범위가 가장 가난한 사람들부터 중간 수준까지만이어서 부자들과 슈퍼 부자들은 관심 범위에서 빠지게 되지만 말이다).[33]

빈곤과 달리 불평등은 도구적으로만 중요하다. 즉 불평등은 안 좋은 결과를 가져오기 때문에 나쁘다. 불평등은 사회적 지위의 차이를 가져오고, 그럼으로써 낙인을 일으키며 사회적 응집을 저해한다. 불평등은 권력의 남용을 가져오고 지배층이 정치 과정을 장악하게 하며, 이는 가난한 사람보다 부자에게 득이 되는 불공정한 정책으로 이어진다. 불평등은 기회의 평등을 저해한다. 불평등은 스트레스를 일으키고 정신 건강에 해를 끼친다. 불평등이 문제가 아니라고 말하는 사람은 크게 잘못 생각하는 것이다. 불평등이 '본질적인' 문제가 아니라 '도구적인' 문제라고 이야기하려는 것일 수도 있을 텐데, 도구적인 문제라고 해서 중요하지 않아지는 것은 아니다.[34]

우리는 불평등을 해결하지 않고도 빈곤을 해결할 수 있는지 물어야 한다. 불평등 문제가 매우 작게만 존재하고 정책이 부유한 사람들 쪽으로 편향되지 않은 유토피아적 국가에서라면 가능할지도 모른다. 하지만 대부분의 경우에는 빈곤을 다루려면 불평등을 다루어야 한다. 《미국이 만든 가난Poverty, by America》에서 매슈 데즈먼드Matthew Desmond는 미국에서 부자들과 슈퍼 부자들에게는 다양한 세금 우대와 보조금을 주고 가난한 사람들에게는 훨씬 덜 너그러운 정책을 운영하면서 정부 정책이 빈곤을 심화하고 있음을 보여주었다. 모기지 대출을 지원해주거나 대학 학비 마련용 저축 상품에 세금 우대를 해주거나 대학에 기부를 많이 하는 사람에게 세제 혜택을 주는 것 등은 가난한 사람들 대다수에게는 해당 사항이 없지만 부유한 사람들에게는 막대한 이득을 준다. 빈곤의 해소를 어렵게 만들고 불평등을 악화하는 정부 정책은 이것만이 아니다. 자본 이득에 세율을 올리지 않는 것, 최고소득세율을 내리는 것, 막대한 조세 회피를 용인하는 것도 그러한 사례다. 이러한 결정을 내리고 나면 정부는 보편 의료, 공공 교육, 사회적 주거처럼 가난한 사람들을 돕는 정책에 쓸 돈을 충분히 갖지 못하게 만든다. 데즈먼드가 정확하게 지적했듯이, "정부에서 나오는 보조는 제로섬"이다. 부자들에게 보조금이 가면, 또는 부자들에게 주어지는 세제 혜택 때문에 세금이 덜 걷히면, 가난한 사람들에게 갈 돈이 없게 된다. 물론 정부가 '가난한 사람보다는 부유한 사람에게 돈을 주는' 정도는 국가마다 다르고, 미국은 유독 심각한 사례이긴 하다. 하지만 더 평등한 나라들에서도 정부는 부유한 사람들을 가난한 사람들보다 더 많이 도와주는 정책 결정을 계속 내리고 있다.[35]

요컨대, 중요한 것은 빈곤이지 불평등이 아니라는 주장은 제쳐놓아도 될 것 같다. 사실 이 주장은 반박하기가 너무 쉬워서 왜 제기되었는지 의아할 정도다. 몇 가지 이유를 생각해보면, 첫째, 그러한 주장을 펴는 사람들은 (아마도 무의식적으로) 신자유주의적 가치에 너무 헌신하고 있어서 이 주장의 오류를 보지 못하고 있을지 모른다. 둘째, 불평등 이슈가 사람들의 관심을 더 긴요한 문제인 빈곤에서 돌려놓는 분열적 역할을 한다고 보는 현실적인 관점에서 그렇게 주장하는 사람들도 있을 것이다. 빈곤이 긴요한 문제라는 말은 물론 맞다. 하지만 불평등을 다루지 않고는 빈곤을 다룰 수 없다. 셋째, 슈퍼 부자 자선가들은 빈곤은 깊이 우려하더라도 자신의 특권적 지위를 질문해야만 하는 경제적 불의의 문제는 회피하고 싶을 것이다. 빈곤을 이야기하는 것은 이들에게 정치적으로 안전하다. 빈곤 이야기는 **왜** 어떤 이들은 많이 갖고 있고 어떤 이들은 적게 갖고 있는지를 묻지 않기 때문이다.

예상되는 두 번째 반대 논리는 이른바 **트리클다운** 효과다. 감세 등으로 부자들이 더 부유해지게 하면 그들이 추가로 갖게 된 부를 생산적인 자본으로 사용할 터이고, 일자리가 창출되어 모두의 후생이 개선되리라는 개념이다. 그들의 늘어난 부가 결국에는 가난한 사람들과 중산층 사람들에게로도 흘러 내려가리라는 것이다. 그렇다면 자본 소유자(즉 부자)에게 유리한 경제 정책이 모든 이에게 이득이 된다. 따라서 단기적으로 불평등이 커지는 것은 좋은 일이다. [부자가 더 부자가 되어 불평등이 커지면] 이것이 더 큰 파이를 만드는 데로 이어지고 모두 얼마간의 파이 조각을 갖게 될 테니 말이다. 2001년에 영국 총리이던 노동당의 토니 블레어Tony Blair는 "사회에서 가장 부유한 사람을 잡으려 하다 보면 가장 바닥에 있는 사람을 돕지 못하는 격이 된다"고 말했다.[36]

하지만 앞에서 보았듯이 현실에서 일은 이렇게 돌아가지 않는다. 실증 연구들이 반복적으로 보여주듯이 트리클다운 경제학은 거짓 이론이다. 이것은 작동하지 않는다. 엘리자베스 워런 미 상원의원의 말을 빌리면, "부는 트리클'다운'이 아니라 트리클'업'된다."[37]

학계에서 트리클다운 경제학은 꽤 오래전에 논파되었다. 1965~2015년 사이 부유한 18개 나라에서 실시된 모든 부자 감세의 효과를 분석한 연구에서 데이비드 호프David Hope와 줄리언 림버그Julian Limberg는 부자 감세가 소득 불평등의 심화로 이어졌고 경제 성장이나 실업 감소에는 유의미한 효과가 **없었음을** 보여주었다. 평등보다 거시 경제 변수들에 중점을 두는 기관으로서 대체로는 신자유주의 경제 이론과 이념적 친연성이 있는 국제통화기금IMF조차 상층의 부가 트리클다운되어 아래로 내려가지는 않는다고 결론 내렸다.[38]

트리클다운 경제학이 틀렸다는 데만 실증근거가 있는 것이 아니다. 트리클다운 경제학이 주장하는 바와 정반대가 오히려 맞음을 보여주는 실증근거 또한 점점 더 많이 쌓이고 있다. 불평등이 경제에 해를 끼친다는 것이다. '워싱턴 평등 성장 센터Washington Center for Equitable Growth' 전 사무총장 헤더 부셰이Heather Boushey는 경제 불평등이 여러 메커니즘을 통해 생산성과 성장을 저해한다고 지적했다. 불평등은 아이들과 청소년들이 경제적 잠재력을 온전히 실현하는 데 필요한 지원과 기회를 받지 못하면서 자란다는 것을 의미하며, 이는 사회적 계층 이동성을 해친다. 그리고 계층 이동성이 없으면 혁신이 저해된다. 또한 부자와 슈퍼 부자를 제외하고 모든 사람의 임금이 정체되면서 그렇지 않았다면 경제 성장에 도움이 되었을 소비 수요도 줄어든다.[39]

이러한 실증근거들이 있으니 이제는 트리클다운 논리가 사라졌겠거니 예상할지도 모르겠는데 슬프게도 그렇지 못하다. 호주 경제학자 존 퀴긴John Quiggin은 트리클다운 경제학을 '좀비 개념'이라고 칭했는데, 정말 적절한 표현이다. 틀렸음이 입증되었고 따라서 죽었어야 하는 개념인데도 계속 살아 있으면서 때때로 다시 고개를 드는 것이다. 부자들의 세금을 낮추는 것이 모두에게 이득을 주는 경제 성장으로 이어진다는 주장은 반박되었지만, 그럼에도 이 개념은 정치에서 계속 되살아나고 있다. 가장 극적인 사례로, 2022년에 리즈 트러스Liz

Truss가 영국 총리를 44일밖에 하지 못하고 물러나야 했는데, 총리가 되었을 때 팬데믹과 러시아의 우크라이나 침공으로 야기된 물가 상승 위기에 대한 해법으로 트리클다운론을 제안한 바 있었다. 부자들에게 주로 적용되던 세금을 낮추는 조치들을 발표한 것이다. 여기에는 최고세율을 45%에서 40%로 낮추는 것, 그리고 법인세를 19%에서 25%로 올리려던 계획을 철회하는 것 등이 포함되어 있었다. 금융시장은 이 발표에 경악으로 반응했고 IMF는 영국 정부에 재고를 권했다. 리즈 트러스는 불과 몇 주 만에 사임해야 했고, 그의 예산안이 결정적 치명타였던 것으로 여겨지고 있다.[40]

이 모든 근거와 논리에도, 위의 두 반대를 제기하는 사람들은 여전히 있다. 오늘날에도 언론에서, 정치에서, 공공 담론에서 그런 사람들을 쉽게 볼 수 있다. 이들 중 많은 수가 슈퍼 부자들이 돈을 대는 싱크탱크에서 일한다. 리즈 트러스에게 자문했던 싱크탱크인 경제문제연구소Institute of Economic Affairs는 트러스의 후임으로 총리가 된 백만장자 리시 수낵Rishi Sunak에게도 중요하게 영향을 미치고 있다. 수낵은 경제문제연구소와 관련 있는 인사 몇 명을 내각에 임명했다. 존 퀴건은 "역사가 보여주듯이, 부유한 사람들이 얼마나 많은 우대를 받고 있든지 간에 그들이 지금보다 더 좋은 대우를 받아야 한다는 주장은 언제나 나올 것"이라고 말했는데, 나는 이 말이 현실이 될까 봐 두렵다.[41]

3장

극단적인 부는 부정한 돈이다

데이터가 말해주는 바는 분명하다. 부의 불평등은 커지고 있고, 슈퍼부자들은 어질어질할 만큼 부를 가지고 있으며, 얼마 안 되는 저축이나마 할 수 있는 사람들이 저축액을 늘릴 수 있는 속도보다 훨씬 빠른 속도로 부를 늘려가고 있다. 동시에 가난한 사람들은 계속 덫에 빠져 있다. 하지만 과도한 부가 문제인 데는 이것 말고도 중요한 이유들이 더 있다.

가장 명백한 것부터 시작해보자. 이러한 부가 매우 비도덕적이고 때로는 불법적인 속성을 지녔다는 점이다. 런던에서 이뤄진 '부유선' 연구에서 참가자들에게 누군가가 가진 막대한 부에 문제가 있다고 생각하는지 물었을 때, 그들의 대답은 그 사람이 무엇을 했는지에 따라 달랐다. 참가자들은 어떤 슈퍼 부자는 양질의 일자리를 창출하고, 사람들의 필요를 충족해 삶의 질을 높여주는 재화와 서비스를 공급하며, 유용한 테크놀로지나 질병을 치료해줄 신약을 개발하는 등 세상을 더 낫게 만들고 있으므로 그 돈을 가질 자격이 있다고 생각했다.[1]

하지만 정말 그런가? **모든 것을 다 고려했을 때** 슈퍼 부자들이 세상을 더 나은 곳으로 만들고 있는가?

간단히 말해서, 거의 언제나 슈퍼 부자들은 그들의 일을 하는 과정에서 세상을 더 나쁘게 만들고 있기도 하다. 세상을 더 나아지게 하는 일을 하는 과정에서도 말이다. 그들이 좋은 일을 하고 있든 아니든 그들은 나쁜 일도 하고 있으며, 때로는 정말 나쁜 일도 한다. 그들은 피해를 일으키고 있다.

극단적인 부의 불평등 문제에 대한 학계의 논의는 다른 이들에게 피해를 주면서 유해하게 창출된 부에 대해서는 잘 이야기하지 않는 경향이 있다. 놀라운 일은 아니다. 부도덕하고 불법적인 과정으로 만들어진 부에 정당성이 없다는 것은 학문적 논의까지 하지 않더라도 모두에게 명백할 테니 말이다. 정치철학자들은 불평등에 대해 도서관을 다 채우고도 남을 만큼 많은 연구와 저술을 했지만, 부정한 돈에 대해서는 딱히 논의할 이유가 없다고 생각한다.[2] 부정한 돈에 대해 어떤 입장을 가져야 하는지는 도덕적 논증씩이나 필요한 문제가 아니기 때문이다. 부정한 돈은 나쁘다. 끝! 부정한 돈으로 거부가 된 사람들은 적어도 윤리적이지 않게 행동한 것이고 어떤 경우에는 범죄를 저지른 것이다.

하지만 부정한 돈을 만들어내는 세상은 어디 멀리 봉인되어 있는 은둔의 세계가 아니다. 그것은 우리 사회에 스며들어 있고 평범한 사람들에게 해를 끼친다(목숨을 앗아가기도 한다). 부정한 재산은 수많은 부수적 피해를 일으킨다. 부정한 돈은 더 공정한 세상을 달성할 수 있는 우리의 역량을 크게 훼손한다. 우리는 이 문제를 더 이상 무시할 수 있는 여유가 없다. 부의 집중이 야기하는 피해에서 우리를 보호하기 위해 취해야 할 첫 번째 조치는 부정한 돈을 밝혀내고 없애며 발생하지 않도록 제약하는 일일 것이다. 전 세계 정치인들은 유엔이나 유럽의회 등 최고위 수준의 민주적 논의의 장에서 이것을 최우선순위 의제로 삼아야 한다. 조세 피난처를 없애는 것 등 부정한 돈의 축적을 허용하는 관행을 멈추려면 국제적인 협력이 시급히 필요하다. 세계경제포럼도 세상을 더 나은 곳으로 만드는 데 정말로 진지하다면 부정한 돈에 대해 논의해야 한다. 물론 세계경제포럼 참가자들은 이에 대해 논의하기를 꺼릴 것이다. 이들이 듣고 싶어 하는 이야기는 자신이 어떻게 수익도 내면서 세계의 온갖 문제도 해결할 수 있었는지를 설파하는 기업가들의 이야기다. 어쩌면 한두 번은 부정한 돈 문제를 이야기할지도 모르지만, 이것은 비판자들을 잠재우려는 것일 뿐이고 실제로 그 문제에 대해 무언가를 하지는 않을 것이다. 슈퍼 부자들이 거울을 보고 자기 돈이 부정한 돈인지 묻는 어려운 질문을 기꺼이 던지고 있다는 증거는 찾아보기 어렵다. 그들은 (그리고 대부분 정치인도) 긍정적인 이야기에, 민-관 파트너십에, 또는 그들에게 영향을 주지 않는 이슈들의 해법에만 초점을 맞추고 싶어 한다.[3]

부정한 돈이 취할 수 있는 형태는 매우 다양하며 무엇이 '부정한' 돈(불법하거나 정당성이 없는 돈)에 속하는지를 흑백으로 딱 구분할 수 있는 것은 아니라는 사실을 기억해야 한다. 완전히 검은 돈도 있긴 하다. 밝은 데 드러나면 소유자가 감옥에 가야 할 것이라서 영원히 어둠 속에 두고자 할 법한 돈이다. 하지만 회색 지대도 많다. 부정한 돈은 국가의 귀한 자산을 수백만 달러의 뇌물을 받고 기업에 넘기는 폭력적인 독재자들하고만 관련 있는 것이 아니다. 부정한 돈은 언뜻 봐서는 해롭지 않아 보이는 형태를 하고 있을 수도 있다. 예를 들어, 깨끗하다고까지는 말할 수 없더라도 필요악이거나 없앨 수 없는 불가피한 것으로 여겨지면서 우리 일상생활에서 더럽혀지는 돈도 있다. 때로는 법원에서 부정하다고 판결이 내려지지 않는 한 부도덕하다고 여겨지지 않기도 한다. 영화 〈대부Godfather〉에서 우리는 범죄자들이 자신들의 부당한 돈을 합당한 돈으로 변신시키고 그럼으로써 자기 행동을 정당화하는 데 달인이라는 교훈을 얻었어야 한다.

자, 정리해보자. 부자들 중 그 방식으로 부를 축적하지 말았어야 할 사람은 누구인가? 누가 모든 정치적 · 이데올로기적 스펙트럼에서 두루 받아들여지고 있는 기본적인 도덕 원칙을 어기면서 부를 축적했는가? 나는 여기에서 부자들이 돈을 축적할 때 사용했을 부도덕하고 불법적인 방식들을 종합적으로 일별하려는 것이 아니다. 내 목적은 슈퍼 부자들 중 상당수에 대해서는 그들에게 막대한 돈이 집중된 것이 우리에게 부정적인 영향을 미치는지를 물을 필요조차 없다는 점을 드러내는 것이다. 부의 집중이 일으키는 악영향은 다음 두 장에서 다룰 것이고, 이 장은 그 돈의 '영향'을 논하는 데까지 갈 것도 없이 애초에 그 돈을 가지면 안 되는 사람들에 대한 이야기다.

도덕적으로 자기 돈이라고 말할 수 없는 돈을 가지고 있는 가장 명백한 경우는 반인륜 범죄가 자행되는 과정에서 수익을 챙긴 사람들일 것이다. 손에 피를 묻힌 부자들은 세계 각지에 존재하지만, 고전적인 사례 두 가지만 살펴보자. 하나는 독일의 산업 거물들이 나치 시기의 악행과 어떻게 관련이 있는지이고, 다른 하나는 대서양 횡단 노예 교역 및 노예제에서 어떻게 부가 축적되었는지다.

독일의 몇몇 산업 가문이 나치 정권의 성공에 기여했고 나치가 자행한 악행에서 이득을 보았다는 사실은 잘 알려져 있다. 전 BMW 소유자, 전 포르쉐 소유자, 전 닥터 오트커 소유자 등이 그런 사례다. 이들 산업계 거물들은 1933년 선거에서 히틀러가 민주주의를 끝장내려 한다는 것을 알면서도 나치의 선거에 돈을 대서 결정적인 결과가 나오는 데 기여했고 히틀러 치하에서 물질적으로 이득을 보았다. 그중 하나는 수만 명의 강제 노동력과 노예 노동력을 사용할 수 있었던 것이다. 나치는 독일 인구 '순수화' 정책(이는 최종적으로 유대인 600만 명을 포함해 1,100만 명의 학살로 이어진다)을 자행해 유대인, 정치적 저항자, 동성애자, 집시 등을 야만적인 수용소에 수감했다. 남녀, 성인, 아이 할 것 없이 모두가 죽기 전까지, 또는 가스실로 보내지기 전까지 강제 노동을 했다. 학살이라는 비인간적 만행도 기업인들을 주저하게 하지 않았다. 독일 기업 이게파르벤은 독일 점령하에 들어간 폴란드 지역 내 아우슈비츠 근처에서 강제로 쫓겨난 폴란드 사람들이 살던 땅을 헐값에 인수해 공장을 짓고 아우슈비츠 수감자들에게 노동을 시켰다.[4]

독일 시민들은 나치 부역자들이 전쟁이 끝난 뒤에도 그 돈을 계속 갖고 있는 것을 비판해왔다. 이들은 나치에 협력한 기업가들이 피해자들에게 너무 적게 보상했고 그 보상마저 너무 오래 걸렸다고 지적했다. 독일 역사학자 안드레아스 비르슁Andreas Wirsching은 전쟁이 끝난 지 70년이 지난 오늘날 독일 은행과 기업들 사이에서 나치 시기에 그들이 했던 일을 밝히기로 하고 그에 대한 조사와 연구를 의뢰하는 움직임이 늘고 있다고 언급했다. 그는 기업들이 과거에 자신이 저지른 악행을 조사하고자 하는 이유로 경영진, 역사학자, 운동가 등의 세대 교체와 독일이 통일되면서 이러한 연구를 할 기회가 생긴 것 등을 들었다. 하지만 그는 상업적인 고려도 강하게 작용했을 것이라고 언급했다. 이러한 조사를 하고 나면 과거를 청산했다는 사실상의 공인을 받을 수 있기 때문이다("국가사회주의〔나치〕와 그것의 결과에 대한 평가와 피해에 대한 조치가 이루어졌다"). 비르슁은 "(조금 과장해서 말하면) 조사의 실제 결과가 무엇인지는 거의 부차적"이라고 덧붙였다. 과거를 밝히려는 움직임이 있긴 하지만, 여전히 독일의 몇몇 억만장자는 전쟁 시기에 윗세대가 수행한 역할에 사회의 관심이 쏠리지 않기를 원한다. 저널리스트 데이비드 드 용David de Jong은 저서 《나치의 억만장자: 독일 부호들의 검은 역사Nazi Billionaires: The Dark History of Germany's Wealthiest Dynasties》에서 나치 시기에 부역한 거부들에게 상속받은 사람들은 자신이 물려받은 재산이 전쟁 범죄와 제노사이드에 협력한 데서 나온 부정한 돈임을 투명하게 밝혀야 한다고 촉구했다.[5]

과거에 소유주가 옳은 일을 했더라면 이 기업들은 그렇게 부유해지지 못했을 것이고 어떤 곳들은 오늘날 존재조차 하지 못했을 것이다. 독일과 이웃 국가들의 슈퍼 부자들, 또 그밖에 독일 제3제국 시기에 번성했던 기업과 기업가에게서 돈을 상속받은 모든 사람은 스스로에게 그 돈의 어느 정도가 나치 정권에 협력한 대가로 생긴 것인지 물어보아야 한다. 그리고 이는 단순히 홍보 활동 차원에서 이뤄지는 일이 아니어야 한다. 이것은 당신이 깨끗한 양심을 가지고 싶다면 도덕적으로 반드시 수행해야 할 지상명령이다.

두 번째 사례인 노예 교역과 노예제 역시 오늘날까지도 많은 이들이 거기서 나온 부를 계속 누리고 있다. 대서양 노예 교역에서 이득을 본 나라는 영국, 포르투갈, 스페인, 프랑스, 네덜란드 등 많지만, 이 문제는 미국에서 특히 중요하다. 오늘날 미국에서 인종 간 부의 불평등은 백인 노예 소유주들이 흑인을 체계적으로 착취했던 역사와 직접적으로 관련이 있다. 노예제가 폐지되기 직전이던 1860년에 미국에는 남성, 여성, 아동을 모두 포함해 노예가 400만 명 있었다. 이들이 노동에 대해 받지 못한 상실 임금의 현재 가치는 20조 3,000억 달러에 달하는 것으로 추정된다. 자신의 조상이 노예를 소유한 적이 있고 그 노예들이 받지 못한 돈의 일부라도 상속을 받은 모든 미국 가구와 기업은, 만약 노예들이 자유를 박탈당하지 않고 노동에 대해 정당한 보상을 받았더라면 지금보다 훨씬 적은 부를 가지고 있었으리라는 말이다. 또한 그랬더라면 오늘날 흑인들은 지금보다 훨씬 많은 부를 가지고 있었을 것이다. 현재 흑인은 미국 인구의 13.6%를 차지하는데도 미국 전체 부 중에서 가지고 있는 몫은 4.5%밖에 안 된다.[6]

이러한 부를 보유한 사람들이 그 부를 가질 도덕적 자격이 없다는 주장에 반박하기는 어려울 것이다(그리고 공정한 세상에서라면 법적으로도 그것을 가질 자격이 없을 것이다). 그 부가 과거의 반인륜 범죄에 기초하고 있기 때문이다. 악행에 본인이 직접 가담했는지 아니면 윗세대가 한 일인지와 상관없이, 그들은 그 돈을 가져서는 안 된다. 이 원칙이 부자뿐 아니라 중산층에게도 적용되어야 하지 않느냐는 질문이 제기될 수 있을 것이다. 물론 그들에게도 적용되어야 한다. 슈퍼 부자가 소유한 것이든 중산층이 소유한 것이든 간에, 잘못된 행동에 기반한 부는 그것을 박탈당했던 사람들에게 되돌려주거나 기타 방식으로 피해를 복구하는 데 쓰여야 한다. 과거의 범죄에서 수익을 얻을 자격이 있는 사람은 없다.

그러한 보상과 회복을 시도하는 사례가 실제로 생겨나고 있다. 2016년에 글래스고대학교는 18세기와 19세기에 노예제로 이익을 얻은 사람들에게서 기부와 유증을 받았다고 인정했다. 2018년 9월에 이런 내용을 담은 연구를 발표하면서 글래스고대학교는 역사의 이 부분을 인정하기 위한 조치들을 진행할 것이며 노예제에 대한 역사 지식의 발전에 기여할 연구에 자금을 지원하겠다고 밝혔다. 이와 관련해 2019년에 글래스고대학교는 자메이카의 웨스트인디스대학과 협업 협정을 맺고 '회복적 정의' 활동에 쓰일 자금 2,000만 파운드를 기부하기로 했다. 이 협업에서 나온 결과 가운데 하나가 두 대학의 협업으로 개설된 회복적 정의 석사 과정이다.[7]

하지만 런던에 소재한 동양학·아프리카학대학원SOAS의 '노예제의 유산과 기억' 연구교수 올리베트 오텔리Olivette Otele가 강조했듯이, 노예제에 대한 회복적 정의는 단순히 금전적인 보상 문제가 아니다. 노예제의 불의와 현재의 불평등 사이의 관계가 명백히 알려져야 하며, 노예화되었던 사람들의 후손이 보상의 내용과 의제를 직접 결정할 수 있어야 한다. 오텔리는 회복적 정의가 궁극적으로는 국가 수준에서 이루어져야 한다고 지적했다. 2022년 12월에 네덜란드가 바로 그것을 시도했다. 노예제가 유지되는 데 국가가 수행했던 역할에 대해 정부가 사죄했고, 이 문제에 사람들의 관심을 촉구하고 현재까지 이어지고 있는 악영향을 해결하기 위한 기금을 설립했다. 다른 나라에서도 국가가 노예제의 피해에 대한 보상에 나서야 한다는 촉구가 일고 있다. 예를 들어, 1825년에 프랑스에서 독립한 아이티는 독립의 대가로 프랑스 정부로부터 막대한 빚을 강요받았다(프랑스는 그 돈으로 이전의 노예 소유자들이 보상을 받을 수 있게 하고자 했다). 수십 년 동안 아이티 정부는 프랑스에 이 부채의 탕감을 요구했다. 이 부채가 사라진다면 역사적 불의가 어느 정도 해소될 수 있을 것이다.[8]

오텔리는 미국의 브라운대학교와 하버드대학교, 영국 기업 그린 킹 등 회복적 정의 프로젝트를 성공적으로 진행한 기관들의 사례를 소개했다. 이러한 사례는 어떤 기관이든 회복과 보상을 위해 중요한 조치를 취할 수 있음을 보여준다. 기관뿐 아니라 가문도 그렇게 할 수 있다. 한 예로 2023년에 영국의 트레벨리얀Trevelyan 가문은 자신의 조상이 그레나다섬에서 주민 1,000명을 노예화했던 일을 공식 사과하고 그레나다섬의 경제 발전을 위해 공동체 기금을 설립했다. 영국과 네덜란드의 왕족, 미국에서 상속 재산으로 거부가 된 집안 등 노예제에서 이득을 본 모든 사람이 이와 비슷한 일을 한다고 상상해보라. 이것이 얼마나 많은 돈과 권력의 이동을 의미할지 상상이 가는가?[9]

슈퍼 부자들 중 부도덕하게 부를 쌓았기 때문에 그 돈을 갖는 것이 허용되지 말아야 하는 두 번째 부류는 도둑정치가와 부패 공직자다. 도둑정치kleptocracy는 문자 그대로 도둑이 통치하는 체제를 말한다(그리스어로 클렙테스kleptes는 도둑, 크라티아kratia는 권력, 통치를 의미한다). 자국을 약탈하는 국가 수반이나 정치 지도자가 여기에 속한다. 적도기니의 부통령 테오도로 응게마 오비앙 망그Teodoro Nguema Obiang Mangue를 생각해보자. 그는 적도기니 대통령 테오도로 오비앙의 아들이다. 적도기니는 1990년대에 석유를 팔기 시작했는데도 인구 대다수의 생활 수준은 나아지지 않았고 대부분이 여전히 끔찍한 가난 속에 살아간다. 하지만 이는 제트기를 타고 날아다니는 부통령의 초호화 라이프스타일에 조금도 영향을 주지 않았다. 다수의 보도에 따르면, 2004년부터 2011년 사이에 그는 파리에서 8,000만 달러짜리 대저택을 구매했고, 캘리포니아에서 3,000만 달러짜리를 또 하나, 상파울루에서 1,500만 달러짜리를 또 하나 구매했다. 또 걸프스트림사의 개인용 비행기, 고급 차 14대, 요트 두 대에 3,850만 달러를, 미술품에 4,400만 달러를 썼으며, 이밖에도 사치품에 많은 돈을 썼다. 마이클 잭슨Machael Jackson이 1987~1988년 투어 때 끼었던 크리스탈로 장식된 장갑을 경매에서 27만 5,000달러에 낙찰받기도 했다. 최근에 국제법이 바뀌어 그의 유럽 내 자산 중 일부가 몰수되었지만, 그와 그의 일가가 국가를 장악한 손아귀가 느슨해졌다는 징후는 없으며 자기 노력으로 벌지 않은 막대한 돈을 쓰는 것이 누그러졌다는 징후도 없다. 2022년 11월에 오비앙 대통령은 그의 측근 말고는 아무도 정당성을 인정하지 않는 부정 선거로 재선에 성공했다.[10]

오늘날 도둑정치가들 대다수는 가봉, 콩고공화국(브라자빌) 등 국민 대부분이 극빈곤에서 살아가는 나라의 독재적 지도자다. 그곳 국민들은 그들 모두를 번영하게 해줄 수도 있었을 석유, 다이아몬드 등 풍부한 천연자원의 이득을 누리지 못한다. 천연자원에서 나오는 수입이 독재자와 측근들, 그리고 그에게 협력하는 초국적 기업 등으로 흘러가기 때문이다. 하지만 이들에게 협력하는 것은 글로벌 북부의 초국적 기업만이 아니다. 철학자 레이프 웨나Leif Wenar는 저서 《피의 석유Blood Oil》에서 석유를 소비하는 평범한 사람들도 공범이라고 주장했다. 우리 모두 그들이 판매하는 석유를 소비하기로 선택함으로써 독재자들이 석유 자원을 장악해 이득을 보는 데 일조한다. 그 나라 사람들의 자원 주권에 힘을 보태는 게 아니고 말이다. 자원 주권은 자원이 해당 영토 내의 모든 국민에게 속하다는 개념이다. 따라서 석유는 모두의 자산, 즉 공공 자원이어야 마땅하다. 글로벌 교역을 상세히 들여다보면, 전 세계의 시민들이, 특히 소비할 돈이 있는 시민들이 다른 나라 사람들의 권리를 침해하는 행위에 공모하는 수많은 방식을 발견하게 된다.[11]

도둑정치가들이 국가 폭력과 고문 등 인권 유린적인 방법으로 권력을 유지하려 할 경우 상황은 더 나빠진다. 도둑정치가들은 자신의 부를 늘리고자 정치 권력을 추구하고, 권력을 잡으면 권력을 유지하는 데 그 부를 사용한다. 악순환을 일으키는 것이다. 선거에서 부정을 저지르고, 반대자를 잡아 가두거나 살해하며, 독립 언론을 파괴하고, 시민들을 공포 통치로 위협한다. 부패도 이들의 표준적인 운영 양식의 일부이며, 이들의 부패는 현대 민주 국가들에서 볼 수 있는 종류의 부패보다 훨씬 더 사악하고 폭력적이고 만성적이다. 도둑정치가들은 자국민의 이익을 증진하려 하는 통치자가 아니라 자신과 자신의 가족,

그리고 도구적으로 중요한 몇몇 측근의 이익을 증진하려 하는 권력자다. 국가의 부와 정치 권력을 장악하고 나면, 그다음에는 그것을 유지하기 위해 수단과 방법을 가리지 않는다.[12]

우리 대부분에게는 독재자들이 이 많은 돈을 갖지 말아야 한다는 것이 생각할 필요도 없이 당연한 일로 여겨질 것이다. 자이레를 오랫동안 통치한 모부투 세세 세코Mobutu Sese Seko는 정부의 복지, 교육, 의료 예산을 다 합한 것보다 많은 돈을 개인적으로 챙기지 말았어야 한다.[13] 필리핀의 초대 영부인 이멜다 마르코스Imelda Marcos는 남편의 통치하에서 그렇게 많은 사람이 빈곤 속에 살아가는 와중에 1,000켤레도 넘는 구두를 사는 데 돈을 쓰지 말았어야 한다.

하지만 이러한 폭력에 분노하는 개인과 기관들이 늘고 있긴 해도 언제나 이것이 광범위한 반응인 것은 아니다. 케임브리지대학교 국제관계학 교수 제이슨 샤먼Jason Sharman이 지적했듯이, 극단적인 부패에 대해 글로벌 규범이 달라지고 그에 상응해 글로벌 규칙이 달라지기 시작한 것은 금세기 초가 되어서야 일어난 일이었다. 전에는 도둑정치가 으레 있는 일로 여겨졌고 그곳에 개발 원조를 제공하는 공여국도 포함해 다른 나라들이 그것을 촉진하기까지 했다. 현재는 다른 나라의 공직자가 훔친 돈을 '보유'하고 있는 국가에 대해서도 범죄 혐의가 성립하도록 하는 국제 협정들이 체결되어 있다. 하지만 샤먼의 분석에 따르면 많은 정부가 이 규칙을 지키지 않는다. 어떤 곳은 새로운 합의에 립서비스 정도의 지지를 밝힐 뿐이고, 설령 도둑정치를 근절하는 데 진지하게 나서려 하는 국가라 해도 실제로 무언가를 할 수 있는 여지는 제한적이다.

부유한 민주 국가에 사는 우리는 도둑정치가 가난한 개도국만의 문제라고 생각하지 말아야 한다. 어느 나라도 공직자의 대규모 부패에 면역되어 있지 않다. 북미나 유럽의 고위직에서도 일어나는 일이고 한국이나 일본처럼 아시아의 선진국가에서도 일어나는 일이다. 물론 이들 나라에서는 공직자의 부패가 시민들의 후생에 미치는 악영향이 앞에서 본 독재자의 경우보다 덜 파괴적이라는 차이는 있다. 선진국 경제에서 부패가 널리 퍼질 경우에 이 영향은 주로 예산 적자가 커지는 형태로 나타나지만 가난한 나라에서는 수도가 놓이지 않고 식품이 적절히 공급되지 않는 일이 벌어진다. 이러한 차이가 있더라도, 국가의 부패는 어느 나라에서나 위험하고 파괴적이다. 유럽의 사례 두 가지를 살펴보자.

첫 번째는 블라디미르 푸틴과 그의 측근들이다. 러시아 정치학자들의 설명은 암울하다. 1999년에 권력을 잡은 이래 푸틴은 도둑정치적 기법을 이용해 권력을 일구고 자신의 부를 축적했을 뿐 아니라 측근들까지 부유해지게 했다. 부패가 만연했다. 국가 예산을 도용하고, 민간 기업의 돈을 빼앗고, 아예 회사 자체를 징발하기도 했다. 정치적 상류층에 속하고 싶은 사람들은 부패에 엮이게 되고, 이는 그들이 푸틴에게 충성할 수밖에 없게 만든다. 정권에 협력했다가 어느 시점에 더 이상 푸틴을 따르지 않기로 하면, 부패 혐의로 재판을 받고 감옥에 가게 될 것이다. 부패가 푸틴과 측근들이 방대한 부를 얻는 데만이 아니라 측근들이 계속해서 고분고분 말을 듣게 하는 데도 사용되는 것이다. 일단 푸틴 정권에서 이득을 보면 슈퍼 부자인 협업자들은 종종 해외로 간다. 많은 이들이 자신의 막대한 자산을 유럽 주요 도시의 부동산을 구매하는 데 쓰고 그곳의 모든 거주자에게 제공되는 법의 보호 아래 민주주의를 누리며 산다. 따라서 이들은 모든 러시아 사람을 위한 러시아의 발전에 더 이상 이해관계가 없다. 동료 러시아인을 위해 목소리를 내지도 않을 것이다. 매우 안전하지 못한 일이 될 테니 말이다. 예전의 협력자들이 마음을 돌려 비판자가 되었다가 납득이 갈 만한 아무 이유 없이 창문에서 뛰어내리거나 방사능에 중독되는 등 몹시 의심스러운 의문사를 맞이한 경우가 너무나 많다. 독립 저널리스트들도 안전하지 않다. 많은 이들이 비판적인 보도를 했다가 죽임을 당했다. 2004년에 러시아 주재 〈포브스〉 편집자가 러시아 부호 100인 목록을 내고 몇 주 뒤 총에 맞아 죽었다. 2006년에는 푸틴 정권을 맹렬히 비판했던 기자 안나 폴리코브스카야Anna Politkovskaya가 푸틴의 생일인 10월 7일에 자신의 집 계단에서 살해당했다.[14]

도둑정치적인 푸틴 정권의 피해는 러시아 시민들에게만 미치는 것이 아니다. 푸틴은 방대한 금융 자산을 지정학적 목적으로도 사용하며, 특히 해외의 연합 세력을 돈으로 매수한다. 그의 정당인 '통합 러시아United Russia'당은 여러 나라의 극우 정당에 돈을 주는데, 대부분의 경우 직접 보내면 불법이기 때문에 법의 구멍을 이용한다. 2018년에 이탈리아 극우 정당 '동맹Lega'이 모스크바로부터 6,500만 달러를 받았다는 보도가 있었는데, 이탈리아의 정치자금법에 저촉되지 않도록 중개 조직을 통한 것으로 알려졌다. 선거 자금이 두둑하면 선거에 도움이 되기 마련이다. 인과관계를 확실히 입증하기는 어렵지만, 이 자금을 받은 뒤 첫 선거(유럽의회 선거였다)에서 '동맹'은 이탈리아 최대 정당이 되었다. 푸틴에게도 좋은 일이었다. '동맹'이 그 후 내내 유럽 관련 사안에서 러시아의 이해관계를 대놓고 지지했기 때문이다. 한 예로 '동맹'은 유럽연합이 2014년에 러시아가 우크라이나의 크림반도를 병합했을 때 러시아에 부과했던 경제 제재를 풀어야 한다고 주장했다.

부패한 자금의 명백한 문제점 하나는 책무성의 부재다. 관련된 정당들이 돈이 추적되지 않도록 모든 수단을 동원할 것이기 때문이다. 모든 정황이 러시아 돈이 여러 나라 극우파와 보수주의 정당에 가고 있음을 가리켜도 확실한 증거는 거의 없다. 네덜란드의 극우 정당 '민주주의를 위한 포럼Forum voor Democratie'의 경우도 마찬가지다. 이곳의 당 대표는 2022년에 러시아가 우크라이나를 침공했을 때도 포함해 모든 사안에서 확고하게 푸틴을 옹호했다. 이 정당이 푸틴에게 돈을 받고 있다는 확실한 증거는 발견되지 않았지만, 놀랄 일은 아니다. 도둑정치가들이 해외의 충성스러운 협력자를 어떻게 돈으로 사는지를 우리가 늘 알 수 있는 것은 아니니 말이다.[15]

부패는 러시아만의 문제가 아니다. 유럽의 다른 나라에서도 국가 공직자의 부패가 심각한데, 이탈리아가 이를 잘 보여준다. 이탈리아에서 도둑정치적 행태의 규모는 러시아와 비할 바가 아니긴 하다. 이탈리아는 여러 정당이 경쟁하고 자유로운 투표가 보장되는 민주주의 국가다. 그럼에도, 이탈리아 정치와 사회에서 부패는 아주 오랫동안 고질적인 문제였다. 악명 높은 사례인 실비오 베를루스코니Silvio Berlusconi는 정치 밖의 영역에서(그의 경우에는 미디어와 경제 영역에서) 이미 막대한 영향력을 가지고 있던 슈퍼 부자가 정치 권력까지 잡게 되었을 때 사회에 만연한 부패가 얼마나 심각해질 수 있는지 보여준다.

베를루스코니는 1994년부터 2011년까지 네 차례 총리를 지냈다. 처음 총리가 되기 전에 그는 이미 억만장자 비즈니스맨이었다. 이탈리아 정치학자들에 따르면 베를루스코니 임기 동안 이탈리아 정부는 부패를 촉진하는 수많은 조치를 취했다. 베를루스코니 본인이 뇌물, 회계 조작, 담합, 조세 회피, 부패, 사기, 그리고 17세 여성에게 돈을 주고 성관계를 한 혐의 등으로 기소되기도 했다. 그가 미디어 제국을 소유하고 있으므로 이해상충 문제도 있었다. 베를루스코니에게 제기된 몇몇 사건은 공소 시효가 지나 기각되었고, 조세 사기 하나에서만 유죄 판결을 받았다. 그는 2013년에 4년 징역형을 선고받았지만 이후 형량이 1년으로 줄었으며, 고령(76세)임을 고려해 1년간 사회봉사 명령으로 대체되었다. 공직에 나서는 것도 일정 기간 금지되었지만, 그 기간이 끝난 뒤 유럽의회 의원으로 선출되었고 2022년에는 이탈리아 상원의원이 되었다.[16]

푸틴의 러시아와 베를루스코니의 이탈리아는 특히 이목을 끄는 사례지만, 국가 부패가 어디 먼 데서만 만연한다고 가정하지 말아야 한다. 영국에서도 2020년에 '연줄 통치' 스캔들이 있었고 미국에서도 2020년 대선 때 도널드 트럼프Donald Trump의 선거 결과 조작 시도가 있었다. 우리는 이 모든 사례에서 도둑정치에 맞서려면 무엇이 필요한지에 대해 교훈을 얻을 수 있다. 여기에는 정부 기관 간에 권력의 분립이 필요하다. 진정으로 독립적인 사법부와 두려움 없이 보도할 수 있는 자율적이고 불편부당하며 독립적인 언론도 필요하다. 재산의 투명성이 확보되어서 누가 무엇을 소유했는지 사람들이 알 수 있어야 한다는 점도 중요하다. 선거 등 민주적 제도들에 대해 면밀한 감독도 필요하다. 그리고 자신의 부와 권력을 위해 도둑정치적으로 사회를 장악하고 민주적 제도를 약화하려 끊임없이 시도하는 억만장자와 천만장자의 손에 이러한 제도들이 훼손되지 않게 보호해야 한다. 하지만 불행히도 많은 경우에 그들의 시도는 성공한다.

물론 전쟁 범죄나 국가 부패는 슈퍼 부자들이 타인의 삶에 피해를 끼치면서 막대한 돈을 버는 유일한 방법이 아니다. 또 다른 유형의 부정한 돈으로는 기업이 소비자에게 의도적으로 해를 끼치면서 버는 돈이 있다.

새클러 가문을 보자. 이들은 미국 제약회사 퍼듀파마의 소유주이고, 이 회사는 옥시콘틴이라는 오피오이드 진통제(마약성 진통제)를 판매했다. 1990년대 말에 퍼듀파마는 오도의 소지가 있는 마케팅을 공격적으로 전개하면서 1차 의료기관의 일반의들에게 옥시콘틴을 판촉했다. 옥시콘틴이 식품의약국 승인을 받고서 6년간 퍼듀파마는 사실이 아닌 줄 알면서도 의도적으로 이 약이 다른 진통제보다 중독성이 적다고 광고했다. 일부러 전문의보다 일반의를 대상으로 마케팅을 한 것도 사기성 있는 마케팅 전략의 일부였다. 중독이나 오피오이드의 성질에 대해 전문의보다 일반의가 전문성이 떨어질 거라고 생각한 것이다. 퍼듀파마의 마케팅 담당자들은 과학적 사실을 왜곡한 가짜 차트를 가지고 다니면서 일반의들에게 과장된 주장으로 판촉을 했다.[17]

일반의들이 환자에게 옥시콘틴을 많이 처방하기 시작하면서 퍼듀파마의 매출이 급증했다. 명백히 퍼듀파마는 이 약을 전문의들이 제한적으로만 처방했더라면 벌 수 있었을 것보다 훨씬 많은 돈을 벌었다. 2015년 무렵에 옥시콘틴의 연매출은 30억 달러에 가까웠고, 〈포브스〉에 따르면 새클러 가문의 재산은 140억 달러가 되었다.[18] 새클러 가문은 자선 기부에도 활발하게 나섰는데, 특히 영국과 미국의 주요 미술관에 많은 돈을 기부했다.

여러 제약회사가 관련된 오피오이드 위기로 미국에서 약 50만 명이 사망한 것으로 추정되면서 새클러 가문과 퍼듀파마에 대한 비난도 높아졌다. 2020년이면 미국의 50개 주 모두가 퍼듀파마와 새클러 가문을 상대로 오피오이드 위기를 일으키는 데 일조했다며 소송을 제기한 상태였고, 퍼듀파마는 파산 신청을 했다. 2020년 10월에 퍼듀파마는 옥시콘틴에 대해 오도의 소지가 있는 마케팅을 한 것과 관련해 유죄를 인정했다. 2022년 3월 현재, 새클러 가문은 현재와 미래의 모든 민사소송 책임을 없애기 위해 많게는 60억 달러를 내기로 합의한 상태이고, 그 60억 달러 중 7억 5,000만 달러를 10만 명 이상의 피해자와 유가족에게 배상하는 데 할당하기로 했다. 하지만 몇 달 사이에 사랑하는 사람이 약에 중독되고 사망하는 것을 보아야 했던 유가족에게 위로가 되기에는 너무나 부족하다. 피해자 중에는 치신경 치료 같은 일상적 의료 과정에서 옥시콘틴을 복용했다가 중독된 20대와 30대 젊은이도 있다. 이 민사 합의가 형사 기소를 면제해주지는 않기 때문에 일부 피해자와 유가족들은 빠른 시일 안에 법무부가 나서주기를 바라고 있다.[19]

새클러 가문의 현재 재산이 얼마인지는 분명치 않지만, 얼마이든 간에 그들이 옥시콘틴의 위험성을 사실 그대로 알리고 판매했을 경우 얻었을 수익보다 많아서는 안 된다. 그들은 옥시콘틴의 위험성을 알고 있었다. 옥시콘틴은 전문가가 처방해야 하는 중독성 강한 약이다. 새클러 가문과 퍼듀파마는 옥시콘틴의 시장이 작다는 것을 받아들였어야 한다. 의사와 환자를 잘못된 정보로 오도해 위험하게 이 약의 시장을 키우는 게 옳지 않은 일임을 알았어야 한다. 도덕적으로 합당하게 사업을 해서 벌 수 있었을 정도보다 많은 돈을 벌지 말았어야 한다.

기업인이 버는 부정한 돈은 이게 다가 아니다. 내가 저지른 잘못의 비용을 다른 이들이 치르게 함으로써 부정직하게 돈을 버는 방법도 있다. 물론 기업은 때로 실패를 한다. 사업을 영위하는 데는 리스크가 따르기 마련이다. 그런데 어떤 이들은 사업에서 나오는 돈은 기꺼이 취하면서 무언가가 잘못되었을 때의 비용은 다른 사람들이 지게 한다. 어떤 경우에는 문제를 해결하는 비용이 너무나 큰데, 종종 이 비용은 납세자를 포함해 모든 시민에게 퍼지고 기업 소유주의 평판에 대한 피해는 흩어져버린다.

최근의 가장 유명한 사례라면 2008년의 금융위기를 꼽을 수 있을 것이다. 전 세계에서 수백 개의 은행이 생존을 위해 정부의 구제금융에 손을 벌렸다. 즉 이들은 일이 잘못되자 정부의 지원에, 다시 말해 모든 시민의 재정적 지원에 기댔다. 복잡하고 난해한 약탈적 금융 상품과 사기적인 신용 등급 등을 파고들지 않더라도, 그 금융위기가 이전 몇 년간 은행가들의 신중하지 못하고 극단적인 위험 감수 행태가 이어져온 결과라고 말하는 데는 아무 무리가 없을 것이다. 이것은 규제 완화 덕분에 가능했고, 규제 완화는 슈퍼 부자들이 정부가 시장에 개입하지 말아야 여러 모로 부가 더 잘 창출된다는 신자유주의적 믿음에 기초해 로비를 해서 가능했다. 그래 놓고는 자신들의 무책임한 행동으로 피해가 발생하자 부유한 은행가와 기업인들은 그들 자신이 개입하지 말라고 했던 바로 그 정부에 손을 벌리며 파산을 막아달라고 했다. 그들은 납세자들의 돈을 긁어모아 생존할 수 있었다('부자들에게는 사회주의, 가난한 사람들에게는 자본주의'라는 말이 딱 맞는 사례다). 많은 학자들이 금융 산업에 팽배한 '위험의 사회화'를 강하게 비판했다. 놀랍게도, 자유지상주의적 견해를 가진 학자들 중에서도 규제가 대거 완화된 금융 시스템이 더 이상 정당화되지 않으며 시장에 제약이 필요하다고 보는 이들이 생겼다. 금융위기 이후 몇몇 규제가 도입되었지만, 경제 권력을 거의 갖지 못한 평범한 납세자들을 보호하기에 충분한 변화가 있었는지는 다음 번 금융위기가 올 때에야 알 수 있을 것이다.[20]

이에 더해, 대중에게 상당한 재정적 부담을 전가할 뿐 아니라 많은 이들의 목숨까지 앗아간 기업의 책임 방기 사례들도 있다. 그리고 이런 경우에 기업은 너무나 자주 자신과 주주들이 피해에 배상해야 하는 상황을 피하려고 최대한 책임을 인정하지 않으려 한다. 이를 잘 보여주는 사례가 보팔 참사다. 1984년 12월 3일에 인도 미드야프라데시주의 주도 보팔에서 인류 역사상 최악의 화학물질 참사가 일어났다. 미국 기업 유니온카바이드의 자회사가 소유한 농약 공장에서였는데, 이 공장은 안전 관리에 심각한 문제가 있었고 회사도, 지역 정부도 이를 알고 있었다. 밸브 오류와 제대로 작동하지 않는 안전 시스템이 결합해 막대한 양의 유독 가스가 누출되었다. 사고 당일에 숨진 사람만 3,800명에 달하고 며칠 사이에 수천 명이 더 목숨을 잃었다. 이후 20

년간 이 참사로 1만 5,000명이 사망한 것으로 추정되며 수십만 명이 건강 피해, 부상, 신생아의 선천적 장애 등을 겪은 것으로 알려졌다.

유니온카바이드는 책임을 부인했다. 인도 정부는 피해자에게 배상하기 위해 40억 달러를 요구했지만 결국 4억 7,000만 달러에 합의했고, 판사는 이 합의로 유니온카바이드가 모든 책임과 이후의 소송에서 면제된다고 간주했다. 유니온카바이드는 자신의 실패를 법적으로 해결하는 방법을 찾았고, 몇몇 자료에 따르면 미국이 최고위급에서 외교적·정치적 로비를 한 것으로 알려졌다. 하지만 도덕적·정치적 분석은 법정에서 어떤 판단이 내려졌는지를 넘어서 상황을 살펴보아야 유의미할 수 있다. 법정에서 합의된 금액은 4억 7,000만 달러였다. 이 액수는 사망자와 영구적 장애를 입은 사람을 각각 3,300명과 10만 2,000명으로 추정하고 산정한 액수였다(이 피해자 숫자 추정치에 대해서는 나중에 논란이 일었다).[21] 그런데 이는 미국에서 이와 비슷한 규모의 사고가 났을 때 평균적으로 지불되는 배상액의 5%도 안 된다. 비슷한 수준이 되려면 총배상액이 적어도 90억 달러는 되었어야 한다. 이 돈은 보팔의 피해 주민들에게 배상하는 데 사용되지 않았고 회사 주주들의 주머니에 계속 남아 있었다.

놀랍지 않게도 합의 소식은 주식시장에서 호재로 받아들여져서 유니온카바이드 주가가 7%가량 올랐다. 이 회사 주식을 소유한 사람들은 부가 증가했다. 기업이 자신이 저지른 치명적 방임에 상응하는 규모의 배상을 하지 않아도 되었기 때문이다. 따라서 유니온카바이드의 주식을 가지고 있거나 가지고 있었던 사람들은 모두 부정한 돈을 가진 것이다. 그들이 스스로를 구원하려면 그만큼의 주식 가치를 피해자 지원 단체에 주어야 한다. 불행히도 유니온카바이드나 나중에 유니온카바이드를 인수한 다우케미칼의 주식을 가진 사람들은 보팔 참사 자체를 알지 못할 가능성이 크다. 2022년에 나는 뉴욕에서 열린 한 강연에서 이 사례를 언급하면서 청중에게 보팔 참사에 대해 들어본 적이 있는지 물어보았는데 아무도 손을 들지 않았다. 하지만 인도에서는, 보팔에서는, 이 막대한 불의로 아직도 많은 사람이 날마다 고통을 겪고 있다. 보팔의 공장터는 아직 오염이 정화되지 않았고 피해 배상은 불충분했으며 생존자 중 일부는 심한 장애가 있는 아이를 낳았다. 이 아이들은 전일제로 돌봄이 필요한데, 부모는 유의미한 공공 서비스의 지원을 받지 못한 채 이 아이들을 돌봐야 한다. 이윤보다 안전을, 주주를 보호하는 것보다 피해자에 대한 적절한 배상을 우위에 놓았더라면 피할 수 있었을 일이다. 오늘날에도 유니온카바이드와 다우케미칼 같은 회사에서 천만장자와 억만장자들은 그들 것이 아니어야 할 돈 위에 앉아 있다.[22]

오늘날에는 '사람보다 이윤을 앞에' 두는 유니온카바이드의 철학이 만연해 있다. 그리고 노동자들의 권리를 일상적으로 위배함으로써 부정한 돈이 만들어지는, 위에서 본 것보다 더 널리 퍼진 방식도 있다. 당신이 이 글을 읽는 지금도 기업들은 노동자들을 비인간적인 노동 조건에 몰아넣음으로써 막대한 이윤을 얻고 있다. 부유한 사회에 사는 사람들이 입고 있는 옷은 수십억 달러씩 연수익이 나는 회사들의 제품이고, 그 회사의 소유주와 주요 주주들은 천만장자나 억만장자가 된다. 하지만 의류 노동자들은 몹시 열악하고 위험한 노동 조건에 처해 있다. 패스트 패션 분야를 보면 소수의 글로벌 브랜드가 공급망 전체에 상당한 권력을 행사할 수 있어서 공급업체에 지불하는 가격을 사실상 이들이 결정한다. 그런데 그 가격으로는 공급업체가 노동자들에게 안전한 노동 환경과 충분한 임금을 제공할 수 없다. 패션 회사의 꼭대기에 있는 사람들이 약탈적 자본주의에 영혼을 팔았다고 해도 과언이 아닐 정도다. 그렇지 않았다면 자신이 팔 제품을 만드는 노동자들에게 인간다운 노동 조건을 마련해주었을 것이다. 그러면 지금보다 수익이 감소하는 것을 받아들여야 할 테지만, 패션 기업을 소유한 수십억 달러 대의 갑부가 몇백만 달러를 덜 갖는 것이 정말 그렇게 큰 비용인가?

이에 더해 현지의 부패는 안전 규제가 잘 집행되지 못하게 해서 자주 상황을 악화시킨다. 이는 2013년 4월 24일 라나플라자 참사의 주원인이었다. 방글라데시 다카에서 8층짜리 상업용 건물이 붕괴했다. 이 건물에는 은행, 가게 몇 개, 그리고 다섯 개 의류 공장이 있었다. 붕괴 전날 건물에 큰 균열들이 발견되어 가게와 은행은 즉시 문을 닫았지만 의류 노동자들은 다음 날 일하러 나오라는 지시를 받았다. 작업이 다시 시작되고 몇 시간 뒤에 건물 전체가 붕괴했다. 총 1,134명의 노동자가 숨졌고 약 2,600명이 부상을 입었다. 많은 이들이 영구적으로 부상을 입었고, 어떤 사람들은 팔다리를 절단하고서야 구출될 수 있었다. 국제노동기구International Labor Organization는 피해자와 유가족들이 보상을 받고 의료비와 상실된 소득을 보전할 수 있도록 '라나플라자 후원 기금Rana Plaza Donors Trust Fund'을 설립했다. 베네통, 칠드런스 플레이스, 프리막 등 글로벌 북부의 시장에 옷을 판매하는 잘 알려진 의류 브랜드 다수가 라나플라자의 공장에서 옷을 만들고 있었다.[23] '깨끗한 옷 캠페인Clean Clothes Campaign'에 따르면, 프리막과 로블로우만 유의미한 액수를 기부했다. 월마트 등 다른 회사들은 요구된 최소한의 돈을 냈다. 베네통은 요구된 정도(500만 달러)보다 훨씬 적은 돈(110만 달러)을 냈고 그나마도 전 세계에서 활동가와 노조들이 운동을 벌이고 나서야 이뤄진 일이었다. 패션업계는 의류 노동자의 노동 조건을 개선하겠다고 약속했지만 〈블룸버그〉는 "라나플라자 붕괴 후 10년이 지났어도 의류 노동자들은 여전히 착취당하고 있다"며 "건물 안전은 개선되었지만 의류 산업의 경제는 전 세계가 입는 옷 대부분을 실제로 만드는 사람들에게 여전히 불리하다"고 지적했다. 그리고 그 경제 구조는 가장 큰 권력 불평등 하나를 보여준다. 거대 패션 브랜드 소유자들(〈포브스〉 억만장자 목록에 있는 사람들)이 노동자들의 임금을 계속 내리누르고 있는 것이다.[24]

물론 노동자보다 이윤을 앞에 놓는 구조는 의류 산업만의 일이 아니다. 아마도 더 유명한 노동 착취 사례는 아마존일 것이다. 2019년에 아마존은 시가총액 기준으로 세계 최대 상장기업이 되었다. 창립자이자 오랫동안 아마존 회장이었던 제프 베조스는 재산이 1,000억 달러가 넘는다. 아마존은 2021년에 210억 달러 이상의 수익을 올렸다. 하지만 그와 동시에 아마존 노동자들의 고되고 착취적인 노동 조건이 언론에 계속 폭로되었다. 몇 년 동안 영국과 미국의 매체는 아마존 물류창고의 끔찍한 노동 조건을 여러 차례 상세히 취재해 보도했다. 노동자들은 제대로 쉬는 시간도 없이 일해야 하고 발걸음을 옮길 때마다, 한 건 한 건 업무를 처리할 때마다, 세세하게 모니터링된다. 하루

근무 시간이 10시간이나 되기도 하는데 쉬는 시간은 딱 한 번이다(그 짧은 쉬는 시간도 좀도둑질을 막기 위해 설치된 금속탐지기를 통과하느라 잡아먹는다). 노동자들은 탈진으로 부상을 겪고 받아야 할 임금도 받지 못한다. 이에 대해 불만을 제기하려고 하면, 더 나쁘게는 노조를 만들려 하면 해고 위험을 감수해야 한다.[25]

그와 동시에 겉치장도 아주 많이 이뤄지고 있다. 아마존 노동자는 '노동자'가 아니라 '어소시에이트'라고 불린다. 제프 베조스도 '어소시에이트'다. 물론 이 어소시에이트는 화장실 갈 시간도 없이 주문을 처리하고 전국 각지에 물건을 나르는 어소시에이트들보다 훨씬 많은 돈을 번다. 또한 아마존은 실상을 포장하려고 더 듣기 좋은 말을 사용한다. '물류센터'를 '풀필먼트 센터'라고 부르고 '자르다'를 '내보낸다'고 말한다(형기를 채운 죄수가 감옥을 나갈 때도 '내보내진다'는 말을 쓰는 것을 생각하면, 후자는 성공적인 포장인지가 좀 애매하지만 말이다).[26]

아마존이 가진 막대한 자원을 생각할 때, 어렵지 않게 노동 조건을 개선하고 안전 위험과 건강 위험을 줄일 수도 있었을 것이다. 노동자들에게 휴식 시간을 더 길게 주고 전일제 노동자가 충분히 안락한 생활을 할 수 있을 만큼의 임금을 지급하면 되는 것이다. 아마존 경영진은 노동자들을 쫓아다니며 달달 볶고 로봇처럼 취급하는 것이 생산성과 수익을 극대화하는 길이라고 생각하는 듯하다. 설령 그 생각이 맞다 하더라도, 아마존 경영진은 수익을 약간 줄이고 100만 명이 넘는 '어소시에이트'들에게 더 나은 노동 조건을 제공하기로 **선택할** 수도 있었다.

아마존 경영진은 노동자들이 권력을 갖지 못하게 해서 임금과 노동 조건을 경영진과 소유주가 일방적으로 결정하겠다는 전략을 따르고 있는 것 같다. 아마존이 노조를 인정하지 않고 노조와 협상 테이블에 앉지 않으려 하는 것은 유명하다. 노조를 결성할 권리는 국제적으로 인정되는 인권이라는 사실에 아랑곳하지 않고 말이다. 그럼에도 변화가 일어나고 있다. 2020년에 전직 아마존 노동자 크리스 스몰스Chris Smalls가 미국의 스태튼아일랜드에 있는 물류창고에서 노조 조직화를 시작했다. 2022년 4월에 이곳 노동자들은 노조 결성 투표를 했고 스태튼아일랜드 물류창고는 미국 최초로 노조가 생긴 아마존 사업장이 되었다.[27]

핵심에서 이것은 수익을 공정하게 분배하느냐의 문제다. 수익은 아마존에서 일하는 모든 사람이 만들지만 베조스와 주주들이 막대한 부분을 가져가고 노동자들은 거의 아무것도 가져가지 못한다. 회사의 수익에 많은 이들이 기여하고 있다는 것을 베조스가 몰라서는 아닐 것이다. 2021년에 로켓을 타고 우주에 갔다 왔을 때 그는 이 일을 가능하게 해준 사람들에게 다음과 같이 감사를 표했다. "모든 아마존 직원과 고객들에게 감사드리고 싶습니다. 그분들이 이 모든 것이 가능하도록 돈을 지불해주었기 때문입니다." 아마존의 열악한 노동 조건에 대해, 그리고 독점적 지위를 가차없이 추구해 소비자의 자유로운 선택지를 막대하게 제약한 데 대해 비판이 이어지고 있는 상황에서 이 말은 비웃음같이 들린다. 하지만 단순한 비웃음 이상이다. 아마존이 세금을 최대한 안 내려고 여러 나라에 걸쳐 회계적 술수를 써왔다는 지적도 제기되고 있다. 한 예로 2020년에 아마존 룩셈부르크 본사〔영국, 프랑스, 독일, 이탈리아, 네덜란드, 폴란드, 스페인, 스웨덴의 영업을 관장한다]는 팬데믹 시기에 크게 증가한 440억 유로의 매출을 신고했는데, 수익은 마이너스 12억 유로를 신고했고 따라서 법인세를 하나도 내지 않아도 되었다.[28] 아마존은 노동자들에게서 공정한 노동 조건을 없애고 있을 뿐 아니라 사회가 정부의 돈을 공정하게 분배할 수 있는 역량도 없애고 있다.

물론 부정한 돈을 버는 가장 흔한 형태는 탈세다. 이것은 법적으로 가장 복잡하고 알아차리기도 어려운 형태이기도 하다. 앞에서 살펴본 경우들에서는 천만장자와 억만장자, 그리고 그들의 회사가 그들을 부유하게 만든 부도덕한 행위에 대해 시민으로부터나 언론으로부터, 또는 둘 다로부터 공개적으로 비판을 받았다. 그런데 합법적인 경계 내에서 세금을 내지 않아서 부정한 돈을 가지고 있는 경우에는 불행히도 밖에서 알아차리기가 쉽지 않다. 일부는 되레 기업계의 영웅으로 찬사를 받고, 어떤 이들은 세간의 이목은 받지 않으면서 그들 무리 사이에서 존경을 받는다. 그리고 훨씬 더 많은 사람이 불법적이거나 불법과 합법의 경계에 있는 방식으로 세금을 내지 않는다. 용인될 수 없는 수단으로 번 부정한 돈과 벌 때는 떳떳하게 벌었지만 그것에 대해 세금을 내지 않아서 갖게 된 부정한 돈의 차이가 늘 그렇게 분명한 것은 아니다.

탈세에는 크게 조세 **회피**tax avoidance와 조세 **포탈**tax evasion 두 가지 유형이 있다. 조세 회피는 법의 한계 안에서 창조적인 방법을 사용해서, 가령 법의 허술한 구멍을 사용해서 납부해야 할 세금을 최대한 줄이는 것이고, 조세 포탈은 불법적인 방식으로 세금을 내지 않는 것이다. 조세 회피는 널리 사용되고 널리 용인된다. 기술적으로 말하자면, 법이 허용한 범위 안에 있으므로 합법적이다. 하지만 도덕적으로도 합당하려면 법의 원래 취지를 위배하는 방식으로 법을 악용하지 말아야 한다. 예를 들어, 많은 국가가 집을 사려고 모기지 대출을 받은 사람들에게 세금 우대 혜택을 준다. 사람들은 세금 우대를 잘 받으려면 어떤 모기지 상품이 가장 좋은지 조언을 얻을 것이다. 이러한 일은 법적으로도, 도덕적으로도 합당하다고 여겨진다. 세금 우대를 도입한 취지가 주택 소유자를 지원하려는 것이기 때문이다(이 제도가 사회에 좋은 것이냐는 다른 문제다. 집을 살 수 없는 가난한 사람들은 해당 사항이 없는 혜택이어서 불평등에 일조하기 때문이다).

이와 같이 법의 취지에서 벗어나지 않으면서 세금을 아끼려고 하는 것은 부자와 슈퍼 부자들의 조세 회피 문제와 관련이 없다. 대부분의 국가에서 소득세율은 누진적이다. 즉 소득이 많을수록 세율이 올라간다. 하지만 조세에 대한 연구들을 보면, 부자와 슈퍼 부자들은 누진 과세를 피하는 방법을 잘 알고 있다. 이들은 법적으로 말하자면 합법적이지만 도덕적으로는 미심쩍은 방식으로 조세를 회피한다.

한편 불법적인 경로를 이용하는 조세 포탈을 보면, 몇 가지 방법이 있다. 하나는 단순히 소득을 신고하지 않는 것이다. 제3자가 내 소득을 세무당국에 직접 신고하지 않는다면 그렇게 할 수 있다. 자영업자와 기업 소유주, 그리고 많은 나라에서 투자 소득, 배당 소득, 저축 이자 등의 소득이 있는 사람들도 그냥 신고를 안 해버릴 수 있다. 은행 등 금융기관이 모든 소득을 금융당국에 반드시 신고하게 만들면 우리는 이 경로를 닫을 수 있다. 현재 신고를 누락해 세금을 안 내고 있는 사람들이 반대하기야 하겠지만, 모든 소득이 금융기관을 통해 신고되게 하는 것은 어려운 일이 아니다. 노동 소득이든 자본 소득이든 사업 활동에서 나오는 소득이든 소득은 반드시 신고해야 하고 그에 따라 세금을 내야 한다고 명시한 법만 제정하면 되는 일이다.

정부의 징수 역량이 약하면 불법적인 탈세가 발생하기 더 쉬워진다. 많은 나라의 징수 당국이 극심한 인력 부족을 겪고 있다. 조세 포탈을 잡아내고 조사하는 일을 제대로 수행하는 데 필요한 사람과 자원이 부족한 것이다. 이는 세금을 안 내면 매우 이득을 볼 사람들에게 조세 포탈이 '계산 가능한 리스크'가 되게 만든다.

어떤 나라에는 이것이 어느 정도 규모인지 알 수 있는 데이터가 존재한다. 미국 국세청은 주기적으로 미납 세금을 추정한다. 가장 최근 추산치에서는 연체된 세금까지 다 들어온다고 가정했을 때 순 세금 갭이 연 4,700억 달러로 추정되었다.[29] 당국의 세금 징수 역량을 강화하는 데 지출을 늘리면 못 걷었던 세금을 더 잘 걷게 되므로 지출된 돈을 뽑고도 남을 것이다. 연구자들에 따르면, 늘어난 지출보다 적어도 세 배는 많은 세금을 걷을 수 있을 것이고 미납하지 않게 억지하는 간접 효과까지 고려하면 비용 대비 추가적인 세수는 더 커질 수 있다. 따라서 당신이 공정성에 관심이 없더라도 효율성 면에서 이는 매우 영리한 일이다. 그런데 왜 이렇게 하지 않을까? 당국의 징수 역량이 강화되면 잃을 게 많을 사람들이 정치적 의사결정 과정에서 결정적인 영향력을 행사하고 있기 때문이다.

모두가 규정대로 세금을 잘 낸다면 어떤 차이를 가져올까? 위에서 세금 갭을 알아본 미국을 예로 들면, 정부 세수가 4,700억 달러 증가한다. 현재 18세 미만 아동이 7,400만 명인 것으로 계산하면, 모든 미국 아이에게 정부가 계정을 하나씩 열고 매년 6,350달러씩 넣어줄 수 있는 돈이다. 모든 미국 아동이 18세가 되면 11만 5,000달러와 이자를 받을 수 있는 것이다.[30]

하지만 내야 할 세금을 다들 잘 내고 있기는커녕 탈세가 늘고 있다. 특히 조세 피난처를 이용하는 경우가 그렇다. 조세 피난처는 슈퍼 부자들의 돈 관리에서 핵심적인 역할을 한다. 한 놀라운 연구에서 프랑스 경제학자 가브리엘 주크만Gabriel Zucman은 조세 피난처에서 누가 이득을 보고 있고 그들이 다른 나라들에 미치는 비용이 어느 정도인지 알기 위해 입수 가능한 모든 데이터를 종합해 전 세계 조세 피난처의 규모를 추정했다. 그의 연구는 오늘날처럼 조세 피난처에 돈이 많았던 때가 없었다는 충격적인 결과를 드러냈다. 전 세계 가구가 소유한 부의 8% 정도가 조세 피난처에 있으며, 이는 세계 GDP의 10% 정도다. 오랫동안 스위스가 가장 큰 조세 피난처였지만, 2020년대에 아시아의 조세 피난처(특히 홍콩과 싱가포르)의 비중이 점점 더 커지고 있다. 주크만의 연구는 나라마다 그곳 국민들이 해외 계정을 이용하는 정도가 매우 다르다는 것도 보여주었다. 한국, 일본, 스칸디나비아 국가 사람들은 상대적으로 해외 계정을 덜 이용한다. 다른 쪽 극단에는 미국, 아랍에미리트연합, 사우디아라비아, 러시아, 아르헨티나, 베네수엘라, 그리스 등이 있는데, 이들 나라의 부자들은 조세 피난처를 많이 이용한다.[31]

세금을 회피하는 사람들은 누구일까? 놀랍지 않게도 전 세계 슈퍼부자들이고, 이들은 조세 피난처가 제공하는 다양한 가능성을 활용한다. 슈퍼 부자들의 부를 해외로 숨기는 일에 특화한 산업군 하나가 별도로 존재할 정도다. 그리고 이들 슈퍼 부자들은 재산 대부분을 노동소득이 아니라 자본 소득으로 축적한 사람들이다. 사실 조세 피난처에서 가장 큰 이득을 보고 있는 사람들은 '울트라' 부자들이다. 노르웨이, 스웨덴, 덴마크의 데이터로 추정한 결과, 이 세 나라 국민들이 조세 피난처에 넣어둔 총자산의 50%가 최상위 0.01% 부자들 소유였고, 조세 피난처에 돈을 넣음으로써 이들은 냈어야 할 세금의 25%를 내지 않고 있었다.[32]

2016년 4월, 국제탐사보도언론인협회International Consortium of Investigative Journalists가 조세 피난처에 페이퍼 컴퍼니를 세워 익명으로 돈을 묻어둔 사람들의 명단을 공개했다. 이 보고서인 '파나마 페이퍼Panama Papers'에서 블라디미르 푸틴, 아이슬란드 총리, 사우디아라비아 국왕, 그밖에 많은 나라의 총리나 대통령의 가족 등이 파나마의 페이퍼 컴퍼니로 돈을 보내는 채널을 가지고 있음이 폭로되었다. 로펌인 모색 폰세카가 설립한 페이퍼 컴퍼니들은 서류상으로는 이사진에 다른 사람들도 있는 것으로 나온다. 따라서 모색 폰세카를 통하지 않고는 실소유주가 누구인지 외부인이 알 수 없다.

익명의 내부고발자 '존 도'[John Doe. '아무개' 정도의 의미임]가 이 정보를 독일 신문 〈쥐트도이체 차이퉁〉의 기자 바스티안 오베르마이어Bastian Obermayer에게 제보했다. 존 도는 오베르마이어와 직접 만나 이야기하는 것은 극구 거절했고 암호화된 채널에서 채팅으로만 소통했다. 자신의 신원이 밝혀지면 목숨이 위험할지도 모른다고 생각해서였다. 국제탐사보도언론인협회 회원인 오베르마이어는 협회의 다른 기자들에게 제보를 공유했고, 기자들은 파나마에 설립된 페이퍼 컴퍼니들의 실소유주를 알아내기 위해 고생스러운 취재를 했다. 회사가 조세 피난처에 계정을 두어야 할 합법적이고 타당한 이유가 있는 경우도 있겠지만, 조세 피난처에 들어가는 돈은 절도 등 명백한 불법 행위의 산물이거나 슈퍼 부자들이 탈세 목적으로 보내는 돈일 가능성이 압도적으로 높다. 오랫동안 세계 최고의 축구선수로 찬사를 받고 있는 아르헨티나 축구선수 리오넬 메시Lionel Messi의 아버지도 '파나마 페이퍼'에서 폭로되었다. 이후에 이들은 스페인에서 410만 유로를 탈세한 혐의로 유죄가 인정되었지만, 스페인 조세 당국과 합의로 마무리해서 감옥행은 면했다.[33]

하지만 모든 국가가 이렇게 탈세범에게 책임을 묻는 것은 아니다. 납세 윤리가 낮고 부패가 만연한 곳에서는 [파나마 페이퍼 같은 것이 폭로된들] 사람들이 별로 놀라지도 않을 것이다. 안 들키고 넘어가는 것이 굉장히 쉬울 때 무엇을 기대할 수 있겠는가? 캐나다 정치학자 톰 맬리슨Tom Malleson은 이것이 탈세에 대응하는 매우 잘못된 방식이라고 지적했다. 탈세는 범죄이고 우리 모두 그것을 범죄로 여겨야 한다. 하지만 대부분 조세 사기는 들통 나지 않으며, 들통 난다 해도 그들이 치르는 결과를 보면 매우 우려스럽다. 맬리슨은 최근에 미국의 조세 사기 사건들에서는 피해액의 중앙값이 30만 9,000달러였고 절도 사건들에서는 피해액의 중앙값이 2,100달러였는데도 처벌은 전혀 이에 비례하지 않았다고 지적했다. 조세 사기는 기소된 사건의 68%만 징역형으로 이어졌고 평균 선고 기간은 17개월이었지만, 경미한 절도는 99%가 감옥에 갔고 평균 107개월을 살았다. 마리화나를 판매해서 기소된 사람들 중에서는 (절도와 달리 마리화나 판매는 불법이 아닌 나라도 있는데도) 91%가 감옥에 갔고 평균 29개월을 살았다. 마리화나를 판매한 사람의 평균 수감 기간이 조세 사기로 공공의 돈을 훔친 사람보다 40%나 긴 것이다. 부유한 사람의 범죄는 가난한 사람의 범죄와 같은 정도로 처벌되지 않는다. 이를 묘사할 수 있는 말이 있다. 바로 '계급 불의'다. 조세 사기범의 압도적 다수가 백인이므로 이와 같은 형량 불균등에는 인종의 차원도 작동한다고 볼 수 있다.[34]

막대한 유산을 상속받고서 '텍스미나우'를 공동 설립한 독일계 오스트리아인 마를레네 엥겔호른도 우리가 당국이 관리 감독 노력을 집중해야 할 집단이 어디인지 물어야 한다고 지적했다. "우리는 당국의 관리 감독 에너지가 어디에 쏠리는지 보아야 합니다. 현재는 실업 수당 등 복지 수급을 받는 사람들에게 쏠리고 있습니다." 엥겔호른은 우리가 복지 급부를 국가가 공짜로 주는 **기부**라고 이야기하면서 복지 급부가 우리 모두가 기여하는 사회 안전망 시스템의 일부라는 사실을 생각하지 않는다고 지적했다. 그런데 부자들에 대해서는 우리가 어떤 질문을 하고 있는가? 엥겔호른은 이렇게 말했다. "가난한 사람들에게서 잘못을 샅샅이 찾아내려 하는 데 들어가는 이 모든 에너지는 부유한 사람들에게로 초점이 옮겨가야 합니다. 실제로 사회에서 이득을 뽑아가면서도 가진 것을 나누려 하지는 않는 사람들이니까요. 이것은 전혀 말이 되지 않는 일입니다." 게다가 세계의 많은 나라에서 복지 사기는 조세 사기에 비하면 미미하다. 예를 들어 2022년에 오스트리아의 복지 사기는 피해액이 1,400만 유로로 추산되었는데 조세 사기는 무려 120억~150**억** 유로로 추산되었다. 그런데도 엥겔호른이 지적

했듯이 우리의 관심은 복지 사기에 훨씬 더 많이 쏠려 있다.[35]

기업도 조세 피난처를 다양하게 이용한다. 아마존은 빙산의 일각이다(사이즈가 좀 되는 일각이긴 하지만). 기업들은 세금을 내지 않으려고 여러 복잡한 재무 조작 기법들과 함께 '수익 이전profit shifting' 기법을 사용한다. 거대 기업은 다국적 기업인 경우가 많고 국제적으로 법은 자회사들을 각각 별도의 실체로 다룬다. 하나의 다국적 기업은 수익이나 손실이 여러 국가에서 발생하는데, 각 국가의 법에서 적용되는 법인세를 내야 한다. 국가마다 법인세율은 매우 차이가 크고 명목 세율이 아니라 실효 세율(공제, 면제, 기타 조세의 구멍을 감안한 것)로 보면 차이가 더 크다. 하나의 다국적 기업에 속한 계열사들은 로고나 트레이트 마크를 사용하는 대가를 내거나 대출을 받는 등 내부적 거래를 하게 되는데, 이러한 거래들의 가격은 대체로 자의적으로 정할 수 있다. 이 가격들을 영리하게 조작함으로써 이 다국적 기업의 모든 수익이 세율이 가장 낮은 나라에 있는 계열사에서 나온 것으로 (서류상!) 기록되게 할 수 있다. 최종 제품의 소비자들에게는 아무 변화를 가져오지 않지만 완벽하게 합법적으로 세금을 최소화할 수 있으므로 기업에는 매우 이득이 된다. 이상적으로는 수익이 수십억, 수백억에 달해도 세금을 하나도 안 내는 게 목표다.[36]

예를 들어 경제학자 엠마누엘 사에즈Emmanuel Saez와 가브리엘 주크만은 구글의 '수익 이전' 방식을 상세히 설명했다. 2017년에 버뮤다에 소재한 구글 홀딩스는 매출 227억 달러를 신고했다. 구글 홀딩스는 구글의 몇몇 테크놀로지의 법적 소유자이고 유럽의 구글 계열사들에 라이선스를 판매한다. 이러한 조직 구조와 내부적 거래 덕분에 구글은 유럽에서 세금을 거의 또는 전혀 내지 않았다. 구글이 법인세를 내는 곳은 버뮤다인데, 버뮤다는 법인세율이 제로다. 사에즈와 주크만은 미국 다국적 기업들의 수익 중 세율이 낮은 국가에서 신고되는 비중이 60%에 달할 것으로 추정했다.[37]

수익 이전을 활용해 세금을 피하는 다국적 기업 경영자들은 대개 〈포브스〉 억만장자 목록에서 상위 20위에 오르는 사람들이다. 이들은 적어도 순자산이 500억 달러다. 하지만 어째서인지 이들은 CEO나 CFO로서 자신의 의무가 법률 전문가와 재무 전문가들을 고용해서 세금을 최대한 적게 내는 것이라고 생각하는 듯하다. 한편, 그들이 기업 활동을 하고 있는 많은 나라들이 인프라에 막대한 투자가 필요한 상태다. 이 국가들은 세수가 충분치 않으므로 인프라 투자가 이루어지지 못하거나 세수를 마련하려고 노동자들에게 세금을 올리게 된다. 따라서 기업의 세금 회피로 세계 모든 곳의 평범한 사람들이 손해를 본다. 현재의 규칙하에서 기술적으로는 합법일 수 있지만 그렇다고 도덕적으로도 합당해지는 것은 아니다. 부유한 조세 회피자들이 납부를 거부한 모든 세금은 가난한 사람들의 삶을 개선하는 정책에 쓰일 수 있었을 돈이고 노동자들에게 가족을 충분히 부양할 수 있는 임금을 지급하는 데 들어갈 수 있었을 돈이다. 조세 회피가 만연하면, 특히 조세 피난처를 이용한 조세 회피가 만연하면, 이는 부를 계속 위쪽으로 '트리클업'하는 중요한 메커니즘이 된다.

이 모든 숨겨진 돈에는 또 하나의 심각한 함의가 있다. 가장 부유한 사람들이 가진 재산의 상당 부분이 추적이 불가능하므로 부의 불평등이 현재 이야기되고 있는 정도보다 훨씬 더 클지 모른다는 점이다.

상속을 받은 사람들부터 CEO들까지 슈퍼 부자들은 세금을 피할 방법을 다들 어떻게 알아내는 것일까? 법의 테두리 안에서 세금을 회피해 납부를 최소화하도록 도와주는 산업이 존재한다. 금융 전문가, 법률 전문가 등으로 구성된 이 산업은 **재산 방어 산업**wealth-defense industry이라고 불린다. 세무사, 회계사, 금융 설계사, 변호사 등이 모든 조세 구멍을 최대한 활용하고 법 안에서 할 수 있는 최대한으로 창조성을 발휘해 고객이 세금을 가능한 한 덜 내게 만든다. 대개 이들 본인은 울트라 부자인 0.1%가 아니지만 부자 또는 슈퍼 부자인 9.9%에는 들어간다. 재산 방어 산업과 이 산업의 고객 사이에는 명백한 윈윈 관계가 있다. 이들의 고객은 수백만, 수천만, 때로는 수십억 달러의 세금을 회피하고, 그 고객에게 재산 방어 자문을 하는 사람은 매우 높은 보수를 얻으며 자신도 조세 회피 기법을 사용한다. 최고로 돈이 많은 울트라 부자, 슈퍼 부자들은 자기 재산을 지키기 위해 본인이 직접 해야 할 일은 없다. 세금을 덜 내서 아끼는 돈의 일부만 보수로 주어도 대신 일해줄 사람들이 있기 때문이다.[38]

세법이 각각 다르므로 구체적인 방식은 나라마다 다르다. 하지만 재산 방어 산업이 어떻게 돌아가는지 보여주는 깔끔한 사례가 하나 있다. 척 콜린스가 한 매체에서 밝힌 이 사례는 도널드 트럼프와 그의 아버지 프레드 트럼프Fred Trump의 사례다. 프레드 트럼프는 자녀들에게 재산을 세금 없이 넘겨주고자 법의 구멍과 미국 법이 허용하는 재무 조작 기법을 모조리 활용했다. 그중 한 가지 전략은 부채 형태로 증여를 하는 것이었다. 1987년에 프레드는 1,550만 달러를 도널드의 부동산 프로젝트 중 하나에 투자했다. 그리고 1991년에 자기 지분을 도널드에게 1만 달러에 팔았다. 사실상 아버지가 아들에게 1,549만 달러를 증여한 것이었는데도 조세 당국은 증여세를 걷을 수 없었다.[39]

세금을 안 내서 가장 크게 득을 볼 사람은 재산이 가장 많은 사람이겠지만 울트라 부자가 아닌 부자들도 이러한 전략을 사용한다. 네덜란드에서 상속세를 피하는 데 사용되는 수법을 보자. 네덜란드 세법상 상속을 받으면 고인과 상속인의 관계 및 상속 자산의 액수에 따라 10~40%의 상속세를 내야 한다. 그런데 상속세가 면제될 때가 있는데, 가장 너그러운 경우는 기업을 물려주는 경우다. 기업을 물려받은 상속인은 113만 유로어치에 대해서는 상속세를 내지 않아도 되고 나머지 중 83%에 대해서도 면세가 된다. 따라서 부자들은 사적인 부를 회사로 바꿔 상속함으로써 상속세를 상당 부분 회피한다. 법률 전문가들은 요령을 아주 잘 알고 있고, (물론 수수료를 받고) 부자들을 기꺼이 도우려 할 것이다.

이것은 개인의 문제가 아니다. 세금을 안 내는 개인과 조세 당국 사이의 이슈도 아니다. 이것은 '사회 계약'의 핵심과 관련한 문제다. 정부가 조세 회피와 포탈로 세수를 잃으면 모든 사람이 손해를 본다. 탈세로 조세 수입이 줄면 파생되는 피해가 막대하다. 공립 학교와 사회보장에 들어갈 돈이 부족해진다. 평범한 사람들이 손해를 보고 사회의 제도들이 무너지기 시작한다. 국가의료시스템NHS이 바스러진다. 주립 학교들에서 인력과 자원이 부족해진다. 재산 방어 산업을 고용할 만큼 부자가 아닌 사람들, 즉 대부분의 사람들이 부족한 세수를 메우기 위해 세금을 더 내야 한다. 도널드 트럼프는 자신이 '똑똑해서' 세금을 안 냈다고 말했지만 세금 회피는 똑똑한 일이 아니다. 이것은 이기적이고 비애국적인 행동이다. 그리고 이것은 부의 극단적인 집중과 매우 관련이 크다.

재산 방어 산업이 수행하는 재무 조작은 합법과 불법의 가느다란 경계 위에서 줄을 탄다. 조세 회피는 합법이다. 조세 포탈은 불법이다. 하지만 현실에서 어느 정도까지 이 둘의 구분이 유의미한지는 종종 모호하다. 슈퍼 부자들의 세금 신고를 당국이 조사하고 확인할 가능성이 지극히 낮기 때문이다. 대부분의 나라에서 정부는 기업의 재무적 거래나 세금 신고를 꼼꼼히 살펴보기에 충분한 인력과 자원이 부족하다. 조세 당국을 강화하면 거기에 들어가는 지출보다 몇 배나 많은 세수를 가져올 수 있을 텐데도 말이다.

하지만 당국의 징수 능력이 약하더라도, 모든 것을 고려했을 때 부자들과 슈퍼 부자들이 법의 경계를 넘지 않는 쪽을 선호하는 것은 맞다. 만에 하나 조세 당국이 당신의 세금 신고 이력을 조사할 경우에도 법정이나 감옥에 갈 일은 없으리라는 것을 안다면 마음이 편할 것이다. 그러니 지난 몇십 년 동안 많은 나라에서 슈퍼 부자들이 세금을 덜 내면서도 여전히 법의 테두리 안에 있기 위해 세법을 고치려는 시도를 해온 것은 이상한 일이 아니다. 즉 그들은 로비를 하고 정치에 영향력을 행사해서 법이 한층 더 금권정치적 속성을 갖게 했다. 첫째, 조세 부담을 자본에서 노동으로 옮기고, 둘째, 최고세율을 낮추고, 셋째, 더 많은 구멍과 맹점을 도입하면서 말이다.

놀라운 사례를 미국에서 볼 수 있다. '애국적인 백만장자'의 전현직 회장 모리스 펄Morris Pearl과 에리카 페인Erica Payne은 2021년 저서

《부자에게 과세하라: 거짓말, 구멍, 로비스트가 부자를 더욱더 부자로 만드는 법Tax the Rich! How Lies, Loopholes, and Lobbyists Make the Rich Even Richer》에서 미국의 부자들이 어떻게 로비로 세법을 야금야금 바꾸어 왔으며 그렇게 해서 어떻게 더 적은 세금을 낼 수 있었는지 폭로했다. 그러한 변화의 결과, 이제 미국에서는 가난한 사람과 부유한 사람의 실효 세율이 같다. 아주 부자인 경우는 예외인데, 근로 소득이 없고 재산 방어 산업의 도움을 최대로 받기 때문에 이들은 심지어 세율이 가장 낮다. 사에즈와 주크만은 소비세, 급여세, 주 정부 세금, 연방 정부 세금 등 모든 유형의 세금을 종합했을 때 평균적인 미국인의 실효 세율이 28%라고 추정했다. 인구의 하위 70%는 약간 더 적어서 25%였고 부자들은 약간 더 높았다. 하지만 가장 부유한 400가구는 실효 세율이 가장 적은 23%였다. 이들은 세율이 더 높은 급여세나 소비세보다 세율이 더 낮은 법인세와 부동산세를 주로 내는 사람들이다.[40]

대부분의 국가에서 노동 소득이 자본 이득보다 세율이 높다. 당신이 일을 해서 돈을 벌면 주식, 채권, 저축, 부동산, 사업체 소유 등으로 돈을 버는 경우보다 세율이 높다는 말이다. 이것은 (소득세가 전혀 없는 버뮤다 같은 곳은 논외로 하고) 거의 모든 나라가 가지고 있는 문제다. 펄과 페인은 이 차이를 다음과 같은 예시로 설명했다. 동일하게 연간 40만 달러를 버는 두 가구가 있다고 해보자. '노동 가구'는 이 돈을 노동으로 벌며, 표준적인 공제액 2만 4,800달러를 제하고 10만 4,970달러의 세금을 낸다(연방 소득세율은 10~32%다). '자산 가구'는 똑같은 40만 달러를 투자 이득만으로 번다. 표준 공제액은 같다. 그다음에 첫 8만 달러까지는 세금이 없고 나머지에 대해서는 세율이 15%여서 4만

4,280달러를 낸다. '노동 가구'보다 6만 690달러를 덜 내는 것이다.[41]

핵심은, 자본 이득으로 살아가는 것이 노동 소득으로 살아가는 것보다 세금 면에서 훨씬 유리하다는 것이다. 적극적으로 조세를 회피하지 않아도 극도로 많은 부를 소유한 사람들 모두가 재산 방어 산업의 작동 덕분에, 또 수십 년간 조세 시스템과 노동 관계법을 불공정하게 바꿔온 자본 소유자와 슈퍼 부자들의 노력 덕분에 부정한 돈을 가지고 있다. 이는 자산이라고는 살고 있는 집 한 채이거나 자산 없이 소소한 소득만으로 살아가는 노동자와 중산층을 사실상 처벌하는 변화였다. 이제 부자들은 전에는 합법이 아니었지만 새로운 금권정치적 법제도 덕분에 합법이 된 방식으로도 부를 축적한다. 이를 도덕적으로 옹호하기는 불가능하다. 부자들과 슈퍼 부자들이 부당한 법제상의 변화에서 이득을 얻은 한(거의 대부분 그렇다) 그 돈 역시 그들이 애초에 가져서는 안 되었던 돈이다. 이것은 또 다른 형태의 부정한 돈이다.

부자들도 도둑정치와 범죄 행위는 강하게 비난받아야 한다는 데 쉽게 동의할 것이다. 그리고 **자신은** 합법적인 영역 안에 있으며 따라서 잘못이 없고 밤에 두 다리 뻗고 잘 수 있다고 덧붙일 것이다.

이렇게 말하기는 쉬워도 너무 쉽다.

하지만 이 태도는 어느 정도 부정한 돈을 포함하지 않고는 그렇게 많은 돈을 모으는 것이 거의 불가능하다는 사실을 인정하지 않는 것이다. 이론적으로는 부정한 돈 없이도 거부가 될 수 있을지 모르지만 현실에서는 자수성가했고 노동자들을 잘 대우하는 가장 도덕적인 영웅조차 세무 전문가를 고용하는 순간 부정한 쪽으로 넘어갈 공산이 아주 크다. 직접적으로 법을 어겼는지가 이슈가 되는 경우는 극단적인 일부 사례뿐이겠지만, 우리는 극도로 많은 모든 부에 대해 그것이 축적되는 동안 일으켰을 피해, 합법성의 애매한 공간에서 일어났을 회계상의 수법, 그리고 합법과 불법의 경계선 자체를 부당하게 이동시킨 로비의 영향을 질문해야 한다.

이 마지막 부분은 극도로 많은 부와 관련해 다음 주제와 이어진다. 극도의 부는 **기존의** 법 안에서 창조적인 수법이 더 많이 사용되게 만들기도 하지만 **미래의** 규범과 규칙 자체가 달라지게 만들기도 한다. 다시 말해, 극도로 많은 부는 민주주의를 잠식한다.

4장

극단적인 부는 민주주의를 잠식한다

세계인권선언은 1948년에 유엔에서 선포된 이래 가난하고 억압받는 사람들에게 보장되어야 할 권리의 표준을 설정해왔다. 이 선언의 핵심을 담은 제1조는 다음과 같이 시작한다. "모든 사람은 태어날 때부터 자유로우며 동등한 존엄과 권리를 가진다. 모든 사람은 이성과 양심을 가지고 태어나며 인류애의 정신으로 서로를 대해야 한다." 이어서 세계인권선언은 삶의 다양한 영역에서 동등한 존엄이라는 핵심 개념이 의미하는 바를 설명한다. 그중 정치 영역에 대한 제21조는 다음과 같다.

모든 사람은 직접적으로, 또는 자유롭게 선출한 대표자를 통해 간접적으로 자기 나라 국정에 참여할 권리를 갖는다. 모든 사람은 자국의 공직에서 일할 수 있는 평등한 권리를 갖는다. 통치 권력이 갖는 권위의 토대는 국민들의 의지여야 하며 국민들의 의지는 정기적으로 투명하게 시행되는 보통, 평등, 비밀 투표를 통해, 또는 자유로운 선거에 준하는 절차를 통해 표명되어야 한다.[1]

오랫동안 민주주의는 모든 사람이 동등하게 존엄하다는 도덕적 원칙에 깊이 토대를 둔 제도로 인정되어왔다. 역사 내내 사람들은 세상 앞에서 동등한 존재로 대우받고자, 또한 정치적 과정에 참여할 권리를 갖고자 막대한 희생을 치렀다. 이러한 투쟁은 20세기에 들어서도 한참 동안 계속되었고(유럽의 보편선거권 운동이나 아파르트헤이트 시절 남아프리카공화국에서 흑인들이 동등한 권리를 얻고자 벌인 투쟁 등을 생각해보라), 오늘날에도 계속되고 있다. 최근 홍콩과 이란 등 매우 다양한 나라에서 벌어진 시위는 사람들이 자유와 동등한 존엄을 누리기 위해서라면 모든 것을 거는 위험까지도 감수한다는 것을 보여준다. 그들의 희생은 민주주의의 가치를 죽비처럼 상기시켜준다.

오늘날 많은 민주주의 사회가 **자유주의적** 민주주의의 형태를 취하고 있다. 현대의 가장 기본적인 형태에서 자유주의적 민주주의는 인종, 계급, 젠더, 종교, 정치적 견해와 상관없이 모든 성인이 하나의 표를 행사하게 보장하며 모든 시민은 직접적으로 또는 간접적으로 정치적 의사결정에 참여할 동등한 기회를 갖는다.

물론 자유주의적 민주주의는 유일한 정치 모델이 아니다. 권위주의 정권도 있을 수 있고 독재 정권도 있을 수 있고 신정주의 정권도 있을 수 있다. 또한 모든 정치 시스템이 그렇듯이 자유주의적 민주주의도 취약해질 수 있고 실패할 수도 있다. 이는 주로 두 가지 방식으로 나타난다. 하나는 덜 민주주의적이 되는 것이다. 시민들이 민주적 투표권을 가지고 있긴 하지만 사실상 지배층의 선호가 정치적 의사결정을 좌지우지하는 것이다. 이는 정치학자들이 과두귀족정이라고 묘사하기 시작했을 지경에까지 이른 미국에서 특히 긴요한 문제다. 민주주의가 약화되는 다른 하나의 방식은 덜 자유주의적이 되는 것이다. 소수자의 권리가 더 이상 보호되지 않고, 선출된 지도자들이 '국민'의 의지를 자기 멋대로 해석해 그것을 '국민'의 의지로서 표출하는 것이다. 비자유주의적 민주주의하에서 권력자들은 자유로운 언론, 독립적인 사상가, 정치적 반대자들이 정부를 비판할 수 있는 능력을 꺾으며, 사법 시스템도 약화시킨다. 빅토르 오르반Victor Orbán 치하의 헝가리가 이러한 종류의 민주주의를 보여주는 사례다.[2]

인권을 지키는 데 정말로 관심이 있다면, 일반적으로는 민주주의를, 구체적으로는 민주주의의 자유주의적 속성을 보호해야 한다. 어쩌면 여기에서 한 발 더 나아가야 할지도 모른다. 현실에서 자유주의의 이름으로 많은 이들에게 자행된 억압이 이상으로서의 자유주의와 너무나 딴판이었기 때문이다. 호주, 캐나다, 뉴질랜드, 미국 등의 정착 식민지 사회들은 기본적인 인권의 이상에 대한 담론과 정착민이 원주민에게 자행한 억압 및 제노사이드의 현실 사이에 너무나 큰 괴리를 보여주었다. 마찬가지로, 현재까지 인종적·민족적 소수자와 퀴어, 트랜스젠더 등의 권리를 보호하는 데 성공한 자유주의적 민주주의 사회는 하나도 없다. 그래서 어떤 학자들은 '자유주의적'이라는 말을 쓰는 데 매우 비판적이다. 이들은 역사에 숱하게 있었던 자유주의의 오남용을 지적하면서 민회 등을 포함해 더 급진적으로 민주적인 정부 형태, 그리고 정치뿐 아니라 경제 영역의 민주화가 필요하다고 주장한다.[3]

하지만 현재의 정치 상황은 더 급진적인 민주주의와 진정으로 모든 이의 권리 보호를 주장하는 급진주의자들이, 우리가 알고 있는 대로의 자유주의적 민주주의를 옹호하는 더 '온건한' 사람들과 연대해야만 하는 상황으로 보인다. 더 급진적인 형태의 민주주의는 물론이고 자유주의적 민주주의에도 적대적인 사람들이 점점 더 강하게 일으키고 있는 반동적 위협에 이들 모두가 직면해 있기 때문이다.

오늘날 많은 사람들이 민주주의가 잠식되고 있다는 것을 느끼고 있다. 또한 많은 이들이 이것이 부의 불평등과 관련 있음을 직관적으로 감지하고 있다. 오랫동안 정치인들, 학자들, 운동가들은 돈이 민주주의 시스템에 해를 끼칠 수 있다고 경고해왔다. 하지만 정확히 어떻게 해서 부의 집중이 민주주의를 훼손하는가? 한 걸음 물러서서 보면 부의 불평등이 가장 근본적인 수준에서 민주주의를 위협하며 민주주의를 규정하는 핵심 특징을 훼손하고 있음을 볼 수 있다.

훼손되고 있는 민주주의의 핵심 특징 중 첫 번째는 집합적인 의사결정이다. 우리는 어쩌다 가까이 살게 된 타인들과 아무런 영향을 주고받지 않고 살아가는 원자적 개개인이 아니다. 우리는 공유하는 물리적 공간에서 함께 살아가는 사람들이다. 그리고 그 공간과 그곳에 있는 자원으로 무엇을 할지에 대해 서로 다른 필요와 욕망을 가지고 있기 때문에 생활을 관장하는 일군의 규칙들에 동의해야 한다. 어떤 집단이라도 가까이에 살면 상호작용을 하게 될 것이고, 물건을 교환하게 될 것이며, 누가 무엇을 소유하고 있는지에 대해 합의해야 할 것이다. 그렇지 않으면 혼란과 극도의 불안정성, 그리고 가장 강한 자가 지배하는 체제만 있게 될 것이다. 그것이 어떤 모습일지 알고 싶다면 디스토피아 과학소설의 묘사를 보면 된다. 어느 순간에라도 누군가가 누군가를 죽일 수 있고, 그러고도 처벌을 받지 않는 사회 말이다. 소설이나 영화에서 디스토피아를 보는 것은 재미있을지 몰라도 우리 대부분은 우리와 우리가 사랑하는 사람들의 생명이, 그리고 우리의 프로젝트와 소유물이 잘 지켜지는 사회에 살기를 원할 것이다.

규모가 작은 공동체에서는 한정적인 공유 자원(주거, 식량, 물 등)을 어떻게 나눌지를 급진적으로 위계가 없는 형태의 집합적 의사결정 방식으로 충분히 결정할 수 있다. 사람들은 다들 함께 앉아서 논의할 것이고, 공동체의 규모가 작으므로 모두가 이야기를 하고 목소리를 낼 것이다. 이러한 의사결정 방식, 즉 당면한 이슈에 대해 구성원이 모두 모여서 토론하는 방식은 소규모의 공동 생활 집단이나 집합 주택 같은 곳에서도 작동할 수 있다. (외부로부터의 위협이나 홍수와 같은 자연재해 등에 맞서) 공동의 이해관계를 지키기 위해 져야 할 부담을 분담하는 데 특히 유용하다. 규모가 더 큰 공동체들은 시간이 가면서 차차 의사결정의 규칙을 확립했을 것이다. 원주민 공동체에서 원로들이 공동체 전체의 문제를 결정하는 것처럼 말이다. 하지만 현대 사회는 규모가 커서 집합적 의사결정을 더 구조적이고 위임된 방식으로 할 필요가 있다. 대부분 국가는 합리적인 의사결정 역량이 있고 자신의 의사결정으로 영향을 받게 될 사람들에게 정당성을 설명할 책무성을 지는

사람들을 투표로 뽑아 이들이 전체 인구를 대신해 의사결정을 내리게 한다.[4]

앞으로 보겠지만, 진정으로 집합적인 의사결정을 할 수 있는 우리의 능력은 극단적인 부가 끼어들면 사라져버린다. 이것은 단순히 실행상의 문제가 아니라 도덕적인 문제다. 정치적 평등이라는 민주주의의 핵심 가치를 훼손하기 때문이다. '1인 1표'라는 간명한 슬로건이 표방 하는 원칙까지도 말이다. 이 원칙의 기저에 있는 개념은 어떤 개인의 견해도 운이나 강압으로 권력을 많이 축적했다는 이유만으로 다른 이들의 견해보다 비중 있게 여겨져서는 안 된다는 것이다. 물론 정책을 개발하고 집단 사이에 이해관계를 조율하는 과정에서 어떤 집단의 견해는 다른 집단보다 큰 가중치를 갖는다. 여기에는 건전한 이유가 있을 수 있다. 예를 들어 장애 정책을 개발할 때는 장애 당사자들의 견해에 더 큰 가중치를 두는 게 합리적이다. 하지만 어떤 집단이 단지 권력이 더 많거나 자기 입장을 관철하기 위해 권력을 적극적으로 사용할(또는 남용할) 의지가 있다는 이유만으로 다른 집단보다 큰 가중치가 부여되어서는 안 된다.[5]

민주적 의사결정의 원칙과 실행 모두 시민들이 정보에 기반한 의사결정을 내릴 수 있는 공식적·비공식적 제도들을 필요로 하는데, 이 역시 부의 불평등에 위협받고 있다. 건강한 민주주의 사회에서 정책과 법은 사실과 논리에 기반해야지 거짓이나 기만적인 수사법, 또는 협박과 같은 물리적·비물리적 폭력에 기반해서는 안 된다. 이는 분쟁 해결은 잘 기능하는 독립된 사법부에서 이루어질 수 있어야 한다는 의미다. 또한 독립적이고 자유로운 언론이 취재와 보도를 잘 수행하는 데 필요한 지적·물적 자원을 충분히 확보할 수 있어야 한다는 의미이기도 하다. 기자들은 자기 일을 정직하게 수행할 수 있어야 하고 대중의 지지를 받으면서 할 수 있어야 한다. 또한 권력자(매체의 소유주도 포함해서)가 좋아하지 않을 내용을 발견해 보도했다고 해서 직업상의 미래와 개인의 미래가 위험해질지 모른다는 두려움 없이 일할 수 있어야 한다. 독립적이고 많은 이들에게 접근이 열려 있는 대학도 필요하다. 대학은 진리를 추구하고 합당한 이성과 논증을 발달시키는 것을 임무로 삼아야 한다. 또한 대학은 발견과 주장을 평가할 때 과학적 방법론의 규칙을 지켜야 하고 어떤 발견과 주장이든 다른 이들의 발견과 주장으로 도전이 제기되는 것에 열려 있어야 한다. 기타 등등. 역사학자 티모시 스나이더Timothy Snyder가 말했듯이, 이것들은 우리가 압제와 전제로 미끄러지지 않으려면 꼭 수호해야 할 제도들이다.[6]

그러면 돈은 이 모든 것과 정확히 어떤 관련이 있는가?

앞에서 본 부정한 돈의 몇몇 형태는 대놓고 민주주의를 잠식한다. 도둑정치나 국가 포획[나라를 포로처럼 잡고 사익을 추구하는 대규모 부패]의 경우에는 명백하다. 적도기니 시민들은 투표를 할 수 있지만 위에서 말한 민주적 권리 중 어느 것도 누리고 있지 못하다. 러시아에서도 블라디미르 푸틴과 그의 측근이 막대한 권력을 쥐고 있어서 사람들은 민주적 권리를 누리기가 지극히 어렵다. 하지만 부정한 돈에 많은 회색 지대가 있듯이 민주주의를 잠식하는 돈도 일부는 약간만 부정하고 어느 경우에는 명시적으로는 깨끗하다.

더 상세한 그림을 보기 위해 돈이 정치적 영향력으로 바뀌어 누군가가 다른 이들보다 더 큰 정치 권력을 갖게 해주는 메커니즘들을 클로즈업해서 살펴보자. 먼저, 말 그대로 돈과 민주주의가 연결되는 메커니즘이 있다. 바로 시민권을 상품화한 제도다. 돈을 지불할 의사와 능력이 있으면 원하는 나라의 여권을 구매할 수 있는 것이다. 간단히 말해, 정치적 권리를 돈으로 살 수 있는 시스템이라고 할 수 있다.

누군가가 다른 나라 여권을 구매하려는 이유를 생각해보기는 어렵지 않다. 여권은 어느 나라의 합법적 시민이라는 공식 증명이며, 시민은 그 나라에서 주거, 노동, 투표의 권리를 갖고 그 나라의 법제도로 보호받는다. 당신이 소수자인데 소수자의 권리가 보장되지 않는 독재국가나 그밖의 자유주의 체제가 아닌 국가에 산다면, 다른 정치체의 시민이 된다는 것은 매우 매력적인 전망이고 어쩌면 생명을 구하는 일일 수도 있다. 하지만 많은 경우에 다른 나라의 여권을 얻으려는 이유는 인권과 관련이 있다기보다 다른 나라의 시민이 될 경우 얻을 수 있을 금전적 기회와 관련이 있다.

슈퍼 부자들에게는 두 가지 손쉬운 방법이 있다. 황금 비자를 얻거나 황금 여권을 얻는 것이다. 황금 비자는 투자를 하면 (때로는 기부를 하면) 일정 기간의 거주권, 또는 영주권을 준다. 황금 여권은 투자나 기부를 하면 완전한 시민권을 준다. 황금 비자나 황금 여권을 신청하는 데는 여러 가지 이유가 있을 수 있다. 어떤 사람은 더 안정적인 사회에서 더 나은 삶을 누릴 수 있는 길이라고 보아 신청한다. 어떤 사람은 범죄를 덮으려고 신청한다. 어떤 사람은 법인세나 소득세를 더 낮게 내는 등 더 유리한 여건에서 사업을 할 수 있어서 신청한다.

미국의 우파 자유지상주의자 억만장자인 피터 틸Peter Thiel은 뉴질랜드 여권을 구매했다. 그의 경우에는 훼손되지 않은 땅을 대거 구매하기 위한 것이었다. 그는 심각한 사회적 동요나 기후 재앙이 오면 뉴질랜드의 땅을 은신처로 삼을 계획이라고 한다. 틸은 뉴질랜드에 가족도 없고 연고도 없으며 전에 뉴질랜드에서 머문 날짜가 12일밖에 안 되었는데도 시민권을 받았다.[7]

이보다 덜 부유하고 연줄이 적은 사람은 영주권을 얻으려면 더 엄격한 자격 조건을 충족해야 한다. 하지만 종종 돈만 있으면, 그리고 시민권을 얻고자 하는 나라에서 최소 얼마간을 보낼 의사가 있으면 된다. 수수료를 받고 자문과 서류 작업을 해주는 업계가 있음은 물론이다. 이 회사들은 고객이 다른 나라 여권을 왜 가지려 하는지 분명하게 알고 있다. 불안정한 세계에서 '플랜B'를 가질 수 있고 많은 나라에 무비자 입국도 가능해진다. 카리브해 연안 섬나라인 안티구아는 '안티구아 국가개발기금'에 10만 달러를 기부하면 여권을 주는데, 150개국이 넘는 나라에 무비자로 입국할 수 있어서 인기가 많다. 정부가 승인한 부동산 프로젝트에 40만 달러를 투자해도 여권을 얻을 수 있다. 몰타와 키프로스도 슈퍼 부자들의 관심이 많은 곳이다. 이곳 여권이 있으면 유럽연합 국가 어디에서든 거주하고 일할 수 있기 때문이다. 몰타는 12개월을 거주하고 75만 유로를 '국가 투자 펀드'에 기부하면 여권을 받을 수 있다. 포르투갈, 아일랜드, 영국, 미국 등도 투자의 대가로 영주권을 준다.[8]

이러한 제도는 도덕적으로도 정치적으로도 문제가 있다. 먼저, 큰 돈을 받고 여권을 판매하는 것은 정치적 평등의 원칙에 위배된다. 시민권을 판매하는 국가는 자국에 들어올 자격을 돈으로 살 수 있는 사람들을 위한 정치적 규칙과 그럴 수 없는 일반인을 위한 정치적 규칙을 따로 가지고 있는 셈이다. 상품이 된 정치적 권리에 슈퍼 부자가 아니면 살 수 없는 높은 가격표가 붙어 있는 것이다. 더 안 좋게도, 이러한 제도를 운용하는 나라는 범죄에 보상을 해주는 셈이 된다. 부정한 돈을 번 사람들을 자기 정치 공동체에 일원으로 초청하는 격이니 말이다. 몰타 시민권을 황금 여권으로 획득한 사람 중 4분의 1이 러시아인이고 대부분이 올리가르히다. 영국에서는 범죄적인 돈과 올리가르히나 독재자의 일가처럼 바람직하지 못한 사람들이 영국에 들어오게 한다는 이유로 황금 비자 시스템에 비판이 제기되어왔다. 황금 비자 제도를 손봐야 한다는 요구가 높아지는 것은 놀랍지 않은 일이다.[9]

이러한 제도는 또 다른 방식으로도 정치를 훼손한다. 정부가 특정 국가에 자산 동결 등으로 제재를 부과하기로 했을 경우, 다른 나라 여권을 가질 수 있는 사람은 제재를 피할 수 있다. 따라서 황금 여권은 외교 정책의 주요한 도구 하나의 효력을 무력화한다. 2015년과 2016년에 미국과 유럽이 러시아에 제재를 가한 이후 몰타 여권을 얻는 러시아 올리가르히가 크게 늘었다. 이 문제는 2022년 3월에 다시 고개를 들었다. 유럽위원회는 러시아가 우크라이나를 침공한 뒤 이 전쟁을 지원하는 러시아 사람들과 벨라루스 사람들에게 제재를 가하려 하면서 모든 유럽연합 회원국이 황금 시민권 제도를 없애도록 촉구했다.[10]

러시아 사례는 황금 여권과 비자가 일으킬 수 있는 정치 외교적 문제를 보여주지만, 슈퍼 부자들이 시민권을 돈으로 사는 것은 전쟁이나 제재와 관련되지 않았더라도 도덕적으로 반대해야 할 이유가 있다. 그중 하나는 난민들이 받는 처우와 극명하게 대조된다는 점이다.

유럽 남부에서 2014년에서 2022년 사이에 배를 타고 유럽으로 들어오려던 난민 2만 5,000명 이상이 숨졌다. 몰타는 해상에서 위험에 처한 사람들을 구조하고 도와야 할 법적 의무를 계속해서 방기해 비판을 받았다. 유럽에 무사히 도착해도 난민들은 종종 매우 힘든 환경에서 살도록 내몰린다. 일자리를 얻는 것이 허용되지 않은 상태로 비호 신청 결과를 몇 년이나 기다려야 한다. 런던에서는 난민들이 창문도 없고 괜찮은 식품이나 여벌의 옷도 제공되지 않은 채 때로는 감방보다도 작은 숙소에서 지낸다. 그런데도 이민 담당 부처는 이 숙소가 '호화롭다'고 말했다. 미국에서는 트럼프 행정부 시기에, 그리고 바이든 행정부 시기에도 계속해서 비호 신청 과정을 의도적으로 매우 제한적으로 운영했다.[11] 요컨대, 자신의 나라에서 인권을 심각하게 박탈당해서, 또는 극단적인 빈곤이나 기후변화의 파괴적인 영향으로 고국을 떠날 수밖에 없어서 난민이 된 사람이 글로벌 북부 국가에서 영주권 지위를 얻고자 할 때는 거대한 장벽에 부딪힌다. 반면, 거부들은 돈으로 간단히 들어올 수 있다. 합당하게 벌었든 아니든 간에, 순전히 돈이 아주 많다는 이유로 말이다.

이게 다가 아니다. 황금 비자와 황금 여권을 판매하는 행위는 난민을 대하는 방식과 극명한 대조를 보인다는 점에서만 도덕적으로 문제가 있는 것이 아니라 더 근본적인 아이러니 때문에도 도덕적으로 문제가 있다. 이 제도를 운영하는 정부들은 오랫동안 가장 부유한 사람들에게 세금을 낮춰주고는 최고의 정치적 재화인 시민권을 팔아서 부족해진 정부 수입을 메우려 한다. 1945~1975년 시기 때처럼 부자들에게 적합하게 과세해서 그 세수를 경제를 위해 쓰는 것이 더 효율적이고 민주적인 일 아닌가? 부자들에게 적절하게 과세했더라면 얻었을 세수가 현재 시민권을 판매해서 얻는 돈과 같은 금액이라 하더라도, 과세를 했다면 정치적 평등의 원칙과 (부유한 사람들이 사회 전체의 예산에 더 많이 기여하게 하는) 재정적 공정성의 원칙을 존중하는 방식으로 그 돈을 얻을 수 있었다. 하지만 지금의 상황으로 오고 말았고, 황금 여권과 황금 비자는 글로벌 불평등을 악화하고 있다. 황금 여권과 황금 비자를 사는 사람들 다수가 (주로 글로벌 남부의) 부패하고 비민주적인 국가의 슈퍼 부자들이기 때문이다. 이들이 영국이나 몰타 같은 유럽 국가들로 오는 것은 경제적 자원이 주변부 국가에서 부유한 국가로 이동하는 것을 의미한다. 왜 이런 일을 촉진한단 말인가?

돈이 정치 권력으로 바뀌는 데는 더 익숙한 메커니즘도 있다. 부자들이 선거에 나서는 후보와 정치 정당에 후원금을 내는 것이다. 정치 후원금을 내는 사람은 부자일 가능성이 높고 부자들은 평범한 사람들보다 더 거액을 후원할 가능성도 높다. 그리고 정치인들이 공식적으로야 무어라 말하건 간에 막대한 규모의 후원금을 주는 사람들이 특별 대우를 얻지 않는다고 생각한다면 너무 순진한 것이다. 정치 자금 후원은 언젠가 그 정치인의 도움이 필요해졌을 때 도움을 받을 수 있으리라는 기대를 염두에 두고 이루어진다. 이 상식은 '피리꾼에게 돈을 낸 사람이 곡조를 정한다'는 속담이 잘 말해준다. 돈을 받은 정치인은 후원자에게 빚을 진 셈이고 후원자에게 잘 보여야 할 필요가 생긴다. 그래서 후원자에게 유리한 부탁을 들어주고 그의 입장에 맞는 견해를 퍼트려준다(또는 적어도 그들을 자극하지 않으려고 자신의 견해를 스

스로 검열한다).[12]

이러한 메커니즘을 입증하기는 매우 어렵다. 돈을 주고 도움을 받는 교환은 회의록이나 이메일에 기록을 남기지 않고 이루어진다. 그러면 어디에서 증거를 찾을 수 있을까? 간혹 돈을 준 당사자가 공개적으로 말하는 경우가 있다. 자신이 묘사하는 행위가 도덕적으로 받아들여질 수 없는 일이라고 널리 여겨지는데도 말이다. 물론 이렇게 자기 입으로 떠벌리는 경우는 드물고 의아하기까지 하다. 하지만 온건한 형태의 뇌물이나 부패라고도 볼 수 있는 행위를 제 입으로 떠벌리는 데는 몇 가지 이유가 있을 수 있다. 어쩌면 자신이 도덕 문제는 신경쓰지 않기로 했음을 내비치려 하는 것이거나 사람들이 부패를 정상적인 일로 여기게 하려는 것일지 모른다. 어쩌면 너무 멍청해서 그러한 행위가 사회에 해를 끼치는 나쁜 일인 줄 몰라서 떠벌리는 것일지도 모른다. 어쩌면 일종의 사이코패스 심리를 가지고 있어서 부끄러움을 모르는 것일 수도 있다. 이유가 무엇이었건, 자신이 정치인과 정당에 후원금을 주는 것이 그 대가로 정치적 호의를 얻을 수 있으리라는 계산에서 이뤄지는 경제적 호의라고 공개적으로 말한 유명한 사례가 있다. 그 사람은 바로 도널드 트럼프다. 2015년에 한 기자가 왜 공화당과 민주당 모두에 후원금을 내왔는지 물어보았다. "[민주당 정치인들에게도] 후원금을 주었던 것에 대해 사업 관련한 호의를 얻기 위해서였다고 하셨는데요. 그리고 최근에는, 돈을 주면 그들은 당신이 원하는 건 뭐든 들어줄 거라고도 하셨고요." 이에 트럼프는 이렇게 대답했다. "내 말 믿으시는 게 좋을 거예요…. 내가 분명히 말하는데, 우리 시스템은 망가졌어요. 나는 많은 사람에게 돈을 주었습니다. 이 일

〔대선에 나서기로 한 것〕 전에는, 그러니까 두 달 전만 해도 나는 기업인이었어요. 나는 모두에게 줍니다. 그들이 전화하면 나는 줘요. 그리고 내가 그들에게서 무언가가 필요하면, 그게 2년 뒤든 3년 뒤든 말이에요, 그들에게 전화를 합니다. 그들은 나를 위해 준비 중이죠. 그러니까 이건 망가진 시스템이에요."[13]

이것이 미국만의 문제라고 생각하기 쉬울 것이다. 미국은 정당 후원금에 제한이 훨씬 적고 돈이 선거에서 훨씬 큰 역할을 하는 나라이니 말이다. 하지만 안타깝게도, 모든 곳에서 일어나는 일이라고 보아야 한다. 정당에 거액을 기부하는 것이 정말로 대가를 바라지 않고 하는 일인지에 대해 합리적으로 의심해볼 이유가 많다는 점을 생각하면 말이다. 2021년에 한 기업인이 네덜란드 기독민주당에 거액을 후원했다. 얼마 후 이 정당은 기업을 우대하는 방향으로 상속법 개정안을 발의했다. 이 개정안은 기업을 물려받으면 상속세를 많이 내지 않도록 되어 있었다. 주택이나 저축을 상속받으면 그런 면제 없이 세금을 내야 하는데 말이다. 그 기업인이 기독민주당에 후원금을 내기 한참 전부터 이러한 방식으로 기업을 우대하는 방안에는 반대가 많았다. 돈을 위쪽으로 분배하는 격이 되기 때문이다. 이 우대는 거액을 상속받는 경우에 특히 유리하다. 거부들이 실제로 사업체를 상속할 가능성이 크기 때문이기도 하지만, (재산 방어 산업의 도움을 받아서) 재산을 사업체 형태로 만들어 두는 것이 어렵지 않기 때문이기도 하다. 우리로서는 다행스럽게도 네덜란드에서는 정당 후원금이 4,500유로가 넘으면 모두 공개되므로 모든 사람이 누가 얼마를 어디에 기부했는지 알 수 있다. 몇몇 후원금의 액수가 예외적으로 커서 이를 우려하는 정치인들이 많았고, 2022년에 극우 정당만 빼고 모든 정당이 개인이 정당이나 정당 계열 조직에 기부할 수 있는 총 금액에 10만 유로의 상한을 두는 법을 제정하기로 동의했다.[14]

미래에 도움을 얻을 것을 기대하면서 제공하는 거액의 후원금은 명백히 정치적 평등의 원칙을 훼손한다. 하지만 미국 정치철학자 토머스 크리스티아노Thomas Christiano가 지적했듯이 위험에 처한 민주적 가치는 이것만이 아니다. 돈으로 표를 샀을 때, 선출된 정치인은 돈을 댄 사람의 이해관계를 보호하는 정책들을 추진할 것이다. 하지만 그 정책들을 추진하는 데 들어가는 비용은 모든 사람이 부담한다. 돈으로 표를 사는 것은 사회 전체가 지출하는 비용에 무임승차하는 것이다. 소수의 거액 기부자에게 득이 되는 입법을 하는 과정에 우리 모두가 돈을 대고 있는 것이다.[15]

이 모든 것이 정치에서 돈의 영향력이 돈을 준 사람이 개인적으로 얻을 수 있는 혜택 수준을 훨씬 넘어선다는 점을 말해준다. 돈의 영향력은 정치에서 의제를 설정한다. 후원금을 끌어오는 능력이 다음 번에 누가 지도자가 되느냐에 결정적으로 영향을 미치는 나라에서, 후보들은 부자와 슈퍼 부자들의 이해관계에 유리하게 굴어야 후보가 되고 당선이 될 가능성이 높아진다. 후원금을 낼 가능성이 높은 사람들은 부자와 슈퍼 부자들인데, 이들은 대개 자신과 같은 사회적 계급 출신인 후보를 선호한다. 선거에 돈을 많이 댈 수 없는 사람들은 자신의 이해관계가 공약이 논의되는 과정에서 대표될 가능성이 더 낮고 나중에 정책에 반영될 가능성도 더 낮다. 이는 집합적인 의사결정 과정에서 모든 사람이 동등한 발언권을 갖는 동등한 시민으로 대우받아야 한다는 민주적 이상과 전혀 맞지 않는다.

걱정스럽게도, 정치학자들의 연구를 보면 정치 의제는 가장 큰 액수를 기부할 수 있는 슈퍼 부자(1%)들의 이해관계만 반영하는 것이 아니다. 더 일반적으로 '그냥 부자'들의 이해관계를 반영하기도 한다. 한 영향력 있는 연구에서 정치학자 마틴 길렌스Martin Gilens와 벤저민 페이지Benjamin Page는 미국 의회가 기업인 및 소득 상위 10%인 사람들(부자와 슈퍼 부자)의 이해관계와 일치하는 입법을 더 많이 하는 경향이 있음을 드러냈다. 다른 나라에서는 비슷한 연구가 많지 않지만, 다른 나라에서 이루어진 소수의 연구에서도 정책이 부자들의 선호 쪽으로 치우치는 경향이 발견되었다. 국가마다 차이가 있긴 하다. 노르웨이는 불평등이 크지 않고, 노조가 강하며, 텔레비전 정치 광고가 제한되고, 정치인들이 딱히 부유한 계급 출신이 아니며, 정당이 자금의 3분의 2를 공공 보조로 충당하는 사회민주주의 국가다. 정치학자 루벤 마티센Ruben Mathisen의 연구에 따르면, 노르웨이에서도 부자들의 선호가 정책에 더 많이 반영되긴 하지만 미국보다는 훨씬 정도가 덜하다. 사실 재산 수준보다는 교육 수준이 당신의 필요가 정책적으로 충족되느냐에 더 중요했다. 주목할 만하게도, 그럼에도 노르웨이에서는 상이한 사회 계층 사이에 정치적 선호가 그리 다르지 않았는데, 노르웨이의 복지 제도가 〔모든 사람을 포괄하는〕 '보편성'을 갖는다는 점과 노르웨이의 인구가 비교적 동질적(다른 유럽 국가들은 노동자 계급이 주로 인종적 소수자다)이라는 점이 여기에 영향을 미쳤을 것이다. 하지만 노르웨이가 모든 시민의 삶의 질을 보장하는 쪽으로 잘 조직되어 있는 커다란 이유 하나는 상당한 석유 수업 덕분에 부자들에게 세금을 올

리지 않고도 복지 서비스를 안정적으로 제공할 수 있기 때문이다.[16]

거의 어느 나라에서든 부유한 사람들과 대학을 나온 사람들은 정치 영역에서 훨씬 더 과다대표되는 반면 노동자 계급은 크게 과소대표되고 정치적 영향력을 거의 행사하지 못한다. 많은 나라에서 노동자 계급은 정치에서 배제되고 소외되었다고 느끼며, 사실이 그렇다. 이는 투표를 하지 않는 결과로 이어지기도 한다. 그러니 정치가 부자와 슈퍼 부자들의 이해관계 쪽으로 편향되는 현상이 만연하는 것은 이상한 일이 아니다.

이 상황은 줄여서 말한다 해도 우려스럽다. 그런데 부자와 권력자들이 사용하는 또 다른, 더 직접적인 전략으로 상황은 한층 더 악화된다. 이 전략은 〔선거보다는〕 현직에 있는 정치인들에게 미치는 영향과 관련이 있다. 부자들과 권력자들은 돈으로 로비스트를 고용해 정책 결정 과정에서 자신의 이해관계를 관철시킨다. 로비스트를 고용하는 데는 돈이 많이 든다. 따라서 여기에서도 부자들의 이해관계가 정책 결정자와 정치인들에게 훨씬 더 잘 접수된다.

유럽에서는 유럽연합 수준의 의사결정에 로비스트들이 많은 영향을 미친다고 알려져 있다. 유럽위원회와 유럽의회가 있는 브뤼셀에서는 등록 로비스트 2만 5,000명이 활동 중이다. 유럽연합은 모든 기관이 투명성 명부에 로비스트와 로비에 쓰는 돈을 공개하도록 하고 있다. 유럽연합은 투명성 명부 제도가 "유럽 시민들이 현재 유럽연합 차원에서 어떤 이해관계들이 누구를 위해서 대표되고 있으며 이러한 활동에 들어가는 금전적·인적 자원이 어느 정도인지 알게 해주는 도구"라고 설명한다. 존중할 만한 목적이긴 한데, 돈을 로비에 쓸 수 있는 집단과 그렇지 못한 집단 사이에 권력 불균형이 생기는 것을 투명성 명부 제도로 막을 수 있는가? 유럽연합 차원에서 등록 로비스트의 28%만이 비영리기구를 위해 일하며 나머지는 모두 기업의 이해관계를 위해 일한다. 어떤 집단이 더 영향력이 있는지에 대해서는 견해가 다양하지만 로비스트를 고용하는 데 쓸 수 있는 돈이 정치적 영향력으로 바뀌지 않을 가능성은 매우 낮을 것이다. 그리고 그 돈은 매우 불평등하게 분포되어 있다. 어떤 이해관계는 전혀 대표되지 못하는 상황도 꽤 가능하다.[17]

문제는 로비 메커니즘 자체라기보다는 집단마다 로비 역량이 매우 차이가 난다는 점이다. 모든 측이 대체로 비슷한 정도의 발언권이 있는 평등한 형태의 로비라면 사회에 유용할 수 있고 민주주의를 향상할 수도 있을 것이다. 정치인과 정책 결정자들에게 정보를 많이 주게 되어 그들이 더 정보에 기초한 결정을 내릴 수 있을 테니 말이다. 문제는 운동장이 매우 불균등하게 기울었다는 데 있다.

더 은밀한 형태의 로비도 있는데, 거대 기업들은 뜻대로 되지 않을 경우 이러저러한 행동을 하겠다고 협박함으로써 정치적 의사결정에서 원하는 바를 달성하기도 한다. 기업판 블랙메일인 셈이다. 여기에서 말하는 '기업'은 중소기업이나 소상공인이 아니다. 동네 빵집이 정책 결정에 이웃보다 더 많은 영향력을 행사한다고 우리가 우려해야 할 이유는 없다. 하지만 거대 기업이라면 이야기가 다르다. 그들은 민주적으로 정해진 사회의 목적을 기업의 권력을 휘둘러 훼손할 수 있다. 예를 들어, 시민들이 온실가스 배출을 줄이기로 선택했고 이에 따라 민주적으로 선출된 정부가 배출 규제를 강화하려 하면, 배출을 많이 하는 기업은 배출을 줄이고 더 청정한 방식으로 생산하기보다 선거 후원금을 빼겠다거나 생산 시설을 다른 나라로 옮기겠다고(그러면 지역의 일자리가 사라진다) 협박할지 모른다.

기업의 이러한 협박은 전화 통화로 하는 경우가 많아서 기록이 남지 않는다. 그럼에도 때때로 영민한 저널리스트가 적시에 적절한 질문을 해서 언론에 내용이 흘러나오곤 한다. 네덜란드에서 2017~2021년에 마르크 뤼터Mark Rutte의 세 번째 내각에서 이런 일이 있었다. 이 정부는 네 개의 중도우파, 보수, 기독교 정당이 연합한 연정이었다. 경제적으로 보수 성향의 정당인 VVD의 제안으로 이 연정은 배당에 대해 세금을 없애기로 했다. 이는 이 연정의 네 정당 중 어느 곳의 선거 공약에도 없던 내용이었다. 이 방침이 발표되자 공분이 일었다. 이 정책이 네덜란드 다국적 기업의 주식을 가지고 있는 사람에게 특히 유리하리라는 것은 잘 알려져 있었다. 또한 이것은 매우 비용이 많이 드는 일이기도 할 터였다. 세수 손실이 19억 달러에 이를 것으로 추정되었기 때문이다. 네덜란드 재무부도 이 정책에 반대했다. 정부의 목적이 외국 기업들을 끌어오는 것이라면 이 목적을 훨씬 더 효과적으로 달성할 수 있는 다른 재정적 도구들이 있을 것이었기 때문이다. 요컨대, 거의 모두가 여기에 반대했다. 나중에 정부 메모가 언론에 누출되었고 의회에서도 공유되었는데, 네덜란드의 다국적 기업들, 특히 쉘과 유니레버가 로비를 했음이 드러났다. 그러다 유니레버 CEO 폴 폴먼Paul Polman이 네덜란드 총리에게 전화해서 유니레버가 이미 영국으로 회사를 완전히 옮기기로 결정했다고 말했을 때, 이 배당세 폐지안은 폐기되었다. 이 드라마에서 가장 놀라운 점은 네덜란드의 두 거대 다국적 기업(쉘과 유니레버)이 민주적 과정에 미친 영향이 얼마나 큰지, 그리고 그것이 얼마나 비가시적이었는지다. 시민들은 선거 전 공약이 논의되는 시기에 이를 논의할 기회조차 갖지 못했다. 의회마저 정보를 다 알고 있지 못했다. 이 일은 네덜란드의 독립적인 언론과 몇몇 기자의 기민함 덕분에 겨우 드러날 수 있었다. 그렇다면 이런 궁금증이 든다. 시민과 정치적 대표자들은 어떤 결정이 왜 내려지는지에 대해 얼마나 자주 정보를 얻지 못하고 있는가? 그리고 진짜 의사결정자는 누구인가?

그리고 물론 이게 다가 아니다. 돈이 정치에 미치는 영향은 훨씬 더 멀리까지 간다. 정부 기관을 넘어 대중의 공론장으로 들어가는 것이다. 슈퍼 부자들이 언론사를 사서 대중에게 나가는 주장과 정보의 확산을 통제하는 우려스러운 경향이 높아지고 있다. 민주주의가 제대로 기능하려면 자유롭고 독립적인 언론이 필수적이다. 하지만 매체가, 특히 뉴스 매체가 가장 높은 값을 부르는 쪽에 팔리는 상품이 되고 있다. 이는 부자들이 금전 권력을 정치 권력으로 바꾸는 또 하나의 메커니즘이다.

미디어를 소유한 억만장자가 민주주의를 위협할 정도까지 권력을 확대한 대표 사례라면 뭐니뭐니해도 루퍼트 머독Rupert Murdoch을 들 수 있을 것이다. 그는 호주에 있는 보수 성향의 타블로이드 매체에서 경력을 시작했다. 아버지가 운영하던 아들레이드 소재 신문사 두 개를 넘겨받은 데서 시작해 신문, 잡지, 출판사, 온라인 미디어, 케이블

채널 등으로 미디어 제국을 확대했다. 여러 나라에 걸친 제국이었지만 그의 영향력은 호주, 미국, 영국에서 가장 강했다. 그는 호주에서 신문사들을 인수한 초기에 자극적이고 센세이셔널한 내용에 집중하는 것을 비즈니스 모델로 삼았다. 영국에서는 그의 신문사 〈뉴스 오브 더 월드〉가 비윤리적이고 매우 불법적인 전술을 쓴 것으로 악명이 높다. 유명인, 공직자, 정치인 등 많은 사람의 음성 메일을 해킹한 것이다. 아프간에서 사망한 영국 군인과 살인 사건 피해자의 음성 메일까지도 해킹당했다. 노동당 의원들이 이 스캔들을 더 깊이 조사하려 하자 머독이 이를 막기 위해 압력을 넣었다고 알려져 있다. 여러 정당 합동으로 구성된 의회 위원회가 〈뉴스 오브 더 월드〉의 작동 양식을 드러내는 보고서를 펴내자 그는 정당 정치의 술책일 뿐이라며 일축했다. 해킹에 대해 더 많은 폭로가 나오고 나서야 머독은 〈뉴스 오브 더 월드〉를 폐쇄했다. 2010년에 영국 기자 헨리 포터Henry Porter는 머독이 조사 기간에 진실을 감추고 음모론을 퍼트리려 시도한 것은 그가 민주적 절차를 완전히 업신여기고 있음을 보여준다고 지적했다. 한술 더 떠 〈뉴스 오브 더 월드〉의 전 편집자가 당시 보수당 대표였던 데이비드 카메론David Cameron의 홍보 담당으로 발탁되었다. 이에 대해 포터는 그 결과로 "언론 권력과 정치 권력이 어느 때도 보지 못한 정도로 강한 결합을 달성했다"고 언급했다.[18]

지금 돌아보면 이것은 머독의 언론 제국과 정치 영역이 한층 더 강하게 결합하는 과정의 출발점이었을 뿐이다. 영국에서 머독의 신문은 영국 사람들이 유럽연합 탈퇴에 투표하게 만든 가짜 정보와 가짜 뉴스가 퍼지는 데 핵심 역할을 했다. 브렉시트는 영국의 사람들, 교역,

산업에 커다란 경제적·사회적 해악을 끼쳤다. 영국의 다른 신문들은 크리스마스 시즌에 칠면조 가공 공장에서 동유럽 노동자들을 고용하지 못해 발을 동동 구르고 영국 여권을 가진 사람들이 유럽 나라들에 들어가지 못해 공항이 일대혼란에 빠지는 등 브렉시트의 피해가 분명하게 드러나기 시작하자마자 곧바로 이 상황을 보도했다. 하지만 머독이 소유한 신문들이 브렉시트가 일으킨 문제를 보도하기까지는 시간이 아주 오래 걸렸다.[19]

한편 대서양 건너[미국]에서는 〈폭스 뉴스Fox News〉를 통한 머독의 미디어 제국이 트럼프가 공화당을 장악한 시기에 거의 완전하게 발달했다. TV판 타블로이드라고도 불리는 〈폭스〉는 두려움과 분노의 조장에 뉴스의 초점을 맞추는 데 거리낌이 없었다. 84세 노인이 십대 흑인에게 총을 쏘아 숨지게 한 사건이 발생했을 때 가해자의 손자가 할아버지가 하루 종일 〈폭스 뉴스〉를 보는 바람에 인종주의적인 편집증이 생겨 이런 일이 일어났다고 말했을 정도다. 버락 오바마 전 대통령은 〈폭스 뉴스〉 같은 언론이 미국 사회를 점점 더 양극화한다고 비난하면서 이윤 극대화를 위한 비즈니스 모델이 이것을 어떻게 추동하는지를 다음과 같이 간명하게 요약했다. "이제 미디어의 경제학, 클릭의 경제학은 어떻게 당신의 관심을 끌지에 토대를 두고 있습니다. 대단한 상상력이나 깊은 사고나 흥미로운 내용 없이도 관심을 끌 수 있는 가장 쉬운 방법은 누군가가 당신의 삶을 엉망으로 만들려 하고 당신에게 마땅히 속해야 할 것을 가져가려 한다고 말해서 당신을 분노하고 화나게 하는 것입니다."[20]

트럼프에게 유리하게 치우친 〈폭스〉의 보도에 힘입어 트럼프가 당선되었고, 그다음에 〈폭스〉의 몇몇 고위 임원은 트럼프의 백악관이 작동하는 데서 핵심 역할을 했다. 이 시너지는 트럼프가 행한 것과 생각한 것과 원한 것, 그리고 〈폭스〉가 보도한 것이 무엇이었는지를 보면 잘 드러난다. 머독에게는 모든 것이 수익과 관련이 있었다. 많은 시청자가 〈폭스〉에 계속 충성하도록 해야 하는 것이다. 말할 필요도 없이, 뉴스가 이렇게 완전히 상품화되면 민주주의에 막대한 피해가 발생한다. 사람들에게 잘 팔리는 한 매체가 말하는 내용이 사실인지는 중요하지 않아진다. 2020년 대선 당시 〈폭스〉가 방송에서 내보낸 주장들(그들[민주당]이 선거를 훔쳤다거나 투표함이 바꿔치기되었다는 등)이 완전히 날조된 것이었으며 그들이 사실이 아닌 줄 알면서도 선거가 조작되었다는 근거 없는 주장을 계속 내보냈음이 드러났을 때, 우리는 뉴스의 상품화가 민주주의에 끼치는 해악을 고통스럽도록 명백하게 볼 수 있었다.

2023년 4월에 전자투표함 제조업체 중 하나인 도미니언이 이러한 거짓말에 대해 〈폭스〉를 상대로 소송을 제기했다. 머독은 〈폭스〉의 잘못을 인정하지 않았고 〈폭스〉의 앵커들은 알면서도 거짓말한 것을 미국 국민에게 사과하지 않았다. 〈폭스〉는 도미니언과 7억 8,750만 달러에 합의했고, 도미니언의 변호사는 "거짓말은 늘 대가를 치르게 한다"고 말했다. 하지만 노련한 탐사 보도기자 제인 메이어Jane Mayer는 또 다른 기자 수전 글래서Susan Glasser와 에반 오스노스Evan Osnos가 진행한 인터뷰에서 억만장자 머독의 권력이 여전히 미국 정치를 막대하게 장악하고 있다고 지적했다. 미국의 민주주의는 여전히 "그 억만장자 제국의 자비"에 달려 있다고 말이다.[21]

머독과 〈폭스〉의 임직원들은 우리가 접하는 정보가 진실이어야 하고, 오도의 소지가 있게 표현되어서는 안 되며, 단단한 취재에 바탕해야 하고, 맥락이 잘 드러나도록 충분히 정교해야 한다는 것이 민주주의에 얼마나 중요한지를 인정하지 않고 있다. 뉴스 미디어가 그러한 기능을 수행하려면 소수가 미디어를 통제하지 못하도록 강하게 규제되어야 한다. 저널리즘은 가장 높은 수준의 민주적 원칙에 부합해야 하는 공공 서비스다. 미디어 시장의 규제 완화가 부의 집중화와 결합하면 매우 위험해지며, 머독의 사례가 그 증거다.

뉴스를 상품화하는 가장 가시적인 전략 외에, 부자와 슈퍼 부자들이 공공 담론을 주무르는 데는 더 은밀한 방식도 있다. 부자들은 연구기관과 싱크탱크에 상당한 자금을 대서 여러 사회적 · 경제적 · 정치적 사안에서 자신들의 견해를 반영하고 자신들이 지지하는 주장을 산출한다. 프로파간다에 대한 연구들이 보여주듯이, 사람들이 특정한 이데올로기적 입장이나 특정한 정치 지도자를 지지하게 하기 위해 꼭 진실을 말할 필요는 없다. 다양한 수사적 전략을 사용해 감정을 자극하거나 심리 메커니즘으로 속임수를 쓰는 것이 더 효과적이며, 이 전략에서 당신은 논리적 논거나 탄탄한 실증근거로 당신 주장을 뒷받침되지 않아도 된다. 그리고 차차 이 전략은 이데올로기 환경을 변화시키고 '건전한 근거'란 무엇인가의 개념 자체를 변화시킨다.[22]

극단적인 부의 집중이 은밀하게 민주주의를 훼손하는 방법을 잘 보여주는 무대 뒤 프로파간다의 두드러진 사례로 코크 네트워크를 들 수 있다. 이는 극보수주의 성향의 미국 억만장자 형제 찰스 코크Charles Koch, 데이비드 코크David Koch와 연결된 네트워크로, 거의 차원이 다른 리그를 구성하고 있다고 할 정도로 독보적이다. 이들이 무엇을 했는지는 아직 다 알려지지 않았을 가능성이 커서 정확히 어떻게 그들이 미국 정치를 재구성했는지를 우리가 다 알 수는 없을 것이다. 그래도 탐사 보도 기자 제인 메이어와 하버드대학교 정치학자 테다 스카치폴Theda Skocpol, 컬럼비아대학교의 알렉산더 허텔-페르난데즈Alexander Hertel-Fernandez 등이 집요하게 파헤친 덕분에 이제는 코크 네트워크가 어떻게 작동하는지가 꽤 많이 알려져 있다.[23]

1967년에 찰스 코크와 데이비드 코크는 아버지에게 코크 인더스트리즈를 물려받아 화학, 화석연료, 천연자원 등의 산업에서 방대한 다국적 기업으로 성장시켰다. 동생 데이비드 코크는 2019년에 사망했으며, 오늘날 찰스 코크와 데이비드 코크의 상속인들 재산은 총 1,200억 달러가량으로 추정된다.

코크 일가가 정치에 개입하기 시작한 때는 1977년이다. 그때 찰스와 데이비드는 극도로 자유시장적인 개념과 정책을 촉진하는 기관들에 돈을 대기 시작했다. 하지만 이들이 정치 개입의 기어를 대폭 올린 것은 지금부터 약 25년 전이다. 이때 그들은 '코크 세미나'들을 포함해서 여러 새로운 조직을 설립했다. 이런 곳들을 통해 부유한 사람들이 인맥을 다지고 극도로 자유시장적, 자유지상주의적인 정치 목적을 위한 자금도 모을 수 있었다. 코크 네트워크는 정치인들에게만 돈을 댄 것이 아니었다. 이들은 사상, 연구, 고등교육에도 돈을 댔다. 대학과 싱크탱크에 자금을 지원했고 규제 완화, 기업 감세, 상속세 폐지 등 부자들을 더 부자로 만들어줄 정책을 관철하기 위해 활동하는 로비스트들을 지원했다. 또한 사회보장의 민영화처럼 노동자들과 취약한 사람들을 한층 더 안 좋은 처지로 내모는 정책을 추진하는 데서도 상당한 성공을 거뒀다. 2010년에는 오바마의 의료 개혁에 반대하는 활동도 전개했다. 전체적으로 코크 네트워크의 활동은 공화당을 극우로 치우치게 했고, 미국이 오늘날 겪고 있는 재앙적인 결과들을 산출했다. 민주주의의 기본 규칙에 대한 공격이 증가하는 것, 매년 선량한 사람들이 수만 명씩 죽는데도 그것을 막아줄 총기 규제에 반대하는 것처럼 말이다(2022년에 미국에서 총기 사고로 4만 4,000명이 목숨을 잃었다). 코크 형제가 가져온 반동적인 영향은 사람들의 목숨만 앗아가는 것이 아니다. 전지구가 미국 공화당의 기후 부인론자들이 일으킨 해악에 직면하게 만들기도 했다. 기후 부인론자들 때문에 세계는 온실가스 배출을 줄이기 위해 무엇이라도 했어야 할 결정적인 몇 년을 낭비했다.[24]

코크 형제의 영향력 제국은 개인이나 개별 조직의 행동만 따로따로 보아서는 안 된다는 것을 말해준다. 돈은 우리 정치에 더 근본적인 방식으로 침투해 있다. 돈은 정책과 견해를 체계적으로 조작한다. 명목상으로는 유권자들이 결정하는 것처럼 보이더라도 말이다. 어느 한 국가에서만이 아니라 글로벌 수준에서도 벌어지는 일이다. 이를 파악하려면 오늘날의 지극히 불의한 글로벌 경제 시스템을 좌지우지하는 슈퍼 부자들의 국제적 네트워크를 살펴보아야 한다. 글로벌 금융과 글로벌 경제의 규칙을 정하는 사람들은 누구인가? 누가 세계의 정치와 경제에 기반이 되는 개념들을 구성하고, 그럼으로써 개별 국가의 정부가 국민을 위해 할 수 있는 일의 범위를 축소하는가?

〈뉴욕타임스〉 기자 피터 굿맨Peter Goodman은 이들을 '다보스 맨'이라고 부른다. 다보스 맨(과 소수의 우먼)들은 글로벌 수준에서 친기업적 의제를 진전시키는 것을 목적으로 움직이는 매우 강력한 네트워크를 구성하고 있다. 이름은 스위스 알프스의 휴양지 이름을 딴 것인데, 이곳에서 매년 초에 기업계의 상류층과 고위 정치인들이 세계의 가장 긴요한 문제들을 논의하는 세계경제포럼이 열린다. 몇몇 기자(피터 굿맨과 아난드 기리다라다스 등)가 다보스 포럼 참가자들을 취재해서 여기 모인 사람들이 어떤 생각을 가지고 있는지 알아보았는데, 한마디로 신자유주의적 사고라고 요약할 수 있었다.[25]

다보스 맨들은 궁극적으로 재산을 많이 축적하고 의사결정 권한을 자신의 계급에게로 옮겨오려고 (그리고 권한이 넘어오면 그것을 계속 유지하려고) 글로벌 경제 규칙에 영향력을 행사하려 한다. 다보스에서 이들이 나누는 대화의 뿌리에는 우리 시대의 거대한 문제들을 민간 영역에 맡기면 모두에게 최선의 이익이 달성된다는 신자유주의 신조가 있다. 그들은 민간 영역은 모든 면에서 정부보다 훨씬 효과적이고 효율적이어서 정부가 갖지 못한 문제 해결 능력이 있다고 믿는다. 민간 영역에 권력을 주면 극도로 부자가 되는 기업인들이 생기기는 하겠지만, 다른 모든 사람도 처지가 나아질 것이며 중요한 것은 이것이라고 말이다.

어디서 들어본 말 같지 않은가? 기업가들이 통제력을 쥐면 모든 사람의 삶이 나아질 것이라고?

우리는 이 주장을 앞에서 글로벌 빈곤 통계에 대해 이야기할 때 접한 적이 있다. 통계에 따르면, 취약한 사람들의 생활 수준은 아주 약간만 향상되었고 매우 부유한 사람들의 생활 수준은 **아주 많이** 향상되었다. 다보스 맨들, 세계경제포럼에 오는 사람들은 우리의 질문이 세계화의 이득이 왜 이렇게 불균등하게 분포되어 있으며 누가 그것을 결정했느냐보다는 모든 사람의 삶이 전보다 나아졌느냐에만 고착되게 하려는 동일한 사람들이다. 전자는 그들이 드러내놓고 회피하는 질문이다. 세계경제포럼 웹사이트는 이곳이 해결하고자 하는 문제들에 관심이 있으면 누구나 볼 수 있게 해당 주제의 논문들을 공개한다. 하지만 이 주제 중 경제 불평등은 없다. 그들에게 불평등은 해결해야 할 중요한 이슈가 아닌 것이다.

굿맨이 취재한 사례들에서 우리는 다보스 맨들의 활동이 매우 광범위함을 알 수 있었다. 이들은 사모펀드가 수십억 달러 규모의 연기금에 접해 이익을 얻을 수 있게 한 프랑스의 새 연금 법안을 뒤에서 작성했고, 도널드 트럼프의 재선 선거 운동에 수천만 달러를 지원했으며, 영국에서 보수당 집권을 도왔다. 집권 후에 보수당은 긴축 정책을 실시해서 빈곤과 궁핍을 악화했으며 그동안 부유한 영국인은 더 부자가 되었다. 다보스 맨들은 자신의 이익을 위해서라면 모든 것을 한다. 그들의 노력이 가난한 사람들에게는 기껏해야 피상적 수준의 이득밖에 주지 않는데도 말이다. 아난드 기리다라다스가 보도했듯이 부유한 자선가들은 빈곤의 해법으로 시장에 의존하는 전략만 생각할 뿐 불평등의 구조적 원인을 질문하거나 그 문제를 해결하는 데 더 효과적인 방법이 무엇일지는 생각해보려 하지 않는다.[26]

저널리스트들이 십 년 넘게 억만장자들을 취재해 밝힌 최상류층의 자선과 정책 결정의 실상은 **초국가적인 자본가 계급**이 존재함을 드러낸 사회학자들의 학술 연구로도 뒷받침되었다. 이 계급은 가장 규모가 큰 글로벌 헤지펀드와 투자회사 이사들, 가장 큰 기업의 CEO들, 세계경제포럼처럼 CEO와 투자자들을 지원하는 곳의 핵심 인사들, 부유한 사람들에게 유리한 이야기를 퍼트리는 언론사 경영인 등 매우 강력한 사람들로 구성되어 있다. 모두 함께, 이들은 가장 부유한 사람들에게 세율을 대폭 낮추고 조세 체계에 더 많은 구멍을 만들면서 경제 시스템을 그들의 이익 쪽으로 재구성하는 데 성공했다.[27]

이런 내용을 처음 접했다면 매우 놀랐을 것이다. 연구자들과 탐사보도 기자들의 작업을 처음 접했을 때 나도 그랬다. 매우 강력한 슈퍼 부자들의 네트워크가 존재해서 이들이 극도로 부유하기만 한 것이 아니라 자신에게 득이 되고 다른 이들에게는 해가 되도록 규칙을 왜곡하기 위해 수단과 방법을 가리지 않고 있다는 사실을 알았을 때 경악 말고 무엇을 할 수 있겠는가?

우리는 우리가 직면한 문제의 본질이 무엇인지 분명하게 알아야 한다. 우리가 직면한 문제는 전 세계적으로 불평등이 이미 심각하고 더욱 악화되고 있다는 점만이 아니다. 서로서로 잘 연결되어 있는 사람들이 이미 막대한 자본을 한층 더 증식하려고 적극적으로 정치 규칙을 주무르고 있다는 것도 우리가 직면한 문제다.

부자와 슈퍼 부자를 묶어주는 공통점이 여기에 있다. 자본 또는 재산이 계속 커지는 사람들이라는 사실이다. 이들 모두가 이런 방식의 자본 증식에 의도적이고 적극적으로 나서는 것은 아니겠지만, 자기 돈이 '증식'되는 것이 당연하다고 생각하는 한, 또는 자신이 평균적인 노동자가 받는 수준을 월등하게 뛰어넘는 보수를 받아야 한다고 생각하는 한, 그 역시 용인 가능하지 않은 정도의 불평등을 생성하는 불공정한 시스템을 지원하고 있는 것이다. 지배 계급의 모든 사람이 다보스 맨들처럼 적극적으로 정치적 권력을 장악하려 하는 것은 아니겠지만, 그들 모두 그러한 사람들이 놓은 길을 따라 자기 계층의 부를 증대해주는 규칙을 사용하는 것이 '합리적인' 일이라고 생각한다. '충분한 정도보다 많은' 돈을 가진 사람(윤리적 제한선인 100만 유로보다 많은 돈을 가진 사람)이라면 모두 다보스 계급이 세계의 정치를 그들에게 유리하도록 끝없이 재구성하는 데서 이득을 보고 있는 것이다.[28]

지금쯤이면 경제적 지배층이 정치적 권력을 너무 많이 갖고 있으며 평범한 사람들의 상황을 악화시키고 있다는 사실이 명백해졌으리라고 생각한다. 글로벌 북부의 노동자 계급과 중산층은 일자리가 사라지고 상대 임금이 낮아지고 있으며 경제적 불안정성이 심화되고 있다. 세상은 지금보다 훨씬 더 공정할 수도 있었다. 하지만 경제적 지배층은 교역 구조가 공정했더라면 우리가 갖게 되었을 수준에 비해 글로벌 불평등을 너무나 심하게 악화시켰다. 또한 자본 축적을 목적으로 하는 그들의 활동은 단기에 초점을 맞추므로, 그들은 지구온난화가 기후 재앙으로 비화되도록 방치했다. 이미 기후 재앙은 글로벌 남부의 취약한 공동체에 파괴적인 영향을 미치고 있다. 이러한 재앙은 글로벌 남부를 탈출하려는 이주를 촉발하는데, 이는 다시 글로벌 북부에서 외국인 혐오를 한층 더 자극한다.

우리가 보고 있는 위기는 다중 위기이며 그중 상당 부분은 글로벌 경제 지배층이 자신의 의제를 밀어붙인 방식에서 원인을 찾을 수 있다. 이 모든 사회적·경제적 격동이 파시스트 정치인들에게 매우 비옥한 환경을 제공한다. 파시스트 정치인들은 이와 같은 상황 전개를 자기 목적에 맞게 활용해 민주주의를 내부로부터 한층 더 훼손할 수 있다. 파시스트들이 정권을 잡으면 자유주의적 민주주의에서 기본적 인권 등 '자유주의'의 요소를 해체하기 시작한다는 것은 놀랄 일이 아니다. 그들은 자신의 권력을 강화하려고 사법부의 힘을 약화한다. 전체주의 정권을 연구한 역사학자들은 그다음에 무슨 일이 벌어질지를 아주 잘 알려줄 수 있을 것이다.

민주적으로 선출된 정당이 글로벌 경제 지배층과 기꺼이 협력하다가 파시스트의 위협이 얼마나 커졌는지를 문득 깨달으면, 그들은 파시스트들의 비민주주의적이고 반자유주의적인 속성을 강조하면서 파시스트를 물리치려 한다. 물론 그들의 파시스트 비판은 옳다. 하지만 그들 자신이 파시스트 도당의 부상에 어떤 책임이 있었는지도 질문해야 한다. 그리고 파시스트의 노랫가락에 유혹되지 않은 우리는 두 가지 위험 모두를 인식해야 한다. 한쪽에는 파시스트가 있다. 다른 쪽에는 신자유주의 기득권 세력이 있다. 신자유주의 세력은 빈곤 문제와 기후변화 문제의 해결을 기꺼이 '돕겠다'고 하지만, 시장에 의존하는 약한 해법으로만 돕겠다고 한다. 다시 말해, 거대 기업과 막대한 부를 소유한 사람들의 이득에 도움이 되는 정책만 돕겠다고 한다. 그들은 자신이 무슨 일을 하고 있는지를 신경 쓰지 않고 있거나 인지할 능력이 없는 것 같다. 그들은 자신이 문제의 일부라는 사실을 이해하지 못하고 있다.

이렇게 해서 우리는 부자들이 민주주의를 훼손하는 온갖 방식과 함께 이 지경에 도달하고 말았다. 부의 집중이 민주적 가치를 재앙적으로 훼손하는 데 대해 부의 제한주의가 적절한 해답일까? 부자들이 막대한 양의 돈을 갖지 못하게 제한하는 것 말고 금전 권력이 정치 권력으로 바뀌는 것을 막을 다른 방법은 없을까? 이를테면 선거 자금법을 개혁하거나 국가가 당파적이지 않은 공영 라디오와 공영 TV에 자금을 대서 공공 담론에서 견해와 주장이 균형 잡히게 할 수도 있지 않을까? 영국의 철학 교수 출신으로 현재는 정책 자문을 하고 있는 딘 메이친Dean Machin은 슈퍼 부자들에게 일정 수준 이상의 부에 대해 100% 세금을 내든지 아니면 〔정치 정당에 후원할 권리, 공직에 나설 권리, 정치 정당에서 자원 활동을 할 권리 등〕 정치적 권리를 일부 포기하든지 중에 선택하게 하자고 제안했다. 그렇게 하면 돈으로 정치적 영향력과 권력을 사는 것을 막을 수 있으리라는 것이다. 또는 반부패법과 선거법을 잘 만들면 부자들의 정치 후원금이 정치에 중대한 영향을 미치지 못하게 할 수 있을 것이고, 부에 제한을 두는 것은 민주적 타당성이 없는 일이라고 생각할지도 모른다. 돈의 영역과 정치의 영역에 장벽을 세우는 방식으로 문제를 해결할 수 있다고 말이다.[29]

이러한 제도들이 건강한 민주주의에 필요하긴 하지만, 이 중 어느 것도 부자와 평범한 사람들 간의 정치적 평등을 복원하지는 못한다. 앞에서 보았듯이 부자들이 행사하는 정치적 영향력이 입법이나 규제 같은 공식적 제도의 작동 범위를 넘어서 있기 때문이다. 설령 투표권을 포기해야 하더라도 부자들이 싱크탱크를 설립하거나 자금을 지원해서 이데올로기적으로 동기부여된 연구를 수행하게 할 수 있다면, 또는 사적으로 정부에 직접적인 영향을 행사할 수 있다면, 그들은 여전히 정치적 권력을 압도적으로 많이 갖고 있는 것이다.

법제화 등 공식적인 제도로 돈이 정치에 미치는 영향을 줄이는 것의 효과는 어느 정도까지만일 것이다. 부의 극심한 불평등은 늘 정치적 평등을 위협하고 그밖의 민주적 가치도 위협한다. 그리고 부의 집중화가 일으키는 더 커다란 위협이 있는데, 이것은 그러한 조치의 효과가 미미할 수밖에 없는 위협이다. 바로 기후 붕괴다.

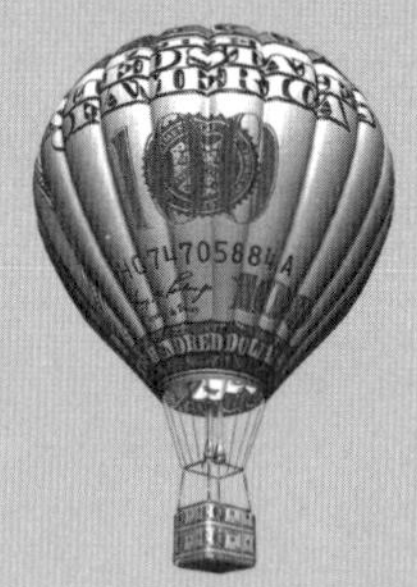

5장

극단적인 부는 지구를 불태운다

2022년에 엑손 모빌은 560억 달러 가까운 수익을 기록했다. 사상 최대이자 전년인 2021년의 두 배가 넘는 수익이었다. 쉘은 400억 달러의 수익을 올렸다. 역시 전년의 두 배였고 사상 최대였다. BP, 쉘, 셰브론, 엑손, 토탈을 합하면 2022년 수익이 무려 1,993억 달러였다. 바이든 대통령은 이 숫자들이 "믿을 수 없을 정도로 크다"고 말했다. 실로 어질어질한 숫자다. 환경 단체 그린피스Greenpeace는 누군가가 예수 탄생일부터 지금까지 날마다 하루에 4만 파운드씩 벌었다 해도 2022년에 쉘이 올린 수익만큼 되지 못한다고 지적했다.[1]

그해에 세계의 많은 지역에서 노동자 계급과 중산층은 에너지 가격이 너무 올라 난방조차 하기 어려웠다. 모든 곳에서 점점 더 많은 가구가 에너지 빈곤을 겪고 있었다.

간단히 말해 다음과 같은 일이 벌어졌다. 거대 석유 회사들은 러시아가 우크라이나를 침공해서 발생한 시장의 동요에서 이윤을 얻고 있었으며, 그 이윤을 평범한 사람들에게 피해를 입히면서 얻고 있었다.

이 기업들이 취할 수 있었던 다른 선택지는 없었을까? 그들은 에너지 가격 상승으로 크게 타격을 받은 가구들에 가격을 낮춰줄 수 있었다. 하지만 그러지 않았다. 그들은 수익을 재생에너지 비중을 높이는 데 투자할 수 있었다. 하지만 그러지 않았다. 물론 그들이 그렇게 선택하리라고 기대해볼 만한 이유는 없었다. 자신의 주주들이 재생에너지에 투자를 늘리고 기후 대응에 더 적극적으로 나서라고 요구하는 것조차 반복적으로 거부해왔으니 말이다. 그들은 늘 하던 대로 수익을 주주들에게 배분했다. 그러는 동안 대기 중 온실가스 농도는 계속 증가해 기록적인 수준에 도달했다.[2] 주주 활동가 단체 '팔로우 디스Follow This' 설립자 마크 반 발Mark van Baal은 2022년을 "제국의 역습"이 있었던 해라고 표현했다.[3]

이 기업들이 기록적인 이윤을 추구하도록 두면서도 우리가 환경적 지속가능성의 경계를 넘지 않고 살아갈 수 있을까? 이렇게 극단적인 부의 불평등을 창출하는 시스템에서 기후 위기를 피할 수 있을까? 환경적 안전과 안정성이 슈퍼 부자들의 라이프스타일과 함께 갈 수 있을까?

많은 이들이 그렇지 못할 거라고 보고 있다. 영국의 작가이자 환경 운동가 조지 몬비오트George Monbiot는 개인이 가질 수 있는 부에 상한을 두지 않고는 지구에서 삶과 생명을 구하는 것이 불가능하리라는 이유에서 부의 제한주의를 지지한다. 프랑스 경제학자 토마 피케티도 극단적인 부와 기후 안정 사이의 관계를 다음과 같이 명료하게 지적했다. "국가 내에서도 국가 간에도 부를 근본적으로 재분배하지 않고는 기후변화에 진지하게 맞서는 것이 불가능하다."[4] 피케티와 몬비오트 외에도 환경 붕괴와 극단적인 부 사이의 강한 연결고리를 지적한 사람은 많다. 내가 연구 주제를 말하면 많은 사람들이 부의 극단적 불평등이 지구의 상태와 자연을 돌봐야 할 우리의 의무와 어떤 관련이 있는지 알고 싶어 했다.

자, 정확히 어떤 관련이 있을까? 슈퍼 부자들과 기후 위기, 생태 위기의 관계는 무엇일까? 극단적인 부가 정말로 지구에 해를 끼치고 있을까? 그렇다면 그 이유는 무엇일까?

기본적인 것부터 시작해보자. 1990년에 기후 과학자들은 '기후변화에 관한 정부 간 패널IPCC'의 첫 보고서에서 인간 활동이 유발한 지구온난화가 현실임을 (들을 의사가 있는 사람이라면) 모두가 알아들을 수 있게 밝혔다. 이 보고서에 따르면 산업혁명 이래로 인간은 지구가 '탄소 저장고'에 흡수할 수 있는 수준 이상의 온실가스를 배출했고 이로 인해 대기와 해양의 온실가스 농도가 높아지고 있었다. 주요 온실가스 중 하나인 메탄은 소와 양에게서도 나오고 영구동토대가 녹으면서도 나온다. 또 다른 온실가스인 질소는 주로 농업에서 그리고 내연기관 교통수단에서도 나온다. 가장 잘 알려진 온실가스인 이산화탄소는 화석연료나 장작 같은 바이오연료를 사용할 때 나온다. 이 보고서에서 과학자들은 우리가 이 세 가지 기체의 배출을 없애지 못하면 파

국에 직면할 것이라고 경고했다.[5]

우리는 1990년을 어떤 정부도, 단체도, 회사도 기후변화가 일어나고 있다는 사실과 무엇이 기후변화를 일으켰는지를 몰랐다고는 더 이상 우길 수 없게 된 시점이라고 할 수 있을 것이다. 하지만 1990년을 기준으로 사용하는 것도 정부와 석유 기업들을 너무 많이 봐주는 것이다. 퓰리처상을 받은 언론 단체 '기후 뉴스 속으로Inside Climate News'의 기자들은 2015년에 이르게는 1977년부터 엑손 경영진이 엑손의 자체 과학자들로부터 화석연료에서 나오는 이산화탄소가 세계를 덥히고 있으며 인류에게 위험할 수 있다는 경고를 보고받아 알고 있었다고 폭로했다. 미국의 가장 큰 석유·가스업계협회는 적어도 1950년대부터 위험할 수 있는 온실가스의 배출에 대해 알고 있었다. 여타 화석연료 관련 업계와 회사들(석탄 산업, 제너럴모터스, 포드 등)도 1960년대나 1970년대부터 이 사실을 알고 있었다.[6]

1990년 이후 30여 년간 정치인들과 대중은 온실가스 배출을 줄이려고 여러 조치를 취해왔다. 지구온난화를 막기 위한 행동으로 널리 독려되는 것으로는 다음과 같은 것들이 있다. 개인들은 항공 여행을 포함해 소비를 줄이고 동물성 대신 식물성 위주로 식사를 한다. 기업과 가정은 에너지 집약적인 활동(교통, 요리, 난방 등)에 쓰이는 에너지를 전기 에너지로 전환한다. 정부는 재삼림화와 재야생화를 촉진하는 방향으로 토지 사용 방식을 바꾼다.

이러한 노력에도 글로벌 온실가스 배출은 증가하고 있다. 우리는 1991년 이후 30여 년간 그전의 인류 역사 내내 배출한 이산화탄소를 다 합한 것보다 많은 이산화탄소를 배출했다. 2022년에 과학자들은 현재 수준의 배출이 지속되면 '탄소 예산'을 6년 반 만에 다 소진하게 된다고 경고했다. 여기에서 탄소 예산은 〔전 산업 시대 대비 지구 평균 기온〕 상승폭을 섭씨 1.5도 이내로 제한할 수 있는 어떤 가능성이라도 있으려면 넘지 말아야 할 이산화탄소 배출의 최대치를 말한다.[7]

이미 전 산업 시대 대비 기온이 섭씨 1.2도나 올라서 기후변화의 파괴적인 영향이 펼쳐지고 있다. 기후 재앙은 이제 더 이상 미래의 어느 시점에 닥칠 디스토피아가 아니다. 기후변화는 이미 왔고 피해도 이미 일으키고 있다. 가뭄은 더 자주, 그리고 더 크게 피해를 끼치는 방식으로 발생하고 있다. 이 때문에 관개 시스템에 과부하가 생기고 작물 경작이 실패하며 산불이 날 위험이 높아지고 물 공급의 안정성이 위태로워졌다. 2018년에 남아프리카공화국의 웨스턴 케이프 지역이 3년 연속 강수량이 너무 적어서 끔찍한 물 위기에 처했다. 케이프타운 도시 전체가 거주자에게 물을 충분히 공급하지 못했다. 온난화는 이러한 종류의 가뭄이 일어날 가능성을 세 배나 높였다.[8]

파괴적인 홍수도 증가하고 있다. 최근 중국 남부, 호주 동부, 방글라데시 등 여러 곳이 심각한 홍수를 겪었다. 모두가 '역사적인'이라든가 '예외적인'과 같은 수식어로 표현될 만큼 심각했으며, 전문가들은 모두가 기후변화와 관련이 있다고 보고 있다. 파괴적인 홍수의 발생 가능성은 홍수가 드물었던 곳들에서도 상당히 증가하고 있다. 과학자들에 따르면, 기후변화 전에는 이러한 상황이 400년에 한 번씩 일어났다면 기후변화 때문에 지금은 44~210년 만에 한 번씩 일어난다.[9]

산불도 더 자주 발생하고, 더 오래가며, 더 너른 지역에 영향을 미치고 있다. 따라서 피해도 더 재앙적이다. 산불은 수백만 마리의 동물을 죽이고 상당한 토지를 황폐하게 만들며 식물의 식생을 파괴한다. 또한 재산에 상당한 손실을 일으키고, 더 중요하게는 점점 더 많은 사람들을 불안과 위험 속에 살게 만들고 있다. 어떤 곳들에서는 위협이 산불이 아니라 해수면 상승에서 온다. 해수면 상승의 이미지는 뉴욕이나 암스테르담이 물에 잠기는 등 기후변화로 닥칠지 모를 디스토피아적 미래 이미지에 사용되곤 한다. 하지만 해수면 상승은 현재도 사람들에게 영향을 미치고 있다. 태평양의 작은 섬들은 이미 상당한 땅이 바다에 가라앉았고, 또 다른 섬들은 20년 안에 해수면 아래로 사라지거나 인간이 거주할 수 없게 될 것으로 보인다.[10]

가난한 나라들에서는 가뭄, 홍수, 극단적인 날씨의 증가가 기아와 기근 위험의 증가로 이어진다. 유엔 세계식량계획World Food Programme은 기온 상승폭이 섭씨 2도를 넘어설 만큼 온난화가 진전되면 1억 8,900만 명이 추가로 기아를 겪게 될 것이고 섭씨 4도 상승폭을 넘어서면 18억 명이 추가로 기아를 겪게 될 것이라고 내다봤다. 기근에는 전쟁, 정부 실패 등 여러 원인이 있겠지만, 글로벌 남부 국가들에서 기후변화로 식량 산출이 낮아지면 상황이 더 악화되리라는 점은 분명하다.

이러한 고통을 완화하고 상황이 상상 불가 수준으로 악화되는 것을 막으려면 긴급하게 온실가스 배출을 줄여야 한다. 이제까지 우리가 취한 행동은 명백히 충분하지 않았다. 사람들에게 비행기를 그만 타라고 하거나 고기를 그만 먹으라고 하는 것으로는 앞으로도 충분하지 않을 것이다. 우리는 더 광범위하고 구조적인 조치가 필요하다. 요컨대, 생태적으로 지속가능한 경제로 진정한 전환이 필요하다. 바로 이 지점에서 부의 집중화 문제가 들어온다.

부의 집중은 여러 가지 방식으로 기후변화를 악화한다. 우선, 부유한 사람들은 가난하거나 중산층인 사람들보다 탄소를 훨씬 더 많이 배출한다. 모든 나라에서 그렇고, 모든 지역에서 그렇다. 최근 데이터를 보면, 사하라 이남 아프리카만 빼고 모든 곳에서 국가 내 소득 분포에서 상위 1%나 10%에 들어가느냐가 지리적 요인보다 1인당 탄소 배출량을 더 잘 설명하는 변수였다.

2019년에 전 세계 이산화탄소 배출량은 1인당 6톤에 도달했다. 뤼카 샹셀Lucas Chancel에 따르면 전 세계적으로 소득과 부가 하위 50%에 속하는 사람들은 1인당 평균 배출량이 1.4톤으로 전체 배출의 11.5%밖에 차지하지 않았다. 그다음 40%는 1인당 6톤가량을 배출해 전체 배출의 40.5%를 차지했다. 상위 10%는 1인당 거의 29톤을 배출해 총배출의 48%를 차지했다. 이 마지막 집단 중에서도 상위 1%가 특히 두드러지는데, 이들은 1인당 연간 101톤을 배출했다.[11]

이에 더해, 소득 수준별 평균 배출량은 지역 간에도 차이가 크다. 북미에서는 부유한 10%가 연간 이산화탄소를 1인당 69톤 배출하고, 그다음 40%는 22톤, 하위 50%는 10톤을 배출한다. 유럽에서는 이 숫자가 각각 29톤, 11톤, 5톤, 동아시아에서는 40톤, 8톤, 3톤, 라틴 아메리카에서는 18톤, 5톤, 2톤이고, 사하라 이남 아프리카에서는 7.5톤, 2톤, 0.5톤이다. 따라서 탄소 불평등은 글로벌 불평등에서 굵직한 비중을 차지한다.[12]

탄소 배출을 가장 많이 하는 상위 1%는 전체 탄소 배출량에서 차지하는 비중이 극도로 높을 뿐 아니라, 배출량이 계속 증가하고 있기도 하다. 글로벌 통계에서 탄소를 '많이' 배출하긴 하지만 '가장 많이' 배출하지는 않는 사람들(탄소 배출 분포에서 75~95퍼센타일에 있는 사람들)의 배출은 1990년부터 2019년 사이에 10% 줄었다. 그런데 탄소 배출 분포에서 상위 1%의 배출량은 같은 기간에 23%가 **늘었다**.[13]

따라서 일반적으로 어떤 사람의 부는 그 사람의 라이프스타일이 오염을 얼마나 많이 일으키는지에 대해 가장 좋은 예측변수다. 부자들은 큰 집을 가지고 있고 여행을 많이 하며 대중교통을 많이 이용하지 않고 오염을 일으키는 산업에 돈을 투자한다. 슈퍼 부자들은 대저택과 세컨드 하우스를 가지고 있고 차가 여러 대 있으며 개인용 비행기가 있고 기후변화에 일조하는 산업에서 나오는 수익으로 부를 축적한다. 물론 늘 그렇듯이 예외도 있다. 가령 부자나 슈퍼 부자 중 재산을 자연보호에 쓰는 사람도 있다. 하지만 예외적인 친환경 영웅들이 있다면 우주 여행을 추진하거나 화석연료를 막무가내로 추출하는 사업에 관여하는 사람들처럼 반대쪽 극단에서 예외적인 사람들도 있다.

비행기를 타는 사람이 누구인지만 봐도 그렇다. 전 세계 대부분의 사람들은 비행기를 타본 적이 없고 앞으로도 그럴 것이다. 하지만 부자와 슈퍼 부자들은 늘 비행기를 탄다. 그들은 항공 여행이 배출하는 온실가스 대부분에 책임이 있다. 그리고 온실가스 배출의 영향은 높아지는 기후변화의 피해와 위험에서 자신을 방어할 수단이 없는 가난한 사람들에게 더 집중된다. 암스테르담에서 뉴욕을 비행기로 왕복하면 평균 906킬로그램의 이산화탄소와 1,728킬로그램의 여타 온실가스가 배출된다(이산화탄소 외의 온실가스들은 탄소 상쇄에 대한 논의에서 간과

되는 경향이 있다). 주요 항공사에서 암스테르담과 뉴욕 사이의 왕복 항공권은 800유로 정도면 살 수 있다. 대부분의 사람에게는 매우 큰돈이겠지만 이 비행에서 배출되는 이산화탄소가 지구상의 모든 생명에 미치는 비용에 비하면 매우 싼 것이다. 암스테르담과 뉴욕을 왕복하는 비행에 '진정한' 비용을 반영해 가격을 매기려면 탄소 배출이 야기하는 피해의 금전적 가치도 계산해야 한다. 항공사들이 당신의 비행에서 나오는 온실가스를 상쇄하기 위해 어딘가에 나무를 심는 데 쓴다고 하는 환경 부담금 5유로는 잊으시라(그 나무는 곧 산불로 타버릴 것이다). 환경 부담금을 '고품질 탄소상쇄 크레디트'를 판매하는 기업들이 제안하는 125유로로 높여 잡아도 여전히 너무 낮다. 이것으로 어떻게 키리바시, 바베이도스, 방글라데시 사람들의 잃어버린 생계를 보상할 것인가? 이것으로 어떻게 탄소 예산을 초과하게 될 때 발생할 비용을 상쇄할 것인가? 기후 거버넌스와 기후 윤리 전문가들은 탄소 1톤당 400달러 정도로 상쇄 비용을 높여야 한다고 말한다. 요컨대, 암스테르담에서 뉴욕까지 비행기로 왕복하려면 800유로를 낼 게 아니라 오염을 매우 많이 일으키는 이 행위의 진정한 비용만큼 내야 하고, 적어도 800유로보다 두 배는 되어야 한다. 하지만 1,600유로도 비행기를 늘상 타는 부자들이 가진 재산에 비해서나 기후 재앙을 겪고 있는 사람들이 입은 피해에 비해서나 너무 적은 액수로 보인다.[14] 1,600달러가 부자들이 늘상 비행기를 타고 다니는 라이프스타일을 멈추게 만들기에 충분하겠는가?

소비재를 판매하는 기업들은 우리가 약간의 기여를 하면 자신들이 '녹색으로' 갈 수 있다고 말하기 위해 오랫동안 애를 써왔다. 2022

년 여름에 쉘은 유럽의 고객들에게 자동차에 연료를 1리터 넣을 때마다 추가로 1센트를 내면 쉘이 그 돈으로 나무를 심을 것이어서 자동차로 이동하는 것을 탄소 중립적이 되게 만들 수 있다고 주장했다. 이에 대해 암스테르담 자유대학 '기후와 지속가능성 법 클리닉Climate and Sustainability Law Clinic'의 법대생 9명이 네덜란드 광고업계의 자율 규제 신고 위원회인 '광고 규제 위원회Stichting Reclame Rood'에 이의 신청을 냈고 위원회는 학생들의 손을 들어주었다. 1리터당 나무 한 그루를 심는 것은 운전자의 자동차 사용을 탄소 중립적으로 만들어주지 않으므로 쉘의 이야기는 오도의 소지가 있을 뿐 아니라 사실관계도 잘못되었다는 것이었다.[15]

하지만 항공 산업의 경우 부자들이 탄소를 많이 배출하는 이동 수단을 과도하게 사용해 가난한 사람들에게 간접적으로 피해를 주는 것만 문제가 아니다. 많은 나라에서 부자들이 비행기를 타는 데 평범한 납세자들이 돈을 대고 있다. 항공 산업이 공공 자금에서 보조를 받기 때문이다. 항공 산업이 국가에 너무 중요해서 국가의 지원을 받을 자격이 있다고 보아 직접적으로 보조금이 지급되는 경우 외에도, 세계적으로 모든 항공사는 역사적인 이유에서 국제 운항에 쓰이는 등유에 연료세가 면제되는 데서도 이득을 본다. 이것은 상당한 금액의 보조금을 주는 셈일 뿐 아니라 항공사가 장거리 버스나 기차 등 더 지속가능한 교통수단을 운영하는 기업보다 불공정하게 유리해지도록 만드는 것이다.[16]

그리고 진짜 슈퍼 부자들은 비행기를 많이만 타는 것이 아니라 호화로운 방식으로도 탄다. 그들은 개인용 비행기를 가지고 있는데, (1초 동안 우주에 머물다 오는 것을 논외로 하면) 기후와 관련해서 단일 형태로는 최악의 교통수단이다. 아이러니하게도 다보스 포럼 참석자 중 많은 사람이 개인용 비행기를 타고 다보스에 가서 기후변화에 대응하기 위한 민관 협력을 논의했다. 2022년 회의 기간에 다보스 인근 공항들에 개인용 비행기가 500대나 날아왔다고 한다. 이는 대략 2만 6,700대의 자동차가 파리에서 다보스까지 달릴 때와 비슷한 양의 탄소를 배출했다. 개인용 비행기는 상업용 비행기보다는 4~14배, 기차보다는 50배 오염을 더 발생시킨다. 놀랍지 않게도, 일부 기후 활동가들은 개인용 비행기가 들어올 수 있게 하는 공항들을 타깃으로 삼기 시작했다. 이들은 사적인 목적으로 사용되는 모든 개인용 비행기의 운항을 금지해야 한다고 주장한다.[17]

부자들과 슈퍼 부자들은 막대하게 부유하기 때문에 어디에 살든 비례적인 수준 이상으로 압도적인 기후 피해를 야기할 수 있으며, 그럼으로써 스스로를 지키기에는 너무나 취약한 사람들에게 해를 끼칠 수 있고 또 끼치고 있다. 꽤 간단한 이야기다. 이러한 방식으로, 부자들은 모든 도덕 철학 전통이 동의하는 원칙 하나를 위배한다. '오염을 일으킨 사람이 비용을 지불한다'는 원칙 말이다. 이 원칙은 소비자에게만 적용되는 것이 아니다. 투자자와 생산자에게 오히려 더 많이 적용된다. 거대 석유 회사들은 온실가스 배출을 지속하면 안 된다는 것을, 따라서 화석연료는 땅속에 그대로 묻어두어야 한다는 것을 수십 년 전부터 알고 있었다. 하지만 화석연료를 계속 추출했고 그것을 팔아서 막대한 이익을 올렸다. 그들이 자신이 일으킨 피해에 대해 법적으로 책임을 지게 하는 일은 불가능할 것이다. 그들은 틀림없이 법률 전문가들을 한 무리 고용해서 피해자들이 사법 시스템에 접근하지 못하게 막을 것이다. 하지만 그들의 법률 전문가들이 법률적으로 뭐라고 말하든 간에, 도덕적으로 에너지 회사들이 당장 해야 할 일은 우리 사회가 화석연료를 최대한 빨리 뗄 수 있게 할 계획을 세우고, 그들의 모든 이윤을 에너지 전환에 사용하며, 이미 일어난 모든 피해를 배상하는 것이다. 하지만 그들이 2022년에 얼마나 많은 이윤을 올렸는지에서 알 수 있듯이, 그들은 그렇게 하지 않을 것이다. 그들의 유일한 목적은 부를 더 창출하는 것이기 때문이다.[18]

따라서 정부의 개입 없이 거대한 오염 산업들이 무언가를 알아서 하리라고 기대하기는 어려울 것이다. 그들은 화석연료를 팔아서, 또한 (친환경적 대체재를 개발하기보다) 탄소 집약적인 철강, 플라스틱, 소비재를 생산해서 벌어들이고 축적할 수 있는 막대한 부를 그냥 두고 나오지는 않을 것이다. 하지만 이러한 산업을 경영하는 사람들도 누군가의 아버지, 어머니, 할머니, 할아버지가 아닌가? 그들은 손주들에게 무엇이라고 말할까? 그들은 죽은 뒤에 어떻게 기억되고 싶을까? 화석연료와 기타 오염을 일으키는 산업으로 돈을 번 부자들과 슈퍼 부자들에게 전해야 할 메시지는 분명하다. 당신은 그 돈을 가질 자격이 없다. 그 돈은 부정한 돈이다. 그 돈은 당신이 사업을 하면서 피해를 준 사람들의 삶을 향상하는 데 쓰여야 한다. 부자들이 (그리고 다른 모든 사람도) 생산이나 투자로 돈을 벌었을 때, 그리고 그 돈을 지출했을 때 '오염을 일으킨 자가 비용을 부담한다'는 원칙을 존중했다면, 지금보다 훨씬 덜 부자였을 것이다. 어떤 산업은 산업 자체가 수익성을 유지하지 못했을 수도 있다.[19] 그런데 문제는 이게 다가 아니다. 오염을 일으키는 기업들은 수익을 더 높이기 위해 (따라서 백만장자인 경영자와 주주들의 부를 한층 더 늘리기 위해) 환경 피해의 비용을 물지 않으려고 로비를 해왔다. 이 중 일부는 기후변화의 진정한 속성에 대해 의도적으로 가짜 뉴스도 퍼트렸다. 이 '기후 부인론 공장'은 아주 잘 조직화된 활동을 벌였고 우리가 처한 상황에 대한 진실에 의구심의 씨앗을 뿌리는 데 오랫동안 매우 성공적이었다. 2015년에 파리 기후 협정에서 합의된 목표는 훨씬 더 일찍 합의될 수도 있었다. 그랬다면 우리는 귀중한 시간을 낭비하지 않을 수 있었을 것이다.

기후 부인론 공장은 특히 몇몇 국가에서 영향력이 컸다. 대표적인 곳이 미국과 러시아다. 미국에서는 보수주의적인 싱크탱크(코크 형제가 후원한 곳들 등)가 오랫동안 기후변화에 대한 과학적 합의를 훼손하고 약화하려는 활동을 전개했고, 기후 정책의 발달을 성공적으로 저해했다. 2014년의 한 연구는 91개 기후 부인론 단체가 연간 9억 달러의 후원을 받았음을 드러냈다. 주로 보수 성향의 재단에서 들어온 돈이었다. 이들 재단은 억만장자 개인들로부터만이 아니라 엑손 모빌 같은 기업들로부터도 지원을 받았다.[20]

유럽연합 국가들 등 몇몇 다른 나라는 미국이나 러시아에 비해 보수적인 부자들과 그들의 회사가 가진 돈이 적고 익명의 기부나 의심스러운 기부를 막는 법이 더 탄탄하게 마련되어 있어서 기후 부인론을 퍼트리는 활동에 자금을 대기가 더 어렵다. 그럼에도 오염을 일으키면서 큰돈을 버는 항공사, 철강업체, 비재생에너지 업체 등은 안전에 대한 잘못된 감각으로 사람들을 안심시키려는 활동을 전개했다. 전 산업 시대 대비 기온 상승폭을 섭씨 1.5도에서 막기 위한 탄소 예산은 2023년 현재 고작 260기가톤[이산화탄소]이다. 지금의 경제 시스템이 지속된다면 2029년 중반이면 동나는 양이다. 화석연료가 전혀 없는 경제로 갈 수 있는 시간이 그것밖에 남지 않은 것이다. 우리는 더 이상 이 산업들이 자신이 무엇을 하고 있는지와 그 결과가 무엇인지에 대해 기만적인 이야기로 우리를 속이도록 허용할 수 있는 여지가 없다.[21]

지구를 인류에게 안전한 상태로 유지하려면 고도의 탈탄소화와 경제의 근본적인 전환이 필요하다. 화석연료 기반의 생산에서 기후 중립적인 생산으로 전환하지 않으면 탄소 예산을 지킬 수 없다. 그런데 '녹색 전환'에는 승자와 패자가 있을 것이다. 전반적으로는 녹색 경제로 전환하면 지금대로 갈 때보다 거의 모든 사람의 삶이 더 건강하고 행복하고 좋아질 것이다. 슈퍼 부자들은 지금대로 가더라도 민간 소방관을 고용해 산불로 저택이 불탈 위험에 대응하거나 정말로 상황이 안 좋아졌을 때를 대비해 벙커를 마련하는 데 돈을 쓸 수 있을지 모르지만, 인류의 99.99%에게는 이런 선택지가 없다.[22]

녹색 경제를 실현하는 일은 매우 어려운 도전일 것이다. 탄소 집약적 산업으로 부자가 된 투자자나 CEO는 돈만이 아니라 돈에 따라오는 권력과 정치적 통제력도 잃게 될 것이다. 부정한 기업의 CEO들은 종종 주요 (특히 보수) 정치 정당과 가까운 관계다. IPCC 과학자들의 말을 귀담아듣는다면 우리는 탄소 배출을 줄여 탈탄소 세계로 가야 하는데, 그 정당들이 이와 관련해 이제까지 보여준 성과는 줄여서 말해도 매우 빈약하다. 여기에서 우리는 기업가인 슈퍼 부자들의 이윤 추구, 정치적 행동의 부재, 그리고 기후 부인론을 만드는 조직들에 대한 재정 지원 사이의 우려스러운 연결을 보게 된다. 앞에서 민주적 가치를 어떻게 지킬지 논했을 때도 언급했듯이, 정치적 권력을 돈으로 사지 못하게 하거나 기후 부인론을 퍼트리는 곳에 자금을 지원하지 못하도록 규제를 강화하면 매우 도움이 될 것이다. 하지만 일반적으로 정치가 다 그렇듯이, 기후와 관련해서도 정책의 영역과 돈의 영역 사이의 장벽은 충분히 튼튼하지는 못할 것이고 문제적인 천만장자와 억만장자가 이렇게 많을 때는 결코 튼튼할 수 없을 것이다.

기후 재앙과 극단적인 부 사이에는 명백하고 입증 가능한 연결고리가 있다. 하지만 핵심에서 이것이 도덕적인 이슈라는 사실을 인식하는 것이 중요하다. 기후변화에 대해 말하자면, 단순히 그것이 도덕이 요구하는 바이기 때문에 부자와 슈퍼 부자들이 반드시 따라야 할 도덕적 명령들이 존재한다.[23]

그중 일부는 앞에서 말한 '오염을 일으킨 자가 비용을 지불한다'는 원칙으로 요약된다. 역사적으로 온실가스 배출 대부분에 책임이 있는 부유한 개인과 기업은 그 오염에 비용을 지불하지 않았고, 그 덕분에 지금 가지고 있는 엄청난 부를 쌓을 수 있었다. 한편, 그 비용을 떠맡게 될 사람들은 온실가스 배출에 아무 책임이 없다. 마셜제도, 투발루, 키리바시 등 태평양의 작은 섬나라에 사는 주민들은 1인당 탄소 배출량이 매우 적은데도 땅을 잃고 생계를 잃고 소유물을 잃고 스스로 통치할 수 있는 정치체의 일원으로 살아갈 역량을 잃고 있다.

여기에 더해 '분배적 정의'의 이슈도 있다. 부자와 슈퍼 부자들은 공정한 몫보다 훨씬 많은 온실가스를 배출하고 있다. 탄소를 흡수할 수 있는 역량은 유한한 자원이며 모든 인류가 소유한 공공 자원이다. 현재 우리의 소비 패턴대로라면 다들 이 자원을 탄소 예산이 허락하는 범위보다 더 많이 쓰고 싶어 할 것이다. 남아 있는 탄소 예산이 매우 적음을 생각할 때 우리는 그 예산을 어떻게 나눌지에 대해 질문해야 한다.

이에 대한 초창기 연구에서 뤼카 샹셀과 토마 피케티는 1인당 탄소 허용치가 어느 정도여야 할지 알아보았다. 그들은 전체 지구에 허용된 탄소 예산을 1,000기가톤으로 잡고 2015년부터 2100년 사이에 살아 있는 사람과 살아 있을 사람 수로 나누어 '지속가능한 1인당 배출량'이 연간 1.3톤이라고 추산했다. 기온 상승폭을 1.5도 이내로 막기 위한 탄소 예산으로 계산하면 2050년까지 1인당 1.9톤을 배출할 수 있다. 고품질 탄소상쇄 크레디트를 판매하는 독일 기업 앳모스페어는 공평한 1인당 배출 예산을 연간 1.5톤으로 제시했다.[24]

이러한 추산치에 대해서는 여러 논란이 제기될 수 있을 것이다. 개도국 시민들은 발전을 하려면 더 많은 배출이 필요하므로 배출이 더 많이 허용되어야 한다고도 주장할 수 있을 것이다. 역으로, 배출을 많이 할 수밖에 없는 인프라를 가진 나라에서는 배출을 줄이기가 어렵기 때문에 배출이 더 많이 허용되어야 한다고도 주장할 수 있을 것이다. 또한 2020년부터 2050년까지, 또는 2020년부터 2100년까지 매년 개인의 배출 예산을 동일하게 할당해야 하느냐를 놓고도 문제를 제기할 수 있을 것이다. 이를테면 평균적으로는 1.5톤이나 1.3톤이 되게 하되, 예를 들어 연간 5톤에서 시작해 점차 연간 허용량을 낮춰가는 것이 더 합리적이라는 주장도 나올 수 있다.

공정한 개인당 탄소 예산이 얼마여야 할지를 두고 이런저런 이야기를 할 수 있겠지만, 중요한 것은 정확한 숫자가 얼마인지가 아니다. 중요한 것은 개인당 탄소 예산이 1.3톤이든 1.9톤이든 간에 현재 우리가 그것보다 몇 배나 많이 배출하고 있고 배출량을 대대적으로 줄이는 일이 꼭 필요하다는 사실이다. 미국인의 평균 이산화탄소 배출은 연간 22톤이다. 공정한 개인당 탄소 허용치를 어디로 정하든 그것은 부유한 사람들이 배출하는 것보다는 훨씬 낮아야 할 것이고 부유한 나라의 중산층이 배출하는 것보다도 훨씬 낮아야 할 것이다.

이 사실을 피해갈 수 있는 길은 없다. 우리는 거의 모두가 현재의 라이프스타일을 조정해야만 한다. 현재로서, 온실가스의 해로운 영향을 중화하는 기술은 없다. 장거리 비행기를 재생가능한 에너지로 운항하는 기술도 없다. 그러니 이동 방식을 바꾸어 비행기 타는 횟수를 급격히 줄여야 한다. 먹는 방식에 대해서도 마찬가지로 말할 수 있다. 암스테르담과 뉴욕 간 비행기 운항이 일으키는 배출이 얼마였는지 기억하는가? 현재의 식품 소비 패턴이 일으키는 배출량도 그와 마찬가지로 정신이 번쩍 들게 한다. 현재 식품 산업에서 배출되는 양을 토대로 할 때 비건 식사는 1인당 연간 1.06톤, 베지테리언 식사는 1.4톤, 고기를 하루 평균 100그램 먹는 경우에는 2.63톤을 배출하게 된다. 지금 당장은 우리의 식품을 탄소 제로 방식으로 생산할 수 없고, 우리가 소비하는 유형의 식품은 더욱 그렇다. 하지만 전 세계가 식물성 기반으로 식단을 바꾼다면 글로벌 온실가스 배출을 크게 줄일 수 있을 것이다. 식물성 식품이 탄소를 덜 배출해서이기도 하고 축산에 쓰이는 방대한 목초지와 현재 (인간의 식량이 아니라) 사료 작물 재배에 쓰이고 있는 넓은 경작지를 재야생화하면 대규모로 탄소 저감과 생태계 재생을 할 수 있기 때문이기도 하다. 하지만 조지 몬비오트가 저서 《재생Regenesis》에서 언급했듯이, 세계 인구를 다 먹일 수 있는 규모로 식품 소비를 탈탄소화하려면 산업적 농업의 전환이 필요하다. 동물성 단백질과 지방을 식물, 균류, 박테리아에서 나오는 단백질과 지방으로 대체하고, 이와 관련해 농업의 방식과 장비, 공급망도 모두 바꾸어야 한다는 의미다. 다른 말로, 모든 소득 수준에서 개개인이 만들어야 할 변화도 있지만 시스템적 개혁도 필요하다. 그리고 식품 생산 시스템은 전환해야 할 시스템의 한 가지 사례일 뿐이다. 우리에게 필요한 녹색 전환은 많은 다른 산업에서도 근본적인 전환을 요구한다. 예를 들어 교통과 이동수단에서는 항공 산업을 대대적으로 개혁해야 할 뿐 아니라 자가용에서 공유 자동차와 대중교통으로 이동해야 하고 대부분의 지역에서 더 나은 자전거 인프라도 확충해야 한다. 이러한 구조적 변화 모두가 상당한 규모의 투자를 상당히 시급하게 필요로 한다.[25]

산업의 탈탄소화에 더해 공공 공간에 투자를 늘려 공원, 광장 등을 더 짓는다면 공정한 탄소 예산하에서 모두가 매우 좋은 삶을 누릴 수 있을 것이다. 하지만 매우 큰 저택에 살고 세컨드 하우스를 여러 채 소유하고 자주 비행기를 타고 그것도 개인용 비행기를 타거나 헬기를 교통수단으로 사용하는 슈퍼 부자들의 중독적인 과다 소비는 이 그림에 들어올 자리가 없다. 따라서 우리 개개인의 라이프스타일과 우리 사회의 주요 산업만이 아니라 부의 극단적인 집중도 다루어야 한다. 부의 극단적인 집중이 생태적으로 지속가능하지 않은 라이프스타일

로 이어지기 때문이다.[26]

평균적으로는 슈퍼 부자들이 일으킨 생태적 피해가 다른 사람들보다 압도적으로 크긴 하지만 모든 슈퍼 부자가 다 평범한 사람들보다 많이 배출하는 것은 아니라는 반론이 있을 수 있을 것이다. 매우 부유하면서도 검약하는 생활 습관을 가지고 있어서 배출을 적게 하는 것도 완벽하게 가능하다고 말이다. 이는 피해를 일으키는 것은 배출 집약적인 재화와 서비스를 **소비**하는 것이지 돈을 소유하는 것 자체가 아니며, 따라서 부의 제한주의는 타깃을 잘못 잡은 것이라는 주장으로 이어질 수 있다. 부자들이 그들의 소비에서 나오는 배출을 줄이게 해야지 부나 소득 자체를 제한해서는 안 된다는 것이다. 이는 생태적 지속가능성을 달성하는 데 필요한 것은 검약이고, 이론상으로 검약적인 생활을 하는 것과 매우 많은 부를 소유하는 것은 함께 갈 수 있다는 주장이다.[27]

문자 그대로는 옳은 논리다. 이론상으로 부의 집중과 검약은 공존할 수 있다. 하지만 통계적으로 보면 환경적 지속 불가능성과 부의 집중은 상관관계가 매우 크다. 거의 예외 없이 슈퍼 부자들은 과도한 소비를 하고 공정한 몫보다 훨씬 많은 탄소를 배출한다. 그리고 소비와 부는 상관관계가 강하므로 이것은 부의 제한주의를 지지하는 간접적인 논리가 된다. 현실 세계에서 정책 결정과 제도 설계를 생각할 때, 언제나 우리는 실증적으로 발견되는 규칙성, 즉 인구 집단 수준에서 관찰되는 사실에 의존한다. 공정한 정부는 개인을 근거로 정책을 결정하지는 않는다. 따라서 어떤 규칙이든 늘 개별적인 일부 사례에서 보면 불공정해 보일 것이다. 하지만 이러한 일각의 결함은 생태적 지속가능성을 지키고 미래 세대에게 지구에서의 삶을 보장할 수 있다는 훨씬 더 막대한 이득으로 상쇄된다. 또한 슈퍼 부자들의 재산 중 그들이 소비하지 않는 부분은 대개 기후 중립적이지 않은 회사들에 투자되므로 추가로 온실가스를 배출하게 된다는 사실도 생각해야 한다. 소비에 과세를 해서 그들의 소비만 제한하면 투자로 자기 몫 이상을 배출하는 것은 여전히 허용하게 된다. 소비에만 초점을 두는 것은 기후 정의의 모든 면을 고려하는 것이 아니다.

제기될 법한 또 다른 반대는 이론상으로 부의 제한주의보다 목표를 더 분명하게 설정할 수 있는 대안이 있다는 주장일 것이다. 개인당 탄소 허용치를 설정해서 연간 1.5톤 이상 배출하지 못하게 하면 된다는 것이다. 문제 해결! 가령 석유, 항공 여행, 육류, 낙농품 등 배출을 많이 하는 모든 유형의 소비재에 금전 가격만이 아니라 배출 가격도 매기고, 그다음에 각 개인은 자신에게 허용된 탄소 배출량을 어디에 소비할지 선택하면 된다. 그러면 고기도 먹고 비행기도 타고 화석연료를 사용하는 자동차도 타고 그밖에 어떤 물건도 살 수 있겠지만, 그 모든 것을 다 할 수는 없고 원하는 만큼 많이 할 수도 없을 것이다. 인구 모두가 세대 간 공정성과 기후정의가 요구하는 수준의 배출 예산을 지키게 하려면 이러한 정책은 지극히 효과적이기는 할 테지만 매우 강압적이어야 할 것이다. 이것이 적용된 가설적 상황에서, 부자들은 (그리고 사실은 중산층도) 배출 제로인 제품과 서비스밖에 소비할 수 없게 될 것이다. 식품, 의복, 주거, 최소한의 교통에 지출하고 난 다음에는 남아 있는 개인 탄소 예산이 얼마 되지 않을 테니 말이다. 그렇다면 이것은 돈의 영역과 생태의 영역 사이에 경계를 짓는 방법이 될

수 있다. 경제 영역에서 특권층이라 해도 생태 영역에서 특권을 가질 수는 없을 것이기 때문이다.[28]

하지만 이 아이디어에는 몇 가지 심각한 문제가 있다. 먼저, 개인당 탄소 예산은 모든 사람에게 적용될 텐데 기후 문제는 모든 사람이 일으킨 것이 아니며 현재 연 3톤 이하를 배출하는 사람들이 일으킨 것은 더더욱 아니다. 그뿐 아니라 빈곤층과 중하위층 사람들은 값비싼 전기차처럼 탄소 집약적이지 않은 제품을 살 수 있는 금전적 여력이 훨씬 적다. 둘째, 개인당 탄소 예산을 설정하면, 시스템이 만든 문제가 개인화된다. 기후 문제는 산업들이 탄소 집약적인 소비재와 탄소 중립적인 소비재 중 어느 것을 제공했느냐에서 나온 문제이고 정부가 주거 정책과 교통 정책을 어떻게 만들었느냐에서 나온 문제다. 생태적으로 지속가능한 경제로 전환하려면 대대적인 규모의 구조적 변화가 필요한데, 개인당 탄소 예산 설정이 대대적인 구조적 변화로 어떻게 이어질지는 불분명하다. 우리는 이 전환을 가능한 한 빠르게 진전시킬 방법을 찾아야 한다. 그러려면 어떤 산업은 중단해야 하고 어떤 산업은 확장해야 한다. 또한 물질적 재화의 생산을 줄여야 하고 생산 과정을 최대한 탈탄소화해야 한다. 이 중 어느 것도 분명한 규칙, 규제, 리더십 없이는 가능하지 않다.

그렇더라도 만약 개인당 탄소 예산이 광범위하게 지지를 얻고 엄격한 배출 제약에 처하게 된 개인과 가구들이 탄소 제로 제품들을 제공하라고 정부와 기업에 압력을 넣는 데로 이어진다면, 이론상으로 이것은 남아 있는 배출 예산을 가장 공정한 방식으로 분배하는 방법이 될 것이다. 하지만 단기적으로는 가능할 법하지 않고, 나는 장기적으로도 이것이 달성될 수 있으리라는 전망에 회의적이다. 생각해볼 수 있는 최선의 방법은 누군가가 우리 각자가 자신의 배출을 추적할 수 있게 해주는 앱을 개발해서 각자 자발적으로 공정한 몫 이상을 배출하지 않게 하는 방식일 것이다. 하지만 자발적으로 그렇게 하는 사람은 인구 중 극히 일부일 가능성이 높다. 그렇다면 자발적인 시스템에서는 개인의 탄소 허용치를 엄격히 강제하는 경우에 기대해봄 직한 정치적 압력이 일어나지 않을 것이고, 따라서 녹색 전환에 미치는 효과는 미미할 것이다.

당신이 경제학자라면 약간 다른 반대 의견을 제기할 것이다. 부자들의 부와 소득에 제한을 두기보다는 비행기 여행, 육류 소비, 휘발유를 많이 먹는 자동차 사용 등 오염을 일으키는 행동에 과세를 하면 된다고 말이다. 오염을 일으키는 행동이나 제품의 가격을 올리는 것이 소득에 조치를 취하는 것보다 더 효율적이라는 논리다. 이 논리는 특정 소비재에 세금을 물리면 각자 정말로 원하는 것만 선택할 것이고, 그것을 진정한 가격을 지불하고 소비할 테니 사회 전체적으로 모두가 좋아질 것이라고 전제하고 있다. 금전적 자원이 평등하게 분포되어 있다면, 이 신고전파 경제학 이론의 모델이 옳다. 하지만 우리가 잘 알고 있듯이 소득과 부의 분포는 불평등하고, 특히 지금은 매우 불평등하다. 매우 부유한 사람은 그들이 가치 있다고 생각하는 제품을 더 많이 살 여력이 있다. 가난한 사람들은 그 제품에 동일한 가치를 부여하더라도 살 돈이 없다. 사회가 더 불평등할수록 가격 메커니즘에 의존하기보다 정부가 분배하는 것이 더 중요해진다.[29]

오염을 일으키는 행동에 세금을 물린다 해도 천만장자나 억만장자가 행동을 바꾸게 하지는 못할 것이다. 그들은 계속해서 과도하게 온실가스를 배출할 것이다. 비행기를 타고 스테이크를 먹고 SUV를 모는 것의 비용을 높이면 부유하지 않은 사람들의 행동을 바꾸게 하는 데는 효과적일 수 있겠지만 슈퍼 부자들의 과도한 배출을 제어하는 데는 효과가 없을 것이다. 슈퍼 부자들이 어마어마한 오염을 멈추게 하는 데는 세 가지 방법밖에 없다. 첫째, 그 행동을 범죄로 규정하는 것, 둘째, 배출 예산을 부과하고, 다른 이들로부터 배출권을 구매해 자신의 배출 예산을 늘릴 수 없게 하는 것, 셋째, **그들의 부를 제한함으로써** 가격이 아무리 올라도 개의치 않고 소비할 수 있을 만큼 부유하지 않게 만드는 것.

우리는 정상적인 시기를 염두에 둔 일군의 규칙을 가지고 있다. 세부 사항에서는 이견이 있을 수도 있지만 이러한 규칙은 상이한 가치와 원칙들 사이에 균형을 맞추게 해준다. 우리는 국가가 안정적이기를 원하고, 부정한 돈이 아니고 세금을 내는 한 합당하게 내 돈을 보유할 수 있으리라고 기대할 수 있기를 원한다.

하지만 지금은 정상적인 시기가 아니다. 아무리 위험을 경고하는 뉴스를 피하고 싶고 모든 것이 잘 돌아가고 있다고 생각하고 싶어도 과학적 증거는 그러한 현실 안주에 강하게 문제를 제기한다. 과학이 말하는 바는 우리가 지구를 사람들과 그밖의 생물종 대부분이 살 수 없는 곳으로 만들고 있다는 것이다. 우리가 인정하든 안 하든 우리는 기후 비상 사태에 처해 있다. 배출을 반으로 줄일 시간이 기껏해야 10년 정도 있고 완전히 없앨 때까지는 20년 정도밖에 없다. 가장자리를 땜질하는 것만으로는 안 되고 우리가 생산하고 소비하고 함께 살아가는 방식을 완전히 바꿔야 한다. 또한 지난 10년간 인도, 파키스탄, 방글라데시가 겪은 이례적인 폭염이나 가뭄처럼 기후변화의 영향으로 이미 고통받고 있는 사람들을 보호해야 하며, 가난하고 힘 없는 사람들이 부유하고 권력 있는 사람들의 행동 때문에 많은 것을 잃은 곳에서 불의와 피해를 보상해야 한다.

생태적으로 지속가능한 세상을 만들려면 우리의 자원을 어떻게 사용해야 할지에 대해 많은 이들이 다양한 아이디어를 제시했다. 2021년 저서 《기후 재앙을 피하는 법How to Avoid a Climate Disaster》에서 빌 게이츠는 새로운 기술적 해법들을 언급하면서 투자자와 정부가 이러한 신기술이 개발되는 데 필요한 일을 해야 한다고 촉구했다. 하지만 이에 대해 기후과학자들은 필요한 것이 무엇인지는 우리가 이미 알고 있고 기술도 이미 존재한다고 지적했다. 문제는 정치적 의지 부족, 기후 부인론자들의 방해, 그리고 지도자들이 무슨 일이 필요한지 인식하지 못하는 것이라고 말이다. 스탠퍼드대학교 환경 공학·토목 공학 교수인 마크 제이콥슨Mark Jacobson은 100% 풍력, 수력, 태양 에너지로 가는 친환경 에너지 전환 계획을 내놓았는데, 이 계획은 신기술 투자를 전혀 필요로 하지 않는다. 그의 전문성을 보건대, 기술적으로 무엇이 가능한지를 말하기에 그는 나보다 (그리고 빌 게이츠보다) 훨씬 더 적합한 사람일 것이다. 하지만 설령 무엇이 가능하고 무엇이 필요한지를 우리가 정확히는 모른다고 쳐도, 대대적인 재생에너지 투자, 도시 에너지 시스템의 대폭 전환, 대중교통 네트워크 확대 등이 필요하다는 것은 분명하다. 빌 게이츠는 기업계 지도자들이 정부 보조를 받아 우리를 구원하기를 원한다. 그의 책에 권력의 재균형이라든가 기후 부인론자들이 일으킨 피해라든가 과도한 부와 과도한 배출이라든가 하는 내용은 없다. 그리고 필요한 돈은 어디에서 가져올지에 대한 이야기도 없다. 우리가 비상 상황에 있음을 생각할 때(여기에 대해서는 게이츠와 내 의견이 일치한다) 마땅히 가져와야 할 곳에서, 즉 슈퍼 부자들에게서 돈을 가져와서 그 돈으로 〔민간 주도에 맡길 것이 아니라〕 정부가 투자와 녹색 전환의 과정을 이끌게 하는 게 더 나은 전략일 것이다. 우리는 공익에 헌신하는 정부가 얼마나 많은 것을 할 수 있는지 기억해야 한다. 신자유주의 40년은 많은 사람들이 정부 역량을 기대하지 않게 만들었고 몇몇 나라에서는 신자유주의 시기를 거치며 정부 기능이 실제로 약화되었다. 하지만 우리는 애초에 우리를 이 위험한 상황에 가져다놓은 것이 우리를 구원해주리라는 환상에 빠지지 말아야 한다. 즉 이윤에 집착하는 규제 없는 자본주의가 우리에게 해법을 가져다주리라는 환상에 굴복하지 말아야 한다.[30]

해법은 가까이에 있고 그리 어렵지도 않다. 슈퍼 부자들에게 몰수적 성격의 조세를 부과해서 그 돈을 그린 전환의 속도를 높이고, 기후 변화에서 보호해야 할 사람들을 적절하게 지원하며, 과거의 기후 불의를 바로잡는 데 쓰면 된다.

하지만 그러한 조세 증가가 단기적으로 이뤄지지 않는다면 어떻게 하는가? 여기에서 우리는 윤리를 생각해야 한다. 부자들과 슈퍼 부자들은 정부가 그들을 규제하고 자금을 거둬 그것으로 기후판 '문샷 moonshot'〔아폴로 프로젝트 등 인간을 달에 보내기로 한 계획 같은 정부 주도의 혁신 프로젝트〕 전략을 이끌 때까지 기다리지 않아도 된다. 슈퍼 부자들은 기후를 파괴하는 우주 여행 프로젝트 같은 것에 자기 부를 쓸 게 아니라 환경적 대의를 위해 효과적으로 돈을 쓰는 방법을 쉽게 찾을 수 있을 것이다. 그들이 지구를 구하는 일에 앞장서지 못하게 막는 것은 아무것도 없다. 그들이 가진 막대한 재산을 생각할 때 그들은 긍정적인 변화를 만드는 데서 다른 이들은 가질 수 없는 좋은 위치에 있다고도 볼 수 있다.

내가 만난 몇몇 갑부는 이미 그렇게 하고 있다. 어떤 이는 기후 활동가 단체인 '멸종에 대한 저항Extinction Rebellion'에 자금을 지원했다. 이러한 행동은 우리가 반복해서 말해야 할 핵심 메시지를 보여준다. **슈퍼 부자들이여, 선택하라**. 날마다 그들은 막대한 돈을 계속 가지고 있을지 실제로 필요한 곳에 그 돈이 쓰이게 할지 선택할 수 있다. 자선은 화려하지 않아도 된다. 부유한 대학의 스포츠팀에 후원하는 것이 아니어도 된다. 슈퍼 부자들은 기후 소송을 지원하고 재생에너지 생산을 늘리고 그린 전환의 여러 전략에 투자하는 데 돈을 써야 한다.[31]

이것은 극단적인 부와 생태 위기 사이의 또 다른 연결고리로 이어진다. 우리 모두 살아 있는 지구를 보호하기 위해 행동해야 한다. 하지만 슈퍼 부자들의 대저택과 개인용 비행기, 그리고 그들이 오염을 일으키는 산업에 투자해 버는 돈을 본다면 중산층 사람들은 자신이 왜 얼마 안 되는 저축을 열 펌프나 태양광 에너지를 사거나 내연기관차를 비싼 전기차로 바꾸는 데 써야 하는지, 또 왜 자신이 자가용을 타지 않고 카풀을 해야 하는지 납득하기 어려울 것이다. 가장 부유한 사람들이 먼저 행동하지 않는다면 '능력이 있는 자가 돈을 지불한다'는 원칙을 위배하는 것이다. 이것은 조세 설계에서 사용되는 핵심 윤리 원칙인데, 최근에는 기후 행동의 부담이 어떻게 분배되어야 하느냐와 관련해서도 중요한 원칙으로 적용되고 있다. 이 원칙은 어떤 집단이 해결해야 할 문제가 있을 때 역량이 가장 큰 사람이 가장 무거운 부담과 가장 큰 책임을 져야 한다고 말한다. 상위 10%가 맹렬히 배출을 계속한다면 90%는 자신만 희생해야 하는 데 분노할 것이다. 상위 1%가 하위 90%가 배출하는 양의 몇 배나 배출하고 있다는 것을 알면 그들은 더욱 분노할 것이다. 우리는 지구적 위기에 처해 있고 이는 모든 이의 행동을 필요로 한다. 우리에게는 권력을 가진 사람들의 리더십이 필요하다. 가장 부유한 사람들이 모범을 보이는 것이 필요하다. 그들이 먼저 모범을 보이지 않으면 부유하지 않은 사람들에게 희생하라고 말하기 어려울 것이다.

당연한 말이지만, 지구를 구하는 데는 극단적인 부를 제한하는 것 이상의 일이 필요하다. 우리 모두에게 지침을 주는 많은 분석과 연구가 이미 이뤄져 있다. 빈곤선 이상으로 살고 있고 연간 1~2톤 정도보다 많이 배출하는 모든 사람은 배출을 줄이기 위해 자신이 할 수 있는 일을 해야 한다. 투표할 수 있는 모든 사람은 기후와 생물종 다양성의 위기를 알고 있고 올바른 행동 전략을 가지고 있는 정당에 투표해야 한다. 적어도 그린워싱을 하거나 연막을 쳐서 자신의 기업가 친구들을 보호하지 않는 정당이 필요하다. 우리는 기후 활동가 단체에 참여하거나 이들을 지원함으로써 빠르고 효과적으로 행동을 일으키도록 압력을 넣어야 한다. 기득권이 빠르게 행동을 바꾸지 않는다면, 우리는 재산권을 신성화하는 것이 우리에게서 거주 가능한 지구를 앗아가는 비용을 치르고 있다는 안드레아스 말름Andreas Malm의 주장을 진지하게 고려해야 할지도 모른다. 오염을 일으키는 기업들의 암울한 행적을 볼 때, 절박한 기후 활동가들이 〔석유 회사의 파이프라인 등〕 물리적 재산을 파괴하는 행동에 나서기 시작했다는 것은 놀랄 일이 아니다. 재산은 살아 있는 생물이 아니고 그들의 행동은 기후변화에 대응하지 않으면 거주 가능한 세계에서 살지 못하게 될 취약한 사람들의 삶을 보호하려는 것이므로, 그들은 도덕적으로 자신의 행동을 방어할 논리가 있다고 생각할 것이다.[32]

요약해보자. 극단적인 부와 관련된 문제들에 대해 우리가 이제까지 알아본 것은 무엇을 말해주었는가? 경제적 불평등은 막대하다. 부의 집중은 전례 없는 수준이다. 물론 국가 간에 차이가 있다. 정책, 노동자 보호, 기업의 권력이 매우 다르기 때문이다. 하지만 그 차이를 감안해도 모든 국가에서 극단적인 부가 일으키는 피해의 동일한 패턴을 볼 수 있다. 3장에서 보았듯이 부의 축적은 종종 부도덕하고 범죄적인 행동과 연결되어 있다. 거의 모든 경우에 부자들과 슈퍼 부자들은 애초에 그렇게 많은 돈을 벌 수 없었어야 한다. 그리고 과거에 일으킨 피해(탈세도 포함해서)에 대한 보상은 너무 오랫동안 이뤄지지 않고 있다. 나아가 극단적인 부의 집중은 여러 방식으로 민주주의를 심각하게 위협한다. 또한 더 많은 돈을 축적하고자 하는 그치지 않는 추구는 녹색 전환을 방해하고 기후 재앙을 가속화한다. 하지만 이들의 막대한 부는 좋은 쪽으로 작용할 잠재력도 있다. 자신의 이익을 위해 부를 사용하려 하는 개인들의 손에서 그 부를 떼어낸다면 우리는 녹색 전환의 속도를 대폭 높일 수 있을 것이다.

이러한 점들이 여러 가지 부의 제한선들과는 어떤 관련이 있을까? 정치적 제한선은 민주주의가 훼손되지 않게 하는 수준이어야 한다. 정확히 어디에서 이 선을 그을지는 각 정치체에 달려 있다. 나는 1,000만 파운드(또는 유로 또는 달러)를 제안했다. 누구도 정치적 영향력을 돈으로 사기에는 충분한 돈을 가질 수 없게 하는 데 적절한 수준으로 보인다. 기후 문제와 관련한 부의 제한선은 앞에서 보았듯이 훨씬 더 복잡해서 계산하기가 더 어렵다. 그렇다 해도 생태에 대한 고려는 윤리적 제한선을 정치적 제한선보다 한참 더 낮추어야 한다는 점만큼은 분명히 말해준다. 지구를 보호하는 수많은 프로젝트에 그 돈을 쓸 수 있는데도 이 불타는 세계에서 당신이 사치품을 사고 지구를 파괴하는 소비를 하는 것을 정당화할 수 있는 방법이 있는가?

이 같은 생태적 주장은 부의 제한주의가 갖는 두 측면을 분명히 보여준다. 우리는 극단적인 부의 집중이 **해로워서** 반대해야 할 명백한 근거가 있기 때문에 부의 제한주의가 필요하다. 하지만 집합적인 문제를 해결하는 데 사용된다면 부유선을 넘는 돈으로 할 수 있는 **좋은 일이** 너무 많기 때문에도 부의 제한주의가 필요하다.

그런데 이 길을 가로막는 견고한 신화가 하나 있다. 합법적으로 얻은 돈은 모두 그 돈을 번 사람이 가질 자격이 있다는 신화다. 그것은 내 돈이므로 전적으로 내게 속하고, 법의 테두리를 벗어나지 않는 한 그 돈으로 무엇을 할지는 내가 결정할 일이라는 것이다. 부자들의 나라에서 이 신화는 가장 만연해 있는 신화이자 가장 해로운 신화다.

6장

천만장자, 억만장자가 될 자격이 있는 사람은 없다

세금에 대한 어떤 논쟁에서도 다음과 같은 주장을 듣게 될 것이다. '어떤 사람이 시장에서 옳게 번 돈은 모두 그에게 속하며 따라서 정부는 그 돈을 가져갈 수 없다.' 이러한 주장을 펴는 사람들에게는 사회에서 가장 부유한 사람들이 그 막대한 돈(부정한 돈은 논외로 하고)을 정당화하기에 충분할 만큼 위대한 성취를 한 사람임이 분명해 보일 것이다. 어쩌면 이들은 슈퍼 부자들이 대개 천재이거나 타고난 리더라고까지 생각할지 모른다. 오늘날 그들이 그 위치에 오른 것은 그들 자신의 능력과 노력 덕분이라고 말이다.

이 주장이 옳다면 부의 제한주의를 주장하는 논거는 크게 약화될 것이다. 부자들이 진정으로 그 부를 가질 자격이 있다면, 부의 집중이 일으키는 부정적인 결과를 우리가 다루기는 해야겠지만 개인이 가질 수 있는 부에 제한을 두자는 주장은 본질적인 도덕적 근거가 있다고 보기 어려워진다.

자, 이 주장은 옳은가? 누군가가 자신의 부를 진정으로 온전히 자신의 노력과 능력으로만 벌었다고 말할 수 있을까? 이에 대한 답은 부의 제한주의 주장의 핵심이자 기본적인 철학적 원칙들에 대한 논의로 이어진다.

부의 제한주의는 근본적인 철학적 통찰 하나에 토대를 두고 있다. 시장과 재산은 사회적 제도라는 것이다. 이것은 어떤 의미일까? 본래의 세상에는, 즉 사회적 맥락을 떠나서는, 재산도 없고 시장도 없다는 의미다. 재산과 시장은 공유된 규칙과 규범의 시스템 없이는 존재할 수 없으며, 그 시스템을 유지하는 데는 그것을 조율하는 기관, 일반적으로는 정부가 큰 역할을 한다. 대개 우리는 재산을 시장 교환에서 얻는데, 그 시장은 정부에 의해 구성되고 정부에 의해 보호되며 정부에 의해 작동이 가능해진다. 시장에서 우리가 갖는 이해관계를 보호해주는 정부가 없다면, 우리는 영국 철학자 토머스 홉스Thomas Hobbes가 1651년 저서에서 '자연 상태'라고 묘사한 상태로 가게 될 것이다. 아무도 안전하지 않은 세상에서 모두가 끔찍한 삶을 살아가는 과학소설의 디스토피아적 상태 말이다. 홉스는 그것을 이렇게 설명했다.

> 그러한 상태에서 산업이 있을 장소는 없다. 산업으로 인한 과실이 불확실할 것이기 때문이다. 따라서 세상에는 문화도 없고, 항해도

> 없고, 해외에서 수입해오는 상품의 사용도 없다. 널찍한 건물도 없고, 이동 수단도 없고, 힘이 많이 필요한 물건들을 옮기거나 치울 도구도 없다. 세상에 대한 지식도 없고, 시간을 셈함도 없고, 예술도 없고, 편지도 없고, 사교 생활도 없다. 그리고 가장 나쁘게도, 지속적인 두려움과 폭력적인 죽음의 위험이 있다. 그러한 상태에서 인간의 삶은 외롭고 빈곤하고 형편없고 잔혹하고 짧을 것이다.[1]

홉스는 무엇이라도 이러한 폭력 상태보다는 나을 것이므로 거버넌스를 담당하는 모종의 실체에 모두가 복종하는 것이 합리적이라고 보았다. 그 실체는 보호를 제공하고 그 대가로 복종을 요구한다. 여기에서 '사회 계약'이라는 개념이 나온다. 모두의 삶을 더 낫게 하기 위해 공동의 생활을 규율하는 일련의 규칙에 동의하는 것이 합리적이라는 개념이다.[2]

사회 계약을 집행하고 그것이 지켜지게 하는 것은 국가의 책임이다. 이를 위해 국가는 우리의 기본적인 권리와 자유를 보호하고 누군가가 권력을 장악하거나 다른 이의 권리를 침해하지 못하게 하는 규칙들을 제공한다. 여기에서 핵심은 재산권의 보호와 공공재의 제공이다. 재산권의 보호는 우리의 자유와 안전과 후생에 필수적이다. 그리고 도로, 철도, 소방관, 간호사 등 공공재와 공공 서비스의 제공은 우리가 원하는 바를 안전하게 추구할 수 있게 해준다.

그런데 정부가 존재하려면, 그리고 이러한 기능을 수행할 수 있으려면 자원이 필요하다. 정부는 반드시 세금을 걷어야 한다. 세금 없이는 정부가 우리 재산을 보호할 수도 없고 시장에서 사기나 절도를 막아 시장 거래가 제대로 이뤄지게 할 수도 없다.

여기에서 근본적인 철학적 논지는 조세 없이는 재산권 보호가 불가능하다는 점이다. 국가가 없다면 우리가 아는 대로의 재산은 존재할 수 없고 세금이 없다면 국가가 존재할 수 없다. 제도가 존재하기 전에는 재산도 존재할 수 없다. 이 모든 것이 조세 제도와 정부가 존재할 수 있게 해주는 동일한 사회경제적 시스템의 일부다. 미국 철학자 리엄 머피Liam Murphy와 토머스 네이글Thomas Nagel은 소유권에 대한 영향력 있는 저서에서 이 개념을 명료하게 설명했다. 그들은 재산권이 우리가 사회로서 맺은 동의에 기반한다는 의미에서 '관습적'이라고 설명했다. 정부 없이는 시장도 없고 세금 없이는 정부도 없으므로, 사회적 규칙을 먼저 생각하지 않고는 무엇이 합당한 재산을 구성하는지 판단할 수 없다. 따로따로 분리할 수 없는 '일괄 협상' 패키지라고 생각하면 될 것이다. 우리가 시장에서 번 수익과 소득 모두를 개인적으로 취할 도덕적 권리가 있다는 주장은 틀렸다. 재산권, 정부 역할, 세율 모두 개인의 범위를 넘어서는 정치체에서 결정되고 표명되어야 한다.[3]

과세에 반대하거나 과세가 '도둑질'이라고까지 주장하는 사람들은 세금 없이는, 즉 사람들을 하나로 묶어주는 사회 계약 없이는 소득도, 재산도, 안정적 거래도, 매끄럽게 작동하는 시장도 애초에 존재할 수 없다는 사실을 이해하지 못하고 있는 것이다. 사회 계약이 없다면 위험과 혼란만 있을 것이다.

그렇다면 세전의 자원 분포는 [아무 개입도 없었을 경우의] 자연스러운 원래 상태가 무엇이어야 하는지를 판단하는 데 벤치마크가 될 수 없다. 많은 자유지상주의자, 경제적 보수주의자, 신자유주의자들이 믿는 것과 달리 세전의 소득과 부의 분포는 정부의 개입과 지속적인 사회적 협력 없이 나타난 것이 아니다. 따라서 정부가 손대지 말고 내버려두어야 할 '자연스러운' 재산의 분포라는 것은 있을 수 없다. 소득과 부에 대한 어느 정도의 과세는 늘 합당하고 정당하다. 우리가 논의해야 할 것은 얼마나 많이 걷어야 하고 누구에게 걷어야 하는지, 그리고 시장의 공정성을 보장하고, 공정하고 포용적인 사회 계약이 유지되게 하려면 그 돈을 어떻게 써야 하는지다. 자신이 번 돈은 다 자신이 가질 자격이 있다고 말할 수 있는 사람은 거의 아무도 없으며, 앞으로 보겠지만 슈퍼 부자들은 더욱 그렇다. 그들이 돈을 어떻게 벌었는지에 상관없이 말이다.

슈퍼 부자들이 가질 자격이 없는 부의 가장 명백한 형태는 상속 재산일 것이다. 상속은 극단적인 부의 중요한 원천이고, 때로는 누군가를 정말 엄청난 부자로 만들어주기도 한다. 경제학자들은 전체 부 중 어느 정도 비중이 상속에서 나온 것이고 어느 정도가 '그 사람 자신이 번' 것인지를 놓고 많은 논쟁을 벌였다. 최근의 한 연구는 유럽(영국 포함)에서 1970~1980년에는 상속된 부의 비중이 40% 이하였다가 2010년에는 50~60%로 증가했다고 추산했다. 미국에서도 1970~1980년에 50% 근처였다가 최근 상당히 증가한 것으로 나타났다.[4]

상속된 부의 비중은 앞으로도 계속 증가할 것으로 보인다. 지금은 세대 간에 부가 대대적으로 이전되기 직전이다. 부자들이 지난 몇십 년간 축적한 재산이 곧 그들이 사망하면서 자손에게 넘어갈 것이기 때문이다. 미국의 연구·컨설팅 회사로, 금융 서비스 산업에 자문을 하는 세룰리 어소시에이츠는 2045년까지 초고액순자산가(투자 가능 자산이 500만 달러 이상인 사람)들 사이에서 무려 84조 달러가 다음 세대로 넘어갈 것이라고 추산했다.[5] 이것은 총 GDP의 3~4배다.

아무것도 달라지지 않는다면, 현재 부를 소유하고 있는 세대는 그 부의 대부분을 자신이 선택한 상속인에게 넘겨줄 수 있을 것이다. 조세의 수많은 구멍, 몇몇 나라에서 상속세와 유증세 폐지, 조세 피난처 및 국제적인 재무 조작 기법의 사용, 그리고 막강한 재산 방어 산업 모두가 노년의 슈퍼 부자들이 세금을 거의 내지 않고 재산을 물려줄 수 있게 해줄 것이다. 반면, 살고 있는 집의 가치 중 모기지를 갚고 남는 부분이나 약간의 저축 외에는 물려줄 것이 그리 많지 않은 사람들은 상속세를 적게 내거나 안 낼 수 있는 기술적 수단들에 접할 수 없어서 나라가 정한 만큼 상속세를 고스란히 내야 할 것이다.

현세대에서 다음 세대로 막대한 자산이 이전된다는 것은 부의 불평등이 앞으로 몇십 년 동안 더 증폭되리라는 의미다. 운 좋은 사람들은 태어나면서부터 부모의 돈으로 이득을 보는 데다 상속까지 받는다. 반면 하위 50%의 사람들은 유의미한 액수의 상속을 받지 못한다.

상속받은 재산을 자신이 마땅히 가질 **자격이 있다고** 말할 수 있는 사람이 있는가? 상속으로 무엇을 얼마나 갖게 되는지는 단순히 운으로 정해진다. 당신이 수백만 달러를 상속받는다면 이는 운 좋게 슈퍼 부자 집안에서 태어났기 때문이다. 이 재산에 대해 당신에게 도덕적으로 자격이 있다고는 어떤 의미로도 말하기 어렵다. 누구도 부모를 선택하거나 태어난 장소와 시대를 선택할 수 없다. 철학자들은 많은 주제에서 의견이 다르지만 상속받은 재산이 가질 자격이 없는 재산이라는 데는 일반적으로 일치를 보인다. 상속받은 사람이 그 부에 대해 어떤 노력이나 의사결정도 하지 않았기 때문이다.[6]

그렇다면 몰수적 성격의 과세를 엄격하게 적용해 상속을 완전히 철폐해야 하는가? 우리는 이 질문을 기꺼이 던져보아야 한다. 철학자 D. W. 해슬릿D. W. Haslett이 언급했듯이, 우리는 정치 권력의 상속을 철폐했다. 경제 권력의 상속 또한 철폐하지 못할 이유가 무엇인가?[7]

이 질문에 답하기가 까다로운 이유는 상속이 여러 이해당사자가 관련된 과정이기 때문이다. 재산을 넘겨주는 사람의 관점에서도 판단해야 하고, 받는 사람의 관점에서도 생각해야 하며, 사회에는 어떻게 영향을 미치는지도 생각해야 한다. 상속하는 사람, 상속받는 사람, 전체 사회에는 서로 다른 가치와 원칙이 걸려 있다. 모든 제도나 규칙은 그것을 만들 때 언제나 관련 당사자 모두의 가치와 원칙을 고려해야 한다. 그런데 상속의 경우에는 상속하는 사람, 상속받는 사람, 전체 사회 사이에 가치의 충돌이 있다.[8]

상속세(또는 유증세)에 반대하는 표준적인 논리는 물려주는 사람이 자기 돈을 자기 마음대로 쓸 자유가 있다는 것이다. 하지만 이것은 맞는 논리가 될 수 없다. 사회는 자유가 다른 이들에게 부정적인 영향을 미치면서 행사될 경우 다양한 방식으로 제한을 가한다. 우리는 단지 그러고 싶다는 이유만으로 누군가를 스토킹하거나 납치할 수 없다. 피해자의 기본적인 자유를 침해하는 것이기 때문이다. 거액의 상속은 다른 사람들에게, 또한 사회 전체에 부정적인 영향을 미친다. 그것은 기회의 평등을 훼손한다. 사회의 계층 이동성도 훼손한다. 또한 [상속받는 사람에게] 역인센티브를 발생시킨다. 평생 쓸 돈이 있는데 왜 힘들게 일하겠는가? 이 마지막 우려는 과거에 많은 갑부들이 공통적으로 가지고 있었던 우려다. 스코틀랜드계 미국인 사업가 앤드루 카네기Andrew Carnegie는 (거액의) 상속이 "아들의 재능과 에너지를 죽일 가능성이 있고 상속이 없었을 경우보다 아들이 덜 유용하고 덜 가치 있는 삶을 살게 만들 것"이라고 우려했다.[9] 게다가 상속은 경제를 효율적으로 굴리기에 가장 좋은 방법이 아니다. 회사를 자손에게 물려주면 그 회사를 가장 잘 경영할 사람이 경영을 맡는 것이 아니게 되기 때문이다.

상속이 부정적인 영향을 일으키지 않는 상황을 생각해볼 수 있을까? 있다. 모두가 대체로 동일한 액수를 상속받으면 된다. 위에서 언급한 부정적 영향 중 하나만 빼고 전부가 소수는 수천만 달러, 수억 달러를 상속받는데 대부분은 아무것도 상속받지 못한다는 데서 나오기 때문이다(가설적인 이 '평등 상속' 시나리오에서도 해소되지 않는 한 가지 부정적 영향은 상속을 받은 자녀가 내 기업을 경영하게 하는 것이 늘 현명한 일은 아니라는 점이다). 문제는 상속이 **막대하게 불평등**하다는 점이지 상속 자체가 아니다. 더 구체적으로는 **대규모** 상속이 문제다. 작은 액수를 물려받는 것은 사회적 계층 이동성이나 기회의 평등을 저해하지 않고, 당신이 재능을 낭비할 기회를 주지 않으며, 모두를 위한 복지나 번영에 기여해야 할 돈을 해변에서 테킬라를 마시는 데 쓰게 하지도 않을 것이기 때문이다.[10]

고려해야 할 복잡한 문제가 하나 더 있다. 위에서 살펴보았듯이 물려주는 사람은 '내 자유다'라고만 외치면서 자기 맘대로 해서는 안 된다. 하지만 상속은 자식에게 최대한 좋은 것을 해주려는 부모 마음에서 하는 것이므로 상속에 세금을 물리는 것은 불공정하다고 주장할 수 있을지 모른다. 자식을 위해 조금이라도 많이 물려주는 것이 자신이 가장 원하는 바라면, 자신의 소비 지출을 줄이고 최대한 저축하며 살았을 게 아닌가? 이는 물려주는 사람의 관점에서 상속 옹호 측에 보탤 수 있는 득점이다. 자신의 소비를 줄여서 자식에게 더 많이 주려는 사람을 정부가 처벌해서는 안 된다는 주장이 성립하는 것이다. 어떤 사람에게는 자식에게 무언가를 물려주고자 하는 열망이 해외 여행을 하거나 비싼 물건을 많이 사거나 자주 외식을 하는 것보다 훨씬 더 중요하고 큰 동기부여 요인일 수 있다. 좋은 삶이란 무엇인가에 대해 '가족 지향적' 개념을 가진 사람을 '소비 지향적' 개념을 기준으로 판단해 처벌한다면 잔인한 사회일 것이다. 그러므로 입법 기관은 법을 만들 때 이러한 열망을 무시하지 말아야 할 도덕 원칙상의 이유가 있다. 하지만 상속되는 돈이 부정한 돈인지, 공공선을 위협할 정도로 액수가 큰지 등 여타 요소도 고려해야 한다.

상속세에 대해 더 자주 제기되는 또 다른 반대는 상속세가 '이중 과세'라는 주장이다. 상속하는 사람은 그 돈을 벌었을 때 이미 세금을 냈는데 나중에 자녀에게 이전할 때 세금을 또 내야 한다. 같은 돈에 두 번 세금을 내는 것이니 불공정하지 않은가?

그렇지 않다. 상속(물려받는 것)에 과세하는 것과 유증(물려주는 것)에 과세하는 것 사이에는 중대한 차이가 있다. 상속은 받는 사람 입장에서 소득이며(그리고 불로소득이다), 원칙적으로 모든 소득에는 세금이 붙는다(재산 방어 산업이 소득에 과세되는 것을 줄이는 데 매우 수완이 있지만 말이다). 교사는 봉급을 받고, 여기에는 세금이 붙는다. 가게 주인은 수익을 올리고, 여기에도 세금이 붙는다. 음악가는 음반을 팔고, 여기에 세금이 붙는다. 소득에 세금을 물리지 않는 경우는 소득이 아주 낮을 때뿐이다. 대개 소득이 매우 낮은 사람은 세금이 면제된다.

'이중 과세' 주장에 대해서는 더 근본적으로 철학적 원칙에 기반한 반론도 펼 수 있다. 모든 소유권은 사회 계약에 토대를 두고 있고, 세금과 시장 교환도 마찬가지다. 즉 애초에 한 사람이 얼마나 많은 돈을 축적할 수 있었는지 자체가 사회 계약에 달려 있다. 정부(그리고 정부의 존재를 가능케 하는 과세)는 상속할 돈이 있는 것 자체를 가능케 해주는 요인이다. 당신의 돈이 다른 사람에게 이전될 수 있는지, 이전될 수 있다면 어떤 방식으로 이전되어야 하는지는 민주적 숙고과정에서 결정할 문제다. 이는 상속뿐 아니라 부채 탕감에도 적용된다. 누군가의 부채를 탕감한다는 것은 어떤 자산에 대해 누군가의 권리 주장이 무효가 된다는 의미이기 때문이다.

이러한 논의들이 말해주는 결론은 무엇일까? 슈퍼 부자 중 상당수는 상속과 증여 덕분에 슈퍼 부자가 되었다. 어떤 실질적 의미에서도 이것은 그들이 가질 자격이 있는 돈이 아니다. 도덕적인 면에서 결론은 간단하다. 누군가의 부에 상속이나 증여에서 나온 부분이 있다면 그 부분은 불로소득이고 그는 이것을 가질 자격이 없다. 상속이 불평등의 대물림에 중요한 역할을 하므로, 상속권을 철폐하거나 상속세를 극적으로 올리자는 요구가 높아지고 있다. 우리는 상속에 대해 새로운 접근이 절실히 필요하다. 상속을 도덕적으로 정당화되지 않는 부의 집중화 기제로 보아야 하는 것이다. 이 책 마지막에서 나는 상속과

관련해 내가 생각하는 구체적인 정책을 제안할 것이다.[11]

좋다, 상속으로 생긴 극단적인 부는 정당화될 수 없다. 하지만 당신이 열심히 일하고 매우 높은 보수를 받아서 큰 재산을 갖게 되었다면 어떤가? 자신이 벌어서 일군 재산은 가질 자격이 있어야 할 것이다. 아주 열심히 일한 사람은 그에 대한 보수로 받은 돈을 계속 보유할 수 있어야 하지 않겠는가?

하지만 원칙적으로 우리가 받는 임금이 우리가 받을 자격이 있는 만큼에 상응하는지는 분명하지 않다. 3장에서 본 착취적 임금의 사례를 생각해보라. 또한 여성과 인종적 소수자들은 같은 일을 해도 낮은 임금을 받곤 했다. 많은 실증 연구가 노동 시장에 차별이 존재함을 보여주며, 특히 여성, 장애인, 노인, 유색인에 대한 차별이 존재함을 말해준다. 외모도 차별 요인이 될 수 있다. 다른 모든 것이 동일할 때, 외모가 훌륭한 사람들은 5%를 더 버는 반면 가장 덜 매력적이라고 여겨지는 사람들은 임금 패널티가 8%나 되는 것으로 나타났다. 고용, 소득, 승진 등 노동 시장에서 발생하는 여러 차별 중 어떤 것은 의도적이지만 심리학 연구들에 따르면 의도적이지 않고 심지어는 인지조차 하지 못하는 상태로 차별이 행해지는 경우도 많다. 여기까지만 해도 '노동에 상응하는 보수'라는 개념에 고개를 갸웃거리게 될 것이다. 하지만 임금을 적게 받는 사람들 쪽만이 아니라 임금 분포의 가장 꼭대기 쪽에도 문제가 있다.[12]

오늘날 노동에 대한 보수의 불평등은 매우 크며 기업 경영자, 스포츠 스타, 미디어의 유명 인사, 엔터테인먼트 기획자 등을 보면 보수의 불평등은 실로 극단적이다. 우리가 이야기하고 있는 사람들은 1년에 수백만 달러를 버는 사람들과 그보다 약간 덜 벌어서 1년에 수십만 달러를 버는 사람들이다('높은 보수'와 '극단적으로 높은 보수' 사이의 선이 어디인지는 논란이 있을 수 있다). 여기에서는 재산이 1,000만이라는 정치적 제한선을 넘어섰거나 곧 넘어설 만큼 고소득을 올리는 사람들로 한정해서 살펴보기로 하자. 기업 경영자들의 보수는 급증해왔고, 미국과 시티오브런던[런던의 주요 금융가. 일반적인 런던과 별개 행정구역을 이룬다]에서 특히 그랬다. 2021년에 미국에서 매출 기준으로 가장 큰 350개 기업의 CEO 보수는 평균 2,780만 달러로 추산되었다. 1978년부터 2021년 사이에 미국의 CEO 보수는 1,460% 증가했다. 같은 기간에 전형적인 노동자의 임금은 18% 증가했다. CEO는 전형적인 노동자보다 [추산 방법에 따라] 많게는 399배나 더 번다.[13]

매년 수백만 달러를 버는 사람은 CEO만이 아니다. 최고의 축구 선수들은 **1주일에** 30만~50만 파운드를 번다. 프랑스 축구 선수 킬리언 음바페Kylian Mbappé는 내가 이 글을 쓰고 있는 현재 매월 600만 유로를 벌고 있다. 이것은 일주일에 150만 유로이고 이는 대부분의 사람이 평생 버는 것보다도 많은 돈이다. 언론에 따르면 2023년에 가장 보수가 높은 선수는 크리스티아누 호날두Cristiano Ronaldo였다. 그는 사우디아라비아의 알 나스르로 이적하면서 연봉 2억 1,300만 달러에 계약했다. 이것은 분당 407달러이고 초당 7달러다. 한편, 엔터테인먼트 분야에서는 2022년에 밥 딜런Bob Dylan, 제이지Jay-Z, 〈반지의 제왕〉 감독 피터 잭슨Peter Jackson 등 최고 소득자 10명이 1억 5,000만~5억 8,000만 달러를 벌었다.[14]

이러한 기업, 스포츠, 엔터테인먼트 거물들이 자신이 버는 돈을 정당화할 수 있을까? 혹은 1년에 25만 달러 이상을 버는 어떤 사람이라도 자신이 버는 돈을 정당화할 수 있을까?

이렇게 높은 수준의 보수를 정당화하는 논리로 제시되곤 하는 것이 몇 가지 있다. 첫째는 해당 업무의 어려움이나 그 일에 따르는 막중한 책임이다. 어려움과 책임은 실질적인 부담이고 고통이기 때문에 어렵지 않고 책임이 크게 따르지 않는 일보다 보수가 높아야 한다. 하지만 오늘날에는 매우 어렵거나 매우 많은 책임을 지는 일도 아닌데 보수가 아주 많은 일자리가 상당히 많다. 고급 투자은행에서 54세에 은퇴한 모리스 펄Morris Pearl은 상위 1%로서 자신의 일을 이렇게 묘사했다.

> 내가 특히 더 열심히 일했는가? 아마 때로는 그랬을 수도 있다. 하지만 내 업무는 대부분 사무실에 앉아서 이메일을 읽고 쓰고 전화로 이야기하는 것이었다. 내가 눈 오는 날씨에 소화전에 호스를 연결해야 하는 사람이나 밤새 생맥주잔을 나르면서 미소를 지어야 하는 웨이트리스보다 더 열심히 일했는가? 아마 아닐 것이다.[15]

어려움과 책임이 보수 수준을 결정하는 주된 요인이라면 많은 다른 종류의 일, 예를 들어 아동 돌봄 같은 일도 보수가 좋아야 한다. 아이 여러 명을 안전하게 돌보고, 아이들이 필요로 하는 것을 챙기고, 성장 발달을 할 수 있게 적절한 자극을 주고, 이 모든 것을 동시에 하는 것은 매우 어려운 일이다. 또한 인간 발달 과정에서 생애 초기가 이후의 삶에 큰 영향을 미치기 때문에 아동 돌봄은 책임이 많이 따르는 일이기도 하다. 그런데 이렇게 막대한 어려움과 막중한 책임에도 보수는 꽤 낮은 편이다(많은 나라에서 보육 노동자가 여성이고 종종 이민자라는 것이 한 가지 이유일 것이다). 전일제 보육 노동자의 연소득은 영국의 경우 1만 4,000~2만 4,000파운드이고, 미국에서는 1만 8,500~3만 8,000달러, 네덜란드에서는 평균 2만 9,000유로 정도다. 보육 노동자 소득의 250배를 버는 투자은행가나 CEO에게 한두 달 만이라도 보육 노동을 해보게 하고 여전히 자기 일이 그들보다 250배 어렵거나 250배 무거운 책임이 있다고 생각하는지 물어보았으면 좋겠다. 업무의 어려움과 책임은 명백히 투자은행가나 CEO의 극도로 높은 보수를 설명하지 못한다.[16]

극도로 높은 보수를 옹호하는 두 번째 논리는 그것이 예외적인 성과로 이어지게 될 예외적인 재능을 반영한다는 주장이다. 여기에는 매우 높은 수준의 보수를 받을 수 있는 사람은 다른 사람들보다 더 똑똑하든지, 더 현명하든지, 전략적 통찰이 더 뛰어나든지, 위대한 리더십을 보인다든지 하는 식으로 더 우월하다는 개념이 깔려 있다. 운동선수의 경우, 그가 가장 기량이 뛰어나서 분명히 팀을 승리로 이끌 것이기 때문에 높은 보수를 받는다는 의미가 된다. 이 논리에 따르면, 그러한 기량은 그 사람만 가진 고유한 기량이고 그에게서 매우 높은 성과를 기대할 수 있기 때문에 그는 다른 이들과 달리 엄청나게 높은 보수를 받을 자격이 있다.

하지만 이 주장에는 몇 가지 문제가 있다. 첫째, 이것은 사실이 아니다. 만약 사실이라면 최고소득자들은 회사나 팀이 성과가 나쁘면 보수가 낮아져야 한다. 하지만 회사의 성과가 **안 좋은데도** CEO의 보수가 되레 올라가거나 성과급 보너스를 받은 사례도 있다. 열심히 일한 노동자들은 정리해고되는 와중에도 말이다. 몇몇 최고소득자 본인이 이런 점을 내비치기도 했다. 2009년에 쉘의 CEO 피터 반 데르 비어는 놀라운 이야기를 했다. 전년도인 2008년에 보수로 1,030만 유로를 받은 그는 쉘의 CEO로서 일한 마지막 해인 2009년에 〈파이낸셜 타임스〉와 인터뷰한 자리에서 보수 수준이 높아지느냐 낮아지느냐는 성과에 영향을 주지 않는다고 말했다. "이런 이야기지요. 제가 50%를 더 받았더라도 일을 더 잘하지는 못했을 것입니다. 또 50%를 덜 받았더라도 일을 더 못하지는 않았을 것입니다." 솔직함은 놀랍지만 내용 자체는 새로운 것이 아니다. 대부분의 전문직 종사자는 외부 동기와 내부 동기의 혼합에 따라 움직인다. 전 세계 모든 회사가 CEO가 받을 수 있는 보수가 어느 정도를 넘지 않게 하기로 동의한다 해도 CEO들이 노력을 덜 쏟게 하는 역인센티브를 일으키지는 않을 것이다.[17]

예외적으로 높은 보수가 예외적으로 뛰어난 성과를 반영하는 것이 아니라면, 최고경영자가 평균적인 노동자의 수백 배를 버는 것은 무엇으로 설명할 수 있는가? 실증 연구들은 그들의 보수가 상당 부분 '지대'임을 시사한다. 지대는 진정한 경쟁시장에서 정해졌을 임금 수준을 초과하는 부분을 말한다. '지대 추구'는 어떤 사람이 그 일에 대해 경쟁 시장에서 받아들일 의사가 있는 임금 수준을 넘어 얼마나 더 받으려 하느냐를 의미한다. 현재 존재하는 지극히 높은 수준의 보수는 상당 부분이 이러한 지대다. 그리고 경영자 보수의 수준과 구성을 결정하는 데 일종의 과점 구조가 형성되어 있어서 막대한 지대가 촉진된다. 기업에서 경영진에게 지급할 보수 수준을 승인하거나 적합한 보수 수준이 무엇인지 자문하는 사람들은 비슷한 회사들과 견주면서 자신이 제시하는 액수가 그 세계에서 비슷한 직위에 대해 다른 회사들이 제시하는 것과 엇비슷한 수준이 되게 한다. 이들 자신도 극도로 높은 보수를 받는 사람들일 가능성이 크므로, 이들이 보수에 상한을 두는 것을 지지하지는 않을 것이다. 그리고 CEO들도 다른 회사 CEO들이 얼마를 버는지 알고 있는 데다 일반적으로 더 높은 보수가 더 높은 지위를 의미하기도 하므로 적극적으로 지대를 추구할 것이다.

지대가 증가하는 또 다른 이유는 스타 운동선수의 경우처럼 많은 영역에서 승자독식 시장이 형성되어 있기 때문이다. 한 명 또는 하나의 브랜드가 시장을 지배해 경쟁을 몰아낼 수 있다. 인터넷이 확산되면서 스포츠, 음악, TV 스트리밍 등의 시장은 최고가 되는 데에 아주 많은 것이 걸린 경쟁의 판으로 바뀌었다. 승자는 막대한 보상을 가지고 가고 패자는 훨씬 적게 가지고 가거나 거의 아무것도 가지고 가지 못한다. '네트워크 효과'의 영향도 있다. 다들 자신이 접하는 사회적 네트워크상의 다른 이들을 보면서 남들이 소비하는 것을 나도 소비하고 싶어 하기 때문에 (또는 읽고 싶어 하고, 듣고 싶어 하고, 하고 싶어 하기 때문에) 시장의 다이내믹은 거대한 승자 한 명을 선정하는 방향으로 움직인다. 음악과 예술 산업에서 특히 눈에 띄는데, 소수의 예술가와 공연자는 매우 높은 소득을 올리지만 객관적으로 그들은 그 자리에 오르지 못하는 다른 예술가들보다 그 정도로 더 뛰어나지는 않다. 미국의 배우로, 돈 드레이퍼Don Draper가 연출한 TV 시리즈 〈매드 맨Mad Men〉에서 주연을 한 존 햄Jon Hamm은 오랫동안 웨이터로 일하다가 인생역전을 가져온 이 배역을 맡게 되었다. 모든 것을 가져갈 승자가 결정되는 순간, 예를 들어 누가 영화나 TV 시리즈에서 주연을 맡을지가 결정되는 순간에는 모든 요소가 영향을 미친다. 매우 재능이 있는 사람들끼리 경쟁할 때는 그들 사이에 존재하는 재능의 작은 차이보다 운이 훨씬 더 중요하다.

불행히도 우리는 상황을 이렇게 인식하지 않는다. 내 성공은 주로 내가 가진 개인적 특질 때문이라고 생각한다. 이는 '귀인 편향 attribution bias'이라고 하는 심리적 메커니즘의 작용이다. 성공은 자신에게서 이유를 찾고 실패는 상황 탓을 하게 되는 심리를 말한다. 삶의 모든 것이 운이라는 말은 아니다. 그보다, 그러한 상황에서는 작은 요소이더라도 운이 결정적인 역할을 하게 되는 경우가 많다는 의미다. 직관적으로는 잘 이해가 가지 않을지 모른다. 하지만 후보자들의 능력이 그 자리를 누가 차지하게 될지를 90% 결정하는데, 후보자들 사이에 능력 차이가 매우 작다면(종종 그렇다), 누가 CEO가 될지, 누가 TV 드라마에서 주인공을 맡을지를 결판내는 것은 운이다. 능력이 중요하다는 사실을 부정하는 것이 아니다. 능력이 중요하다는 것은 실증근거로도 확인된다. 능력이 뛰어나야 높은 자리에 갈 수 있다. 마찬가지로 노력도 매우 중요하다. 하지만 능력도 있고 노력도 열심히 하는 사람들의 수가 최고소득을 올릴 수 있는 자리의 수보다 훨씬 많다. 누가 그 업계의 꼭대기를 차지해 막대한 보수를 받을지를 최종적으로 결정하는 것은 운, 그리고 앞에서 살펴보았듯이 인간이 서로를 판단할 때 갖게 되는 편향이다.[18]

높은 보수가 능력과 성과를 반영하기 때문에 정당화된다는 논리에는 또 다른 더 근본적인 문제가 있는데, 이것은 다음과 같은 철학적 질문으로 이어진다. 애초에 왜 우리는 보상이 **마땅히** 능력과 성과에 따라 정해져야 한다고 생각하는가? 왜 이것이 공정한 금전적 보수가 무엇인지 이야기할 때 가장 좋은 기준이 되어야 하는가?

능력의 경우, 앞에서도 보았듯이 타고난 능력에 대해 내가 그것을 가질 '자격이 있다'고 주장할 수는 없다. 20세기의 가장 영향력 있는 정치철학자 존 롤스John Rawls는 능력도 '타고난 복권'의 일부라고 말했다. 난자 하나와 정자 하나가 만나서 유전 물질 차원에서 우연히 당신에게 부여된 것이라는 의미에서다. 물론 타고난 재능은 그다음에 발달되고 육성되어야 한다. 하지만 이와 관련해서도, 태어나고 첫 1,000일이 인생에서 결정적인 시기인데, 이 1,000일은 스스로의 선택으로 무언가를 획득했다고 주장할 수 있기에는 너무 어린 시기다.[19]

존 롤스는 이것이 논란의 여지가 없는 명백한 사실이라고 보았다. 그는 이렇게 설명했다.

> 자연적으로 타고난 것이 많은 사람이 그들의 발전을 가능하게 해준 그 특질과 우월한 성품을 지닐 자격이 있다고 생각하는 이도 있을 것이다. … 하지만 이 견해는 맞지 않다. … 누구도 타고난 조건들의 분포상에서 자신이 차지하고 있는 위치를 가질 자격이 있지는 않다. 이 세상에서 자신의 최초 출발점이 그렇듯이 말이다.[20]

그렇다, 우리는 여기에서 위험한 지평으로 들어서고 있다. 이 주장을 더 밀고 나가면 철학자들이 '강한 결정론'이라고 부르는 것, 즉 우리가 할 수 있고 될 수 있는 모든 것이 다 운과 우리가 통제할 수 있는 범위를 넘어선 상황으로 귀인된다는 결론으로 이어질 수 있다는 것을 나도 잘 안다. 그 결론을 주장하는 철학자들도 있지만 나는 그쪽으로 가고 싶지는 않다. 강한 결정론을 받아들이면 개인의 주체성이라는 개념을 없애게 되고 우리가 어느 정도는 자기 행동과 삶에 대해 통제력을 가진 존재라는 사실을 부정하게 될 위험이 있다. 이것은 존중과 인정이라는 도덕적 원칙을 위배하는 셈이 될 것이다. 강한 결정론이 우리를 자동 인형이나 마찬가지 존재로 본다는 점에서 모욕적이라고 생각할 사람도 있을 것이다. 강한 결정론은 우리가 삶에서 벌어지는 일들을 경험하는 방식을 통해 이 세상에서 우리가 보내는 시간에 의미를 부여하는 존재라는 개념과 부합하지 않는다. 운과 기타 외부적 요인이 삶에 큰 영향을 미친다는 것을 인정한다 해도, 여전히 우리 모두는 외부의 무작위적 요인에 단순히 반응만 하지는 않는 상황들을 마주한다. 우리 앞에 선택지들이 있고 그중 어느 길을 갈지 진정으로 자신이 결정을 내릴 수 있는 상황들 말이다. 삶에서 운이 차지하는 역할을 인정해야 한다고 해서 우리의 주체성을 부정해야 하는 것은 아니다. 핵심은 그게 아니라, 운이 우리에게 미치는 영향의 정도를 더 온전히 인정하는 것이다.

요컨대, 우리는 우리가 누구인지를 구성하는 특질과 우리가 발휘할 수 있는 능력에 대해 소유권을 가져야 한다. 동시에, 상당한 정도로 그것들이 우리에게 그저 주어진 것임을 인정해야 하며, 따라서 그것이 다 내가 만든 것이라는 식의 주장을 할 수는 없다. 이는 또한 그러한 능력을 가지고 시장에서 얻게 된 금전적 보수 전체가 마땅히 내 것이라고 주장할 수 없다는 의미이기도 하다.

그렇다면, 모든 사람에게 동일한 보수를 주어야 한다는 의미일까? 아니다. 하지만 보수의 차이가 그 사람이 얼마를 받을 자격이 있는지의 차이를 반영하는 것이라고 간단히 말해서는 안 된다는 의미이기는 하다. 그런데, 능력주의 말고 보수 차이를 정당화하는 다른 논거들도 있다. 하나는 보수 수준이 해당 직무가 실제로 얼마나 힘든지를 반영해야 한다는 주장이다. 엄격하고 고된 훈련을 해야 하는 최상위 운동선수들은 남들이 즐기는 개인적·사회적 삶을 상당히 희생한다. '일 이외에는 삶이 없이' 살아야 한다는 것은 그가 하는 일에 반드시 따라오는 고통이고, 이는 더 높은 보수를 받아야 할 이유가 될 수 있다. 하지만 돌봄 노동도 이에 못지않게 몸과 마음이 소진되고 고되다. 또한 24시간 내내 대기 상태에 있어야 해서 불안정한 생활을 해야 하기도 하며 야간 근무를 해야 할 때도 있다. 현재 보수가 그리 높지 않은 많은 일자리가 그 업무의 실제 힘겨움대로 보수를 지급해야 한다는 원칙을 따른다면 훨씬 더 높은 보수를 받아야 할 것이다.[21]

보수 격차를 정당화하는 또 다른 논거는 우리 사회가 크게 의존하는 가장 중요한 일자리들에 사람들이 오도록 인센티브를 제공한다는 주장이다. 내 의사 선생님은 뛰어나고 환자들에게 헌신하는 분이다. 나는 이분이 압박에 처해 있는 의료시스템에서 환자를 돌보는 힘겨운 일보다 더 여유 있는 일을 찾아 다른 데로 가지 않았으면 좋겠다. 보수 격차가 완전히 없었다면 그분은 애초에 의사가 되지 않았을지도 모른다. 의사가 되는 데 필요한 전문 지식을 얻기 위해 그 많은 시간과 돈을 투여할 인센티브가 없었을 테니 말이다. 모든 재능과 모든 종류의 일이 똑같은 보상을 받는다면 세상은 예술가로 넘쳐날 것이다. 하지만 우리에게는 의사, 교사, 엔지니어, 건축가가 필요하다. 따라서 어느 정도까지는 보수의 차이가 정당화된다.

능력으로 정당화가 안 된다면 성과로는 높은 보수를 정당화할 수 없을지 묻고 싶을 것이다. 성과는 능력과 노력의 결합이다. 열심히 일하는 것은 물론 좋지만, 노력을 얼마나 들일 수 있느냐에도 타고나는 측면이 있다는 것을 생각해야 한다. 어떤 사람은 타고나기를 에너지 수준이 높다. 어떤 사람은 타고나기를 훨씬 더 빠르게 감각 정보와 인지 정보를 처리한다. 어떤 사람은 타고나기를 신체적으로 더 강하고 쉬이 지치지 않는다. 반면 어떤 사람은 타고나기를 신체적 · 정신적 · 인지적 · 감각적으로 어려움을 겪는다. 이 중에는 장애인도 있지만, 자신을 장애인으로 분류하지 않는 사람들에게도 해당하는 일이다. 아무도 굼뜨고 쉬이 피로해지고 쉽게 압도되는 신체와 정신으로 태어나기를 선택하지 않았다. 따라서 능력에 대해서와 동일한 주장이 여기에도 적용된다. 즉 내가 얼마나 많은 노력을 쏟을 수 있는지 자체가 온전히 다 내 선택이라고는 말할 수 없다는 사실을 인정해야 한다. 물론 자부심의 합당한 원천으로서 노력의 중요성을 낮추어 보아야 한다거나 노력이 인정과 물질적 보상을 받을 가치가 없다는 의미는 아니다.

〔개인적인 노력의 가치를 평가절하하지 말아야 하는 이유는〕 개인으로서의 주체성을 완전히 지워버리게 될까봐서만이 아니라 (즉 강한 결정론으로 빠지지 않기 위해서만이 아니라) 노력을 얼마나 들일 수 있느냐가 타고난 것임을 인정하더라도 노력을 쏟을지 아닐지는 결정할 수 있기 때문이

기도 하다. 그리고 사회는 우리가 우리 몫의 선택할 수 있게 해주어야 한다. 당신이 현금계산원이고 몇 시간 일할 수 있는지를 제약하는 여타 요인(예를 들어, 장애)이 없다고 생각해보자. 그렇다면 당신이 몇 시간 일했는지와 상관없이 다른 모든 현금계산원과 동일한 임금을 받아야 한다는 것은 합리적이지 않을 것이다. 이데올로기 차이를 막론하고 대부분의 사람들은 더 긴 시간 일했으면, 즉 더 많은 노력을 들였으면 더 많은 돈을 받아야 한다고 생각할 것이다.

이 모든 점을 생각할 때 우리는 어떤 결론을 내릴 수 있을까? 몇몇 고려 요인에 따른 어느 정도의 보수 격차는 인정해야 할 것이다. 사회가 특정한 직무를 얼마나 필요로 하는가, 그 일을 하기에 필요한 능력이 얼마나 희소한가, 그 능력과 숙련이 그 사람에게 얼마나 잘 발달되어 있는가, 그 일에 얼마나 많은 노력을 들이는가(노동 시간 등), 그 노동이 위험하거나 힘들거나 그밖의 방식으로 부담과 고통이 얼마나 큰가 등은 어느 정도의 보수 불평등을 정당화한다. 아마도 10배 정도까지는 정당화될 것이다. 하지만 오늘날 우리가 보고 있는 돌봄 노동자(영국에서는 연 1만 4,000~2만 4,000파운드, 미국에서는 1만 8,500~3만 8,000달러, 네덜란드에서는 평균 2만 9,000유로를 번다)와 1년에 수백만 달러를 버는 CEO 사이의 막대한 간극을 정당화하지는 않는다.

어떤 이들은 슈퍼 부자들이 부를 '창출한' 사람들이므로 그들이 가진 재산을 제한하는 것이 옳지 않다고 말할지 모른다. 그들이 자신의 창조성과 독창성으로 수천만 달러의 재산을 일구었고 그 과정에서 다른 이들을 위해 일자리도 많이 창출하지 않았느냐고 말이다. 물론 상속 재산이나 고액 연봉 외에 사업에서 번 돈(사업을 일으켜 번 돈과 투자를 해서 번 돈 모두)도 슈퍼 부자들이 가진 극도로 많은 부의 중요한 원천이다. 〈포브스〉 억만장자 목록을 보면 (또는 다른 나라의 부자 목록을 봐도) 알 수 있듯이, 세계 최대 갑부들은 이러한 방식으로 돈을 벌었다. 그렇다면, 이들은 이렇게 번 수십억, 수백억 달러를 정당하게 가질 자격이 있을까?

물론 그 돈 중 일부에 대해서는 그렇게 말할 근거가 있을 것이다. 하지만 회사의 소유주가 그 회사가 발생시킨 모든 수익을 가질 정당한 자격이 있다는 생각이 착각임을 말해주는 근거도 많다. 법적으로는 그 돈을 가질 자격이 있다고 말할 수 있을지 모르지만, 앞에서 보았듯이 법이 허용하는 것이 늘 도덕적으로도 옳은 것은 아니며, 돈과 금융의 규칙과 관련해서는 더욱 그렇다.

사업가와 투자자는 그들이 번 돈 중 어느 정도까지를 마땅히 가져도 되는 돈으로 여겨야 할까? 먼저, 이제까지 살펴본 모든 논거가 이 문제에도 적용된다. 당신이 성공적인 사업가이지만 그 사업을 유산을 받아서 시작할 수 있었다면, 당신은 공정하지 않은 이익을 얻은 것이다. 물론 그다음에 좋은 일을 많이 할 수 있었을지도 모르고 사회 전체적으로 득이 되었을 수도 있다. 하지만 그렇다고 해서 무엇도 당신에게 막대한 유산을 가질 도덕적 자격을 주지 않는다는 사실이 달라지지는 않는다. 따라서 그 유산으로 얻은 수익도 마찬가지다. 이에 더해 온전히 자기 공이라고는 주장할 수 없는 요인들도 생각해야 한다. 지능, 창조성, 활력, 기타 유리한 특질들은 자신이 선택해서 갖게 된 것이 아니다(성인이 되어 그것을 더 발달시키기로 선택할 수는 있고 그것을 좋은 쪽에 쓰기로 선택할 수도 있지만 말이다). 타고난 특질 외에도, 부유한 집안 아이들은 영양가 있는 음식을 먹고 지적 자극을 주는 방과 후 활동을 하며 최고의 선생님에게 배우는 등 생애 초기에 성장 발달에 중요한 것들을 누릴 수 있다. 이 모든 요소가 사업가가 부를 일구는 데 도움이 되고, 이 모든 요소가 공정하지 않다.

고려해야 할 또 다른 문제는 시장 실패다. 표준적인 경제학 이론에 따르면 완전경쟁 시장은 소비자에게 가장 좋은 결과를 산출한다. 완전한 시장 경쟁에서는 가격이 장기적 수익이 가장 작고 제품의 진정한 비용을 반영하는 수준까지 낮아진다. 이론상으로는 좋은 개념인데, 불행하게도 현실에서는 시장에서 이런 식으로 경쟁이 일어나는 경우가 지극히 드물다. 그보다, 경제학자들이 '시장 실패'라고 하는 것을 도처에서 볼 수 있다. 제품 생산 과정에서 발생하는 비용과 피해(이를테면 환경 피해)는 종종 지역공동체로 또는 사회 전체로 전가된다. 시장이 승자독식이 되면 경쟁의 장점을 갖지 못하고 독과점의 특징을 갖게 된다. 이것은 진정한 경쟁시장이었을 경우에 비해 해당 독과점 기업에 막대한 수익을 일으키며 소비자 후생을 감소시킨다. 종종 거대 기업들은 시장 지배력을 얻기 위해 적극적으로 노력하는데, 때로는 매우 부당한 전술까지 사용해가며 경쟁자를 찍어 누른다. 이 모든 시나리오에서 기업의 이익은 적어도 부분적으로는 다른 이해당사자들의 피해를 바탕으로 얻어진 것이고 따라서 윤리적으로 공정한 수준보다 많은 것이다.[22]

또 다른 면으로, 수익이 진정으로 공정하게 분배되는지의 문제도 있다. 누구도 자기 힘만으로 슈퍼 부자가 될 수는 없다. 이를 생각해보기 위해 간단한 사고실험을 해보자. 아무 천만장자나 억만장자를 외진 섬에 데려다 놓아보자. 그들은 전과 동일한 능력과 개인적 특질을 가지고 있다. 여기에서 그들은 얼마나 부자가 될 수 있을까? 별로 부자가 될 수 없을 것이다. 부자가 되는 것은 상호작용하는 사람들이 있어야만 가능하다. 기업 소유주는 고객, 관리자, 노동자가 필요하고 공급망의 모든 사람이 필요하다(사실, 사회 전체가 필요하다). 그렇지 않으면 그의 사업은 존재 자체가 불가능하다. 따라서 우리는 그러한 상호작용이 어떤 조건으로 이루어지는지, 즉 가격은 어떻게 설정되며 이윤은 어떻게 분배되는지와 같은 질문을 피해갈 수 없다.

3장에서 보았듯이 아마존은 주주들에게 가는 수익을 다소 줄여서 그것으로 노동자들의 조건을 현저히 개선하기로 선택할 수도 있었다. 수익을 조금만 조정해도 노동 조건을 크게 개선할 수 있었을 것이고, 법적 보호가 미약하거나 강한 노조가 없는 나라에서 노동자들의 삶을 개선할 수 있었을 것이다. 여기에는 다음과 같은 점을 따져보아야 할 도덕적 문제들이 있다. 이 경제가, 이 경우에는 아마존 같은 다국적 기업이 대표하는 경제가, 사람들에게 복무하는가 아니면 이 경제의 승자를 위해 사람들이 복무하는가? 우리는 좋은 노동 조건이 선택 사항이라고 생각해야 하는가 아니면 최소한의 도덕적 기준으로서의 선결 조건이라고 보아야 하는가? 지구를 돌보는 것에 대해서도 이 질문을 해볼 수 있다. 의류 체인 브랜드 자라는 '패스트' 패션에서 지속가능한 패션으로 전환할 수 있고, 그럼으로써 탄소 배출과 폐기물 배출 모두에서 환경에 미치는 부정적인 영향을 크게 줄일 수 있다. 하지만 그렇게 하면 주주의 수익을, 가장 중요하게는 창립자인 아만시오 오르테가Amancio Ortega의 수익을 상당히 줄이게 될 것이다(현재 〈포브스〉의 억만장자 순위에서 그는 23등이고 총자산 추정액은 600억 달러다). 오르테가는 자라에 가지고 있는 지분 60%에서 매년 4억 달러를 벌며 이것을 주로 스페인의 부동산에 투자한다고 알려져 있다(자본가들의 주 목적이 자본의 지속적인 축적임을 말해주는 완벽한 사례다).

글로벌 정의와 관련해서도 중요한 질문이 있다. 글로벌 남부가 불평등 교역으로 상실한 돈이 수십조 달러에 달한다는 제이슨 히켈, 딜런 설리번, 후자이파 줌카왈라의 연구를 상기해보라. 또한 글로벌 북부에 본사를 둔 많은 부유한 기업이 개도국 노동자들을 열악하게 대우하는 문제도 있다. 애플 CEO이고 억만장자인 팀 쿡Tim Cook이 애플 제품을 만드는 중국 공장의 어셈블리 라인에서 남녀 노동자들이 견뎌야 하는 열악하고 때로는 끔찍한 노동 조건을 안다면 어떻게 밤에 편히 잘 수 있을까? 많은 이윤을 내고 주주들에게 상당한 수익을 올려주지만 그 과정에서 노동자들의 인권을 침해하거나, 공급망에 있는 다른 사람들의 인권을 침해하거나, 현지의 환경, 심지어는 지구 전체의 환경에 해를 끼치는 기업은 수없이 많다. 우리는 '비즈니스와 인권 자원 센터Business & Human Rights Resource Centre' 같은 단체들이 폭로한 침해 사례를 넘치도록 많이 찾아볼 수 있다.[23]

사업가가 창출한 수익이 마땅히 다 그의 것이라고 가정하지 말아야 할 또 한 가지 이유가 있다. 그들이 지난 세대의 집합적 유산에 의존해서 그 부를 쌓을 수 있었다는 사실이다. 제프 베조스의 전 부인 매켄지 스콧MacKenzie Scott은 이것을 아주 잘 알고 있었다. 이혼을 하면서 매켄지는 사회가 더 공정하고 더 보살피는 곳이 되도록 노력하는 단체들에 전 재산을 기부하겠다고 밝혔고, 이 결정을 알리는 공개 서한에서 이렇게 언급했다.

> 지난해에 저는 재산 대부분을 그 재산을 창출하는 데 도움을 준 사회에 환원할 것이고 그것을 사려 깊은 방식으로, 그리고 그 재산이 다 없어질 때까지 지속하겠다고 약속했습니다. 의문의 여지 없이, 어느 개인의 부는 전체가 기울인 노력의 결과이고 어떤 이에게는 기회를 제시하고 수많은 다른 이에게는 기회를 방해하는 사회 구조의 결과라고 생각합니다.[24]

매킨지 스콧의 언급에는 근본적인 철학적 주장이 담겨 있다. 집합적 제도, 공공재, 기본적인 인프라, 다른 사람들의 협업이 없다면 누구도 부자가 될 수 없다. 다른 말로, 우리 모두는 사회 계약에 의존하고 있다. 극도로 많은 부는 늘 다른 이들이 만든 토대 위에서 지어진다. 이탈리아계 영국인 경제학자 마리아나 마추카토Mariana Mazzucato가 저서 《기업가형 국가The Entrepreneurial State》에서 지적했듯이, 부를 쌓은 많은 기업가들이 초기에 정부 지원을 받아서 이루어진, 즉 투표로 기술의 어젠다를 설정한 시민 모두와 납세자 모두로부터 지원을 받아서 이루어진 기술 혁신에 의존했다. 예를 들어, 구글과 애플 같은 억만장자를 배출한 테크 기업들을 보면 가장 유명하게는 인터넷처럼 국가의 지원으로 기원이 거슬러 올라갈 수 있는 테크놀로지들 덕분에 성공할 수 있었다. 많은 국가에서 정부가 공공재의 제공을 염두에 두고 연구개발에 투자하지 않았다면 오늘날 테크 억만장자가 있을 수 있었을까? 세르게이 브린Sergey Brin, 래리 페이지Larry Page, 빌 게이츠가 성공하고 부유해질 수 있었을까?[25]

인류에게 막대하게 득이 된 의약품과 테크놀로지를 개발한 많은 과학자가 이 사실을 직관적으로 깨닫고 있었다. 미국의 의사 조너스 소크Jonas Salk는 1955년에 최초로 소아마비 백신을 발명했다. 그는 이 발명을 이용해 막대한 부자가 될 수도 있었을 것이다. 하지만 그러지 않고 라이선스를 생산 역량이 있는 몇몇 제약회사에 판매했을 뿐 자신은 특허에서 이득을 보지 않았다. 몇 년 만에 미국에서 소아마비가 사실상 종식되었다. 특허를 누가 소유하고 있느냐는 질문에 그는 이렇게 답했다고 한다. "사람들이겠지요. 특허는 없습니다. 태양에 특허를 낼 수 있습니까?"[26]

계속해서 우리는 계속 부자들과 슈퍼 부자들이 선택을 내릴 수 있음을 말해주는 사례를 마주친다. 소크처럼 그들도 동료 인간에 대한 도덕적 의무를 인식하고 올바른 결정을 내리기로 선택할 수 있다.

극도로 많은 부를 개인적으로 누릴 수 있느냐를 판단하는 데 그 부의 역사적 토대가 어느 정도나 중요한지 질문이 제기될 수 있을 것이다. 이에 답하는 한 가지 방법은 또 다른 사고실험을 해보는 것이다. 100명이 탄 배가 두 섬 사이에서 난파되었다고 생각해보자. 하나의 시나리오에서는 승객들이 인프라가 전혀 없고 과거에 문명도 없었던 섬에 도달한다. 다른 하나의 시나리오에서는 인프라, 테크놀로지, 그 밖에 21세기 국가가 가진 여러 풍요로운 것이 있는데 마법처럼 전날 사람들이 싹 사라져 아무도 없는 섬에 도달한다(사고실험이니까 이것이 가능하다고 치자. 아마 그 섬 사람들 모두 은하를 정복하러 가느라 집을 비웠을 것이다). 그 난파선의 동일한 사람들이 생애에 걸쳐 양쪽 섬에서 각각 얼마나 많은 부를 창출할 수 있을까? 차이는 막대할 것이다. 이 실험은 우리의 번영이 이전 세대들이 우리를 위해 발달시켜놓은 것들에 얼마나 많이 의존하는지 말해준다. 우리는 선조들의 어깨에 올라서지 않고는 번영을 누릴 수 없다. 이는 우리에게 얼마나 뛰어난 기업가 정신이 있든 간에 그것이 우리의 성공에 기여한 정도는 제한적이라는 의미다.

이를 염두에 두고서 미국의 정치학자이자 노벨경제학상 수상자인 허버트 A. 사이먼Herbert A. Simon은 미국이나 북서 유럽 나라 같은 곳에서 얼마나 많은 부가 '사회적 자본' 덕분인지 계산해보았다. 사이먼에 따르면 이들 나라에서 적어도 소득의 90%는 정부 구조나 테크놀로지 같은 집합적 제도 덕분에 만들어진 것이다. 사이먼은 이것이 이 돈을 모든 시민에게 조건 없는 기본소득으로 지급하는 것을 정당화하는 근거가 될 수 있다고 주장했다.[27] 물론 그 돈을 가장 부유한 사람들이 개인 금고에 넣어도 된다고 정당화하는 근거는 없다.

지금쯤이면 다양한 원칙과 논거들이 어느 정도까지는 소득과 부의 불평등을 정당화하는 데 사용될 수 있지만 어느 정도까지**만이라는** 점이 명백해졌으리라고 생각한다. 그 재산이 상속 재산이든, 노동 소득이든, 사업 이득이든, 이 중 어떤 논거도 극도로 많은 재산을 정당화하지는 않는다. 우리는 이미 극도로 많은 부가 가난한 사람들의 후생에, 민주적 가치에, 생태적 지속가능성에 미치는 부정적인 영향을 보았다. 그런데 극단적인 부의 집중 문제는 이보다 더 깊다. 위와 같은 악영향들을 논외로 하더라도, 누군가가 그렇게 많이 가지는 것을 정당화할 유의미한 근거는 여전히 찾을 수 없다. 따라서 우리는 도덕적 원칙에 기반해서도 과도한 부의 축적이 불가능해지도록 사회를 구성해야 하는 이유를, 즉 부의 제한주의에 대한 원칙상의 논거를 발견할 수 있었다. 또한 한 사람이 어느 만큼의 부를 정당하게 가질 자격이 있다고 말할 수 있을지를 진지하게 생각해보면, 내가 이 책에서 제시한 '1,000만'도 너무 너그러운 숫자로 보일 것이다. 이 책을 읽고 있을 많은 독자가 지금쯤이면 더 낮은 윤리적 제한선(100만) 쪽으로 마음이 더 기울기 시작했을 것이다.

재산을 개인의 선택, 노력, 능력의 산물이기도 하지만 그만큼이나 중요하게 '사회 계약과 역사적 우연의 산물'이기도 하다고 생각해본 적이 없는 사람이라면 이 주장이 혼란스러울지도 모른다. 우리 삶에 운의 요소가 이렇게 많다는 데 분노하게 되었을 수도 있다. 누군가는 매우 운 좋게 태어난다. 건강하고, 타고난 재능도 많으며, 사랑을 쏟는 부모가 있고, 보살펴주는 공동체와 안전한 국가에서 풍요로운 물질적 자원과 많은 기회를 누리면서 살아간다. 하지만 누군가는 불리한 복권을 가지고 태어난다. 건강이 나쁘고 정신적·신체적 장애가 있으며, 재능이 별로 없고, 사랑을 쏟아주는 부모가 없고, 공동체의 보살핌이 없고, 나라가 안전하지 않고, 물질적 자원이 불충분하고 기회가 거의 없는 채 살아간다. 우리는 이러한 상황이 온전히 내 것이라고 말할 수 없다. 이것은 전적으로 우리의 통제를 벗어나 있는 요인들이다.

그런데도 신자유주의 이념가들은 현대 사회에서는 누구나 억만장자가 될 수 있다고 말한다. 삶의 시작점에서 얼마나 운이 없었든 간에 자수성가할 수 있다고 말한다. 이들은 오프라 윈프리나 J. K. 롤링 등을 그 증거로 들 것이다. 이것은 사회적 계층 이동성에 대한 만트라다. '네 힘으로 극복할 수 있다. 야망만 크게 가지면 성공할 수 있다.'

이 내러티브는 지배층에게 매우 요긴하다. 이들은 우리가 각자의 성공과 실패에 책임이 있다고 믿게 만들었다. 삶에서 갖게 되는 결과는 삶이 제공하는 기회를 잡으려고 충분히 노력했느냐 아니냐의 문제라고 말이다. 이 개념을 바탕으로 신자유주의자들은 매우 부유한 사람들이 그 부를 가질 자격이 있으며 가난한 사람들의 비참함도 그들 자신의 탓이라고 말할 수 있게 된다.

하지만 '자수성가'한 소수가 존재한다고 해서 모든 사람이 스스로를 믿기만 하면 원하는 것은 무엇이든 달성할 수 있는, 온전히 스스로를 충족할 수 있는 개인이라는 이데올로기를 받아들이는 데로 비약해서는 안 된다. 수많은 실증 연구가 사회적 계층 이동성이 매우 제한적으로만 존재하며 계층 이동이 아직 가능한 몇몇 나라에서도 몇십 년 전보다 정도가 훨씬 낮아졌음을 보여준다.[28]

가난했지만 성공적으로 경제적 · 정치적 지배층에 진입한 사람들의 이야기는 이들이 [일반적인 규칙을 입증해주는 사례가 아니라] 일반적 규칙에서 벗어난 예외로서의 사례임을 보여준다. 팀 쇼거스Tim 'S Jongers의 이야기를 보자. 그는 1981년에 벨기에 안트베르펜의 매우 가난한 가정에서 태어났다. 그의 묘사에 따르면 화장실이 없는 집에 살았다(마당에 구덩이가 있었다). 그는 역기능적인 가정에서 자랐고 그의 어린 시절은 물질적 결핍, 정서적 고통, 전망이 없다는 절망으로 가득했다.

결국 당시 또래 사이에서 흔했던 몇몇 범죄 행위에 빠졌다. 십대 시절에 그는 다른 미래를 그려볼 수 없었다. 그런데 두 가지 사건이 그의 운명을 바꾸게 된다. 첫째는 형이 약물 재활 클리닉에 간 것이고, 둘째는 엄마의 새 애인이 그에게 낭비하지 말아야 할 막대한 잠재력이 있다는 사실을 알려준 것이다. 그는 젊은 나이에 가족을 떠나 스스로 삶을 꾸리기 시작했다. 몇 년 동안 아무런 지원도, 자원도 없이 삶을 꾸려가느라 고투했다. 오랜 시간이 지난 뒤에 그는 친구들과 이야기를 나누다가 자신이 스스로를 제대로 돌보지 않고 있었다는 사실을 깨달았다. 그는 대학에 가기로 결심했다. 안트베르펜에서 대학에 다니면서 낮에는 공부하고 밤에는 노숙인 중독자를 위한 셸터에서 일했다. 노숙인 중독자들에게 깨끗한 주사바늘과 따뜻한 수프를 제공하는 셸터에서 그는 그들의 안전을 확인하는 일을 담당했다. 그는 두 세계에 살았다. 밤에는 희망이 없고 사회가 포기한 사람들의 세계, 낮에는 희망의 세계이자 대부분의 사람이 이렇게 막대한 규모의 비참함을 경험해본 적이 없고 다들 적어도 중상류층으로 살리라고 당연히 가정하는 세계. 그는 네덜란드로 이사해 이곳에서 석사학위를 받았고 몇 년 뒤 네덜란드의 중앙 정부와 지방 정부에 빈곤 완화 정책을 자문하는 '공중 보건과 사회 위원회Council of Public Health and Society'에서 일자리를 얻었으며 다시 몇 년 뒤에는 네덜란드 노동당의 과학 위원회인 '위아르디 베크만 재단Wiardi Beckman Foundation'의 디렉터가 되었다. 당연하게도 오늘날 그는 자신의 인생 스토리가 누구나 자수성가할 수 있음을 보여주는 증거 아니냐는 질문을 기자들에게 자주 받는다. 하지만 그는 단호하게 (극심한 스트레스가 남긴 영향 등) 극빈곤 환경에서 자란 영향으로 생긴 고통은 앞으로도 평생 그에게서 떠나지 않을 것이라고 말한다. 그가 반복적으로 강조했듯이, 그가 사회 계층 사다리를 올라간 것은 일반적으로 사회적 계층 이동이 가능하다는 것을 입증해주는 증거가 아니다.[29]

사회적 계층 이동성은 어떤 나라에서는 사라졌고 다른 많은 나라에서도 흔들리고 있다. 그런데도 우리는 능력주의의 신화를 계속 부여잡고 있다. 아이러니하게도 이 믿음은 우리가 사회적 계층 이동성이 실제로 가능해지게 만들 조치를 취하는 것을 가로막는다. 부의 대대적인 재분배 말이다. 우리가 현재의 경제 지배층이 누리는 것 같은 극단적인 부를 가질 '자격'은 아무도 없다는 점을 인식하지 않으면, 이것은 가능하지 않을 것이다.

부의 제한주의에 대해 철학적으로 제기될 수 있을 법한 중요한 반론이 하나 있다. 몇몇 독자는 지금쯤 생각하고 있을지도 모른다. 부의 제한주의가 자유와 기회를 부당하게 제약하는 것이 아니냐는 반론이다. 현대 사회는 각 개인에게 기본적인 자유들을 주었고 이것은 침해되어서는 안 된다. 이 자유의 핵심은 우리 각자가 좋은 삶은 무엇인지에 대해 자신이 생각하는 바에 맞는 삶을 추구할 기회를 가질 수 있어야 한다는 것이다. 그 삶은 사업가의 삶도 될 수 있고 '잘나가는' 커리어를 갖춘 사람의 삶도 될 수 있다. 일단 그러한 기회들이 보장되면 그다음에 그것을 잡는 것은 개인의 책임이어야 한다.

'기회의 평등'은 대부분의 자유주의적 민주주의 사회에서, 아니 사실 대부분의 현대 사회에서 근본 원칙이다. 여기에서 질문은 부의 제한주의가 그것을 침해하느냐다.

더 많이 일하려고 여가를 포기하는 사람을 생각해보자. 부의 제한주의에 반대하는 사람들은 이렇게 말할 것이다. 추가적인 일은 사치스러운 물건들을 살 수 있는 추가적인 돈을 벌게 해줄 것이고, 사람들은 그렇게 할 수 있는 기회를 가질 수 있어야 한다. 이 지점에서 부의 제한주의는 기회의 평등을 훼손하며, 따라서 거부되어야 한다. 정치적 견해가 어떠하든 '동등한 기회'라는 근본 원칙은 모두가 지켜야 하기 때문이다.

하지만 이 주장은 틀렸다.

부의 제한주의는 기회 자체를 제약하는 것이 아니라 특정한 기회에 대한 금전적 보상을 제약하는 것이다. 부의 제한주의가 적용된 사회에서도 당신은 얼마든지 주요 다국적 기업의 CEO가 될 수 있다. 하지만 연 수백만 달러를 벌지는 못할 것이다.

기회라는 단어를 **아주** 폭넓게 정의한다면 특정한 지위(이를테면, 막대한 돈을 버는 CEO 자리)에 오를 기회를 허용하지 말아야 한다는 데 대해 반론을 제기할 사람이 있을지도 모른다. 이에 더해, 그러한 제약이 추가로 돈을 벌 기회만이 아니라 그 돈으로 누릴 수 있는 것들(지위재를 추구하고 사치스러운 라이프스타일을 누리는 데 필요한 활동이나 물건)에 대한 기회까지 잃게 만든다는 반론까지도 펼 수 있을지 모른다.

맞는 말이다. 부의 제한주의가 실현된 세계에서 최상층은 금전적인 기회가 줄어들 것이다. 하지만 이는 다른 모든 사람에게 막대한 기회를 열어주고 우리 사회가 더 정의로워지기 위해 치러야 할 비용이다. 소수가 과도하게 부를 쌓을 기회를 제약하면 대부분의 사람에게 더 많은 기회를 줄 수 있다. 사실 조세 수입이 늘면 다른 모든 사람이 정부의 커다란 재정 투자에서 이득을 보게 된다. 또한 전 세계의 가난한 사람들에게도 득이 될 것이다. 이윤 극대화가 지고의 가치가 아니게 되어서 패스트 패션 업체의 제품을 만드는 공장 노동자들이나 전자제품을 만드는 공장 노동자들의 임금이 생활 임금(안락한 생활을 하기에 충분한 임금) 수준으로 높아질 수 있을 것이기 때문이다(어차피 그 돈을 가질 수 없을 거라면 기업들이 이윤을 그렇게 쥐어짜려 하지 않을 것이다). 부유한 사회의 가난한 사람들도 접근성 있는 정신 건강 서비스나 노숙인을 위한 주거 서비스 같은 사회 정책에서 이득을 볼 것이다. 지구온난화의 피해가 큰 지역과 그 때문에 앞으로 삶의 기회가 빠르게 사라지게 될 사람들도 슈퍼 부자들이 과거에 일으킨 오염과 기후에 재앙을 일으키는 그들의 라이프스타일이 야기한 피해에서 안전하게 보호될 수 있을 것이다. 중산층(이들은 이미 꽤 부유하긴 하지만)도 더 많은 기회를 누리게 될 것이다. 조세 수입이 늘어나서 사회 안전망을 강화하는 데 쓰이면, **모든 사람이** 돈 걱정을 해야 할 필요가 줄어들어서 자신의 미래에 대해 가장 좋은 것들을 창조적으로 생각할 기회가 더 많아질 것이다. 현재 공적 건강보험이 없는 뉴욕에서는 [부의 제한주의가 실현되어 생기는 추가 세수가 공공 서비스에 쓰일 경우] 일자리가 있는 부모가 아이가 크게 아플 때 일자리를 잃어야 할지 모르는 암담한 상황에 처하면 어쩌나를 더 이상 걱정하지 않아도 될 것이다. 런던에서는 노숙인이 되어 일자리를 제대로 얻지 못하는 사람이 줄어들 것이다. 네덜란드에서는 정부가 성인 장애인을 위한 '보호작업장sheltered workplace'을 닫지 않아도 될 것이다. 장애인에게 부유한 가족이 있든 아니든 간에, 이것은 매우 중요한 사회 복지 서비스다(보호작업장은 소득을 올리게 도 해주지만 중증 장애인이 존중감과 소속감을 느끼게도 해주기도 한다).

부의 제한주의가 실현된 사회에서는 모두가 전문적인 의료 서비스를 받을 수 있게 하기에 충분한 자원이 있을 것이고, 모두에게 양질의 공립 교육이 제공될 것이며, 모두가 감당 가능한 가격대의 주거에 접할 수 있을 것이고, 오늘날 많은 노동자들이 겪고 있는 과도한 스트레스의 부담이 없는 생활을 할 수 있는 기회가 많아질 것이다. 지금은 이 중 어느 것도 가능하지 않지만, 부의 제한주의가 실현된 사회에서는 모두에게 이러한 기회가 열릴 것이다.

7장

그 돈으로 정말 많은 일을 할 수 있다

코로나19 팬데믹은 전 세계 사람들이 진정으로 트라우마를 겪은 시기였다. 수백만 명이 목숨을 잃었다. 어떤 이들은 최초 감염 이후로도 몇 개월, 몇 년이나 후유증에 시달리는 롱코비드를 겪고 있어서 아직도 극심한 피로 같은 증상에 시달리며 다른 사람들과 시간을 잘 보내지 못한다. 일하는 데서 어려움을 겪는 것은 말할 것도 없다. 감염되지 않은 사람들도 갑자기 학교가 닫히거나 일자리를 잃어서, 또는 위험한 상황인 데도 계속 일해야 해서 고통을 겪었다. 많은 노인들이 가족을 만나지 못해서 지극히 외로운 생활을 해야 했고 아이들, 특히 물질적으로 취약한 환경에서 사는 아이들은 정신 건강에 문제를 겪었고 학습 장애가 누적되었다.

하지만 아주 부유한 사람들은 이 중 어느 것도 심각하게 겪지 않았다. 그들은 여러 형태로 감염병에서 자신을 지킬 수 있는 수단을 이미 가지고 있었다. 그들은 록다운 시기에 널찍한 방이 여러 개 있는 큰 저택에서 지낼 수 있었다. 따라서 재택 수업도 그리 큰 어려움이 아니었고, 과외 선생님을 고용해 아이들이 놓친 수업을 따라가게 할 수 있다면 더욱 문제가 되지 않았다. 또한 이들은 처우가 좋은 일자리에 종사하는 사람들이어서 발달된 테크놀로지의 지원을 받을 수 있었다. 비싼 태블릿이나 노트북, 초고속 인터넷 등을 사용할 수 있었으므로 대면으로 사람들을 만나지 않고도 업무를 지속하는 데 크게 문제가 없었다. 식구들이 스트레스를 느끼기 시작할 때면 기분전환을 하러 갈 시골 별장이 있었다.

팬데믹은 우리에게 겸손이라는 교훈을 주었어야 마땅하다. 인간의 본성에 대해 신자유주의가 촉진한 거짓말, 즉 사람들은 원자화된 개인이고 각자가 자기 운명에 책임이 있다는 개념이 거짓임을 만천하에 드러냈어야 한다. 근본적으로 우리의 후생은 다른 이들이 우리를 위해 무엇을 하는지와 우리 사회의 구조가 어떻게 되어 있는지에 달려 있다.

팬데믹 때처럼 집합적인 취약성에 직면했을 때 합리적인 반응은 공동의 적에 맞서 싸우기 위해 협력하고 가장 취약한 사람들의 보호에 집중하는 일일 것이다. 하지만 실제로 일어난 일은 이렇지 않았다. 부유한 나라들이 협업해 전에 없이 빠르게 백신을 개발하긴 했지만, 그것을 재정적 자원이 부족한 나라들과 충분히 공유하지는 않았다. 코로나 팬데믹이 다국적 제약회사의 슈퍼 부자 CEO들에게 '무엇을 위해 끝없이 부의 축적을 추구하는가'를 성찰해야 할 어떤 이유라도 갖게 했다는 징후는 없다.

팬데믹이 정점이던 2020~2021년에 미국에서 가장 부유한 억만장자 400명은 자산이 40%나 늘어 총 4조 5,000억 달러가 되었다. 영국에서는 소기업들이 도산하는 동안 가장 큰 테크 기업 여섯 개의 시장가치가 4조 달러나 증가했고 천만장자 24명이 억만장자 대열에 들어섰다. 전 세계에서 수백만 명이 죽고 수십억 명이 고통받는 동안 가장 부유한 이들은 막대한 이익을 얻고 있었다.[1]

팬데믹의 고통을 더 균등하게 나누거나 더 강한 사람이 더 많은 부담을 지기보다 부의 불평등은 고통의 불평등으로 이어졌다. 더 가진 사람은 고통을 덜 겪었다. 팬데믹은 음식 배달업이나 테크 분야 등 일부 산업에서 독과점 구조를 강화해 시장 실패를 더욱 심화했다. 독과점은 해당 독과점 기업의 주주와 경영자만 빼고 모두에게 비효율적이며 해롭다. 독과점 기업은 고객을 잃지 않고도 가격을 올릴 수 있어서 초과 이윤을 얻는다. 초과 이윤에 누진 과세를 하면 이를 해결할 수 있겠지만, 앞에서 보았듯이 지배 계급은 기업의 수익이 노동자의 소득보다 낮은 세율로 과세되는 시스템을 만들어놓았다. 그리고 조세시스템에 수많은 구멍도 만들어놓아서 세금을 한층 더 줄일 수 있고 때로는 하나도 안 낼 수도 있다. 많은 사람들이 안전한 조건에서 일하는 것조차 사치여서 사랑하는 사람을 잃고 슬퍼하던 동안 지배 계층은 그들이 잘하는 일을 했다. 즉 그들은 계속 돈을 축적했다.

이렇지 않은 대안적 세상은 어떤 모습일 수 있었을까? 정부가 억만장자와 천만장자에게 효과적으로 과세해서 그 세수로 모든 이에게 마스크와 가정용 코로나 진단 도구를 제공할 수도 있었을 것이다. 팬데믹으로 일자리를 잃은 사람들에게 실업 수당을 지급할 수도 있었을 것이다. 이는 팬데믹 상황에서 새로운 일자리를 구하기가 매우 어려웠으니 더더욱 유용했을 것이다. 정부가 학교에 적절한 환기 시설을 설치해 바이러스 전파 위험을 낮추고 학교들이 계속 열려 있게 할 수도 있었을 것이다. 가난한 가정에 노트북과 무료 와이파이를 제공해 아이들이 적절한 학습 장비를 갖추게 할 수도 있었을 것이다.

신자유주의 시절 전에 적용되었던 수준의 세율을 적용하고 조세 회피와 포탈을 막았다면, 팬데믹 시기이든 정상적인 시기이든 정부는 우리 모두를 지원하고 보호하는 데 필요한 조치를 더 많이 취할 수 있었을 것이다. 실효성 있는 누진 과세, 특히 자본과 자산에서 나오는 소득에 대한 누진 과세는 아무도 극도로 많은 부와 소득을 가질 자격이 없다는 도덕적 이유에서만 정당화되는 것이 아니다. 그것은 더 **효율적**이라는 이유에서도 정당화된다. 극도로 많은 부를 가진 사람들의 잉여 재산이 거의 가진 것이 없는 사람들에게 재분배되거나 모두에게 이득이 되는 공공재에 투자되면 사회의 전반적인 후생 수준이 더 높아질 수 있다(불평등 정도가 아주 큰 나라에서는 이 효과가 한층 더 막대할 것이다).

이 주장의 기저에는 '돈의 한계가치가 체감한다'는 근본적인 통찰이 놓여 있다. 이 개념은 본래 18세기와 19세기에 영국의 공리주의 철학자 제러미 벤담Jeremy Bentham과 존 스튜어트 밀John Stuart Mill이 개진한 것으로, 이후로도 많은 경제학자, 심리학자, 철학자가 이 논리를 발전시켰다. 기본적으로 이 개념은 돈이 많을수록 추가적인 돈이 삶의 질에 기여하는 정도는 줄어든다는 매우 간단한 직관을 의미한다.

우리가 어떤 사람의 월급을 1,000파운드 올려줄 수 있다고 해보자. 빈곤선 근처에서 사는 사람에게는 천지가 개벽하는 변화일 것이다. 소득이 빈곤선 근처이면 아주 필수적인 것밖에 살 여력이 없고 그 '아주 필수적인 것'에 물리적 생존에 필요한 것은 포함되더라도 정서적 후생이나 사회적 참여에 필요한 것까지는 종종 포함되지 못한다. 가난한 집에서 자라는 아이들은 친구를 사귀기도 어렵다. 친구를 데려오는 것이 부끄러워서 집에 놀러 오는 친구가 없고 부모가 돈이 없어서 생일 선물을 준비하지 못하기 때문에 친구의 생일 파티에 가지도 못한다. 가난한 집의 십대 아이들은 방과 후와 주말에 일을 해야만 가정 경제가 유지될 수 있어서 친구들과 쇼핑몰이나 영화관에 가서 어울릴 수 없다.

하지만 상류층 사람에게는 월급이 1,000파운드 느는 게 삶에 별 차이를 가져오지 않을 것이다. 자산이 수백만 달러거나 연소득이 수십만 달러라면 한 달에 1,000파운드가 더 들어오는 것이 그가 무엇을 할 수 있고 어떻게 살 수 있는지에 영향을 주지 않는다. 돈이 많을수록 추가적인 돈이 가져다주는 후생의 증가분[한계가치]은 줄어든다.

추가적인 돈이 늘 후생을 증가시키기는 하지만 그 증가폭이 차차 감소하는 것인지, 아니면 어떤 포화 지점이 있어서 그때부터는 후생 증가폭이 마이너스가 되기 시작하는 것인지에 대해서는 연구자들의 의견이 분분하다. 아마도 답은 후생을 무엇이라고 정의하느냐와 관련 있을 것이다. 후생이 기본적인 인간의 필요를 충족하고 삶에서 번성하는 데 필요하다고 그 사회에서 널리 인정되는 일들을 할 수 있는 것을 의미한다면, 추가적인 돈이 후생을 증가시키는 데는 어떤 포화 지점이 있을 것이다. 돈이 더 있으면 더 먹을 수 있고 더 좋은 것을 먹을 수 있다. 더 입을 수 있고 더 좋은 것을 입을 수 있다. 하지만 언젠가는 한 개인의 필요를 위해서는 모든 것이 다 충족되는 포화 지점에 도달할 것이다. 신발을 20켤레 갖는 것은 의미가 없다.

하지만 후생을 (어떤 욕망이건 간에) 욕망이 충족되는 것으로 정의한다면, 무엇을 더 갖더라도 새로운 욕망이 계속 생길 수 있으므로 욕망이 다 충족되는 포화 지점은 없을 것이다. 돈을 지출해야 하는 새로운 물건이나 새로운 경험을 원하는 것은 언제나 가능하다. 세상에 하나뿐인 진품 그림, 이를테면 반 고흐의 그림을 우리 집 거실에 걸어 놓으면 좋지 않겠는가? 또는 우주선을 타고 나갔다 오면 좋지 않겠는가? 제프 베조스를 본 우리는 2,800만 달러를 쓰면 12분에 걸쳐 우주에 갔다 올 수 있다는 사실을 알고 있다. 우주에 다녀올 수 있다면 굉장하지 않겠는가![2]

굉장할 수야 있겠지만, 그러한 환상적인 욕망이 환상 이상의 것이 되어야 한다고 기대하는 것은 합리적이지 않다. 현실의 삶에서 그러한 과도함을 추구하지 말아야 하는 데는 많은 이유가 있고, 다른 사람들에게 그러한 과도함을 추구하지 말도록 요구하는 것 또한 충분히 정당화가 가능하다. 107킬로미터 상공에 가지 않아도, 거실에 반 고흐의 〈별이 빛나는 밤〉을 걸지 않아도 우리 모두 충분히 좋은 삶을 살 수 있다. 미술품은 모든 이가 감상할 수 있게 공개되어야 한다. 그러라고 미술관이 있는 것이다. 미술품은 극도로 비싸므로 배제적인 사적 재화로서 나만의 독점적 경험이 되게 하는 것은 자원을 굉장히 낭비적이고 종종 해로운 방식으로 분배하는 것이다. 우주에 나갔다 오는 12분에 든 2,800만 달러로 우리는 6,200명의 생명을 살릴 수 있다.[3]

많은 이들이 궁핍에 시달리는 와중에 소수만 극단적인 부를 누리는 것이 도덕적인 근본 원칙에서 용인되지 말아야 한다는 데는 많은 사람이 동의할 것이다. 여기에는 논거씩이나 필요하지도 않다고 생각할 것이다. 나도 동의한다. 물론 들자면 들 논거는 많다. 우리의 경제적 처지가 운에, 역사적 불의에, 불공정한 교역과 세법에 달려 있다는 것을 인정한다면 말이다. 하지만 뭐니 뭐니 해도 가장 간단한 논거는 부자들과 슈퍼 부자들이 가진 잉여 재산이 가난하고 고통받는 사람들의 긴급한 필요를 충족하는 데 쓰일 수 있다는 사실일 것이다. 자원을 이렇게 이동시키면 명백히 우리 모두에게 더 나은 세상이 될 테니 말이다. 비용이 약간 발생하더라도 그것으로 큰 고통을 막을 수 있다면 그렇게 해야 한다는 것이 도덕의 핵심이다. 과도한 돈〔잉여 재산〕은 그것 없이도 충분히 잘 지낼 수 있는 돈을 말한다. 우리 모두 자신에게 얼마가 필요한지, 자신이 무엇을 포기할 수 있는지 생각해보아야 한다. 당신이 내가 살고 있는 네덜란드와 비슷한 여건에서 살고 있다면 1인당 100만 유로면 좋은 삶을 살기에 충분할 것이다. 그렇다면, 훨씬 더 좋은 일에 쓸 수 있는 여분의 돈을 왜 그냥 깔고 앉아 있는가?

이 논거에는 중요한 가정이 하나 깔려 있다. 오늘날 충족되지 못하고 있는 가장 긴급한 필요를 돈으로 해결할 수 있다고 보는 것이다. 이 가정은 참인가?

보수주의자들과 신자유주의자들은 '돈을 뿌려서는' 문제 해결에 도움이 되지 않는다고 늘상 말한다. 대부분의 문제는 단순히 예산을 늘려서 해결될 일이 아니라는 것이다. '더 많은 돈'이 사람들을 더 책임감 있게 만들어주지는 않는다. '더 많은 돈'이 만연한 부패 같은 해로운 사회적 문제들을 해결해주지도 않는다. 사람들에게 필요한 것은 스스로 수렁에서 빠져나오는 것이다. 정부가 해야 할 일은 시민들의 삶에 관여하지 않는 것이다.

하지만 솔직히 이 논리는 문제 해결에 필요한 일을 하나도 하지 않는 데 대한 변명에 불과한 경우가 많다. 이 논리는 슈퍼 부자들이 타인의 삶을 돌보는 일을 계속 방기하도록 허용한다. 대부분의 문제가 **돈만 주는 것보다 많은 것을** 필요로 한다는 말은 맞다. 가장 긴급하고 중요한 것이 돈이 아닌 문제들도 있다. LGBTQ+ 사람들에게 동등한 권리를 주는 것이 그런 사례일 것이다. 하지만 권리를 박탈당한 사람들에게 권리를 보장해야 하는 경우를 논외로 하면, 거의 모든 문제에서 가장 현명하고 타당하고 검증된 해법들은 돈을 필요로 한다.

가장 긴요한 문제를 꼽으라면 극빈곤을 들 수 있을 것이다. 극도로 가난하다는 것의 의미는 무엇인가? 당신은 살가죽이 뼈에 붙은 채 탈진해 있는 아동의 사진을 많이 보았을 것이다. 아직은 살아 있지만 영양이 심하게 부족하고 몸이 쇠약해서 곧 생명을 잃을 것이 분명한 기근 피해자의 사진도 보았을 것이다.

많은 국제 개발과 경제 발전 전문가들이 해법은 돈이 아니라 부패를 일소하고 정치인이 책무성을 갖게 하며 재산권이 지켜지게 하고 기업가 정신을 지원할 수 있도록 제도를 일구는 것이라고 말한다. 가난한 나라 정부에 돈만 던져주면 자칫 그 돈이 잘못 사용되고 도둑정치가들의 배만 불리게 될지도 모른다는 점에서는 이들 말이 옳다. 하지만 부유한 국가에서 가난한 나라로 돈이 이전되는 현재의 형태가 빈곤 종식에 도움이 되지 않고 있다고 해서 가난한 사람들의 여건을 변화시키는 데 효과적이고 효율적으로 돈을 쓰는 다른 방법이 없다는 말은 아니다.

2011년 4월에 나는 한 동료와 나미비아의 오치베로 마을을 방문했다. 루터파 교회의 목사이고 수도인 빈트후크에서 사역 중이던 더크 하르만Dirk Haarmann이 우리를 안내해주었다. 나는 이 마을에서 가난이 어떤 의미인지 더크가 해준 말을 생생하게 기억한다. 여기에서 가난은 단지 음식이 없고 음식을 살 돈이 없는 것만이 아니었다. 음식을 달라고 도움을 요청할 사람이 주변에 아무도 없다는 의미이기도 했다. 아이가 배가 고파 울고 있다. 엄마가 무엇을 할 수 있겠는가? 엄마는 물을 끓이기 시작한다. 물 끓는 소리가 나자 아이는 먹을 것이 준비되는 모양이라고 생각한다. 엄마는 아이에게 먹을 것을 만드는 중이라고 계속 말한다. 이윽고 아이는 지쳐서 잠이 들고 엄마는 잠깐 한숨을 돌린다. 엄마는 내일은 무언가 먹을 것을 구할 수 있기를 기도하는 것 말고는 할 수 있는 일이 없다. 이 마을에서 가난하다는 것은 날마다 삶이 말 그대로 생존을 위한 투쟁이라는 의미다.

빈곤 문제를 돈의 해법과 연결하는 가장 명백한 방법은 가난한 사람들에게 조건을 달지 말고 돈을 주는 것이다. 더크와 아내 클라우디아는 '나미비아 기본소득지급연합Namibia's Basic Income Grant(BIG) Coalition' 회원이다. 이곳은 전국적으로 비조건부 기본소득을 월 100 나미비아 달러씩 지급하자고 주장해왔다. 미국 달러로 14달러 정도이고, 가장 가난한 20%의 소득을 50% 높일 수 있는 돈이다. 이 돈이 빈곤과 경제 활동에 미치는 효과를 알아보기 위해 BIG는 2008년에 작은 마을에서 시범 사업을 진행했는데, 그 마을이 오치베로다.[4]

2008년 1월부터 2009년 12월까지 오치베로의 모든 거주자가 매달 100나미비아 달러를 받는 기본소득 시범 프로그램에 등록했다. 오치베로는 극심한 실업과 깊은 빈곤에 빠져 있었고, 거주자 대부분은 다른 데 갈 곳이 없어서 어쩔 수 없이 이곳에 살고 있는 사람들이었다.

굉장히 적은 액수였지만 100나미비아 달러라는 소득은 마을 사람들 삶에 큰 변화를 가져왔다. 실험이 시작되기 전에는 주민 76%가 '식품 빈곤선'(기아에 빠지지 않고 기본적인 것들을 구하는 데 필요한 최소한의 돈) 아래에 있었다. 그런데 기본소득이 도입되고 1년 뒤에는 기본적으로 필요한 것을 구하지 못하는 사람이 37%로 줄었다. 그리고 다른 지역에서 사람들이 들어오기 시작했다. 다른 곳에서 살던 가난한 친척들이 자신은 이 실험에서 기본소득을 받을 수 있는 대상자가 아니었는데도 오치베로로 들어온 것이다. 연구자들은 외부에서 들어온 사람들이 없었으면 빈곤율이 더 많이 떨어져 16% 정도가 되었을 것이라고 보고 있다. 아이들의 영양실조율도 42%에서 10%로 줄었다. 종종 부모가 학비를 내지 못해서 발생하던 학교 중퇴율도 40%나 되던 데서 거의 제로로 떨어졌다. 지역 보건소 이용도 증가했다. 이 모두가 전반적인 빈곤의 감소와 후생의 증가를 말해준다.

처음에 그 마을을 방문했을 때 너무나 놀랐던 것 중 하나는 도시 지역에서라면 흔히 보였을 가시적인 경제 활동이 보이지 않는다는 점이었다. 이 마을은 가장 가까운 타운에서도 아주 멀었고 주민들은 교통

수단을 이용할 돈이 없었다. 당신이 사는 마을이 자원도 없고, 기회가 생길 여지도 없고, 심지어 희망을 갖게 해줄 만한 것도 없다면 어떻게 생계를 꾸릴 수 있겠는가? 그런데도 나미비아를 며칠 더 다니면서 사람들을 만나보았을 때 우리 프로젝트에 관심을 보인 사람들은 전형적인 신자유주의적 언어로 반응했다. 가난한 사람들을 도와야 하는 건 맞지만 가난한 사람들 중 자격이 있는 사람, 즉 일할 의지가 있는 사람만 도와야 한다고 말이다. 하지만 이 생각은 오치베로 주민들의 현실과 전혀 맞지 않았다. 그들은 일을 하지 않아서 가난한 것이 아니었다. 그들은 일자리가 없어서 일을 하지 못하고 있었고, 너무나 가난해서 일자리 기회를 만들 수 없었다. 영양도 너무 부족했다. 다 떠나서, 일자리를 제공할 수 있는 경제 자체가 없었다. 자금을 넉넉하게 주입하는 것만이 경제를 살릴 수 있는 길임이 너무나 분명했다(일찍이 마셜 플랜Marshall Plan도 서유럽에 막대한 자금을 주입해 제2차 세계대전의 폐허에서 서유럽이 재건하게 하지 않았는가?).

기본소득으로 오치베로 사람들은 벽돌을 만들거나 옷을 만드는 것처럼 작은 사업을 시작할 수 있었다. 또 비공식적인 계 모임도 만들었다. 회원들이 달마다 돈을 붓고 차례대로 목돈을 타는 것이다. 이곳 주민인 프리다 넴브와야Frida Nembwaya는 기본소득을 오븐을 사는 데 투자해 전통 롤빵을 만들기 시작했고 곧 일주일 내내 날마다 200개를 굽는 규모로 성장시켰다. 소규모 사업들은 귀한 경제적 선순환을 일으켰고 주민들이 자긍심도 더 많이 갖게 해주었다. 그들은 이제 더는 가난하고 굶주린 마을에 사는 사람이 아니라 삶을 개선하는 데 필요한 수단이 있는 마을에 사는 사람이었다. 넴브와야는 아연판으로 새

로 지은 집에 대한 글에서 "고생 끝에 낙이 왔다"고 적었다.[5]

오치베로의 기본소득 실험 외에도 많은 정부와 NGO들이 직접적인 현금 이전 프로그램을 늘리고 있다. 오치베로에서처럼 조건 없이 지급되기도 하고 조건부로 제공되기도 한다. 멕시코는 2002년에 전국적으로 '오포르투니다데스(Oportunidades, 기회)' 프로그램을 시작했고 브라질은 2003년에 '보우사 파밀리아(Bolsa Família, 가족 수당)' 프로그램을 도입했다. 정부가 진행한 이 두 가지 현금 이전 프로그램 모두 수백만 명이 혜택을 받았고 가난한 사람들의 후생에 긍정적인 효과를 가져왔다. 이 프로그램들은 둘 다 조건부여서, 대상 가구는 아이들이 규칙적으로 학교에 가고 식구들이 진료소에 가서 위생과 영양 교육에 참여해야 소액의 현금을 받는 수급 자격을 유지할 수 있었다.

2008년 이후에 매우 가난한 사람들에게 소액의 현금을 직접 지급하는 실험이 더 많이 이루어졌고 많은 경제학자들이 그 결과를 분석했다. 이러한 연구들 덕분에 극도로 가난한 사람들에게 조건을 붙이지 않고 현금을 이전하는 프로그램의 효과에 대해 더 확실한 결론을 내릴 수 있게 되었다. 이제 우리는 가난한 사람들을 대상으로 진행된 비조건부 현금 이전이 그들의 저축, 소비자 내구재(예를 들어 오븐) 소비, 전반적인 삶의 질 등에 긍정적 효과를 가져온다는 것을 알고 있다. 조건을 달지 않고 현금을 주는 것에 반대하는 흔한 주장, 즉 사람들이 그 돈을 무책임하게 써버릴 것이라는 주장은 비조건부 프로그램에서 가난한 사람들이 술이나 담배에 쓰는 돈이 증가하지 않았다는 결과로 충분히 반박된다.[6]

보편[universal], 비조건부[unconditional] 현금 이전 프로그램은 행정

면에서 더 효율적이기도 해서 관리 비용이 훨씬 적게 든다. 자산 심사를 하는 비보편 프로그램은 누가 얼마나 받을 수 있는지 정하기 위한 심사와 관리감독에 시간과 돈이 든다. 게다가 조건을 붙이지 않고 현금을 주는 것이 돈을 특정한 목적에만 사용하도록 조건을 붙이는 것보다 가난한 사람들을 더 존중하는 방식이다. 그들에게 필요한 것이 무엇인지는 그들 자신이 가장 잘 안다는 것을 인정함으로써 가난한 사람들이 존엄과 존중을 가질 수 있게 하는 방식인 것이다.

하지만 가난한 사람들에게 소액의 돈을 지급하자는 아이디어에는 중요한 단점이 하나 있다. 개인에게 돈을 주는 방식만으로는 시스템적 빈곤을 다룰 수 있는 역량에 한계가 있다는 점이다. 경제의 번영에는 탄탄하게 구성된 제도가 매우 중요하다. 안정적인 화폐, 믿을 만한 정부, 부패의 일소, 정치인들이 사익을 위해 국가 자원을 약탈하지 못하게 할 국가 권력의 분립이 모두 중요하다. 세계의 가난한 사람들에게 현금을 조건 없이 이전하자는 주장은 그것만이면 된다는 의미는 아니다. 오히려 그 반대다.

당연히 글로벌 북부의 정치인과 금융 지배층은 천연자원과 값싼 노동력에 접하기 위해 글로벌 남부 국가의 독재자들을 지원하면서 그 나라들을 착취하지 말아야 한다. 하지만 그것을 넘어서 이전의 유럽 식민주의자들, 그리고 사실상 식민주의자였던 미국은 과거에 피식민지를 (다른 어떤 고귀한 목적이 있었든 간에) 자기 이익을 위해 착취했음을 인정하고 과거의 피해를 보상해야 한다. 현재로서, 이것은 유럽과 미국에서 대중의 호응을 얻기 어려운 제안이다. 유럽과 미국 사람들은 자신의 정부가 글로벌 남부 국가들이 제대로 기능을 수행하고 그곳 사람들이 번영을 누리지 못하도록 방해해왔다는 사실을 무시하고 싶어 한다. 과거의 잘못을 조사하려는 데에 '깨시민woke'이라든가 '급진적'이라는 딱지를 붙이면서 어려운 질문을 회피하기는 쉽다. 하지만 그렇다고 우리의 책임이 없어지는 것은 아니다. 극단적인 빈곤을 없애려면 다양한 유형의 조치를 한데 묶어야 하며, 조건 없는 현금 이전은 전체 패키지 안에서 매우 강력한 수단 중 하나일 것이다. 그리고 이러한 조치에 필요한 자금은 중산층과 부자들에 앞서 우선 슈퍼 부자들에게서 나와야 한다.

컬럼비아대학교의 저명한 경제학자이자 유엔 지속가능발전센터Center for Sustainable Development의 디렉터, 유엔 지속가능해법 네트워크Sustainable Development Solutions Network 의장 등 여러 글로벌 직책을 가지고 있는 제프리 삭스Jeffrey Sachs 또한 이와 비슷하게 주장하면서 슈퍼 부자들의 잉여 재산을 특히 세계의 기아를 다루는 데 써야 한다고 주장했다.

삭스는 2021년 7월에 열린 유엔 식품시스템 사전정상회담Food Systems Pre-Summit에서 글로벌 불평등이 일으키는 병폐에 대해 인상적인 연설을 했다. 그는 얼마나 많은 피해가 벌어지고 있는지를 불과 7분 만에 명료하게 설명했다. 삭스는 미국이 미국 지배층에게 글로벌 남부의 천연자원과 값싼 노동력, 노동자 보호나 규제의 부재 등이 필요하다는 이유에서 그곳에 꼭두각시 정치인들을 내세운 오랜 역사가 있다고 지적했다. 또한 그는 부유한 국가들이 가난한 사람들이 실질적으로 필요로 하는 규모의 금전적 니즈를 보지 않고 미미한 액수의 원조만 약속하고 있다고 비판했다. 그저 자신이 무언가를 주고 있다는 것을 보여주기 위한 것이 목적이 아닌가 싶을 정도로 말이다. 삭스는 이러한 태도를 바꾸어 실제 필요에 걸맞은 규모의 원조를 제공해야 한다고 주장했다. 그런데, 그 돈은 어디에서 나오는가? 삭스는 이렇게 말했다.

> 부유한 사람들은 점점 더 모든 것을 쟁여두고 있습니다. 우주로 가고 싶은 억만장자는 적어도 자기 돈을 지상에서 꼭 다루어야 할 문제를 해결하는 데 필요한 만큼 남겨두어야 합니다. 현재 억만장자가 2,775명 있고 이들이 가진 순자산은 약 13조 1,000억 달러로 추정됩니다. 저는 당신이 편안한 삶을 사는 데 10억 달러 이상 필요하지 않으리라고 장담할 수 있습니다. 모든 억만장자가 10억 달러만 갖는다면 빈곤, 기아, 환경파괴를 종식하는 데 10조 달러를 쓸 수 있습니다. 문명화된 세계를 위한 자금을 확보하기 위해 우리는 빠르게 늘고 있는 억만장자의 막대한 부에 세금을 물려야 합니다.[7]

정확히 부의 제한주의와 일치하는 주장이다(그가 말한 10억 달러의 제한선은 너무 높지만 말이다).

세계의 극빈곤은 슈퍼 부자들의 잉여 재산을 가난한 사람들을 돕는 데 쓴다면 전반적으로 막대한 후생상의 이득을 달성할 수 있음을 보여주는 명백한 사례다. 하지만 우리가 해소해야 할 긴박한 필요는 세계의 극빈곤만이 아니다. 불타고 있는 다른 현안들도 있다.

하나는 부유한 나라에서의 빈곤이다. OECD에 따르면 평균적으로 부유한 국가들에서 가난하게 사는 사람이 12%에 달한다. 그러나 나라마다 차이가 커서, 빈곤율이 가장 낮은 축인 핀란드는 국민의 6%가 빈곤 인구인 반면 미국은 15%가 빈곤 인구다. 또한 부유한 나라 인구 중 40%가 재정적으로 불안정하다.[8] 이 나라들 모두에서 가난한 사람들은 출생에서 복권을 운 나쁘게 뽑아서 가난하거나 인생의 더 나중 시기에 운이 나빠서 가난하다. 또는 유색인종이라서, 이민자라서, 장애가 있어서 가난하다. 부유한 사회에 만연한 인종주의, 외국인혐오주의, 비장애중심주의 때문에 이런 요인은 사람들을 빈곤에 더 취약해지게 만든다. 요컨대, 한 방에 해결해줄 마법의 약은 분명히 없다. 그럼에도, 만성적인 빈곤을 다루는 정책들을 취하면 이 문제의 많은 부분을 완화하는 것은 가능하다. 그리고 이러한 정책 대부분에는 돈이 든다. 세상을 더 낫게 만드는 데 필요한 행동과 정책에는 현명한 사고와 좋은 계획과 성실한 실행이 필요하지만, 어쨌거나 돈이 든다.

부유한 나라에도 노숙인처럼 가시적인 형태의 빈곤이 존재한다. 하지만 기본적인 필요를 충족할 음식이나 의료에 접근하지 못하는 것처럼 대중의 눈에 잘 보이지 않는 형태의 빈곤도 있다. 가난에는 낙인과 수치심이 강하게 결부되기 때문에 많은 가난한 사람들이 가난을 숨긴다. 때때로 가난한 사람이 빈곤을 숨기는 데 실패해 그 사례가 언론에 실리면 그제야 전국적으로 개탄이 인다.

2022년 10월에 네덜란드에서 그런 일이 있었다. 어느 월요일 아침에 로테르담의 학교에서 한 학생이 병이 났다. 아이는 심한 두통을 호소하며 몹시 괴로워했다. 아이를 데려가도록 아이 어머니에게 연락한 교사는 아이가 단지 집에 돈이 없어서 토요일부터 아무것도 먹지 못했다는 것을 알게 되었다. 이것은 예외적인 사례가 아니었다. 네덜란드 곳곳에서 교사들이 가난한 가정 아이들이 아침을 못 먹고 학교에 온다는 우려를 제기해왔다. 교사들은 아이들이 빈 속인 채 집중하느라 애쓰지 않아도 되도록 학교에서 건강한 아침 식사를 무료로 제공해야 한다고 주장한다. 게다가 이 문제는 점점 더 악화되고 있다. 이 역시 잘 알려져 있는 사실인데, 일례로 식품 구매를 푸드뱅크에 의존하는 가정이 늘고 있다. 세수가 충분하다면 정부는 모든 아이에게 무상 급식을 할 수 있을 것이다. 실행이 어렵지도 않다. 단지 정치적 우선순위 문제일 뿐이다. 뉴욕시에서는 이미 공립학교가 아침과 점심을 모든 아이에게 무상으로 제공하고 있다.[9]

부유한 나라에서 어떻게 사람들이 기아에 처할 만큼 가난할 수 있을까? 한편으로는 기업의 이윤 극대화 전략이 저소득층이 자신의 필요를 충족하는 것을 불가능하게 만들 수 있는 방식으로 경제의 게임 규칙이 왜곡되어 있기 때문이다. 모든 사람이 사지 않을 수 없는 필수 재화, 이를테면 의약품이나 주거는 너무 비싸다. 나라마다 상당히 다르긴 하지만, 앞에서 보았듯이 가난한 사람들이 받는 임금과 급부가 점점 그들의 생계를 유지하기에 충분치 않아지고 있다. 빈민, 실업자, 장애인 등에 대한 복지 서비스는 접근성이 훨씬 더 낮아졌다. 이에 더해 2008년 금융위기 이후 긴축 정책이 시행되면서 가장 가난한 사람들과 가장 취약한 사람들이 생계를 유지하기가 한층 더 어려워졌다. 이러한 변화 모두 신자유주의의 부상, 부자들에게로 자원이 '트리클 업'되는 메커니즘, 그리고 복지 제도의 쇠퇴에서 원인을 찾을 수 있다. 2022년작 다큐멘터리 〈아메리칸 드림과 그밖의 동화들The

American Dream and Other Fairy Tales〉에서 애비게일 디즈니와 케이틀린 휴즈Kathleen Hughes는 캘리포니아 디즈니랜드 노동자들에게 지난 몇십 년간 어떤 변화가 있었는지를 보여주었다. 1950년대와 1960년대에는 놀이공원 노동자들이 꽤 안락한 중산층의 삶을 살 수 있었다. 하지만 임금이 정체되고 생활비가 올라서 지금은 많은 노동자가 가난하게 산다. 그러는 동안, 디즈니랜드는 지역 정부에서 보조금을 넉넉히 받았다. 디즈니랜드 CEO는 디즈니랜드의 '커스토디언〔시설 관리 · 청소 직원〕' 노동자 임금보다 2,000배를 벌고 있는데, 이는 1967년의 78배보다 크게 벌어진 것이다.[10]

가난한 사람들이 겪는 고통은 안 좋은 사회 제도나 허술한 정부 규제로 야기되거나 악화된다. 미국의 의료 접근성 부족은 이를 보여주는 고통스러운 사례다. 미국은 세계에서도 부유한 나라 중 하나다. 그런데 의료시스템이 가장 비싸고 불평등한 나라 중 하나다. 양질의 의료와 감당 가능한 가격대의 의약품을 누릴 수 있는지는 당신이 어느 보험회사에 가입했는지에 달려 있고, 다시 이는 당신이나 당신 배우자의 고용주가 얼마나 너그러운지에 달려 있다. 2023년 초에 앨라배마주의 농민 호디 칠드리스Hody Childress가 익명으로 지역 약국에 10년 넘게 기부해왔다는 사실이 밝혀졌다. 그의 기부 덕분에 처방전을 받고도 약을 살 수 없었던 주민들이 무료로 약을 구할 수 있었다. 칠드리스의 미담은 훈훈하다. 동시에, 이렇게 부유한 나라에서 사람들이 익명의 지역 후원자가 베푸는 선의에 의존해야만 처방약을 살 수 있다는 사실은 분노를 일으킨다. 우리의 건강권은 놀랍도록 너그러운 이웃이 있느냐 아니냐에 달려 있어서는 안 된다. 전국 규모의 한 연구에 따르면 미국에서 거의 4명 중 1명이 처방약을 사지 못하는 것으로 나타났다. 그런데 거대 제약 기업들은 다른 산업의 거대 기업들보다 수익 마진이 두 배나 된다(13.8% 대 7.7%). 놀랍지 않게도 제약 업계는 〈포브스〉 억만장자 목록에 이름을 많이 올리는 업계다.[11]

미국 정부가 기업들이 시민들의 필요를 충족하면서 합리적이되 막대하지는 않은 수익을 올리게끔 규제하지 못할 이유는 없다. 대부분의 유럽 국가와 캐나다의 의료시스템은 미국보다 더 효율적이고 덜 비싸다. 하지만 이 해법을 위해 가장 먼저 필요한 일은 수익의 한계가 하늘이 아님을, 그리고 모든 좋은 것이 다 시장 메커니즘에서 나오지는 않음을 인정하는 것이다.[12]

네덜란드의 굶주린 아이들 사례와 미국에서 처방약을 사지 못하는 사람들 사례는 부유한 사회에서 빈곤이 취하는 수많은 형태 중 두 가지일 뿐이다. 장애 학생이나 발달장애 학생에게 교육을 제공하는 학교들은 자원이 부족하고 양질의 교사들을 채용하기 어려우며 학급 규모는 장애가 있는 취약한 아동들의 성장 발달을 촉진하기에 너무 크다. 고국을 떠나 피난해야 했던 학생들을 돕는 단체들은 난민 젊은이들이 공부를 마칠 수 있도록 지원해줄 자금원을 계속 찾아다녀야 한다. 노숙인들에게는 영구적인 셸터가 절실히 필요하다. 집이 없으면 일자리를 구하기가 매우 어려워서 실업과 기아와 불안정의 악순환을 깨기 어렵기 때문이다. 기타 등등. 이 목록은 아주 길다. 길어도 너무 길다.

부의 제한주의가 실현된 세상에서는 빈곤도, 충족되지 못하는 긴박한 필요도 훨씬 더 적을 것이다. 이를 넘어서, 세수가 늘어 확보된 자금으로 '집합 행동의 문제'를 해결하는 데도 나설 수 있게 될 것이다. 집합 행동의 문제는 문제를 효과적으로 해결하려면 마땅히 협력해야 하는데도 일군의 사람이 개인적 이해관계와의 충돌 때문에 협력하지 않는 경우를 일컫는다. 집합 행동의 문제를 풀려면 조정이 필요하며, 일반적으로는 정부의 조정이 필요하다. 집합 행동의 문제는 개인의 행동보다는 구조적인 해법이 필요한 문제다. 또한 이 문제는 일단 해결되면 모든 이에게 득이 되는 종류의 문제다.

현재 가장 긴요한 집합 행동의 문제를 꼽으라면 기후변화와 생물종 다양성 위기일 것이다. 이것을 한 방에 풀 수 있는 해법은 없으며 어떤 개인도 이 문제를 개인의 힘만으로 해결할 수 없다. 물론 개인적으로 비행기를 덜 타고 동물성 음식을 먹지 않을 수도 있고 자기 집 정원을 재야생화할 수도 있을 것이다. 다 바람직한 일이고, 사람들 사이에 문제에 대한 인식을 높여서 더 나은 세상을 향해 노력하는 사람들의 공동체를 일구는 방법으로서 가치 있는 일이기도 하다. 하지만 이것이 위기를 해결하지는 못한다. 나뿐 아니라 이웃들까지 실천에 동참하게 만든다 해도 그렇다. 앞에서 보았듯이, 우리에게는 가장 높은 수준에서 기후변화와 생물종 다양성에 대해 여러 전략이 한꺼번에 필요하다. 재생에너지 생산을 대대적으로 늘리면서 화석연료를 없애야 하고, 더 친환경적인 테크놀로지를 개발해야 하며, 가난한 사람들에게 재생가능 연료를 통한 오프-그리드 전력을 제공해야 하고, 가축 수를 대거 줄여야 하고, 땅을 매입해 과도한 경작에서 보호해야 하고, 환경적으로 가장 해로운 기업들을 인수해 시장에서 철수시켜야 한다.

기타 등등. 이 중 어느 것도 정부의 조정력 없이 이루어질 수 없다. 그리고 이 중 어느 것도 돈 없이 이루어질 수 없다.

집합 행동의 문제를 해결하는 것에 더해서 정부는 늘어난 세수를 이용해 경제 전체에 긍정적인 스필오버 효과를 일으킬 기업가적 혁신 목표들도 세울 수 있다. 앞에서 언급했듯이, 마리아나 마추카토는 《기업가형 국가》에서 과거에는 정부가 혁신의 매우 중요한 엔진이었음을 강조했다. 정부가 혁신적 기술의 발달에서 수행한 역할은 흔히 여겨지는 것보다 훨씬 더 중요했다. 이러한 종류의 인센티브 제공이 왜 정부 일이 되어야 하는지에는 매우 탄탄한 이유를 제시할 수 있다. 대부분의 발명은 똑똑한 사람들이 단기나 중기 이익에 기여해야 한다는 압박 없이 장기적 스케일로 연구하는 것을 필요로 한다. 고위험의 장기적인 연구 프로젝트를 하기에 정부는 가장 적합한, 어쩌면 유일한 기관일지 모른다. 실패를 감수할 수 있고 자신의 투자에 대해 단기 수익을 원하는 주주들의 압력을 받지 않기 때문이다.

하지만 신자유주의가 부상하면서, 정부는 생산적이지 못하고 기업가들이야말로 혁신의 진정한, 그리고 유일한 주체라는 개념이 확산되었다. 마추카토는 이것이 역사적 사실과 맞지 않는다고 지적했다. 결정적인 혁신들은 민간 영역에서 나오지 않았고 벤처캐피털이 시장에 투자해서 나오지도 않았다. 결정적인 혁신들은 정부 보조에서 나왔다. 최근 저서 《미션 이코노미Mission Economy》에서 마추카토는 정부가 굵직한 혁신을 목적으로 삼아야 하는 이유는 해당 혁신 자체를 위해서만이 아니라 경제 성장과 후생 증진에 도움이 되는 방식으로 예기치 못했던 추가적인 혁신을 가져올 수 있기 때문이기도 하다고 주장했다. 마추카토는 사람을 달에 보내겠다는 정부 주도의 야심 찬 혁신이 그러한 사례였고, 이것이 전자, 항해, 통신, 섬유, 영양 등의 분야에서 새로운 테크놀로지와 방대한 신물질의 개발로 이어졌다고 설명했다. 과세 역량이 회복되면 정부는 다시 한번 사람을 달에 보내는 것 같은 '문샷' 전략의 야망을 시도할 수 있을 것이다.[13]

핵심은 간단하다. 슈퍼 부자들이 현재 가지고 있는 잉여 재산으로 정부가 할 수 있는 좋은 일은 아주 많다. 그리고 그 돈을 가져와도 슈퍼 부자들의 후생에는 전혀 영향을 미치지 않을 것이다. 적어도 유의미하게는 영향을 미치지 않을 것이다. 그들의 라이프스타일에서 화려하고 사치스러운 것이 약간 감소한다 해도 다른 이들이 얻을 막대한 이익과 공공재 제공에서 나올 이득으로 상쇄되고도 남을 것이다.

이렇게 질문하는 사람도 있을 것이다. 이것은 황금알을 낳는 거위를 죽이는 것이 아닌가? 부를 축적하고자 하는 개인의 자유를 꺾으면 극도로 부자인 사람만이 아니라 결국 모두에게 해가 되는 것이 아닌가? 전체의 파이가 작아져서 더 많은 사람들이 고통을 겪게 되지 않을까? 부의 제한주의에는 역습이 뒤따르지 않을까?

황금알을 낳는 거위를 죽이는 것이 아니냐는 반대는 '인센티브를 없애는 것이 아니냐'는 것과 같은 말이다. 우리가 어떤 사람이 추가적인 노력을 하기를 원한다면 그 노력을 쏟는 것에 대해 그에게 물질적 보상을 제시할 필요가 있다는 것이다. 그렇지 않으면 그 노력을 기울일 유인이 없을 테니 말이다. 이 주장은 부의 제한주의가 '거의 부자'인 사람들이 더 부자가 되기 위해 더 많은 시간 일하고 더 열심히 일하고 더 많은 혁신을 하고 더 많은 사업을 일으키려는 의지를 발휘하는 데에 매우 강한 **역**인센티브 효과를 일으키게 되리라고 가정하고 있다. 하지만 〔앞에서 본 쉘의 전 CEO〕 피터 반 데르 비어도 인정했듯이 성과와 보수의 관계는 그리 단선적이지 않다. 아무튼 소득세에 대해 말하면, 경제학자들 사이에서 합의된 견해는 전체 세수가 극대화되는 최적의 최고한계세율이 있으며 그것이 70~80%라는 것이다. 최고한계세율을 그것보다 더 올린다면 세수가 줄어들 수 있다.[14]

먼저 이야기해야 할 것은 부의 제한주의가 꼭 최고소득세율을 100%로 하자는 말이 아니라는 점이다. 경제 구조를 상당히 바꾸어서 우리가 함께 생산하는 것들이 더 공정하게 분배되게 할 수 있다면 조세시스템이 개입해 잉여 재산을 회수할 필요도 훨씬 줄어들 것이다. 현실적으로 이것은 생활 임금 수준을 보장하는 최저임금제, 독점 기업 해체, 노조 보호 및 노조 파괴 범법화 등 어떤 집단도 경제에서 너무 많은 권력을 갖지는 못하게 하는 조치들로 달성할 수 있다. 그러면 소득이 가장 높은 사람의 소득도 지금보다는 훨씬 낮을 것이므로 100% 세율 구간 자체가 없어질 것이다. 이에 더해, 우리는 자산, 투자 수익, 상속 재산, 자본 이득에 대한 과세에 더 초점을 맞추어야 한다. 현재 이러한 종류의 소득은 세율이 너무 낮거나 아예 과세가 되고 있지 않기 때문이다. 어느 경우든 부의 제한주의를 단순히 소득세에 대한 것으로만 볼 것이 아니라 애초에 불평등이 크지 않게 할 경제 구조를 일구는 과정에서 활용할 지침으로 여기는 것이 중요하다.

짚어야 할 두 번째 지점은 설령 역인센티브 효과가 실제로 존재한다 해도 (제도적으로 상한을 두어야 한다는 주장은 약화될지언정) 윤리적 상한에 대한 주장을 약화하지는 않는다는 점이다. 옥스퍼드대학교의 철학자 G. A. 코헨G. A. Cohen이 주장했듯이 공정한 세상에서는 인센티브 기반의 불평등, 즉 가장 생산적인 사람이 가장 크게 득을 보는 데서 생기는 불평등이 정당화되지 않는다. 정의로운 사회에서 가장 생산성이 높은 사람은 불평등[소득 격차]이 작게만 허용되는 것이 도덕적으로 합당한 일임을 받아들일 것이다. **도덕적으로** 허용되는 불평등의 정도는 상이한 노동 사이에 존재하는 부담과 고통의 차이(위험, 전문 지식을 쌓는 데 필요한 투자, 스트레스 정도 등)와 사람들이 노동에 들이는 시간·노력의 차이에서 나오는 보수 격차에 그쳐야 한다. 그런데 역인센티브 논리를 들며 부의 제한주의를 반대하는 사람들이 이야기하는 것은 이러한 차이가 아니다. 역인센티브론이 옹호하는 보수의 격차는 더 많은 돈을 받거나 보유하기에 도덕 원칙에 기반한 이유가 있는 사람들이 아니라 자신에게 더 유리한 조건과 더 많은 보수를 얻어내기 위해 제한주의 논리를 빠져나가려는 사람들이 일으키는 격차다.[15]

정치적 제한선을 1,000만 파운드로 두어도 그 안에서 정당한 인센티브 시스템은 얼마든지 가능하다. 하지만 현재의 불공정한 세계에서 우리는 정당성 없는 인센티브 요구들에 파묻혀 있다. 이것은 강력한 위치에 있는 사람들이 협상 게임에서 관철시킨 현실적인 흥정의 결과다. 그리고 그들은 상당한 운과 부자들에게(무엇보다 슈퍼 부자들에게) 득이 되는 불의한 사회 구조가 없었다면 그 결과를 가질 수 없었다.

역인센티브 주장에 깔려 있는 한 가지 가정은 역인센티브 효과가 실제로 일어난다는 것이다. 그런데 초고소득을 올리는 사람들이 최고세율이 가령 90%가 되면 정말로 일할 의욕을 잃고 일을 그만둘까? 또는 수익에 90% 세율이 적용되면 기업가들이 정말로 사업을 접을까? 그들이 왜 그러겠는가? 현 경제의 사다리에서 꼭대기에 있는 사람들이 돈 때문이 아니라 돈에 따라오는 지위, 인맥, 권력 때문에 일하는 것이라고 보는 게 더 타당하지 않은가? 캐나다 교수 톰 맬리슨Tom Malleson은 저서 《불평등에 반대한다Against Inequality》에서 세금이 오르면 부자와 슈퍼 부자들이 일을 덜 하는지 알아본 연구 결과들을 일별했는데, 그런 역인센티브 효과가 일어난다는 실증근거는 없었다. 경제 사다리의 매우 높은 곳에 있는 사람들은 권력과 특권으로 더 많이 동기부여된다. 따라서 세금을 더 낸다고 지금 하고 있는 일을 그만두거나 줄이지는 않을 것이다.[16]

여기에서도 우리는 무엇이 사람에게 동기를 부여하느냐와 관련해 널리 퍼져 있는 이데올로기적 통념에 직면하게 된다. 신자유주의가 말하는 인간 본성은 물질적 이득이 사람을 추동하는 요인이라고 말한다. 하지만 왜 그렇게 생각해야 하는가? 그리고 (어느 정도) 그렇다 하더라도 추가적인 노력을 들이기 위해 어느 수준까지 더 받아야 한다고 생각하는지는 시대정신에 따라 달라질 수 있다는 사실을 잊지 말아야 한다. 신자유주의 이데올로기는 '탐욕은 좋은 것'이라는 만트라와 함께 가능한 한 최고 수준의 임금과 소득을 추구하지 않는 사람은 바보라는 인식을 불러왔다. 하지만 왜 그런가? 왜 그렇게 생각해야 하는가? 우리가 노동이나 기업가 정신의 발휘에 대해 공정한 보상에 만족하는 데 익숙해지고 다 함께 생산한 것의 이득을 더 평등하게 나눈다면, 추가적인 노력에 금전적 보상이 하나도 없는 경우는 매우 드물 것이다.

설령 추가적인 노력을 기울이는 데 **금전적** 보상이 하나도 없더라도

전반적으로 보상이 아예 없다는 말은 아니다. 많은 사람이 금전적 보상이 하나도 없는 일에 많은 노력을 들인다. 기후변화에 맞서는 행동에서, 또 앨라배마의 너그러운 농민처럼 정부나 기업이 나서지 않는 영역에서 자발적으로 일하는 사람들이나 공공선을 위해 싸우는 활동가들 등을 생각해보라. 또는 교사의 일을 생각해보라. 교사들은 일반적으로 더 많은 지원이 필요한 아이들을 위해 추가적인 노력을 기울이지만 이에 대해 추가적인 보수를 받지는 않는다. 전 세계에서 교사들은 일상적으로 초과 근무를 한다. 왜 그렇게 하냐고 물었을 때 '보상'이나 '돈'이라는 단어가 나오는 경우는 거의 없다. 그들은 직업적 소명의 도덕률을 따라 자기 일을 충실히 잘하고 싶다는 내재적 동기에서 그렇게 한다. 그들은 자기 직업을 소명으로 여기고 그것을 잘해내기 위해 합리적으로 필요한 것들을 한다. 보상이라는 용어를 좋아하는 사람들을 위해 다시 표현해보면, 교사들은 아이들과 청소년들이 성장하고 발달하는 것을 보는 즐거움과 보람으로 '보상'받는다. 그들은 인간이 번성하는 데서 보상을 얻는다.[17]

비금전적 인센티브를 논의에 가져오면 다음 질문으로 이어지게 된다. 생산성이 매우 높은 사람들이 사회 전체에 이득이 되는 노력을 더 많이 기울이게 할 비금전적 보상이나 인센티브가 있을까? 우리는 이 질문을 충분히 진지하게 고려해보았는가? 우리는 그들을 과도하게 부자가 되지 않게 하면서도 감사와 명예를 느끼게 해줄 인정의 새로운 형태를 어떻게 도입할지 진지하게 탐구해보았는가? 과학에서는 대부분의 보상이 바로 그렇게 작동한다. 명예 박사학위처럼 대체로 금전적 보상이 없다. 상금이 있는 상도 있지만 그 상을 받은 과학자를 부유하게 만들려는 의도로 주는 것이 아니고, 그 돈은 연구와 교육으로 다시 돌아온다. 과학적 발견과 학문적 통찰의 이득은 모두에게 돌아간다. 교수와 연구자들은 과학적 발견과 학문적 통찰을 인류 모두를 위한 공공재로 공유한다. 이 모델이 다른 분야에 적용되지 말아야 하는 이유는 무엇인가?

부유한 사람들의 자산이 모두에게 이득이 되는 쪽으로 쓰이면 좋겠지만 그렇게 하는 가장 좋은 방법은 부자들이 기부하도록 독려하는 것이라는 의견이 제기될 수도 있을 것이다. 이렇게 단지 더 강한 자선 문화를 일구어서 부유한 사람들이 재산을 좋은 일에 더 많이 기부하게 하는 것이 해법이 될 수 있을까?

8장

자선은 해답이 아니다

수십 억 달러를 벌고서 거의 대부분을 기부한 찰스 피니의 사례를 기억하는가? 피니는 근면한 노동과 명민한 사업 감각으로 돈을 벌었다. 기부를 하는 과정에서도 사업가적 재능과 에너지를 발휘했다. 그는 찬사받을 만한 이유에서 수십 억 달러를 기부했다. 자신에게는 그 돈이 필요하지 않고 다른 곳에서 훨씬 잘 쓰일 수 있으리라고 생각한 것이다. 그뿐 아니라, 그는 행복을 달성하는 영리한 방법으로서 살아 있는 동안 기부하고자 했다. 죽은 다음에 기부하면 기부의 즐거움을 누릴 수 없으니 말이다.

피니는 1930년대에 펜실베이니아주의 노동자 계급 집안에서 태어났다. 막대한 부를 쌓은 뒤에도 자신이 자란 문화와 가치에 의리를 잃지 않았다. 젊은이가 되었을 때 그는 육군에 자원 입대했다. 그러면 대학에 갈 수 있다는 사실을 알았기 때문이다. 일본에 주둔하면서 일본어를 배웠고 전역 후에 군 장학금으로 코넬대학교에 들어가 호텔 경영을 공부했다.

피니의 사업 모델은 세금 없이 물건을 팔 수 있는 합법적인 방법을 찾아내는 것과 관련이 있었다. 그는 세금이 많이 붙어서 미국에서 더 비싸게 팔리는 상품을 면세로 파는 영리한 방법들을 찾아냈다. 처음에는 유럽의 항구를 출발하는 군함에 오르는 미국 군인들에게 주류를 판매했다(피니는 주문받은 술을 그들의 집으로 배송했는데, 공식적으로는 군인들이 주둔지에서 가져가는 '비동반 물품'으로 처리할 수 있었다). 나중에는 하와이 공항에 면세점을 열었고 일본 관광객에게 큰 인기를 끌었다. 50세가 되었을 때는 면세점 제국을 운영하면서 오랫동안 매년 2,000만 달러가 넘는 돈을 벌었다.

인생의 후반에 피니는 점점 더 자신이 벌고 있는 돈에 대해 행복을 느끼지 못했다. 그는 슈퍼 부자의 라이프스타일을 거부하고 자신의 에너지와 재능을 다른 사람들의 삶을 개선하는 데 쓰기로 결심했다. 그리고 몇십 년에 걸쳐 거의 전 재산인 80억 달러 이상을 기부했다. 아일랜드의 대학들과 모교인 코넬대학교에 거액을 기부했고, 베트남의 의료시스템과 북아일랜드 평화 협상에도 기부했으며, 그밖에 많은 작은 사안에도 기부했다. 그는 자신의 모토대로 살았다. '살아 있는 동안 기부하라.'[1]

오랫동안 피니는 익명으로 기부했고, 이를 두고 나중에 〈포브스〉는 그를 '자선계의 제임스 본드'라고 부르기도 했다. 하지만 어느 시점에 이전 사업 파트너와의 법적 분쟁 때문에 더는 익명으로 남아 있을 수 없게 되었다. 그 후로 피니는 지극히 너그러운 기부에 대해 전 세계에서 찬사를 받았다. 살아 있을 때 자기 재산 중 이렇게 큰 비중을 기부한 사람은 없었다. 워런 버핏Warren Buffet은 그를 '나의 영웅'이라고 칭했다. 빌 게이츠는 피니가 '우리 모두에게 모범을 보여주었다'고 말한 것으로 알려져 있다. 〈포브스〉는 2014년에 그에게 '기부 대상'을 수여했다. 2012년에는 남아일랜드와 북아일랜드 모두에서 모든 대학이 그에게 명예 박사학위를 수여했다. 2022년에는 호주의 퀸즈랜드대학교도 호주에(특히 퀸즈랜드대학교에) 너그러운 기부를 한 것을 기려서 그에게 명예 박사학위를 수여하고 캠퍼스의 도로 중 하나를 '피니로路'로 명명했다.[2]

요컨대, 찰스 피니의 너그러움에 감사와 존경이 물밀듯이 쏟아졌고 그는 모든 억만장자가 본받아야 할 사람이라고 계속 이야기되었다. 그토록 많은 사람이 그를 영웅으로 여기는 것은 놀랄 일이 아닐 것이다. 모든 억만장자가 그와 같이 한다면 어떻게 될지 생각해보라. 그것은 부의 제한주의가 실현된 세상일 것이다!

내가 신자유주의 사상가나 정치인이라면 이 이야기는 여기에서 끝날 것이다. 피니가 보여준 기부 태도에 벅참과 흐뭇함을 느끼면서 말이다. 하지만 도덕적인 분석을 제대로 수행하려면 더 깊이 들어가서 불편할 수도 있는 질문을 던져야 한다. 그 사람이 기부를 하든 안 하든 우리는 모든 천만장자와 억만장자에게 그의 돈 중 어느 정도가 부정한 돈인지 물어야 한다. 사업으로 부를 일군 슈퍼 부자들의 경우에는 그들의 기업이 노동자의 권리 등 인권을 존중하고 있는지, 조세의 구멍을 활용하거나 아예 법을 고침으로써 탈세를 하지는 않았는지, 그리고 환경에 피해를 주면서 소득을 창출하지는 않았는지 물어야 한다. 불행히도 피니의 이력을 보면 이러한 몇몇 질문에 대한 답이 깔끔하지 않다.

피니는 자신의 사업 제국 전체를 조세 회피로 지었다. 그는 첫 사무실을 조세 피난처인 리히텐슈타인에 열었다. 합법적으로 거주하는 것이 허용되지 않았기 때문에 호텔에서 지냈고 그와 그의 직원들은 경찰의 눈을 피하고자 주기적으로 체크인과 체크아웃을 반복했다. 나중에 그는 미국에 세금을 내지 않으려고 자신이 가지고 있는 회사 지분을 프랑스인인 아내 명의로 소유했다. 아내는 사업에서 한 일이 없었는데도 말이다. 법이 바뀌어 국가 간 세금의 차이 중 하나를 더는 활용하지 못하게 될 위기에 처하자 피니와 변호사들은 한동안 워싱턴에 머물면서 직접적으로 로비를 했다. 피니의 세금 회피 노력은 미국의 (그리고 다른 나라들의) 세무 당국에 큰 비용을 초래했다. 또한 상실되지 않았을 재원을 가지고 무엇을 할지 민주적으로 결정할 수 있었을 미국 시민들에게도 비용을 초래했다. 미국 시민들이 수십 억 달러를 피니의 모교나 아일랜드의 대학들에 투자하기로 하지는 않았을 것이다.

찰스 피니의 사례에서 우리는 어떤 교훈을 얻어야 할까? 먼저, 어느 개인의 기부를 평가할 때는 더 큰 그림을 보아야 한다. 여기에서 첫 번째 규칙은, 부자들은 기부를 생각하기 전에 애초에 그 돈을 도덕적으로 건전한 방식으로 벌었어야 한다는 것이다.

이러한 접근이 너무 모욕적이지 않느냐고 말할 사람도 있을 것이다. 대부분의 슈퍼 부자들은 약간밖에 기부하지 않고 부의 왕조를 지어 자손들에게 부를 세습하거나 황금 화장실을 짓는 등 기이하고 낭비적인 데 돈을 쓰는데, 80억 달러나 되는 거의 전 재산을 기부한 사람에게 비판적인 질문부터 하는 것은 너무 거칠고 잘못된 태도 아닌가? 피니 같은 사람까지 비판하는 것은 자선가들더러 성인이 되기를 기대하는 것이 아닌가?

물론 나도 찰스 피니를 직접 만난다면 대뜸 세금 회피에 대해 비판부터 하지는 않을 것이다. 이 비판은 개인에 대한 것이 아니다. 이것은 사회 구조와 정치에 대한 것이다. 우리의 분석은 미래 지향적인 어젠다에 기여해야 한다. 우리는 민관 협력이 어떻게 세상을 더 나아지게 하는지 얼마든지 말할 수 있고 선한 자선이 얼마나 좋은 일을 많이 하는지도 얼마든지 말할 수 있다. 하지만 그보다 먼저 우리 사회의 기본적인 구조와 사회 계약에 대해, 의회가 만든 기본적인 규칙에 대해, 그리고 국제 경제에서의 조약과 합의에 대해 말해야 한다. 또한 우리는 이렇게 많은 조세 회피와 포탈이 허용되어야 하는지 판단해야 하고 이렇게 많은 입법 로비가 조세 회피와 포탈을 촉진해도 되는지 따져봐야 한다. 우리는 각자가 가장 자신의 이익에 맞게 법을 해석할 게 아니라 법의 취지와 정신에 따라 행동하도록 서로에게 압력이 되어야 하지 않는지 논의해야 한다.

이러한 면에서 너무 느슨했던 것이 현재의 상태를 만드는 데 일조했고, 이는 피니가 훗날 [그가 선택한 목적들에] 기부할 수 있었던 막대한 자산의 축적을 애초에 가능케 했다. 이것이 피니의 예외적인 사례에서 얻어야 할 두 번째 교훈이다. 자선에 대해 말하자면, 개인적인 것은 정치적인 것이다.

자선이 정부 및 조세와 어떻게 관련되는지를 논하지 않고는 자선을 말할 수 없다. 종종 자선은 정부가 긴박한 요구를 충족하지 못하기 때문에 필요하다. 푸드뱅크를 생각해보자. 정부가 효과적인 빈곤 완화 전략을 가지고 있다면 이러한 형태의 자선이 필요하지 않을 것이다. 역으로, (부자들의 막대한 부가 대부분 의존하고 있는) 조세 회피나 포탈은 세수 부족을 메우기 위해 노동자와 소비자가 세금을 더 내야 하거나 자금이 부족해져서 필수적인 공공 서비스가 부족해지는 결과를 가져오므로 사회적으로 불리한 처지에 놓인 사람들에게 명백히 해를 끼친다.

이것은 단지 논리 차원에서만 그런 것이 아니다. 자선, 사회의 충족되지 못한 필요, 조세, 이 세 가지 사이의 관계는 데이터로도 볼 수 있다. 미국은 빈곤율이 15%로 대부분의 유럽 국가들보다 높다. 영국은 빈곤율이 11%로, 미국보다는 약간 괜찮지만 서유럽 국가들보다는 약간 나쁘다. 소득 불평등 데이터를 보면, 역시 미국과 영국이 대부분의 유럽 국가보다 (또한 캐나다, 한국, 일본보다도) 심하다. 이는 서유럽 국가들이 영국보다 나은 사회적 보호시스템을 발달시켰고 미국보다는 훨씬 더 그렇다는 것을 보여주는 두 가지 지표다.[3]

그런데 거액 기부의 영향력과 비중은 빈곤율 및 소득 불평등과 국가 간 패턴이 정확히 반대다. 규모가 가장 큰 100개 자선 재단 중 90개는 미국에, 5개는 영국에 있고, 나머지 5개는 캐나다와 유럽 대륙에 있다.[4] 이는 자선에 대한 정치적·도덕적 담론이 뚜렷하게 앵글로-아메리카적 특징을 보인다는 의미다. 그리고 이는 다른 나라들이 애초에 억만장자가 되어 자선 재단을 만들 수 있는 사람이 많을 수 없는 경제 모델을 선택했기 때문이고, 그와 동시에 정부가 시민의 필요를 충족하는 데 쓸 자원이 더 많아서 자선 재단이 있어야 할 필요성 자체가 훨씬 적기 때문이다. 그런데 대륙 유럽 국가들에서도 정부가 전에 제공했던 사회적 지원을 더 이상 할 수 없으니 부자들의 선의를 더 많이 동원해야 한다는 주장이 나오고 있다. 하지만 가장 부유한 사람들이 대대적으로 세금을 회피하고 화석연료 회사들이 매년 많게는 300억 유로의 세금을 감면받는 와중에 로테르담의 배고픈 아이는 아침 식사를 지역의 자선가에게서 지원받는 것이 정말 우리가 원하는 모습인가?[5]

나는 이것이 우리가 따라야 할 길이라고 생각하지 않는다. 자선가는 제대로 기능하는 정부의 대체재가 아니다. 자선가들이 정부가 못 채우고 있는 부분을 메운다면 정부는 자신의 의무를 계속해서 다하지 못하고 있는 데 대해 편리한 변명을 갖게 된다. 그리고 자신의 필요가 누군가의 자선으로 충족되는 사람들은 벌어지고 있는 일에 대해 목소리를 낼 수 없다.

따라서 자선에 대한 평가는 조세와 공공재, 그리고 정부 서비스에 대한 더 큰 질문의 일부로 이야기되어야 한다. 또한 이것은 무엇이 가능한 세계인지에 대한 한층 더 큰 질문의 일부여야 한다. 자선을 비판적으로 분석하려는 사람들이 물어야 할 가장 근본적인 질문은 우리가 정부를 왜 필요로 하는가다. 정부가 하는 일을 자선가들이 할 수는 없는가? 어쩌면 정부보다 더 효율적으로?

먼저 우리는 제대로 기능하는 정부와 공유된 규칙이 사회 계약의 기초임을 기억해야 한다. 이것이 우리를 무법천지의 폭력 세상으로부터 보호해주는 것이다. 우리가 정부를 필요로 하지 않는다는 개념은 그저 불합리한 개념이다. 우리가 물어야 할 질문은 '우리는 정부가 우리를 위해 무엇을 하기를 원하는가'다.

대부분의 보수주의자와 자유지상주의자들은 '큰 정부'를 반대한다. 정부가 우리 삶에 너무 많이 간섭하고 있으며 우리 돈을 다른 사람에게 주려고 부당하게 가져가고 있다는 것이다. 이 주장은 얼마나 많은 부를 합당하게 내 것이라고 주장할 수 있는지와 관련해 앞에서 이야기한 논거들로 반박된다. 우리가 평화롭고 효과적으로 돈을 벌게 해주는 시장은 정부 덕분에 구성될 수 있고 기능할 수 있다. 또한 우리가 갖게 되는 부는 현시대의 타인들, 그리고 과거의 사람들이 전해준 지식과 공동의 인프라에 의존한다. 그리고 많은 사람이 지금의 우리 사회보다 집합적 후생이 더 크고 불평등은 더 작은 사회에서 살고 싶어 하는데, 정부는 이것을 달성할 수 있는 최고의 메커니즘이다.

더 작은 정부를 만들기 위해 로비하는 사람들은 이 사실을 잘 이해하지 못하는 경향이 있다. 특히 부의 분포에서 아래쪽 절반에 해당하는 친구나 가족이 더 이상 (또는 원래부터) 없는 경우에는 더욱 그렇다. '애국적인 백만장자'의 모리스 펄이 언급했듯이 보수적인 정치인들은 그들만의 세계에 산다. 돈이 아주 많은 세계 말이다. 펄은 미트 롬니Mitt Romney를 염두에 두고 그 말을 했는데, 롬니는 학생들에게 공부하는 동안 부모 돈을 빌리면 학교를 다니면서 일하지 않아도 될 것이라고 말한 바 있다. 롬니의 세계에서는 모든 학생이 가파르게 오르는 아이비리그 대학의 학비를 충분히 감당할 수 있는 부모가 있다. 그러니, 많은 학생이 장학금 등 정부 지원을 필요로 한다는 사실을 그가 알지 못하는 것도 이상한 일은 아니다.[6]

사회 정의와 공정성의 면에서 사람들이 번성할 수 있는 여건을 만들고 어려움에 처했을 때 지원해주는 정부가 있어야 한다는 것은 매우 강한 논거로 뒷받침할 수 있다. 그런데 어떤 사람들은 정부의 중요한 목적은 오직 하나, 효율성뿐이라고 생각한다. 정부의 목적은 우리가 상호작용을 더 효율적으로 조직하게 하는 것이고, 그밖의 목적은 없다고 말이다.

하지만 효율성은 사회적 국가를 방대하게 확대해서도 크게 높일 수 있다. 수십 년 동안 효율성은 (연대 또는 공정성에 이어서) 사회 안전망 프로그램의 두 가지 주요 목적 중 하나였다. 특히 공공 건강보험과 실업연금이 그렇다. 의료적 긴급 상황이나 실업, 또는 노년에 대비하기 위해 각자가 돈을 저축해야 한다고 생각해보라. 임금이 낮아서 저축할 여력이 없으면 안정성을 잃게 되어 역량이 훼손될 정도의 압박을 겪게 될 것이다. 저축할 돈이 있으면 너무 많은 돈을 저축해야 할 것이다. 이는 소비를 압박하게 될 것이고 따라서 후생을 압박하게 될 것이다. 좋은 시절에도 소비가 압박되면 경제 전체에 악영향을 미칠 것이다.

모두가 같은 종류의 위험을 가지고 있을 때는(우리 모두 아플 수 있고 실업에 처할 수 있다) 위험을 풀링하는 것이 더 좋은 방법이다. 보험 회사들이 이러한 풀링을 촉진할 수도 있지만 그들은 이윤 추구에 초점을 두므로 이러한 재화들 대부분을 공급하는 데는 적합하지 않다. 의료의 경우, 민간 보험 회사를 통하면 환자와 의사 사이의 정보 비대칭과 권력 차이를 타고서 의료가 (가장 필요한 쪽으로가 아니라) 가장 수익성 있는 쪽으로 가게 되고 이것은 생명을 잃는 비용을 일으킨다. 실업수당의 경우, 규제가 없다면 민간 보험 회사들은 실업에 처할 가능성이 큰 사람들에게 부정적 편향을 갖는 경향이 있다. 그래서 그런 사람들에게는 더 높은 보험료를 물리거나 (그렇게 하는 것이 불법이 아닐 경우) '고위험'인 사람에게 보험 제공을 거부한다. 적절한 복지 제도가 있는 나라들에서 방대한 사회보장시스템을 정부가 직접 맡고 있거나 민간이 맡을 경우에는 강하게 규제하는 데는 다 이유가 있는 것이다. 그리고 이러한 국가들은 가장 부유한 국가들은 아니어도 삶의 질이나 행복, 또는 유엔의 인간개발지수 등에서는 순위가 매우 높다. 효율성이 정말 중요하다고 생각한다면 모든 것을 민간 영역에만 맡겨놓지는 말아야 한다. 즉 시장과 자선에만 의존하지는 말아야 한다.[7]

하지만 더 큰 정부가 늘 사람들의 삶을 더 나아지게 해주는 것은 아니다. 신자유주의 정부는 너그러운 복지 국가 정부만큼 큰 정부일 수 있고(국민소득 대비 정부지출 비중 기준), 그러면서 재분배와 사회적 지출에 들어갔던 돈을 복지 수급자들을 통제하고 감시하는 데 쓰고 있을 수 있다. 이는 몇몇 유럽 정부들이 신자유주의적 전환을 한 이후에 실제로 나타나고 일이다. 그들은 공공 영역과 복지시스템 전반에서 규제와 모니터링을 켜켜이 늘렸다. 표방된 목적은 무임승차나 '복지 사기'를 막는다는 것인데, 실제로 사람들을 통제하고 거짓이 없는지 따져봐야 할 사례가 없는 것은 아니지만 이러한 정책은 복지 수급자들에 대한, 또는 공무원의 직업 의식에 대한 과도한 불신을 보여준다.

오늘날 복지 수급자에 대한 네덜란드 정부의 태도가 이와 비슷하다. 가난한 사람들이 복지 급여를 합당하게 신청하고 사용하고 있는지 신뢰할 수 없으므로 방대한 공무원 군단을 고용해 수급자들을 확인하고 통제해야 한다고 보는 것이다. 공무원들은 수급자가 가족에게서 현물로든 현금으로든 받는 것이 있는지 꼼꼼히 추적해야 한다. 또 수급자가 통장에 몇천 달러 이상 가지고 있지는 않은지 확인해야 한다(그 이상 가지고 있으면 국가 지원을 받을 자격이 상실된다). 장애인은 근로 능력이 없음을 확인하기 위해 주기적으로 점검을 받아야 한다. 그의 장애나 질병이 평생에 걸치는 것이고 나아질 수 없는 것일 때도 말이다. 2016년 영화 〈나, 다니엘 블레이크I, Daniel Blake〉에서 사회 비판적인 영국의 영화감독 켄 로치Ken Loach는 이러한 층층의 통제시스템이 종종 가장 취약한 사람들을 어떻게 망가뜨리는지 잘 보여주었다. 어떤 자선가가 나서서 이 영화의 비디오를 모든 공무원에게 하나씩 돌렸으면 좋겠다. 그들이 상사에게 해야 할 질문을 떠올릴 수 있도록 말이다.

정부가 자원을 관리하는 것이 민간의 자선 기부보다 시민들에게 늘 더 좋다는 말은 아니다. 이것은 정부가 권력을 시민들의 (또는 정책에 영향을 받을 모든 살아 있는 생명체의) 삶을 향상하는 데 쓰느냐 아니냐에 달려 있다. 어떤 '큰 정부'들은 납세자의 돈을 공공의 후생과 재분배에 사용하지만, 어떤 '큰 정부'들은 매우 비효율적이며 통제 메커니즘이나 (노엄 촘스키가 상기해주었듯이) 지정학적 지배를 유지하기 위한 군사 인프라에 많은 돈을 사용한다. 이 모두가 그들이 어디에 우선순위를 두느냐의 문제다.[8]

아마도 이 모든 요인 때문에, 어떤 부유한 자선가는 정부에 맡겼을 때 정부가 자신의 부를 잘 분배해주리라는 신뢰를 갖지 못하고 있을 것이다. 애비게일 디즈니는 2021년에 〈애틀랜틱〉에 기고한 글에서 이를 명료하게 설명했다. 앞에서 보았듯이 애비게일 디즈니는 미국에서 부의 불평등이 증가하는 것을 소리 높여 비판하는 사람이고 '애국적인 백만장자' 회원이다. 〈애틀랜틱〉에 기고한 글에서 애비게일 디즈니는 부유한 집안의 아이들이 사회화 과정에서 학습하는 '세습된 부에 대한 매뉴얼'에 대해 묘사했다. 여기에는 분명한 규칙이 있다. '물려받은 덩어리'에는 손대지 말라. 그래야 나중에 자녀에게 그것을 물려줄 수 있다. 경제적 계층이 같은 사람과 결혼하라. 소득과 자산(그리고 권력) 면에서 차이가 너무 크면 갈등이 생기기 쉽다. 합법적인 범위에서 세금을 줄이기 위해 사용할 수 있는 모든 수단을 사용하라. 그 돈을 정부가 쓰게 하기에 정부는 믿을 만하지 못하다. 정부는 그 돈을 남용하거나 현명하지 못하게 지출할 것이다.[9]

내가 만난 슈퍼 부자 집안의 상속인들과 자선에 대해 자문하는 전문가들도 이러한 '규칙'이 널리 활용되고 있다고 말했다. 나는 애비게일 디즈니에게 왜 슈퍼 부자들이 정부를 불신하는지 물어보았다. 답의 일부는 다른 인터뷰에서 들어서 알고 있었다. 그들은 정부의 비효율성과 현명하지 못한 지출에 대한 일반적인 불신 때문이라고 했다. 그런데 이 불신은 우연히 나온 것이 아니다. 이것은 20세기 말의 20~30년간 벌어진 신자유주의적 전환의 가장 두드러진 특징이었고, 이것은 자유지상주의 이념가들과 이를 지지하는 기업가들의 연합 세력이 오랜 세월 끈질기게 만들어낸 이데올로기적 전환이었다.[10]

애비게일 디즈니는 삼촌 중 한 명을 보고 알게 된 것이라며 더 우려스러운 이유도 말해주었다. 지극히 보수주의적인 성향으로 레이건 행정부에서 일하기도 했던 그 삼촌은 국가를 운영할 만큼 신뢰를 얻어서는 안 되는 멍청한 사람들이 많다며 국정은 똑똑하고 자신이 하는 일을 잘 알고 있는 사람들이 맡아야 한다고 말했다고 한다. 그런데 그가 생각하는 똑똑한 사람은 경제적으로 성공한 사람을 의미했다. 그의 생각에 부는 그 사람이 얼마나 성공했는지, 그가 얼마나 똑똑한지를 보여주는 지표이고, 가난하다는 것은 본질적으로 그가 멍청해서 국정을 운영하고 이끌 역량이 없다는 것을 말해주는 지표다. 따라서 민주적으로 선출된 정부는 되도록 작은 규모로 두고 부유한 사람들이 최대한 많은 통제력을 갖게 하면서 사회의 주된 문제들을 다루는 메커니즘으로는 자선을 이용하는 것이 사회에 최선이다.

다른 말로, 일부 슈퍼 부자들이 정부가 작아야 한다고 믿는 한 가지 이유는 경악스러울 정도로 깊이 뿌리 박혀 있는 계급적 편견이 그들 자신과 가난한 사람들을 생각하는 방식에 영향을 주고 있기 때문이다. 그들은 자신이 정당성 있는 리더이며 자신의 부가 그 증거라고 생각한다. 번영 신학을 믿는 사람들처럼 일부는 한술 더 떠서 개신교 교리에 대한 왜곡된 해석으로 이를 뒷받침하려 한다. 자신의 부가 자신이 얼마나 도덕적으로 가치가 높은지도 보여준다는 것이다. 이들 대부분은 가난한 사람들은 자신의 고통에 스스로의 문제를 탓해야 하며, 다시 이는 그들이 정책 결정에 참여하기에는 부적합한 사람들임을 말해준다고 생각한다. 또한 정부는 엘리트 계층이 운영하는 것이 아니라 민주적으로 선출되어 대중이 운영하므로 사회의 문제들을 해결할 수 있으리라고 신뢰하기 어렵다고 생각한다. 정책 결정은 매우 부유한 사람들에게 실질적인 권력을 주어서 그들 손에 맡기는 게 더 낫다. 그들이 막대한 부는 그대로 가지고 있으면서 가끔 자선 기부로 부의 일부를 사회의 문제들을 해결하는 데 주사놓듯 찔끔찔끔 흘려

넣게 하면서 말이다.[11]

나는 세금을 회피하는 자선가 중 (알게든 모르게든) 이런 식으로 생각하는 사람이 얼마나 되는지는 모른다. 하지만 세금을 내는 것보다 자선 기부를 하는 편이 더 낫다는 주장에 대해 최악의 논거를 뽑는 경연대회를 한다면 이것이 대상감이라는 것은 알겠다.

누군가가 왜 그런 견해를 가지게 되는지를 한마디로 말하기는 어렵겠지만, 세 가지 가능한 설명이 있을 법하다. 인종주의, 나르시시즘, 그리고 가난한 사람들에 대한 무지다.

인종주의는 위와 같은 문제적인 입장과 왜 관련이 있는가? 애비게일 디즈니의 삼촌 이야기를 들으면서 나는 미국의 한 노동경제학자에게서 오래전에 들었던 이야기가 떠올랐다. 당시 나는 케임브리지대학교에서 박사과정에 있었고, 방문 교수로 케임브리지에 온 그 교수의 강연을 들으러 갔다. 강연 후에 강연자가 학생들과 함께 점심을 먹는 자리가 있었다. 그는 최저임금제도가 경제에 미치는 영향을 연구하고 있었다. 내가 미국에서 조건 없는 기본소득이 실행될 가능성이 있을지 물어보자 그는 자기 생각에는 매우 회의적이라고 대답했다. 기본소득의 순 수혜자는 가난한 사람들일 텐데, 미국에서는 가난한 사람들 중 유색인이 압도적으로 많기 때문이라는 것이었다. 인종주의 때문에 그러한 정책이 도입될 수 있는 정치적 가능성이 크게 축소된다는 것이다. 미국에서는 부자들과 슈퍼 부자들이 압도적으로 백인이므로, 일반적으로 가난한 사람들을 보살피는 정책이 미비한 것도 인종주의와 관련이 있지 않을까?

나르시시즘도 위에서 본 문제적인 사고와 관련이 있다. 슈퍼 부자 중 나르시시스트적 행위를 보여주는 사람들이 있다는 사실은 부인하기 어려울 만큼 명백하다. 그리고 이것은 악순환을 가져온다. 어떤 사람이 나르시시스트적 특징을 가지고 있다면 성공이라는 목적을 이루기가 더 쉬울 것이다. 즉 부자가 되고자 하는 목적을 이루기가 더 쉬울 것이다. 동시에, 나르시시즘은 자신의 성공을 오롯이 스스로 성취했다고 믿게 만들 가능성이 크다. 귀인 편향은 우리 모두 가지고 있지만 나르시시스트들은 정도가 훨씬 심하다. 그들에게 자신의 성공은 운, 사회의 집합적 인프라 및 지식과 혁신, 그리고 다른 이들의 협력과 고된 노동(예를 들어 어릴 때 그를 가르쳐주신 선생님이나 현재 그가 운영하는 회사의 노동자들이 수행하는 노동) 덕이 아니라 **오로지 자신의 공**이다.

위의 문제적인 입장과 관련해 가능할 법한 세 번째 설명은 무지다. 부자와 슈퍼 부자 대부분은 주변 사람들도 부자와 슈퍼 부자들이다. 그러니 가난한 사람들이 어떤 사람들이고 이들이 처해 있는 어려움이 무엇인지 어떻게 알겠는가? 그들은 정말로 아무것도 몰라서, 다른 사람들을 볼 때 문화적 편견을 아무렇지 않게 투사하면서 성공한 사람이 의사결정을 하면 모두에게 좋을 것이라고 생각한다. 그리고 여기에서 성공한 사람은 민주적으로 선출된 정치인을 말하는 것이 아니라 금전적으로 성공한 사람, 슈퍼 부자를 말하는 것이다.

자선가들이 반민주적이고 여성혐오적이고 인종주의적이고 오만한 동기를 가지고 있지 않다고 가정해보자. 그리고 (식구를 자선 재단에 고액 보수를 주고 임원으로 고용하거나 돈을 조세 피난처로 더 쉽게 옮기기 위해, 즉 탈세를 위해 자선 재단을 설립하는 경우처럼) 재산을 방어하는 전략으로 자

선을 악용하는 사람들도 일단 논외로 해보자.[12]

그런 사람들 말고 진정으로 좋은 의도를 가지고 기부하는 사람들에게 초점을 맞춰보자. 그렇다면 기후변화, 빈곤, 그밖에 우리 사회가 긴급하게 해결해야 할 절박한 문제들에 대해 자선을 해법으로 받아들여야 할까? 이 문제들을 빠르고 효과적으로 다루려면, 부의 제한주의나 그밖의 재분배 형태에 비해 자선이 더 나은 전략일까?[13]

불행히도 답은 '아니요'다. 자선의 가장 큰 문제는 매우 비민주적이라는 점이다. 물론 기부 금액의 규모에 따라 민주주의를 훼손할 수 있는 정도에는 차이가 있을 것이다. 여러분이나 내가 100~200파운드 정도 기부하는 소액 자선은 민주주의를 훼손하지 않는다. 소액을 기부할 때는 새로운 옷을 살 때처럼 무엇을 고를지 우리가 마음대로 선택해도 전적으로 무방하다. 문제는 어떤 기부는 엄청난 거액이어서 엄청난 권력이 따라온다는 점이다. 그런데 그 권력을 누리는 사람들은 누구에게도 설명할 책무를 지지 않는다. 아무도 그들에게 설명하라고 요구하지 않는다. 그리고 나머지 우리는 그가 막대한 돈을 사회의 어느 부분에 쓸지에 대해 목소리를 낼 수 없다.[14]

거액 자선의 비민주성에 대해 비교적 상세한 논리를 개진한 학자 중 한 명으로 스탠퍼드대학교 정치이론 교수 로버트 라이히가 있다. 그는 2019년 저서 《공정한 기부Just Giving》에서 자선이 단지 자선이기만 한 것이 아니라고 말했다. 자선은 금권정치적 권력과 관련된 것이기도 하다. 자선을 지지하는 많은 사람이 자선이 사회에 더 많은 자유와 평등을 가져다줄 것이라고 믿는다. 하지만 라이히는 뜯어보면 자선은 평등을 위해서는 하는 일이 많지 않다고 지적했다. 한 예로, 현재의 시스템에서 자선은 세액 공제를 받으므로 국가의 조세 수입이 줄어든다. 징수할 수 있었다면 기회의 평등을 촉진하는 데 쓰일 수도 있었을 돈이다. 하지만 세금으로 납부되지 않고 자선가들 주머니로 들어갔고, 그들이 선택한 곳에 기부하기 전까지 그 돈은 그들 것이다.[15]

자선이 정부가 마땅히 담당해야 할 영역으로 들어와 정부를 밀어내는 '구축 효과'를 일으킬 경우 자선의 비민주적인 속성이 한층 더 심화될 가능성도 우려스럽다. 빈곤 완화라는 정부의 의무를 생각해보자. 대부분의 나라에서 국민들은 국내의 빈곤 문제를 정부가 해결하라고 민주적으로 결정했다. 그런데 정부가 적절한 수준으로 최저임금을 도입하지 못하거나 관료적으로 지나치게 복잡한 복지 수급 제도를 운영해 사람들이 수급 자격이 되는데도 신청을 못하는 등 이 임무 달성에 실패하고 있다면 자선가들이 개입해서 빈곤을 완화하기 위해 노력할 수 있다. 하지만 그러면 정부가 자기 임무를 수행하는 것에 대해 긴급성을 느끼지 않게 된다. 선량한 시민들이 정부가 수행하지 못하고 있는 정부의 의무를 메워주고 있기 때문이다. 예술, 스포츠, 지역 도서관 등에 대한 지원처럼 전에는 정부가 적극적인 역할을 했다가 (부분적으로 또는 전체적으로) 후퇴한 다른 영역들에서도 비슷한 메커니즘을 볼 수 있다. 그렇다면 거액 자선이 정부가 조세의 구멍을 메우고 세수를 확보해 자신의 의무에 진지하게 나서야 한다는 데 대해 긴급성을 떨어뜨리고, 그럼으로써 사회 계약을 급진적으로 개혁하라는 요구의 압력을 약화하고 있다는 냉소적인 결론이 나올 수 있다. 이러한 냉소적인 결론의 기저에는 정치적 압력이 급진적인 변화를 추동할 만큼의 임계점에 도달하려면 고통의 깊이가 깊어야 한다는 생각이 깔려 있다. 내가 만난 한 기부 자문 전문가는 미국에서 푸드뱅크에 기부를 많이 한 어느 보수적인 갑부를 알고 있는데, 그 이유가 가난한 사람들이 쇠스랑을 들고 일어설지 모르는 위험을 줄 것이라 생각했기 때문인 것 같다고 말했다.

그렇다면, 누군가가 나중에 거액을 기부할 수 있을 만큼 큰 부를 모으는 것을 '원칙에 기반해 합당하게 정당화'하는 근거는 없는가?(현실적인 고려사항이나 실용적으로 자선이 어떤 효과를 가져오느냐와 상관없이 도덕적 원칙에 기반한 정당화를 말한다.) 로버트 라이히는 자선에 대한 원칙적 논거로 제시되곤 하는 두 가지 주장을 구분했다. 하나는 '다원주의론'이다. 정부는 〔선거 주기에 따른〕 단기주의와 평균적인 유권자의 견해에 영향을 받으므로(정부는 늘 다음 선거를 신경 쓴다) 리스크가 낮은 매우 제한적인 범위의 공공재를 제공하는 데만 초점을 맞출 것이다. 아동 돌봄, 도서관, 자연보호 같은 영역의 서비스를 민간 시민들도 제공할 수 있다면, 제한적으로만 제공되는 경향이 있는 정부의 공공재를 보완할 수 있을 것이다. 자선가와 자선 재단들은 정치적 주류가 아닌 사람들이나 미래 세대를 위한 종류까지 포함해 사회가 더 폭넓은 공공재를 가질 수 있게 할 것이다.

이러한 다원주의론에 라이히는 회의적이다. 그는 다원주의론이 말하는 것이 가능하긴 하지만 엄밀히 말해서 필요하지는 않다고 생각한다. 사람들이 비영리기구에 상대적으로 소액을 기부해서도 다원주의론이 말하는 바를 충분히 달성할 수 있기 때문이다. 게다가 부유한 사람들의 선호가 꼭 더 폭넓은 시민들의 선호를 대표하지는 않는다. 따라서 여전히 그들의 자선 지출은 금권정치적인 속성을 띠게 될 것이다.

거액의 자선에 대한 두 번째 정당화 논거는 '발견론'이다. 자선 재단은 시장의 경쟁 압력에도, 선거 과정의 압력에도 처하지 않아 시장과 정부 모두에 설명할 책무가 없으므로, 리스크가 크고 급진적이며 장기적인 정책과 제도를 실험해볼 수 있으리라는 주장이다. 예를 들어 거액 자선 재단은 시장도 정부도 제공할 수 없는 테크놀로지 개발에 큰돈을 기부할 수 있을 것이다. 빌 게이츠는 아마도 여기에 동의할 것 같다. 5장에서 보았듯이 그가 최근에 쓴 기후변화에 대한 저서에서 부자들에게 독려한 것이 바로 이것이기 때문이다. 라이히는 거액 기부에 대한 원칙적 정당화 논거로 민주적 실험주의 개념에 기반한 이 '발견론'이 다원주의론보다 더 강력하다고 본다. 정부와 달리 자선 재단은 단기주의의 영향을 받지 않을 것이기 때문이다. 자선 재단이 설명 책무를 갖지 않는다는 점은 흔히 민주주의에 해가 된다고 여겨지고 일반적으로 사실이 그렇기도 하지만, 여기에서는 오히려 민주주의에 기여하는 요인이 된다.[16]

하지만 다원주의론에 대한 라이히의 반박은 발견론에 대해서도 성립하지 않는가? 개개인이 소액씩 기부하고 그것을 합하면 보편기본소득이나 새로운 녹색 테크놀로지 개발처럼 리스크가 큰 실험이나 사회적 개입을 시도할 수 있다. 실제로 이런 종류의 크라우드펀딩이 오치베로의 기본소득 실험에 자금을 댔다. 이 실험에 쓰인 돈은 평범한 사람들을 포함한 기부자들의 연합이 충당했다. 또한 협동조합이 경제적으로 중요한 역할을 한 것에도 오랜 역사가 있다. 시장과 정부에만 다 맡겨야 하는 것은 아니다. 그리고 시장과 정부가 우리가 필요로 하는 프로젝트에 자금을 대지 못한다고 해서 꼭 부유한 자선가에게 기대야 하는 것도 아니다. 수천 명, 수만 명의 시민이 모이면 그런 프로젝트가 생겨나게 할 수 있다. 자선 재단에 기대는 것에 비해 이 전략은 금권정치적인 권력을 수반하지 않는다는 장점이 있다.

따라서 개인이 거액을 기부하는 것에 대해 원칙에 기반한 정당화 논거를 대기는 여전히 어렵다. 가장 나은 논거라면 오늘날 정치가 돌아가는 방식을 비판하는 맥락에서 제시되는 논거일 것이다. 현재 우리의 민주주의는 미래 세대, 동물, 생태계(열대우림 등)처럼 유권자가 아닌 존재의 이해관계를 보호하는 일은 그리 잘하고 있지 못하다. 그리고 어떤 정치적 문제는 너무나 크고 심각해서 로비, 저항, 시민 불복종 등으로 선출직 정치인들에게 막대한 정치적 압력이 가해지지 않는다면 현재 존재하는 민주적 제도들로는 해결될 가능성이 지극히 낮다. 기후변화처럼 이러한 문제 중 어떤 것들은 우리에게 시간이 얼마 없어서 유권자의 단기적 이해관계와 충돌하는 광범위한 개입을 시급히 해야 할 필요가 있다. 어떤 경우에는 정치적 혁명에 준하는 극단적 시민 불복종만이 우리에게 필요한 정책을 가져올 수 있을지 모른다. 이 지점에서 부유한 자선가들의 거액 기부가 나름의 정당성을 주장할 수 있는 논거가 나온다. 거액 기부는 그러한 정치 의제에 즉각적으로 자금을 댈 수 있는 반면 크라우드펀딩은 선거만큼이나 과정이 느리기 때문이다. 간단히 말해서, 자선가들은 현재 형태의 민주적 제도로는 다루기 어려운 긴박하고 중대한 위기를 다루는 데 자신의 금권정치적 권력을 사용할 수 있을지 모른다. 자선가의 권력이 하나의 형태의 민주주의(미래 세대도 포함해 모든 관련 당사자의 이해관계를 보호하는 민주주의)

를 또 다른 형태의 민주주의(다수결 투표로 정책을 결정하는 민주주의)로부터 구하는 데 사용되는 셈이다.[17]

하지만 이 논거에도 두 가지 문제가 있다. 첫째, 자선가들이 정부가 적절한 행동을 취하지 않는 것을 메우기 위해 자신의 과도한 권력을 좋은 일에 쓴다 해도 그들이 과도한 권력을 가지고 있다는 사실은 달라지지 않는다. 권력의 비대칭 때문에 거액 자선은 늘 문제가 있을 것이다.

둘째, 우리 사회에 무엇이 필요한지를 자선가들이 알고 있으리라는 가정도 문제다. 이 우려는 '효과적인 이타주의' 운동과 관련해서 종종 제기되어왔다. '효과적인 이타주의' 운동은 소액과 거액 기부자들의 기부를 독려하지만 영향 평가를 근거로 가장 효과적이라고 입증된 방식으로만 기부하라고 촉구한다. '효과적인 이타주의' 운동의 몇몇 버전은 한 발 더 나아가 우리가 무슨 수단으로든, 가령 신자유주의 자본주의의 핵심에 있는 회사에서 일해서라도 가능한 한 많이 벌도록 촉구한다. 이것은 사회의 문제들에 대한 기술관료적 접근이라고 할 수 있다. 필요한 모든 정보가 영향 평가로 환원될 수 있다고 보는 것이다. 물론 영향 평가에서 중요한 정보를 얻을 수 있지만, 모든 평가 툴이 그렇듯이, 측정하도록 되어 있는 것들만을 보게 된다. 그런데 측정하기로 되어 있는 것들은 종합적이지 않아서, 예를 들어 기부를 받는 수혜자들이 자신에게 중요한 것이 무엇인지를 직접 결정할 수 있어야 한다는 점은 고려되지 않을 수 있다. 슈퍼 부자들 다수가 자신이 뛰어난 의사결정자라고 생각하므로, 자만의 위험은 매우 실질적으로 존재한다. 대부분의 슈퍼 부자들(특히 중상류층에서 자랐거나 물려받은 재산이 있는 사람들)은 극빈곤과 빈곤에서 살아가는 사람들의 삶과 고투에 대해 아무것도 모르면서도 자신이 가장 잘 알고 있다고 가정할지 모른다. 그들은 이것을 인정할 수 있을 만큼 겸손해져야 한다.

이제까지 논의한 것 모두가 거액 기부에 대해 원칙에 기반해 반대해야 할 강한 논거를 제시한다. 하지만 거액 기부를 반대한다는 것이 오늘날 우리가 살고 있는 엉망진창 세상에서 의미하는 바는 무엇인가? 사람들은 고통받고 있고 죽어가고 있다. 기후변화는 악화되고 있다. 신자유주의적 정부들은 그에 대해 하는 일이 별로 없고 부자들에게 적절하게 세금을 거둠으로써 세수를 늘리는 데도 계속 실패하고 있다. 부유한 자선가들에게는 도와달라는 요구가 빗발친다. 이 불의한 세상에서 거액 기부자들은 무엇을 해야 하는가?

이견이 없을 쉬운 답부터 생각해보자. 모든 부유한 자선가가 가장 먼저 해야 할 일은 부를 축적하는 과정에서 추가적인 피해를 끼치지 않는 것과 부를 쌓는 과정에서 과거에 저질렀을지 모르는 피해를 회복시키는 것이다. 그들은 스스로에게 이렇게 질문해야 한다. 내가 노동자들을 착취하고 있지는 않은가? 생산 과정이 지역공동체나 고객이나 지구의 건강에 해를 끼치거나 환경을 오염시키고 있지는 않는가? 내야 할 세금을 최소화하기 위해 법을 주무르고 있지는 않은가?

여기에서도 아웃도어 의류 업체 파타고니아가 바람직한 사례를 보여준다. 이본 쉬나드의 회고록 《파타고니아, 파도가 칠 때는 서핑을 Let My People Go Surfing》에 따르면 이 회사는 세금을 피할 방법을 찾기 위해 재산 방어 산업을 활용한 적이 없다. 더도 아니고 덜도 아니고 내야 할 몫의 세금을 냈다. 또한 자신의 생산 공정이 미치는 환경 영향을 조사했고 피해를 최소화하기 위해 공정을 바꾸었다. 그다음에는 모든 미래 수익이 환경 활동과 자연 보호에 들어가게 했다. 대학의 도서관이나 미술관의 건물 중 그의 이름을 딴 것은 없다. 버뮤다의 조세 피난처를 사용하는 자선 재단도 없다. 쉬나드와 그의 가족은 회사 주식을 비영리 재단에 양도하면서 1,750만 달러의 세금을 냈다.[18]

자선가들이 현실 세계에서 따라야 할 두 번째 규칙은 구조적 변화를 지지하는 것이다. 이것이 구체적으로 의미하는 바는 국가마다 다르겠지만, 그래도 반드시 포함되어야 할 것들이 있다. 투표를 하고자 하는 모든 사람이 투표할 수 있어야 한다. 거짓말과 프로파간다를 퍼뜨리지 않는 자유로운 언론처럼 자유민주주의의 기본 원칙을 위해 싸우는 조직을 정당과 지원해야 한다. 노조를 지원하고 노조가 임금과 노동 조건에 어떤 변화를 가져올 수 있는지를 노동자들에게 알려야 한다. '파나마 페이퍼'를 폭로한 국제탐사보도언론인협회처럼 조세 정의를 위해 싸우고 경제적 불의를 지적하는 기관에 자금을 지원해야 한다.

문제의 근원을 해결하려는 노력은 하지 않고 증상만 완화하는 것은 무의미하다. 하지만 많은 거액 기부자들에게 이것은 받아들이기 어려운 사실이다. 공정한 세상으로 가는 길을 가로막는 사회 구조에서 종종 그들 자신이 이득을 보고 있기 때문이다. 많은 자선가들의 부는 불공정한 사회 구조 때문에 가능했다. 4장에서 보았듯이, 경제 지배층이 세상을 더 낫게 만든다고 할 때 사실은 자기 입장에 부합하는 한에서만 그렇고, 일반적으로 이것은 가난하고 취약한 사람들의 필요를 충족하는 일을 시장 기반의 불충분한 해법을 가지고 하는 것을 의미한다.

자선가들이 해야 할 세 번째 일은 허영적인 프로젝트가 아니라 실제로 필요한 곳에 돈을 쓰는 것이다. 그들이 쌓은 부의 대부분은 도덕적으로 그들 것이라고 볼 수 없다. 따라서 부유한 대학이나 미술품 수집 같은 긴요하지 않은 프로젝트에 그 돈을 쓰기로 결정할 권한이 그들에게는 없다. '빌 & 멜린다 게이츠 재단'은 가장 필요한 곳에 돈을 쓰기 위해 노력해왔다. 이곳 창립자들은 자신의 돈을 가장 가난한 나라들의 가장 기본적인 건강상 필요를 위해 사용한다. 제프 베조스나 일론 머스크, 리처드 브랜슨Richard Branson의 우주 여행 경쟁과 매우 대조적이다.

대학이나 미술품 수집에 돈을 기부하지 말아야 한다는 말이 아니다. 거기에도 얼마든지 기부할 수 있지만, 도덕적으로 내 것이라고 말하기에 거리낌이 없는 돈으로만 해야 한다. 그런데 매우 부유한 사람들이 가진 돈 중 그렇게 말할 수 있는 돈은 극히 일부뿐일 것이다.

소액 기부자들이 무엇을 해야 하는지에 답하기는 더 쉽다. 이들은 좋은 일을 할 수 있고 각 개개인은 우리가 걱정해야 할 압도적 권력을 가지고 있지 않다. 그와 동시에, 다른 이들과 함께 권력을 생성할 수 있다. 함께 행동함으로써 혼자서는 (권력을 남용하는 국가와 기업의 해로운 영향에 맞서는 것처럼) 거대한 일에 기부할 만한 거액을 가지고 있지 않은 사람들도 권력을 생성할 수 있는 것이다. 국제사면위원회Amnesty International가 좋은 사례다. 회원들이 이끄는 이 조직은 기부자 중 누구도 압도적인 발언권을 갖지 않는다. 그런데도 함께 행동함으로써 이들의 조사와 폭로는 모든 사람의 인권을 존중하도록 정부와 기업에 압력을 가할 수 있었다.

소액 자선은 중요하다. 공정한 경제 시스템은 억만장자를 만들어내지 않을 것이다. 공정한 시스템에서는 거대 규모의 재단이 필요하지 않을 것이다. 하지만 시민들이 힘을 합해 국가의 (또는 압도적인 권력을 행사하는 사람들의) 권력에 맞서야 할 필요는 여전히 존재할 것이다. 그리고 시민들이 지속적으로 힘을 합해 우리 모두를 문화적·사회적·지적으로 풍요롭게 해주는 활동들(공동체 활동, 예술과 과학 지원, 페스티벌, 자기 몫을 넘어서 기여하는 사람을 기리는 행사 등)을 할 금전적인 여유가 있는 세상은 더 즐거운 세상이기도 할 것이다. 이 모든 좋은 일이, 극단적으로 부유한 사람이 없는 세상에서도 여전히 가능하다.

그렇다면 자선은 극단적인 부의 문제에 대한 해답이 아니다. 자선은 부자들이 합당한 근거가 있는 수준 이상으로는 갖지 못하도록 부에 상한을 두어 피해를 막아야 할 필요성을 없애지 않는다. 1,000만 파운드(또는 유로 또는 달러) 상한은 여전히 유효하다.

그런데 1,000만보다 적게 가진 사람에게는 부의 제한주의가 어떤 책임을 부여하는가? 이 장에서 논의한 바가 그들에게도 적용되는가? 우리가 본 대부분의 논거는 어떤 부유한 사람에게도 적용된다. 그들은 자신의 부를 기부해도 여전히 좋은 삶을 누릴 수 있을 것이다. 우리 모두 얼마이면 자신에게 충분한지 알아야 한다. 바로 여기가 윤리적 기준이 작동하는 영역이다.

부의 제한주의는 어떤 부유한 사람이라도 자신의 삶의 질을 위해 필요한 것 이상의 부는 사회의 구조적 불의를 타파하고 집합 행동의 문제를 다루며 충족되지 않고 있는 필요들을 충족하는 방식으로 분배해야 한다고 말한다. 부유선에 대한 연구에서 알 수 있었듯이, 그리고 돈이 가져다주는 한계가치의 체감에 대한 연구들이 보여주었듯이, 계속해서 더 많은 부를 축적하는 것은 의미가 없다. 물론 우리 각자에게 얼마가 필요한지는 개인에 따라, 또 맥락에 따라 다를 수밖에 없다. 가족 중 취약한 사람이 있거나 생활 수준이 낮은 사람이 있다면 당신은 그들에게 부를 나누고 싶을 것이다. 탄탄한 연금 제도가 없는 나라에 산다면 노후를 위해 더 많은 부를 쌓아두어야 할 것이다. 하지만 합리적인 수준의 의료, 연금, 주거 시스템을 갖춘 선진국 경제에 사는 사람들의 대략적인 기준으로 100만 달러(또는 유로 또는 파운드)는 좋은 출발점이 될 것이다.

이미 몇몇 슈퍼 부자는 얼만큼을 자신이 갖고 얼만큼을 기부할지 정할 때 이러한 윤리적 고려를 지침으로 삼고 있다. 예를 들어 영국의 '좋은 조상되기 운동Good Ancestor Movement'이 핵심으로 삼고 있는 임무에서 이 고려는 매우 중요하다. 이곳은 부유한 개인과 재단인 고객들이 급진적으로 부를 재분배하도록 조언하는 영국 최초의 회사다. 이들의 일은 '좋은 조상이 된다는 것은 무엇을 의미하는가'라는 질문으로 시작한다. 우리는 죽은 뒤에 어떻게 기억되기를 원하는가? 나는 이곳의 공동 창립자인 제이크 헤이맨Jake Hayman에게 그들의 일에서 부유선의 역할이 무엇인지 물었다. 헤이맨은 사람마다 다르다며 고객들의 가치관, 그 가치관이 그들이 부를 획득하는 과정에 대해 말해주는 바, 또한 그 가치관이 얼마를 가져도 되는지에 대해 말해주는 바, 그것을 초과하는 돈을 어떻게 기부할 것인가에 대해 말해주는 바에 따라 활동한다고 말했다. 하지만 사람들이 부의 상한을 너무 높게 잡으면 어떻게 하는가? 고객이 1억 달러를 보유하고 싶어 하면 어떻게 하는가? 이에 대해 제이크는 분명하게 답했다. 이곳은 2,500만 달러

이상을 보유하고자 하는 고객과는 일하지 않는다.[19]

수백만 달러나 되는 돈을 가지고 있지는 않은 사람들은 어떤가? 그들도 무언가를 해야 하지 않는가? 네덜란드 남부 에인트호번의 커뮤니티 칼리지에서 강연했을 때 한 노인이 내게 이 질문을 했다. 그리고 다음과 같이 자기 생각을 이야기했다. 부를 제한하자는 모든 논거에 쉽게 동의할 수 있지만, 꽤 부유한데도 아무것도 안 하는 사람들에게 쉬운 변명거리를 제공할 위험성이 있지 않은가? 우리는 천만장자가 아니고 대부분은 백만장자도 아니니 부자들을 쉽게 손가락질할 수 있다. 하지만 우리도 급격히 오르는 주택 가격에서 많은 이득을 보았다. 1970년대에 산 집은 가치가 몇십만 유로는 올랐을 것이다. 우리는 슈퍼 부자는 아니지만 우리에게 필요한 것보다는 많이 가지고 있다. 그렇다면 우리도 더 처지가 안 좋은 사람들을 위해 기부해야 할 의무가 있지 않은가?

아주 좋은 질문이다. 그리고 다행히 답이 그렇게 어렵지 않다. 부의 제한주의는 부유선 위에 있는 사람들의 의무가 무엇인지와 그 이유를 말해주지만 부유선 아래에 있는 사람들의 의무를 말해주지는 않는다. 하지만 부유하지 않은 많은 사람도 추가적인 돈을 기부해야 할 도덕적 의무를 가지고 있다. 고통받는 사람들이 우리에게 요구하는 바를 생각할 때, 그리고 우리의 돈도 상당 정도는 우리가 가질 자격이 없는 돈이라는 사실을 생각할 때, 우리 모두 각자의 자원이 허락하는 한 다른 이들의 고통을 완화하는 데 기여해야 한다.

그렇다면 어디까지 해야 하는가? 이 질문에 답하는 한 가지 방법은 전 세계 모든 사람의 전체 후생을 극대화해야 한다고 보는 것이다. 이는 '공리주의적utilitarian(효용주의적)' 접근으로, 인간 외에 지각 능력이 있는 생명에게까지 확대될 수 있다. 돈의 한계가치 또는 한계효용이 체감하므로, 소득이나 부의 분포가 덜 불평등해질수록 전체적 후생은 높아질 것이다. 개인 수준에서는 내가 1달러를 기부할 때 누군가가 얻을 효용이 내게 1달러가 없어짐으로써 내가 받게 될 비효용보다 크다면 나는 그 돈을 기부해야 한다. 다른 말로, 내가 1달러를 더 기부하는 비용이 그것으로 할 수 있는 좋은 일의 가치보다 작다면 그 1달러를 기부해야 하고, 이를 한계비용과 한계효용이 같아질 때까지 계속해야 한다.[20]

매우 명료한 입장이지만 꽤 극단적이기도 하다. 이것을 받아들일 철학자는 거의 없을 것이고 이를 현실에서 실천하며 살 수 있는 사람은 더 없을 것이다. 이 버전의 공리주의를 거부하는 한 가지 이유는 이것이 우리를 효용 로봇이 되게 하기 때문이다. 두려움, 욕망, 개인적 특질, 그리고 삶에서 각자가 무엇을 원하는지 등과 관련해 우리를 전인격적 총체로서의 인간이 아니라 오로지 사회 전체의 후생만으로 추동되는 존재가 되게 하는 것이다. 또 다른 문제는 이러한 형태의 공리주의가 너무 많은 것을 요구한다는 점이다. 우리 어깨에 세상의 비참함 전체를 져야 한다는 것은 너무 과도한 요구다.[21]

슈퍼 부자가 아닌 사람은 얼마를 기부해야 하는가에는 광범위한 선택지가 존재한다. '할 수 있는 만큼 기부하자Giving What We Can'의 홈페이지에는 여러 선택지가 개괄되어 있다.[22] 선택지의 스펙트럼에서 양 극단은 쉽게 묘사할 수 있다. 한쪽 극단은 하나도 기부하지 않는 것이다. 이것이 정당화될 수 있는 상황은 당신 자신이 가난하거나, 돈에 쪼들리는 학생이거나, 장애가 있는 자녀가 있어서 아이를 돌보는 데 돈을 전부 써야 하는 경우 등일 것이다. 다른 쪽 극단은 가진 것을 몽땅 기부해서 당신 자신과 당신이 '특별한 의무를 가지고 있는 사람'(당신과 그들과의 관계 때문에 의무가 발생하는 사람)들의 필요까지도 방치하는 것이다. 기부는 자기를 방치하거나 자해하는 것이어서는 안 되며 부모, 배우자, 자녀 등 당신이 '특별한 의무를 가지고 있는 사람'을 방치하거나 그들에게 해를 끼쳐서도 안 된다. 이 양 극단의 사이에 많은 선택지가 있다. 예를 들어 많은 기부자가 그렇게 하듯이 소득의 2~6%만 기부할 수도 있다.

'할 수 있는 만큼 기부하자'는 소득의 10%를 기부하기로 선언할 것을 촉구한다. '10% 규칙'에는 명백한 이점이 있다. 많은 이들이 해볼 수 있을 만큼은 낮으면서 유의미할 만큼은 높다. 대개의 사람들이 기부하는 정도보다는 많지만 손사래를 칠 정도로 너무 많은 요구는 아니다. 이 단체의 공동 창립자들은 이것이 소득 분포의 상위 절반에게 적용되어야 할 도덕 원칙이라고 생각한다. 이것은 매우 중요한 조건이다.

기부의 비용은 생각보다 훨씬 더 작고 기부의 이득은 생각보다 훨씬 더 크다. 그리고 그러한 이득은 다양하다. 기부자들은 자신이 하는 일이 뿌듯하고 행복할 것이다. 또한 그들이 목적을 현명하게 선택하고 그 목적에 효과적일 수 있는 방식을 선택한다면 그들의 기부는 생명을 구하고 빈곤을 줄이고 우리를 더 공정한 세상으로 가게 해줄 정치 활동에 도움이 될 수도 있을 것이다.[23]

'10% 규칙'은 도덕적으로 적절한가? 10% 규칙의 중요한 특징은 누진적이지 않다는 점이다. 이것은 부자와 슈퍼 부자들이 중산층보다 더 높은 비중으로 기여하도록 요구하지 않는다. 중산층에게는 5%를 기부하도록 하고 가장 부유한 사람에게는 20%를 기부하도록 하는 것이 더 좋지 않을까? 실제로 과거에 최고소득자들은 70~80%의 한계소득세율을 적용받지 않았는가? (지금은 많은 나라에서 50% 아래로 내려왔다.) 역사가 말해주는 바는 누진적인 적용이 충분히 가능하다는 것이다.

누진적인 기부 원칙의 한 가지 단점은 단순함의 장점을 상실하게 된다는 것이다. 10% 규칙은 지극히 단순명쾌하고 그래서 강력하다. 하지만 과잉 재산은 '부'에 놓여 있는데도 10% 규칙은 '부'가 아니라 '소득'에만 초점을 둔다. 많은 부를 소유한 사람에게 10% 규칙은 충분하지 않다. 이것을 피해 갈 수 있는 방법은 없다. 많은 부를 소유한 사람들은 부유선을 사용해야 하고 개인적으로 따를 윤리적 제한선도 정해야 한다. 우리는 이 윤리적 제한선을 부유선보다 부가 적은 사람들에게 적용될 10% 규칙이나 누진적 기부 시스템과 결합할 수 있을 것이다.

요약하면 부의 제한주의 윤리는 다음과 같다. 우리는 안정성 있고 좋은 삶을 누리는 데 필요한 것 이상으로 가지고자 해서는 안 되며 우리가 가진 것을 가장 불운한 사람들과 나누어야 한다는 도덕적 요구에 귀를 기울여야 한다. 글로벌 북부에 살고 있는 많은 사람들과 글로벌 남부의 부유한 사람들은 지금보다 덜 가지고도 (때로는 훨씬 덜 가지고도) 매우 좋은 삶을 살 수 있다. 그리고 부자들은 지금보다 훨씬 덜 가질 때 삶이 오히려 더 나아질지도 모른다.

9장

부자들에게도 이득이 될 것이다

부의 한계가 하늘이 아님을 받아들인 세상, 한 사람이 가질 수 있는 부에는 제한이 있다고 인정하는 세상은 변혁된 세상일 것이다. 그 세상에서는 민주적 가치가 회복되었을 것이고 공정한 경제적 합의가 달성되었을 것이다. 사람들은 노동에 실제로 기여한 바대로 보상받을 것이고 파괴적인 불평등이 사회적 삶, 정신 건강, 신체적 건강에 미치는 피해로 고통받지 않을 것이다. 막대한 자금이 풀려나서 빈곤을 없애고 지구온난화를 막고 학교, 병원, 도서관 등 지난 50년간 신자유주의 정부가 방치했던 것들을 다시 지원하는 데 쓰이게 되었을 것이다.

그런데 부의 제한주의가 실현된 세상이 슈퍼 부자들에게는 어떤 영향을 미쳤을까? 분명히 현재보다 물질적 부는 덜 가지게 되었을 것이고 부에 수반되는 권력과 특권도 덜 가지게 되었을 것이다. 이제까지 나는 이것이 도덕적으로 막대한 이득이라고 주장했다. 많은 철학 전통이 우리를 인간으로 만들어주는 것은 도덕적인 행동이라고 말한다. 따라서 부자와 슈퍼 부자들은 인간성을 회복한다는 점에서 이득을 볼 수 있다. 하지만 더 온전한 인간성을 갖추게 되는 것 외에 이들이 얻을 또 다른 이익은 없을까?

나는 부의 제한주의가 실현된 세상으로 가면 슈퍼 부자들이 인간성의 측면 외에서도 여러 가지 중요한 이득을 볼 수 있으며 따라서 부의 제한주의가 그들의 이해관계에도 부합한다고 생각한다. 부의 제한주의를 받아들이는 것은 그들의 자기 이익 면에서도 충분히 근거가 있는 일이다. 어째서 그런가? 얼핏 생각하면 안 그럴 것 같지만 깊이 들여다보면 부의 제한주의가 슈퍼 부자들에게도 좋은 일인 이유를 적어도 세 가지는 찾을 수 있다.

2020년 1월에 다보스 세계경제포럼 참석자들에게 백만장자와 억만장자 121명이 서명한 공개 서한 하나가 발표되었다. 이들은 서한에서 부자에는 두 종류가 있다고 언급했다. 세금을 택하는 사람과 쇠스랑을 택하는 사람. 경제적 불평등이 지금보다 더 높아진다면 심각하게 부정적인 결과가 초래될 것이다. 사회에서 집단 간 갈등이 증폭될 것이고, 이는 사회적 신뢰를 줄이고 불공정하다는 감각을 높일 것이다. 그러면 사회적 응집이 줄고 글로벌 공동체가 기후 위기를 적절히 다루지 못하게 될 것이다. 공개 서한에 서명한 사람들은 세금을 더 많이 내는 것이 해법임을 백만장자와 억만장자들이 인정해야 한다고 촉

구했다.[1]

본인들도 슈퍼 부자인 서명자들은 시스템을 바꾸어야 한다고 촉구하면서 여러 가지 이유를 열거했다. 하지만 그중 핵심은 불평등이 이제 통제 불능의 수준이 되었기 때문에 이에 대해 아무것도 하지 않는다면 슈퍼 부자들이 점점 더 높아지는 정치적 불안정에 직면할 것이고 어쩌면 봉기에 직면할지도 모른다는 것이었다.

그해 이래로 '애국적인 백만장자' 회원들은 매년 다보스 포럼 참석자들에게 공개 서한을 발표했고 불평등이 일으키는 사회적 불안정을 계속해서 강조했다. 2023년 1월에는 이렇게 질문했다. "극단적인 것은 지속가능하지 않고, 종종 위험하며, 세상이 그것을 오래 참아주지 않습니다. 그렇다면 이 다중 위기의 시기에 당신은 왜 계속 극단적인 부를 용인하고 있습니까?"[2]

다른 많은 천만장자들도 닥쳐오는 위기를 경고해왔다. 2014년에 미국의 벤처 캐피털리스트 닉 하나우어Nick Hanauer(그의 자산은 5억 달러가량으로 추정된다)는 전혀 모호함이 없는 제목의 칼럼을 썼다. 제목은 '쇠스랑이 오고 있다 … 우리 금권귀족들에게'였다. 하나우어는 동료 '천문학적 갑부들zillionaires'에게 '눈을 뜨고 불평등 증가의 위험을 직시하라'고 촉구했다. 하나우어는 의도적으로 도덕은 이야기하지 않고 순전히 부자들 자신들의 이해관계로만 이유를 설명했다. 그는 슈퍼부자들이 자신의 이익을 위해서라도 불평등을 완화하는 전략을 받아들여야 할 두 가지 중요한 이유가 있다고 주장했다.

우리가 이 경제에서 벌어지는 극심한 불평등을 바로잡기 위해 무언가를 하지 않는다면 쇠스랑이 우리에게 올 것이다. 어떤 사회도 이런 종류의 불평등 증가를 지속할 수 없다. 사실, 인간 역사에서 부의 축적 양상이 이와 같을 때 쇠스랑이 오지 않은 경우는 없었다. 당신이 매우 불평등한 사회를 내게 보여준다면 나는 당신에게 경찰 국가 아니면 폭동을 보여줄 수 있다. 여기에는 반례가 없다. 전혀 없다. 이것은 일어날 것이냐 아니냐의 문제가 아니라 언제 일어날 것이냐의 문제다.

하나우어가 슈퍼 부자들에게 불평등에 맞서 싸워야 한다고 촉구한 또 하나의 이유는 경제 성장이었다. 불평등을 줄이는 조치를 취하면 전체 파이가 커져서 모든 사람의 생활이 더 나아지리라는 것이다. 하나우어는 트리클다운 경제론을 일축했고 임금을 올려 중산층을 강화해야 한다고 주장했다. 부자들은 중산층이 번성하면 더 부자가 될 것이다. 사람들이 새 옷을 사거나 외식할 돈이 없어서 지출을 못 한다면 비즈니스가 어떻게 번성할 수 있겠는가? 충분한 임금을 받는 탄탄한 중산층이 있으면 부자들이 만드는 제품에 대한 수요가 증가해 부자들이 더 많은 이윤을 올릴 수 있으므로 부자들에게도 좋은 일이다.[3]

불평등이 너무 심해지면 폭력과 정치적 불안정이 촉발되리라는 우려는 오랜 우려다. 일찍이 플라톤도 《법률The Laws》에서 정치 공동체의 안정성을 유지하려면 사회에서 가장 부유한 사람의 재산이 가장 적게 가진 사람의 네 배 수준에서 제한되어야 한다고 주장했다.[4] 네 배! 부의 제한선이 가장 가난한 사람이 가진 것의 네 배로 주어진 사회를 생각해보라. 오늘날 기준으로는 불가능하게 낮은 비율이다. 현재 모든 국가에서 적어도 10%의 인구가 사실상 아무것도 가지고 있지 않기 때문이다. 이들은 고장 난 세탁기를 고치거나 소득 없이 석 달을 버틸 만큼의 저축도 없다. 오늘날 우리가 플라톤이 제시한 기준을 받아들인다면 불평등을 막대하게 줄일 수 있을 것이다. 사실 이것은 현재 대부분의 시민이 지지할 수 있을 법한 정도보다 훨씬 더 급진적인 부의 재분배다.

플라톤의 주장과 관련해 우리가 던져야 할 커다란 질문은 한 사회가 정치적 동요를 촉발하지 않고 용인할 수 있는 경제적 불평등은 어디까지인가다. 현재의 정치적 풍경은 우려해야 할 이유가 아주 많다. 부의 불평등이 증가하면서 나타나고 있는 파괴적인 결과들은 미국, 브라질, 남아프리카공화국처럼 매우 불평등한 국가들만의 문제가 아니다. 물론 최근 이 나라들에 닥친 민주주의에 대한 공격은 훨씬 더 우려할 이유가 되지만, 슈퍼 부자의 수가 더 적고 그들이 가진 부의 규모도 더 작으며 (약화되고는 있지만) 더 나은 복지 제도를 갖춘 나라들에서도 많은 분석가들이 뒤로 밀려나고 있는 사람들 사이에서 동요의 가능성이 높아지고 있음을 우려한다. 예를 들어, 네덜란드 저널리스트이자 사업가이며 부유한 집안 출신인 산더르 스히멜페닉Sander Schimmelpennick은 네덜란드에서 불평등 증가를 막기 위해 무언가를 해야 하는 이유로 '쇠스랑의 위협'을 경고했다. 그는 기회의 평등이 줄어드는 것 등 다른 이유들도 있지만 부유하지 않은 사람들이 폭동을 일으킬지 모른다는 위험이 가장 중요한 이유라고 언급했다. 실제로 우리는 불안정성, 취약성, 경제적 불평등의 증가가 사람들의 분노를 온갖 형태의 폭력(외국인 혐오, 유대인 혐오, 성소수자 혐오 등)으로 향하

게 하는 우파 포퓰리즘 정당들에 힘을 실어주게 된다는 점을 우려해야 한다.[5]

하지만 극우 포퓰리즘 정당을 지지하는 것은 유권자들이 높아지는 불만을 표출하는 유일한 길이 아니다. 어떤 나라에서는 정치적 스펙트럼의 정확히 정반대에, 가령 녹색 정당에 사람들의 지지가 높아지고 있다. 지금까지 슈퍼 부자들에게 이 경우는 훨씬 더 약한 위협이었다. 이들은 법치를 존중하므로 합법적 수단만 활용하고, 이들이 휘두를 수 있는 정치적 권력과 영향력도 제한적이기 때문이다. 그리고 훨씬 더 중요하게, 진보적인 정당의 지도자 중 많은 수가 이미 신자유주의 사고를 받아들였거나 신자유주의 정당과 연합을 형성하자마자 신자유주의를 받아들인다.

양극단을 논외로 하더라도, 최근 슈퍼 부자들의 수와 그들이 가진 재산의 규모가 크게 늘면서 많은 '중도 성향' 유권자들도 뒤로 밀려나고 있다. 이들도 이렇게 불평등하지 않은 사회였다면 누릴 수 있었을 것에 비해 많은 것을 잃었다. 그런데 왜 이들은 목소리를 내고 저항하지 않을까? 추측해보면, 어떤 이들은 정치적 행동(투표이든 조직화이든)이 변화를 일굴 수 있으리라고 믿지 않아서일 것이다. 하지만 그보다 더 많은 이들이 불평등이 얼마나 큰지, 자본가 계급이 자기 이익을 추구하면서 게임의 규칙을 얼마나 왜곡했는지를 모르고 있는 것 같다. CEO가 얼마를 벌고 있는지, 내 자식은 변변하게 물려받을 것이 없는데 운 좋은 사람들은 앞으로 몇십 년 사이에 얼마나 많은 돈을 물려받게 될지 등 문제의 규모를 정확히 아는 사람이 충분히 많지 않은 것이다. 그리고 이들은 열심히 모은 적은 액수의 저축이나마 사랑하는 사람에게 물려주기 위해 그것을 최대한 지키고 싶어서 상속세에 반대한다. 상속세가 모든 사람이 진정으로 더 평평한 운동장에서 시작할 수 있게 해주는 중요한 평준화 기제임을 생각하지 못하는 것이다.

신자유주의적 사고가 매우 지배적이 되었다는 점도 영향을 미쳤을 것이다. 오늘날 대부분의 사람들은 신자유주의적인 정치·경제 환경에서 자랐다. 물고기가 물 밖을 보지 못하듯이, 그들로서는 다른 것을 경험해보지 못했으니 신자유주의적 사상과 가치가 어떤 특징을 갖는지 알기 어려울 것이다. 신자유주의 이데올로기가 퍼지면서 사람들은 이제 더 이상 자신을 다른 이들과 함께 정치체를 꾸려가야 할 공민적 의무를 가진 **시민**으로 보지 않게 되었고, 소비자로만, 직업적 정체성으로만, 가족과 친구가 있는 사적 개인으로만 보게 되었다. 너무 많은 사람들이 탈정치화되었다. 너무 많은 사람들이 활동과 조직화의 경험이 없어서 정의를 위해 싸우고 공동의 이익을 지키기 위해 함께 행동하는 것이 얼마나 많은 잠재력을 가지고 있는지 잘 모른다.

하지만 불붙기만 기다리고 있는 퓨즈가 있다면(많은 이들이 현 상황이 이와 같은 상태라고 우려한다), 여기에 필요한 것은 작은 불꽃뿐이다. 우리는 '아랍의 봄'에서 그것을 보았다. 2011년 1월에 튀지니의 노점상 모하메드 부아지지Mohamed Bouazizi가 노점상을 단속하는 시 공무원으로부터 반복되는 모멸과 괴롭힘을 견디다 못해, 청과물을 빼앗긴 어느 날 분신을 했다. 마음 아픈 이 행동은 일련의 저항으로 이어졌고 궁극적으로 리비아, 이집트, 예멘 등의 중동국가들에서 정권을 무너뜨렸다. 개인의 비극이 국제적으로 봉기를 촉발한 사례는 2020년 미국 미니애폴리스에서 백인 경찰 데릭 쇼빈Derek Chauvin에 의해 흑인 조지 플로이드George Floyd가 사망했을 때도 볼 수 있었다. 이 끔찍하고 인종주의적인 살인은 '흑인의 생명도 소중하다Black Lives Matter' 운동이라는 대대적인 저항을 일으켰고 세계의 많은 나라에도 영향을 미쳤다. 이 운동은 강력한 정치 세력이 되어 어떻게 인종 정의를 우리의 사회 계약에 명시적으로 반영할 것인가에 대한 논의를 불러일으켰다. 내가 인터뷰한 사람 중 미국의 자선가들에게 조언하는 사람이 있었는데, 그는 조지 플로이드의 죽음과 '흑인의 생명도 소중하다' 시위가 이제까지는 부의 불평등에 인종적 속성이 있는 줄 몰랐던 많은 자선가들이 눈을 뜨게 해주었다고 말했다. '흑인의 생명도 소중하다' 운동 덕분에 미국의 자선가들이 불평등 해소에는 흑인 공동체의 권한과 역량을 강화하는 것 또한 긴요한 일임을 깨닫게 되었다는 것이다.

기저에서 불만이 끓고 있을 때는 하나의 사건이 매우 빠르게 저항으로, 폭동으로, 심지어는 정권 교체로도 이어질 수 있다. 이러한 종류의 극적인 격동을 피하는 유일한 방법은 사회 계약을 고쳐 모두가 공정하게 이득을 볼 수 있게 하는 것이다.

부자들을 상대로 봉기가 일어날지 모른다는 위험 외에, 슈퍼 부자들이 그들 자신의 이익을 위해 자신의 부를 제한해야 할 더 건설적인 이유가 있다. 나는 '좋은 조상되기 운동' 공동 창립자 제이크 헤이먼에게 재산을 사회에 많이 기부한 그의 천만장자 고객들은 자신이 그렇게 한 데 대해 어떻게 생각하는지 물어보았다. 후회하는 사람은 없을까? 그는 오래 생각하지 않고 대답했다. "조금이라도 후회하는 사람을 한 명도 못 보았습니다. 제가 이야기를 나눠본 사람 모두가 극단적인 부를 포기하니 더 자유로워졌다고 말했습니다." 그 이유를 묻자 헤이먼은 이렇게 설명했다.

> 부유할 때는 삶에서 돈이 너무 많은 부분을 차지하기 때문입니다. 만나고 싶지 않은 사람들을 만나야 하고, 죄책감을 가지고 살아야 하고, 지속적으로 다른 이들 위에서 권력을 행사하는 위치에 있어야 합니다. 당신은 그들의 삶을 바꾸는 데 도움을 줄 수 있는 위치에 있지만 그렇게 하지 않았습니다. 그러니까 이것이 당신에게는 '선택'이 되는데, 그게 옳게 느껴지지 않습니다. 지치기도 하고요. 그리고 때로는 돈을 놓고 가족과 다투게 되는데, 사실 돈이 당신에게 정말로 중요하지는 않잖아요. 필요한 것보다 더 많으니까요.

제이크의 분석은 내가 만나본 부자들이 말한 것과도 일치했다. 그들은 과도한 돈이 부담이라는 것을, 그들이 일부가 되고 싶어 하는 평범한 세계로 들어가지 못하게 하는 장벽임을 알고 있었다. 재산을 기부하고 30년 뒤에 척 콜린스는 이렇게 결론 내렸다. "후회하지 않습니다. 제가 느끼는 것은 해방감입니다. 그 결정 덕분에 삶을 내 가치에 더 잘 부합하게 꾸릴 수 있었습니다. 기부는 활력의 원천에 문을 열어주었습니다."[6]

'너무 많은 돈'이 저주의 다른 형태일 수 있음을 보여주는 사례는 아주 많다. 애비게일 디즈니는 부자가 되는 것이 그 사람의 정신에 미치는 영향이 가장 우려스럽다고 말했다. 특히 그는 부유한 사람이 평범한 사람들에게 행사하게 되는 권력이 일으키는 정신적 부담을 이야기했다. "노숙인 옆을 지나갈 때마다 당신은 그들 한 명 한 명을 당신이 다 구할 수 있다는 것을 알고 있습니다." 게다가 가는 곳마다 모두들 당신을 잠재적 후원자로 보는데, 이것은 너무나 진빠지는 일이다. 애비게일은 만나는 모든 사람이 자신이 일하고 있는 대의를 위해 후원을 부탁했다고 말했다. 그러다보니, 더 많은 돈이 있을수록 사회적 교류를 점점 더 나와 비슷한 사람들로만 한정하게 된다. 나에게 후원을 요구하지 않는 사람들 말이다. 이는 다시 당신의 인간성을 변화시킨다. 당신은 현실 세계와의 접점을 잃게 된다.

"나에게 이 문제는 영혼의 문제이기도 했습니다. 부는, 특히 극심한 불평등이 존재하는 상황에서의 부는 영혼을 부식시킵니다. 도덕적 존재로서 자신을 유지하기가 근본적으로 어려워집니다." 애비게일은 매우 부유한 사람으로서 날마다 내려야 하는 선택에 대해서도 말했다. 그 선택 각각이 다른 누군가의 삶을 달라지게 할 수 있는 선택이다. 이러한 계산을 끊임없이 해야 하는 것도 당신의 인간성을 변화시킨다(내가 만나본 또 다른 부자들도 이런 점을 언급했다). 애비게일은 이렇게 설명했다.

그런 계산은 내 자아에서 무언가를 떼어내는 것처럼 느껴집니다. 그리고 너무나 나를 소진시킵니다. 정서적으로 너무 지치게 돼요. 어떤 사람을 돕고 어떤 사람을 돕지 않을 것인가? 그렇다고 이런 계산 자체를 하지 않기로 해버리면, 길거리의 노숙인을 무언가 인간이 아닌 존재로 낮추어볼 수밖에 없게 됩니다. 이 과정에서 당신은 당신에게서 무언가를 필요로 하는 사람들을 인간 이하의 존재로 보는 사고를 발달시키게 됩니다. 도움을 달라는 요청은 정말 말도 못하게 많습니다. 어떤 공간에 들어갔을 때 자신에게 필요한 것을 내가 도와주기를 원하는 사람, 그리고 그러한 필요를 발생시키는 상황을 내가 바꿔주기를 바라는 사람이 없는 경우는 한 번도 없었습니다.

감정의 방어 기제로서 부자들은 자신과 자신에게서 무언가를 원하는 사람들 사이에 장벽을 세운다.

이 반응은 예측가능하기는 하지만 정신적으로 건강하지는 않다. "당신에게 안전한 공간, 안전한 사람들, 안전한 환경을 만들어놓으면, 그 공간에서는 당신이 스타가 됩니다. 그리고 당신을 스타성에 걸맞은 것을 발달시킵니다. 따라서 여기에는 일종의 무대 연기와 같은 수행성이 있습니다." 디즈니는 설명을 이어갔다. "이러한 특권에 어울리는 사람이 되는 것이 더 낫다는 생각이 들게 됩니다." 이 모든 것이 부자들을 심리적·도덕적으로 다른 사람이 되게 만든다. 그리고 애비게일 디즈니에 따르면, 이것은 좋은 쪽으로의 변화가 아니며, 젠더 코드와 인종 코드가 이러한 마음 상태와 불건전하게 상호작용하기 쉬운 백인 남성의 경우에는 더욱 그렇다.

모두가 언제나 당신이 옳다고 말해줄 때, 모든 것이 당신의 위대함을 가리킬 때, 이는 당신이 '당신이 중심인' 세상을 만들었다는 의미입니다. 그것이 당신에게는 전체 세상이고 그 안에서 당신은 당신이 태양이라고 생각하게 됩니다. 당신이 있지 않은 공간에는 빛이 없다고 생각하게 됩니다. 당신이 태양이니까요. 그래서 당신이 방에서

나가면 그 사람들은 존재하지 않게 됩니다. 이것은 신과 같은 특질을 자신에게 투사하는 것인데, 벗어버리기가 어렵습니다.

디즈니는 제프 베조스 같은 울트라 부자들이 시간이 지나면서 어떻게 달라져가는지 명확하게 볼 수 있다고 했다. 또한 자기 아버지의 삶에서도 볼 수 있었다고 했다. "아버지가 친구를 한 명씩 잃는 것을 보았습니다. 그 친구들 대신 돈을 받고 그 자리에 있는 사람들이 들어왔습니다." 그리고 결국 그 사람들이 그가 믿을 수 있는 유일한 사람들이 되었다.[7]

특히 더 우려스러운 점은 극단적인 부가 그 슈퍼 부자의 자녀들 심리를 부식하는 것이다. 제시 오닐Jessie O'Neill은 1997년 저서《골든 게토The Golden Ghetto》에서 매우 부유한 환경에서 자라는 것의 어두운 면을 묘사했다. 오닐은 제너럴모터스 전 회장의 손녀로, 본인도 부유한 가문의 3세대이고 심리치료사로도 일했다. 오닐은 극단적인 부가 특히 아이들에게 미치는 해로운 심리적 영향을 표현하기 위해 '애플루엔자affluenza('부자병.' 풍요라는 의미의 affluence와 바이러스성 독감을 뜻하는 influenza를 합한 말)'라는 말을 만들었다. 부유한 집 아이들은 유모 손에 자라는데, 이는 부모가 나와 함께 시간을 보내기에는 내가 부모에게 중요하지 않다는 메시지를 준다. 그리고 이는 애착 문제로 이어지는데, 유모나 도우미가 자주 바뀌는 것이 문제를 한층 더 악화한다. 일반적으로, 슈퍼 부자의 아이들은 물질적인 것은 많이 받으며 자라지만 관심은 거의 받지 못하면서 자란다. 아이에게 물질적 재화를 잔뜩 뿌려주면 '지연된 만족'의 가치를 알지 못하게 되고, 이는 아이들이 화나고 좌절했을 때 인내하는 참을성을 배우지 못한다는 의미다. 설상가상으로, 돈이 너무 많기 때문에 무언가를 '스스로의 힘으로 버는' 것이 가능한지 아닌지를 알 기회도 갖지 못한다. 애비게일 디즈니도 이러한 우려를 이야기했다. 애비게일은 이것이 막대한 재산을 물려받은 여성 중 박사학위 과정에 들어가는 사람이 많은 이유라고 말했다. 명망 있는 대학에서는 박사학위를 돈으로 살 수 없으므로 이름 뒤에 '박사' 타이틀을 붙이고 싶다면 스스로 노력과 땀을 들여야 하기 때문이다. 오닐은 슈퍼 부자에게 파고든 애플루엔자가 종종 중독으로 이어지고 가족이 역기능적이 되게 하며 다시 그들의 아이들이 중독에 빠지게 하는 악순환이 일어난다는 점도 상세히 설명했다.[8]

슈퍼 부자 아이들 세계의 공허함을 미국의 사진사 로렌 그린필드 Lauren Greenfield보다 더 생생하게 묘사한 사람은 없을 것이다. 그는 25년 동안 로스앤젤레스의 슈퍼 부자 아이들을 만나 사진을 찍고 인터뷰를 했다. 이 작업은 2017년에 출간된 놀라운 사진 에세이 《부의 세대Generation Wealth》로 결실을 맺었고 출간과 함께 뮤지엄 전시와 다큐도 공개되었다. 그의 인터뷰와 사진들은 엄청나게 낭비적이고 호사스러운 소비의 모습에 더해, 대체로 불행한 아이들의 모습을 보여주고 있었다. 그들 주위의 막대한 풍요는 그들에게 전혀 즐거움을 주지 않았다. 그들은 풍요에 익숙해져 있었다. 호화로움 속에서 자라면, 특히 또 다른 부유한 사람들로 둘러싸인 버블 속에서 자라면, 화려하고 낭비적인 소비 패턴이 정상적인 것으로 여겨지게 된다. 그린필드의 취재 대상자 중 한 명인 웬디는 풍요롭게 자란 뒤 18세 때 아버지가 그날부터 스스로 돈을 대라고 했을 때 얼마나 힘들었는지를 이야기했다. 웬디는 많은 것을 누리면서 그렇게 자라고 나서 그다음에 모든 것을 잃는 것이 너무 힘들었다고 했다. 전에 당연하게 주어졌던 소비 습관이 있었으므로 웬디는 어떤 것도 즐길 수 없었다. 비싼 식당에서 외식하는 것도 어린 시절에는 그냥 당연한 일이었기 때문에 특별히 신나는 일로 여겨지지 않았다.[9]

이 같은 심리적 변화의 메커니즘은 심리학자 미하이 칙센트미하이Mihaly Csikszentmihalyi의 연구에서도 나타났다. 그는 부유한 사람들이 다른 모든 사람들보다 행복하지 않다는 사실을 발견했다. 돈이 별로 없는 사람들에게는 추가적인 물질적 부가 행복을 준다. 하지만 매우 부유한 사람들은 더 이상 그런 행복을 경험하지 않는다. 다른 한편으로, 시간은 우리 모두에게 희소한 자원이기 때문에 매우 부유한 사람들로서는 다른 이들과 양질의 시간을 보내는 것(예를 들어 아이들과 게임을 하거나 가족 모임에 가는 것)이 지극히 큰 기회비용을 발생시키게 된다. 그 시간에 돈을 버는 데 집중하면 아주 많은 돈을 벌 수 있을 테니 말이다. 그래서 점차로 그들은 숲을 산책하거나 부모나 친구와 수다를 떨면서 차를 마시는 것처럼 '느린 추구' 속에서 행복을 경험하는 감각을 잃게 된다. 바쁘고 부자인 사람들은 느긋하게 보내는 시간과 물질적 재화나 지위와 관련되지 않는 활동의 가치에 둔감해진다.[10]

실증 근거가 보여주듯이 부유한 계급에서 자라는 것은 균형 있고 행복한 어린 시절을 보장해주지 않는다. 그렇다면 이것은 극단적인 부에 반대해야 할 또 다른 이유를 제공한다. 더 구체적으로 말하면 부에 제한을 두어야 할 이유를 제공한다. 매우 부유한 사람들이 느끼는 불행의 기저에 있는 심리적 메커니즘이 그들이 끊임없이 부를 추구하도록 추동하기 때문이다. 이들 계급이 끊임없이 축적해야 한다는 동기로 추동된다는 사실은 자전적 글부터 사회과학 연구, 재산 방어 산업의 막대한 성장 등 다양한 근거를 통해 의심할 여지 없이 뒷받침된다.

2020년 베스트셀러 《돈의 심리학The Psychology of Money》에서 모건 하우셀Morgan Housel은 '충분함을 모르는 것은 위험한 심리 상태'라고 주장했다. 그는 1억 달러 이상을 번 라자트 굽타Rajat Gupta와 버니 매도프Bernie Madoff 둘 다 성공을 구가했으면서도 아직 충분히 가지지 못했다고 느꼈기 때문에 결국 범죄로 빠져들었다고 언급했다. 그는 문제는 골대가 계속 움직인다는 점이라고 설명했다. 우리는 사회적 비교에서 동기부여된다. 늘 더 위를 보면서 더 많이 가진 사람과 나를 비교한다. 우리는 이 메커니즘을 앞에서 CEO 보수에 대해 논의했을 때 본 적이 있다. 또한 이것은 유산을 상속받은 사람들이 알게 되는 팁이기도 하다. 돈이 '알아서 일하게' 두어야 한다는 것이다. 하우셀은 독자들에게 골대가 움직이지 못하게 하는 기술을 발달시키라고 조언했다. 언제나 나보다 더 부유한 누군가는 반드시 있을 것이기 때문에(문자 그대로 딱 한 명을 제외하고 모두가 그렇다) 당신 위에 있는 사람을 넘어서려고 하는 것은 이길 수 없는 전투다. 그는 "승리하는 유일한 방법은 애초에 싸움을 하지 않는 것"이라며 "현재 내가 가진 것이면 충분한 것일 수 있고 주변 사람보다 적게 가졌을 때도 충분한 것일 수 있다는 사실을 받아들여야 한다"고 말했다.[11]

냉소적인 사람은 부자가 돈을 축적해서 자기 영혼을 스스로 파괴하기를 원한다면 그들에 대해 안됐다고 생각하지 말아야 한다고 말할 것이다. 그러한 삶의 방식을 스스로 선택했으니 말이다. 누구든 원한다면 불행을 선택할 자유가 있다. 하지만 그렇다고 해서 그들의 아이들에 대한 사회의 책임이 없어지지는 않는다. 매우 부유한 사람의 자녀들이 겪는 정신 건강 문제가 가난한 아이들이 겪는 문제만큼 심각하다면, 왜 가난한 아이들을 돌보아야 할 도덕적 의무는 이야기하면서 슈퍼 부자의 아이들을 돌보아야 할 도덕적 의무는 이야기하지 말아야 하는가? 냉소적인 사람은 우리에게 성인에게만 초점을 맞추라고 말할 것이다. 매우 부유한 사람들이 심리적·도덕적 문제를 겪는다면 이것이 우리가 정말로 걱정할 일인가? 부자들이 자기 삶이 안 좋게 흘러간다고 느낀다면 그들은 심리 치료 전문가의 도움을 받을 돈이 있다. 이것은 개인의 문제이고 그 사람 자신이 해결해야 할 일이다.

하지만 나는 이것이 너무 쉬운 반응이라고 생각한다. 나는 왜 우리가 단지 슈퍼 부자들이 돈과 권력이 더 많다는 이유로 다른 계층 아이들보다 부유한 계층 아이들의 후생에는 관심을 덜 기울여야 하는지 모르겠다. 그들도 우리 모두와 마찬가지로 심리적으로 취약하다. 우리가 일반적으로 다른 사람들의 취약성에 관심을 갖는다면, 과도한 부가 슈퍼 부자의 삶을 어떻게 파괴하는지에도 관심을 가져야 한다. 대부분의 도덕 이론가는 사회가 모든 개인의 자율성을 보호하는 방식으로 조직되어야 한다는 데 동의할 것이다. 그런데 철학자 다니엘 즈와르토드Danielle Zwarthoed가 지적했듯이 위에서 묘사한 것 같은 심리적 메커니즘은 과도한 부를 가진 사람의 도덕적 자율성을 훼손한다. 따라서 모두가 자율성을 가질 수 있게 하고 모두의 자율성을 육성하고 보호하고자 하는 사회는 개인이 얼마나 부자가 될 수 있는지에 제

한을 두어야 한다.[12]

마약으로 빠지기가 얼마나 쉬웠는지 이야기하는 부자들의 회고를 우리는 아주 많이 접할 수 있다. 이는 정신심리적인 면에서 그들이 다른 모든 사람과 마찬가지로 우리의 공감을 얻을 자격이 있음을 말해준다(정치적으로는 다른 문제라는 데는 나도 동의한다. 지금쯤이면 내가 지난 반세기 동안 일어난 사회 · 경제적 변화에 그들이 어떤 기여를 했는지에 전혀 공감하지 않고 있음이 명확할 것이라고 생각한다). 하지만 중독이라는 주제는 두 번 고개를 든다. 한편으로, 슈퍼 부자들에게는 중독이 만연해 있다. 이것은 그들의 삶의 질이 좋지 않음을 보여주는 명백한 지표다. 다른 한편으로, 부의 축적 자체가 중독성이 있다. 모건 하우셀이 《돈의 심리학》에서 설명한 바도 이와 일맥상통한다. 그는 '충분함'이란 그 반대(즉 더 많이 갖고자 하는 채워지지 않는 욕구)가 당신을 후회스러운 지경까지 몰아가게 되리라는 것을 깨닫는 것이라고 말했다.[13]

하우셀은 '중독'이라는 말을 직접 쓰지는 않았지만, 거액의 부가 미치는 심리적 영향을 설명하는 데 '중독'이라는 표현을 사용한 사람들도 있다. 2014년에 샘 폴크Sam Polk는 3년 전에 그만둔 월가 트레이더 생활을 〈뉴욕타임스〉 칼럼에서 다음과 같이 묘사했다.

> 월가에서의 마지막 해에 나는 360만 달러를 벌었다. 그리고 충분히 더 벌지 못한 것에 화가 났다. 나는 30세였다. 키울 아이도 없었다. 갚아야 할 빚도 없었다. 생각하고 있는 기부 목표액도 없었다. 나는 알코올 중독자가 더 많은 술을 필요로 하는 것과 정확히 같은 이유에서 돈을 덜 벌고 싶었다. 중독되어 있었던 것이다.

전에 알코올 중독과 마약 중독이었던 폴크는 월가의 비즈니스 문화가 부에 대한 중독의 한 형태라고 말했다. 그리고 월가의 트레이더들이 막대한 돈과 보너스를 자신이 진정으로 받을 자격이 있다고 생각하는 것은 중독을 합리화하는 기능을 한다고 설명했다.[14]

하지만 슈퍼 부자들에 대해 신경을 써야 할 또 다른, 더 설득력 있는 이유가 있다. 애비게일 디즈니는 이렇게 말했다. "나는 개인의 측면에 관심을 기울이는 것이 중요하다고 생각합니다. 매우 부유한 사람들은 대개 공인이기도 하기 때문입니다. 내면이 부식되면 그들은 오류 있고 손상된 감각을 공적으로 드러내게 됩니다. 그리고 달라진 자아 때문에 부식되고 손상된 도덕적 잣대를 사용해서 세상이 어떠해야 하는지를 결정하게 됩니다." 디즈니는 일론 머스크가 이 문제를 보여주는 완벽한 사례라고 말했다. "너무 많은 돈을 가져서 성품이 재구성된 사람은 권력의 자리에 가장 가서는 안 될 사람일 것입니다." 게다가 사회가 아직 거부들을 경외의 눈으로 보기 때문에 이들은 자동으로 젊은이에게 역할 모델이 된다. 소셜미디어로 현실 세계와 나란하게 온라인 세계, 즉 가짜 현실을 만드는 것은 상황을 더욱 악화시킨다. 99%의 사람들은 심리적으로 손상된 슈퍼 부자가 내 아이의 (그리고 나의) 역할 모델이 되는 것을 원치 않을 것이다.

부유한 사람들에게 부정적인 영향을 미치는 심리적 메커니즘이 결국 우리에게도 영향을 일으킬지 모른다는 위험도 생각해야 한다. 여러 연구에서 사회 경제적 계층이 더 낮고 덜 부유한 사람들이 부자들보다 공감을 더 잘하는 것으로 나타났다. 제대로 기능하는 사회에 공감은 꼭 필요하다. 심지어 국가 관료제와 사법시스템에도 공감이 필요하다. 그곳에서 일하는 사람들이 공감의 기술을 충분히 가지고 있어야 하기 때문이다. 또한 공감이 부족하면 일터에서나 사회적 상호작용에서 주위에 독을 뿌리고 다른 이들을 괴롭힐 가능성이 크다. 간단히 말해서, 극단적인 부가 가져오는 부정적인 심리 효과는 슈퍼 부자 자신에게만이 아니라 우리 모두에게 해를 끼친다.[15]

부의 제한주의가 실현된 사회에서 부자들도 삶이 더 나아질 수 있는 마지막 이유는 오늘날 부유한 사회를 특징 짓는 기저의 불안정성과 관련이 있다. 사회학자 레이철 셔먼은 뉴욕의 슈퍼 부자들의 삶에 대한 놀라운 연구에서 슈퍼 부자들이 자산을 수천만 달러나 가지고 있으면서도 자신과 가족을 위한 보험으로 그 돈을 가지고 있어야 한다고 생각한다는 점을 발견했다. 불운이 닥칠 경우 그 돈이 필요하리라는 것이다. 가령 가족 중 돈을 버는 사람이 한 명뿐이라서 그 사람이 일자리를 잃으면 식구 가운데 누가 아플 때 필요한 치료를 받을 수 있는 건강보험이 없을 수 있다고 말이다. 여기에 일말의 진실이 없는 것은 아니다. 가구의 부는 실제로 이혼, 장애, 실업 등의 경우에 대비한 사적인 보험 역할을 한다.[16] 극단적인 부에 대해 포커스그룹 인터뷰를 진행한 런던의 연구팀도 막대한 부의 축적이 사적인 안전망 역할을 한다는 이유로 사람들 사이에서 정당화되고 있음을 보여주었다. 많은 사람이 이 논리를 받아들인다는 사실은, 왜 불평등은 증가하는데 불평등의 심각성에 대한 일반 사람들의 우려는 커지지 않는지의 역설을 어느 정도 설명해준다. 인구 대다수는 부자와 슈퍼 부자들이 미래의 불운에 대비하기 위해 그 돈이 필요하리라는 데 동의하기 때

문에 그들이 막대한 부를 축적하는 것을 용인하고 있는지 모른다.[17]

그렇다면 우리는 어떤 결론을 내려야 할까? 안전망을 이유로 드는 부자들 중 일부는 그저 변명을 하고 있을 뿐일 것이다. 하지만 어떤 부자들은 진정으로 두려움을 느끼고 있을 수도 있다. 그렇다 해도, 이 두려움은 환상이다. 실제로 안정성을 확보하려면 모두에게 적어도 최소한의 생활 수준을 보호하는 사회가 필요하다. 고립된 개인의 세계에서는 돈을 쟁여두는 것이 안전망을 제공할지 모른다. 신자유주의가 우리에게 믿게 만들려는 것처럼 우리가 원자화된 존재라면 말이다. 하지만 우리는 매우 상호의존적인 존재다. 우리가 사는 세상에서 안정성을 획득하는 가장 좋은 방법은 리스크를 풀링하는 것이다. 윤리적으로도 경제적으로도 이것이 가장 나은 방법이다. 당신이 슈퍼 부자라면 아이가 병에 걸려서 막대한 치료비가 필요하게 된 딱 그 시점에 당신이 갑자기 소득을 잃게 되는 (있을 법하지 않은) 시나리오에 대비해 돈을 쌓아두기보다는 고용 상태에 있는지와 상관없이 모두가 양질의 의료시스템을 누릴 수 있게 하기 위해 노력하는 것이 더 낫다. 흥미롭게도, 척 콜린스의 선택이 바로 이와 같았다. 26세라는 젊은 나이에 콜린스가 자신이 물려받은 재산을 기부하기로 했을 때 아버지(오스카 마이어 육가공 공장을 물려받은 사람이었다)는 아프거나 장애를 입을 때를 대비해야 한다며 아들을 말렸다. 하지만 콜린스는 이것이 동시대 사람들 수백만 명이 살아가는 삶이고 그런 일이 생기면 자신도 다른 모든 사람과 같은 방식으로 그것을 다룰 것이라고 말했다.[18]

오늘날 많은 나라에서 복지 제도가 축소된 것을 생각할 때 어려운 시기에 완충 역할을 할 수 있도록 어느 정도 부를 축적하는 것은 말이 되지만, 그 목적을 위해 어디까지 축적해야 마땅한지에는 명확한 제한이 있다. 그 수준 이상으로 추가적인 돈을 갖는 것이 거의 이득을 가져다주지 않는 지점이 있는 것이다.

좋은 삶을 가져다주지 못하는데 무한히 돈을 축적하는 게 무슨 의미인가? 행복이나 충족감을 느끼게 해주지 못한다면 그게 무슨 의미인가? 철학자 에드워드 스키델스키Edward Skidelsky와 그의 아버지인 경제학자 로버트 스키델스키Robert Skidelsky가 옳게 지적했듯이, 이것은 자본주의하에서 우리가 묻기를 멈춘 질문이다. 하지만 과거에는 이것이 중요한 질문이었다. 아리스토텔레스부터 아퀴나스까지 많은 학자들이 좋은 삶은 명백한 제한을 인정하는 삶이라고 주장했다. 우리의 욕망과 필요가 포화되는 지점이 있음을 인정해야 한다고 말이다. 부의 제한주의의 원형이라고 할 만한 사상을 개진한 사상가들은 철학의 역사 내내 있었다. 그들은 개인이 축적할 수 있는 물질적 재화에 제한이 있는 것이 자연스럽다고 생각했다.[19]

우리는 이러한 통찰을 우리의 집합적 기억에서 지워버렸다. 우리가 오늘날 갖게 된 자기 인식과 배치되기 때문이다. 우리는 내가 내 운명의 주인이고 내가 얼마나 많이 갖고 있는지 혹은 적게 갖고 있는지는 내 책임이라고 믿으려 한다. 하지만 이것은 어리석은 일이다. 운이 삶에서 큰 역할을 하기 때문만이 아니다. 돈을 벌 수 있는 내 능력이 현재와 과거의 다른 이들에게 의존하고 있기 때문만도 아니다. 그보다는, 우리의 성품과 자아와 욕망이 상당 부분 우리가 살고 있는 사회에 의해 구성되기 때문이다. 오늘날의 사회는 신자유주의 자본주의의 온갖 속임수와 기술을 사용해 우리를 무한한 욕망을 가진 자기 중심적 소비자로 만든다. 우리를 그러한 욕망을 충족하는 것이 유일한 목적인 존재, 주변의 다른 이들이 비참함에 고통스러워해도 나는 행복하게 살 수 있는 존재로 만든다. 하지만 꼭 이래야 하는 것은 아니다. 우리 자신과 우리의 상상력을 신자유주의 자본주의의 주술에서 해방시킬 수 있다면, 부자와 슈퍼 부자들도 포함해 우리 모두가 누릴 수 있는 훨씬 더 나은 삶이 있다.

10장

우리 앞에 놓인 길

이제까지 우리는 극단적인 부에 반대하는 근거, 즉 부의 제한주의를 뒷받침하는 근거를 차례로 알아보았다. 부의 제한주의 관점을 가져야 할 이유는 많고 다양하다. 불평등에 반대해야 할 철학적인 이유도 있고, 과도한 부의 많은 부분이 부정한 돈이라는 이유도 있다. 사회의 가장 부유한 사람들이 지난 세기에 경제적 이득 중 불공정하게 많은 부분을 가져갔으므로 그들이 그 잉여를 재분배해야 한다는 이유도 있다. 그 돈으로 현재의 권력 불균형을 고치고 정치적 평등을 보호하기 위해, 또 민주주의가 훼손되는 것을 막고 소수의 부자들이 정치를 장악하는 것을 막기 위해 아주 많은 일을 할 수 있다는 점에서 부의 제한주의를 주장할 수도 있다. 또한 슈퍼 부자들의 라이프스타일, 비즈니스 전략, 조세 회피와 포탈, 로비 등이 인류 문명에 위협이 될 정도까지 생태계를 위협했음을 생각할 때, 부의 제한주의는 우리의 지구를 구하는 데도 도움을 줄 것이다. 불타는 세계에서 불을 끄는 데는 많은 돈이 필요한데, 슈퍼 부자들은 그들에게 필요하지 않은 돈을 가지고 있다. 중산층의 돈보다 슈퍼 부자들의 돈을 가져다가 불을 끄는 것이 더 합리적이다. 가난한 사람들의 돈을 가져오는 것보다 나은 것은 말할 것도 없고 말이다. 지구에 생명이 존재할 수 있는 가능성을 지키는 일에서뿐 아니라, 빈곤을 다루거나 그밖에 다른 형태의 결핍을 다루는 데서도 마찬가지다. 또한 어느 정도 수준에서 '그만하면 충분하다'고 사회적으로 인정하는 것은 부자들 자신의 삶이 더 나아지는 길이기도 하다. 마지막으로, 그리고 가장 근본적으로, 천만장자, 억만장자가 될 자격이 있는 사람은 아무도 없다.

간단히 말해서, 부의 제한주의가 실현된 사회는 더 나은 사회일 것이다. 단기적으로는 부에 제한을 두는 것이 정치적으로 가능하지 않더라도 위쪽을 눌러서 경제 불평등을 줄이면 세상을 더 나은 곳으로 만들 수 있다.

그런데, 평범한 사람들은 오늘날의 막대한 경제 불평등에 대해 얼마나 알고 있을까? 현재의 불평등이 '자연스러운' 것이 아닌 줄을 알고 있을까? 지배 계층이 조용히 글로벌 경제 규칙을 자신의 이해관계에 맞게 구성해왔다는 것을, 또 그들이 조세와 정부 지출에 대한 국가의 의사결정에 영향을 미쳐왔다는 것을 알고 있을까? 지배 계층이 자신의 경제적 위치만 높이려 하면서 가난하고 취약한 사람들에게는 거의 아무것도 남겨주지 않았다는 것을 알고 있을까?

나는 문제가 얼마나 깊은지를 많은 사람이 잘 모르리라고 생각한다. 부자, 가난한 사람, 중산층 모두 말이다. 이 책의 서두에서 보았듯이, 많은 연구에서 사람들에게 소득 분포에서 자신이 어디쯤 있을 것 같은지 물어보면 대부분 틀린 답을 했다. 가난한 사람들은 실제보다 자기 위치를 더 양호하게 생각하는 경향이 있고 부유한 사람들은 실제보다 자신이 덜 부유하다고 생각하는 경향이 있다. 사람들에게 직접적으로 사회의 소득과 부의 분포가 어떨 것 같은지 질문한 연구들에서도 사람들이 실제의 부와 소득 분포 양상을 잘 모르는 것으로 나타났다. 또한 많은 연구가 많은 사람들이 재분배로 소득 불평등을 줄이는 것에 동의하고 있다는 점도 보여주었다(몇몇 국가에서는 재분배가 일어나면 돈을 잃게 될 사람들이 이를 지지하지 않았지만 말이다).[1]

2011년에 나온 한 놀라운 연구에서 하버드 경영대학원의 마이클 노튼Michael Norton과 듀크대학교의 댄 애리얼리Dan Ariely는 미국인들이 미국의 부가 현재 어떻게 분포되어 있다고 생각하는지, 그리고 그 분포가 어떻게 달라졌으면 좋겠다고 생각하는지 알아보았다. 이 연구의 첫 번째 부분에서는 응답자들에게 5분위별 부의 분포가 세 가지 중 무엇이면 가장 좋을 것 같은지 물어보았다. 하나는 '완벽하게 평등한 분포'로, 다섯 그룹 모두 20%씩 동일한 부를 가지고 있는 것이고, 그다음으로 '약간 불평등한 분포'는 분위별로 각각 전체 부의 36%, 21%, 18%, 15%, 11%씩을 가지고 있는 것이며, 마지막은 2005년 현재 실제 미국의 자산 분포로, 첫 세 분위(상위 20%, 그다음 20%, 그다음 20%)가 각각 전체 부의 84%, 11%, 5%를 가지고 있고 마지막 두 분위는 거의 가지고 있지 않은 것이었다. 무려 92%의 응답자가 이 중 두 번째를 선택했다.

미국인들이 현재와 같은 불평등을 원하지 않는다는 것은 명백하다. 그런데 왜 더 많은 재분배를 위해 투표하지 않을까? 가능할 법한 설명은 많다. 어떤 이들은 미국에 사회적 계층 이동성이 존재하기 때문에 아메리칸 드림이 가능하리라고 믿고 있어서일 것이다. 하지만 실증근거들은 사회적 계층 이동성이 매우 제한적으로만 존재한다는 것을 보여주며, 게다가 계층 이동성은 감소하고 있다. 가능할 법한 또 다른 설명은 참가자들에게 실제 부의 분포는 어떨 것 같은지, 그리고 이상적인 부의 분포는 무엇이라고 생각하는지 물어본 위 연구의 두 번째 부분에서 찾을 수 있다. 사람들이 실제의 불평등을 현저하게 과소평가하고 있는 것으로 나타난 것이다. 실제로는 상위 20%가 부의 84.4%를 가지고 있었는데 응답자들은 상위 20%가 전체 부의 58%를 가지고 있으리라고 생각했고 이상적으로는 상위 20%가 전체 부의 31%를 가지고 있으면 좋겠다고 생각했다. 또 실제 분포에서 하위 20%는 부를 거의 가지고 있지 않았는데(전체 부의 0.1%를 가지고 있었다), 응답자들은 이들이 전체 부의 3%를 가지고 있으리라고 생각했고 이상적으로는 이들이 11%를 가지고 있으면 좋겠다고 생각했다.[2]

다른 나라에서 이루어진 연구들에서도 동일한 패턴을 볼 수 있다. 사람들은 실제의 자산 불평등을 대폭 과소평가하고 있었고 그렇게 축소해서 생각하고 있는 정도보다도 더 작은 불평등을 원했다. 임금 불평등에 대해서도 마찬가지였다. 사람들은 불평등의 정도를 실제보다 낮게 생각했고 그것보다도 더 낮았으면 좋겠다고 생각했다. 이들이 임금 불평등을 작게 인식하는 정도는 현저했다. 한 국제 연구에서 응답자들은 CEO가 저숙련 노동자보다 10배 정도 더 벌 것이라고 생각했고 4.6배면 좋겠다고 생각했다. 하지만 실제로 데이터가 존재하는 대부분의 국가에서 연구 당시에 CEO 임금과 저숙련 노동자 임금의 비는 10 대 1보다 훨씬 높았다. 미국은 354배, 독일과 스위스는 거의 150배였다. 흥미롭게도, 이상적인 비율을 물었을 때 사람들의 대답은 정치적 스펙트럼에 따라 다르지 않았다. 스스로를 정치적으로 좌파라고 생각하든 우파라고 생각하든, 모두 임금 격차가 연구 당시의 실제 격차보다 훨씬 작기를 원했다.[3]

이것이 왜 중요할까? 불평등이 높다고 인식하고 있으면 사람들은 재분배를 강하게 요구할 것이다. 반면, 지금처럼 불평등이 실제보다 작다고 잘못 생각한다면 재분배 요구는 미미할 것이다. 불평등의 실제 규모가 무엇이건, 그리고 사람들이 원하는 수준이 무엇이건, 우리는 사람들이 사실에 기반해 견해를 형성하기를 원한다. 시민들이 변화를 요구하든 아니든, 그들은 일단 정확한 정보에 쉽게 접근할 수 있어야 한다.

이를 염두에 두면, 부자들이 돈에 대해, 특히 부자와 슈퍼 부자들이 얼마를 가지고 있는지에 대해 이야기하기를 왜 꺼리는지 알 수 있다. 그리고 이는 알게 모르게 매우 해로운 영향을 미친다. 경제 불평등에 대해 사실관계에 기반해 더 공개적인 토론을 하면 재분배에 대한 정치적 지지가 높아질 것이다. 그리고 예상컨대 개인이 가질 수 있는 부에 제도적으로 상한을 두자는 의견에도 지지가 높아질 것이다.

하지만 불평등에 대해 이야기하기를 꺼리는 것은 부자들만이 아니다. 노동자 계급과 중산층 사이에서도 불평등을 줄이자는 데 거부감을 갖는 사람이 많다. 특히 부에 제한을 두자는 이야기를 많이들 싫어한다. 앞에서 언급했듯이 부의 제한주의를 이야기하면 늘 청중 중 누군가가 다가와서 (또는 소셜미디어로) 이것이 공산주의로 가는 것 아니냐고 묻는다. 때로는 기자들이 부의 제한주의가 위장한 공산주의 아니냐고 단도직입적으로 묻기도 한다. 기자든 평범한 사람들이든, 공산주의에 대해 물을 때 그들이 말하는 공산주의는 모든 의사결정이 공공선을 염두에 두고 집합적으로 이루어지기 때문에 정부가 더는 필요하지 않은 이상적이고 유토피아적인 체제를 말하는 것이 아니다. 그들이 생각하는 것은 정부가 압제적으로 중앙계획경제를 운영하는 소비에트식 공산주의다.

1989년에 베를린 장벽이 무너지고 이어서 동유럽과 소련의 공산주의 국가들이 붕괴하면서 공산주의 실험은 실패했다는 것이 지배적인 견해가 되었다. 공산권 국가들에서 어떤 이들은 오랫동안 탈출을 시도하기도 했지만, 그 시점이면 사람들 다수가 다른 곳은 훨씬 더 잘사는데 여기에서 억압적으로 사는 것은 할 만큼 했다고 생각하고 있었다. 계획경제 국가는 물질적인 생활 수준이 훨씬 낮았고 사회의 모든 수준에 심각한 정치적 억압이 있었다. 이모나 친구가 국가의 스파이가 아니라고 확신할 수 없었다. 어떤 나라에서는 누가 공부를 하고 어떤 과목을 공부할지와 같은 개인의 중요 의사결정을 국가가 내렸다. 기술 혁신도 선진 자본주의 국가들보다 훨씬 뒤처졌다. 1945년부터 1990년까지 동유럽과 소련에서 이뤄졌던 실패한 경제 실험을 우리의 사회 구조에 맞게 조금만 수정하면 되살릴 수 있으리라고 보는 사람은 거의 없었다.

따라서 경제 전체를 중앙계획으로 운영하는 버전의 공산주의를 옹호하는 사람은 이제 거의 없으며, 이는 놀랍지 않다. 나도 이 버전에는 반대한다. 어떤 소비재를 선택하고 어떤 종류의 일을 하고 어디로 장을 보러 가고 어떤 가격에서 물건을 살지 등 전체 경제를 중앙계획으로 결정할 수 있다고 생각하는 것은 믿을 수 없이 오만해 보인다. 그리고 국가 수준에서 대규모로 계획경제를 실행하는 것은 민주적이지 않은 체제에서만 가능하리라는 것을 알기는 어렵지 않다. 많은 사람들이 계획경제보다는 사업가적 정신을 자유롭게 발휘하는 것을 선호할 것이기 때문이다.

부의 제한주의가 본질적으로 중앙 계획경제 버전의 공산주의라는 주장은 우습고 또 슬프다. 우스운 이유는 극단적인 부의 집중이 없는 사회를 원한다고 해서 소련식 공산주의로 가자는 말은 아니라는 사실을 이해하는 데는 경제학까지 공부할 필요도 없기 때문이다. 이 주장은 잘못된 범주화의 오류를 저지르고 있다. 공산주의는 정치적 함의를 가진 경제 체제이고, 부의 제한주의는 경제적·사회적 제도를 설계할 때와 우리 각자가 개인적인 의사결정을 내릴 때 지침이 되어야 할 도덕 원칙이다. 따라서 부의 제한주의에 반대하기 위해 공산주의를 운운하는 사람은 적어도 이 둘의 관계를 설명할 수 있어야 한다. 너무 많은 부의 축적을 제한하자는 도덕적 지침이 어떻게 우리를 중앙 계획경제 체제로 이끌게 되는가? 그렇게 되어야 할 이유는 없다. 우리는 명령 경제를 받아들이지 않고도 부의 제한주의를 향해 갈 수 있다.

경제적 조치들을 도입하긴 해야 할 테지만, 그러한 조치 중 어느 것도 중앙 계획을 도입하거나 시장을 철폐하거나 민간 기업과 사유재산을 철폐하는 것을 필요로 하지는 않는다.

하지만 부의 제한주의가 공산주의 아니냐는 생각은 매우 슬프기도 하다. 정말 화나게 만든다는 표현이 더 적합할 것이다. 진보적인 아이디어에 반대하는 사람들이 진정한 논의를 하는 데 너무나 자주 관심이 없음을 보여주기 때문이다. 그들은 그렇게 하면 틀림없이 사람들이 논의의 장을 떠나리라는 것을 알고서 부의 제한주의를 과장되게 왜곡한다. 부의 제한주의가 사회에 좋은지, 그것이 어떤 사회 경제적 제도의 변화를 필요로 하는지 등에 대해 진지한 대화를 닫아버리려는 화법상의 전략으로 트롤링을 하고 있는 셈이다.

경제 체제에 대한 현재의 주류 논의는 이분법적인 사고로 훼손되어 있다. 소비에트 블록의 붕괴로 자본주의 주창자들은 승리를 선언할 수 있었다. 그들에게는 자본주의가 남아 있는 유일하게 바람직하고 실현 가능한 선택지다. 그 이래로 자본주의에 대한 모든 비판은 암묵적으로 공산주의를 옹호하는 것으로 받아들여졌고, 더 최근에는 (사회주의가 무엇인지 잘못 이해한 채) '사회주의'라고 비난을 받았다. 이렇게 프레임을 씌우는 것은 우리가 시민으로서 취할 수 있는 다양한 경제 체제의 선택지를 극도로 단순화하는 것이다. 그런 데다가 공산주의가 바람직하지 않다는 데 대한 합의가 광범위하게 형성되어 있으므로 유일하게 가능한 것은 자본주의라는 결론으로 이어지게 된다. 마거릿 대처Margaret Thatcher는 유명하게도 "대안은 없다. 유일하게 옹호 가능한 시스템은 자본주의다"라고 말하기도 했다.

이러한 이분법적 사고는 도움이 되지 않고 오도의 소지도 있다. 따라서 기본적인 것을 명백하게 짚어두는 게 좋겠다. 경제는 사람들이 필요로 하는 것들을 공급하는 시스템이다. 즉 필요로 하고 원하는 사람들을 위해 재화와 용역을 조달하기 위해 운용되는 사회시스템이다. 현대의 대규모 경제는 적어도 헌법과 법 질서를 보호하고 물리적인 안전과 인프라 등 일군의 공공재를 제공하기 위해 정부가 운영하는 국가가 있어야 한다. 재화와 서비스를 생산할 수 있는 경제 행위자는 국가, 개인 전문직 종사자, 이윤을 추구하는 기업가, 비영리기구, 단체 등 다양할 수 있다. 재산은 사적으로도, 공적으로도(국가 소유), 집합적으로도(일군의 사람들이 공동으로 소유) 소유될 수 있다. 시장은 전혀 규제되지 않는 시장부터 강하게 규제되는 시장까지 다양하게 있을 수 있다. 그러한 규제들이 얼마나 집행되느냐에도 스펙트럼이 있다. 규제는 제품의 안전이나 질, 판매자와 구매자 사이의 법적 계약 조건, 최저 또는 최대 가격의 설정 등 다양한 측면을 다룰 수 있다. 또한 어떤 재화와 서비스는 불법화할 수도 있으며 어떤 기업은 규모가 너무 커서 시장에서 소비자의 이익이 적절하게 보호될 수 없다고 여겨져 제약될 수도 있다.

이 모든 것이 현재 우리 경제에 존재한다. 우리는 우리 경제를 '자본주의 체제'라고 부른다. 하지만 오늘날 실제로 운영되는 자본주의는 1945년부터 1970년대까지 글로벌 북부 국가들에서 지배적인 모델이었던 '혼합 경제'의 다양한 요소를 가지고 있다. 정부와 협동조합이 소유한 자산도 있고, (안전, 환경, 투명성, 소비자권리 등에 대한) 여러 종류의 규제도 있으며, 국가가 공급하는 재화도 있고(국가가 직접 생산을 담당하기도 하고 외주를 주되 국가가 비용을 지불하기도 한다), 시장 구조에 대한 규제도 있다.

하지만 서구 경제가 여전히 혼합 경제이긴 해도 혼합의 구성이 크게 바뀌었다. 1970년대 이래로 재화의 공급이 상당 부분 공공에서 민간으로 넘어갔고 많은 공공 자산 역시 민간으로 넘어갔다. 민간 시장에 대한 규제는 약화되었다. 반면 공공 영역과 준공공 영역(학교, 복지, 의료 등)은 규제와 관료적 통제가 강화되었다. 많은 나라에서 있었던 철도, 우편, 통신 서비스의 민영화와 국영 은행의 매각, 또 전에는 지역 정부나 비영리 협동조합이 소유했던 사회적 주거의 민간 매각 등이 이러한 과정의 대표적 사례다.[4]

규제 완화는 경제의 무게중심이 민간 소유자에게로, 특히 자본 소유자(부와 기업을 소유한 사람)에게로 옮겨가게 만들었다. 부를 소유한 사람들은 금융 규제 완화에서 어마어마한 이득을 보았고, 점점 더 많은 재산을 축적할 수 있었다. 그럼에도 2008년 금융위기 이후의 막대한 구제 금융이 보여주었듯이 그들이 실패하면 정부가 그들을 구제했다. 많은 경우에 위험은 사회화되었고 보상은 사유화되었다.

한편, 대부분의 노동자에게는 규제 완화가 불리하게 작용했다. 이들의 일자리는 사모펀드 회사에 의해, 또는 회사 자체적으로 비용 절감과 효율성을 위해 구조조정되고 난 뒤 '재발명'되었다. 전에는 경제적 안정과 사회적 보호를 제공하는 일자리에 있었던 노동자들이 '유연한' 일자리로 밀려났다. 유연화의 단점은 노동자들의 부담으로 떨어졌고 유연화의 이득은 고용주와 주주들이 가져갔다. 이를 보여주는 가장 분명한 사례는 플랫폼 경제의 부상과 성장일 것이다. 노동자들은 플랫폼에서 소비자가 콜을 할 때 일(음식 배달 등)에 바로 출동해야 한다. 이는 노동자가 원하는 시간에 원하는 방식으로 일하게 해줄 것이라고 기대되었지만, 실상은 현대판 일용직 노동자가 되는 결과로 이어졌다. 젊은이가 공부를 하거나 부모님과 함께 살면서 용돈 정도를 버는 데는 적합할지 몰라도 성인이 어느 정도의 생활 수준에서 가족을 부양할 만한 토대가 되지는 못한다. 그러는 동안, 플랫폼 회사와 노동력을 유연하게 재구성한 회사를 소유한 사람들은 천만장자, 억만장자가 되었다.

혼합 경제의 속성이 이렇게 변하면서 민간이 소유한 부 대비 공공이 소유한 부가 감소했고 권력이 국가에서 민간으로 이동했다. 또한 부자들을 막대하게 더 부유하게 만들어 불평등을 크게 심화했고, 많은 나라에서 빈곤이 증가했다. 정부 소유나 집합적 소유 형태가 아직 남아 있긴 하고, 이러한 사례는 늘 없지는 않았다. 그런 면에서 우리 경제는 언제나 혼합 경제가 가질 수 있는 형태의 스펙트럼상에서 어딘가에 있을 것이다. 미국과 캐나다에서 사람들에게 인기가 많은 국립공원을 생각해보자. 국립공원은 연방 정부와 지역 정부가 소유하고 있고 방문객을 받는 것은 공공 서비스로 운영된다. 국립공원을 가장 높은 값을 부르는 민간 기업에 매각한다면 대부분의 시민은 경악할 것이다. 또한 세계 곳곳에서 비영리 협동 조합 형태로 사람들이 모여 생물종 다양성을 높이고 생태계를 환경 파괴에서 보호하기 위해 토지를 매입해 복원하고 있다. 이들은 정부에도, 이윤을 추구하는 민간 영역에도 의존하지 않으면서 모두를 위해 생물종 다양성을 지키고 자연 공간을 방문객들이 누릴 수 있게 함으로써 공공재를 창출하고 있다.

정부도 계속해서 다양한 방식으로 경제에 관여하고 있다. 정부는 학교를 지원하고, 대부분의 나라에서는 대학과 연구기관도 지원한다. 많은 국가가 시간당 임금의 최저선을 정한 최저임금제를 가지고 있다. 또 2022년 겨울에 러시아가 우크라이나를 침공해 유럽에서 가스와 석유 공급이 교란되었을 때 유럽 국가들은 가스와 전기 가격에 상한을 두어 통제했다.

오늘날 운영되는 어떤 경제도 순수한 자본주의 형태일 수는 없을 것이다. 기업과 시민 모두가 보조금, 사회 급부, 규제 등에 의해 지원을 받는다. 우리가 질문해야 할 것은 자본주의냐 사회주의냐가 아니라 구체적으로 어떤 조합으로 시장, 규제, 재분배, 정부 소유, 민간 소유, 집합적 소유의 혼합을 구성할 것이냐다.

앞으로 우리에게 어떤 경제 체제가 필요할 것인가보다 더 중요한 질문은 거의 없을 것이다. 부의 제한주의만으로 이 질문에 답할 수는 없다. 새로운 경제 체제로 전환한다는 것은 일군의 새로운 규칙과 제도들을 선택한다는 뜻이다. 본질적으로 이것은 정치적인 결정이다. 새로운 규칙과 제도들을 선택하는 것은 무엇이 우리가 집합적으로 원하는 욕망과 필요인지를 결정한 다음에야 이루어질 수 있고, 이는 부의 제한주의 주장을 넘어서는 질문들을 제기한다. 예를 들어 노동의 미래와 금융 분야의 미래에 대한 질문도 여기에 포함될 것이다. 부의 제한주의 프로젝트가 이 전환에서 기여할 수 있는 부분은 우리가 추구해야 할 새로운 경제 체제에 명백한 요구 조건 한 가지를 제시하는 것이다. **우리는 불평등이 어느 범위 이상으로 커지지 않게 하고 부자들의 잉여 재산을 사회의 긴박한 필요를 해소하고 집합 행동의 문제를 다루는 데 사용**

하는 경제 체제를 지어야 한다. 또한 부의 제한주의 프로젝트에는 개인의 윤리에 대한 요소도 포함되어 있음을 잊지 말아야 한다. 물론 우리에게는 지금과는 다른 경제 '체제'가 필요하고 우리는 구조적 인 변화에 집중해야 한다. 하지만 그러한 변화가 이루어질 때까지의 기간 동안 도덕적 행동의 역량이 있는 인간으로서 우리는 취약한 사람들과 세상에 큰 변화를 가져다줄 수도 있는 귀한 자원을 개인적으로 쟁여두어 낭비하지 말아야 한다.

이 윤리적 차원은 중요하다. 어떤 경제가 취할 수 있는 구체적인 형태는 오랜 시간이 걸리는 변화들을 필요로 하며 이것은 사회의 우선순위에 따라 달라진다. 물질적 이득이 인센티브의 주요 요소가 아니고 사람들이 개인의 가치관, 스스로 설정한 도전, 내재적인 즐거움, 자부심, 명예를 위해서도 일하는 세상에는 제도의 설계와 조세 구조의 선택만이 아니라 문화에 내포된 공동의 가치들도 필요하다. 아마도 이것은 우리가 수행해야 할 가장 큰 도전일 것이다. 우리는 사회와 우리 자신에 대한 견해에 균형을 새로이 잡아야 한다. 그러한 관점의 전환을 한다면 부의 제한주의는 매우 자연스러운 것으로 여겨질 것이다. 그러므로 우리가 스스로를 새로운 방식으로 인식해야 한다는 것이 어리둥절하고 돈이나 부에 대한 주제와 거리가 멀어 보이더라도, 사실 이것이야말로 부의 제한주의로 가는 가장 중요한 첫 단계다.

클리셰이긴 하지만, 진정으로 우리는 생존과 번영을 위해 서로를 필요로 한다. 게다가 우리 모두 취약하다. 운이 아주 좋으면 생애의 시작과 끝, 그리고 아프거나 다쳤을 때만 취약하지만 우리 중 일부는 운이 덜 좋아서 지상에서 살아가는 내내 지원이 필요하다. 심리학자들은 많은 사람들이 자신이 강하고 스스로 알아서 살아갈 수 있다고 생각하는 것이 정말 연구 주제라고 생각한다. 우리는 그런 존재가 아니니 말이다. 다른 사람들의 도움이 없다면 우리 중 누구도 그리 오래 생존할 수 없다.

이러한 근본적인 취약성을 인정한다면, 우리가 사회를 조직하는 방식이 크게 달라질 것이다. 공동체를 일구는 것과 돌봄이 집합적 의사결정에서 핵심이 될 것이다. 그러면 언제 나의 가치관과 일에 우선순위를 두어도 되고 언제 다른 이들에 대한 돌봄을 반드시 더 우선해야 하는지에 대해 합리적이고 균형 잡힌 의사결정이 이루어지게 될 것이다. 일론 머스크나 제프 베조스가 가져다줄 세상이 이러할까? 나는 아니라고 생각한다.[5]

지난 몇 년 사이에 더 사려 깊고 가치에 기반한 대안 경제 체제에 대해 많은 안이 나왔다. 어떤 이들은 우리가 자본주의를 고수하되 보편기본소득을 도입해야 한다고 주장한다. 어떤 이들은 생산수단에 대한 소유권이 더 공유적인 방식으로 분포되는 '자산 소유 민주주의'를 주장한다. 어떤 이들은 더 인간적인 경제를 만들려면 일터를 민주화하는 것이 핵심이라고 말한다. 또 어떤 이들은 복지 국가를 되살려서 시장에서 발생한 불평등을 교정하는 것이 더 중요하다고 말한다. 예를 들어 본질적인 재화와 서비스는 시장에서 공급되게 하지 말고 국가가 공급하도록 말이다. 어떤 이들은 기업이 창출하는 가치, 그리고 정부가 기업을 규제하는 데서 수행하는 (수행해야 하는) 역할에 초점을 맞춘다. 오스트리아의 경제학자 크리스티안 펠버Christian Felber는 '공공선의 경제'를 주장했다. 경제의 목적이 사람들의 욕망을 충족하고 물질적 안락의 축적을 가능케 하는 것이라는 개념을 거부하고, 현재와 미래 세대 모두의 필요를 충족하고 생태적 고려를 하는 데 관심을 기울여야 한다는 것이다.[6]

또 어떤 이들은 새 경제 체제가 GDP 성장에 집착하는 것을 멈추고 지속가능한 번영을 목표로 삼아야 한다고 주장한다. 이러한 견해를 '탈성장론'이라고 한다. 잘 알려진 이론 하나는 영국 경제학자 케이트 레이워스Kate Raworth가 주창한 '도넛 경제'다. 고리 모양 도넛은 모든 기본적인 인간의 필요가 충족될 수 있는 '사회적 토대'와 우리의 활동이 지구적 한계 내에 있어야 함을 말하는 '생태적 천장' 사이의 공간을 의미한다. 레이워스는 도넛 경제로 가려면 불평등을 줄이고 비시장 경제에 더 관심을 기울여야 하다고 주장했다(가정이 생산과 돌봄의 중심 무대가 된다). 비슷한 제안으로 '웰빙 경제'도 있다. 여러 학자와 정책 결정자들이 제안한 아이디어를 '웰빙 경제 연맹Wellbeing Economy Alliance'이라는 단체가 모아서 통칭한 것이다. 웰빙 경제는 GDP가 아니라 현재와 미래에 사람들이 누릴 웰빙이 정부 정책의 토대가 되는 경제 체제다. 현재 웨일스, 스코틀랜드, 뉴질랜드가 웰빙 경제 프레임워크를 도입하기로 하고 정책 가이드라인을 개발하고 있다.[7]

대안 경제에 대한 이 기다란 (그리고 더 많은) 목록은 고무적이다. 정치인부터 학자, 또 평범한 사람들까지 많은 이들이 더 나은 경제를 향해 가기 위해 노력하고 있다는 의미이니 말이다. 또한 이 목록은 부의 제한주의가 다양한 형태의 경제에서 받아들여질 수 있다는 의미이기도 하다. 이러한 제안들을 전체적으로 평가하는 것은 이 책의 범위를 벗어난다. 내가 할 수 있고 해야 할 일은 다음의 질문을 던지는 것이다. 부의 제한주의는 현실에서 무엇을 의미하는가? 부의 제한주의가 현실이 되게 하려면 무엇이 필요한가? 어떤 변화가 있어야 아무도 슈퍼 부자가 되지 않는 세계를 만들 수 있는가?

이 질문에 답하기 전에 세 가지를 강조할 필요가 있을 것 같다. 첫째, 부의 제한주의가 규제적 '이상'임을 잊지 말아야 한다. 그것을 향해 추구해 나가야 하는 것이지 그것을 완전히 실행하기는 어려울 것이다. 우리는 그 방향을 향해 여러 가지 조치를 밟을 수 있다. 장기적으로는 그 이상을 향해 더 가까이 간다는 목표를 포기하지 않되, 단기적으로는 타협을 할 필요도 있을 것이다. 우리는 이러한 변화가 일어나도록 함께 일어나 목소리를 내야 한다. 그리고 언제나 우리는 우리가 원하는 만큼까지는 나아가주지 못하지만 그럼에도 장기적 목표를 향해 가는 데 도움을 줄 수 있는 사람들과 함께 연대해야 할 것이다. 물론 그러한 실용적인 타협을 할 때, 이번의 승리 이후에 궁극적 목표를 향해 더 나아가는 것을 멈추어서는 안 된다. 조세 피난처를 닫는 것을 생각해보자. 이것은 큰 승리일 것이다. 파티를 열 만하다! 하지만 부의 제한주의를 실현하려는 사람들은 이 승리를 축하하면서 느슨하게 풀어져서는 안 되고, 극단적인 부가 존재하지 않는 세상이라는 목적을 달성하는 데 필요한 다른 변화들을 위해 싸움을 계속해야 한다.

둘째, 극단적인 부를 (또한 빈곤도) 한 방에 없앨 수 있는 마법의 약은 없다는 점을 기억해야 한다. 불평등을 없애기 위해 노력하는 사람들은 대부분 이를 잘 알고 있으며, 대부분의 활동가와 단체들은 다양한 수준에서 광범위한 제안들을 제시하고 있다. 그런데도 부의 제한주의에 반대하는 사람들, 또는 평등을 향한 어떤 종류의 진보에도 반대하는 사람들은 부의 제한주의나 평등주의를 마치 그것이 단 한 가지 제안인 것처럼 과장해 단순화한다. 예를 들어 이들은 부의 제한주의가 '내일 당장 최고소득세율 100%를 실시하자'는 주장이기라도 하듯이 과장해서 반대한다. 이러한 반대는 어리석은 것이며, 부의 제한주의에 신뢰를 떨어뜨리려는 (조악한) 시도라고 보아야 하고 그 이상으로 진지하게 고려할 가치는 없다. 우리에게 필요한 것은 다양한 조치의 조합이다. 그중 어느 것도 그것 하나만으로는 완벽하지 않지만 함께 작동하면 우리가 목표에 도달하는 데 도움이 될 것이다.

셋째, 궁극적으로는 무엇이 이뤄져야 하는지를 대중이 결정해야 한다. 정확히 무엇이 필요한지 자신이 다 안다고 주장할 수 있는 개인은 없다. 그러므로 이제 우리는 부의 제한주의를 받아들일지, 받아들인다면 어떻게 실행할지에 대해 중요한 공공 토론을 해야 한다. 여기에서 내 역할은 답을 내는 것이 아니라 다양한 일반 원칙을 제시해 이 논의에 정보를 제공하고 더 많은, 그리고 틀림없이 더 나은 아이디어로 이어지게 하는 것이다. 함께하면 우리는 더 많이 알 수 있다. 자, 이 세 가지를 염두에 두고 부의 제한주의가 실행되려면 무엇이 필요할지 생각해보자.[8]

부의 제한주의를 실현하기 위해 가장 먼저 해야 할, 그리고 가장 중요한 일은 앞에서도 언급했듯이 **신자유주의 이데올로기를 해체하는 것**이다. 그것이 우리가 직면한 문제의 핵심이기 때문이다. 신자유주의 이데올로기는 우리가 우리 자신을 보는 방식, 사회를 보는 방식, 어떤 규범과 가치가 중요한지에 대한 우리의 생각, 우리가 투표로 선출하는 정치인, 우리 경제에서 기업이 운영되는 방식, 우리의 기본적인 사회 제도의 구조를 바꿔놓았다. 다시 말하면, 지난 세기에 개념으로서의 신자유주의는 점차 물리적인 형태를 띠어가면서 오늘날 우리가 살고 있는 신자유주의적 사회로 진화했다. 부의 제한주의와 신자유주의는 근본적으로 상충한다. 신자유주의가 계속해서 지배적 이데올로기로 남아 있는 한 그것이 일으킨 영향과 싸우는 데는 한계가 있을 것이다. 우리는 근원을 공격해야 하고 신자유주의를 더 인간적인 무언가로 대체해야 한다. 경제적 효율성이라는 개념에만 협소하게 초점을 맞추는 이데올로기가 아니라 기본적인 인권을 타협 불가능한 것으로 여기고 공정성을 중심에 놓는 이데올로기로 말이다.

신자유주의는 우리가 직면한 문제들에 대해 민주적 숙고에서 나오는 해법보다 '기술관료적' 해법을 취해야 한다는 생각을 촉진한다. 모든 문제에는 기술관료적 해법이 있고 그것은 민주적 토론의 영역이 아니라고 보는 것이다. 인간 본성에 대해서도 신자유주의는 우리가 스스로를 '인적 자본'에 투자하는 존재, 또는 소비자, 또는 노동 시장에 노동력을 제공하는 노동자로만 보게 할 뿐 이웃으로서나 정치 독서 모임 등의 회원으로서 적극적으로 사회에 참여하는 활동가, 조직가, 토론가로 보게 하지는 않는다. 그러므로 우리는 우리 자신을, 다른 사람들을, 지각을 가진 비인간 생물을, 지구를, 그리고 우리가 참여하는 모든 활동을 지금과는 다른 방식으로 볼 수 있는 방법을 찾아야 한다. 이는 우리가 '정치적 동물로서' 민주적 과정을 구성해가는 공동체적 실천에 참여해야 한다는 의미다. 우리는 정치를 다시 찾아와야 한다. 우리는 민주주의를 다시 찾아와야 한다.

신자유주의 이데올로기는 하늘에서 뚝 떨어진 것이 아니다. 신자유주의 이데올로기는 지식인, 기업인, 정치인들이 우리로 하여금 정부는 무능하고 부패했으며 공무원들은 이기적이고 자유시장은 다른 모든 것보다 절대적으로 우월하다고 믿게 만든, 잘 조직화된 노력의 결과였다. 이러한 노력은 주류 미디어의 내러티브를 바꾸었고, 학생들이 학교와 사회에서 배우는 내용을 바꾸었으며, 기업인과 공직자들이 사용하는 어휘를 바꾸었다. 그리고 신자유주의적인 사회·경제 조치들이 구체적으로 도입되면서 우리 세계는 경쟁과 탐욕이 지배하는 사회로 바뀌었다. 신자유주의는 나라마다 다른 형태를 띠었지만, 그것이 자연스럽거나 불가피하게 온 것이 아니라 [신자유주의를 추동하는] 사람들이 그것을 실행하고 강화하기로 의도적으로 선택한 데서 나온 결과였다는 점은 모든 곳에서 같았다.[9]

좋은 소식은, 우리가 선택을 통해 신자유주의를 바꿀 수도 있다는 의미이기도 하다는 점이다. 우리는 신자유주의의 대안을 진전시켜야 한다. 신자유주의의 규범, 신자유주의가 우리의 사고와 자기 이해를 재구성하는 방식, 신자유주의가 우리의 정책과 제도를 재구성하는 방식에 대해 그것이 아닌 대안을 진전시켜야 한다. 우리가 스스로에 대해 이야기하는 방식에서, 우리의 학교와 기업과 조직의 문화에서, 우리 사회 안에서와 국제 세계에서 협력하는 방식에서, 이 모든 다양한 층위에서 변화가 필요하다.

이 중 어느 것도 신자유주의 시스템이 지금 우리 모두에게 무엇을 하고 있는지를 파악하지 않고는 할 수 없을 것이다. 지금까지 신자유주의 비판은 정치·경제 전문가들 사이에서 조금씩 발달해왔다. 이제 우리는 정치를 통해, 교육을 통해, 예술을 통해, 그것을 모두와 공유해야 한다. 켄 로치의 〈나, 다니엘 블레이크〉나 애비게일 디즈니와 케이틀린 휴즈의 〈아메리칸 드림과 그밖의 동화들〉, 루벤 외스틀룬드Ruben Östlund의 슈퍼 부자들에 대한 신랄한 풍자 〈슬픔의 삼각형Triangle of Sadness〉(2022)과 같은 다큐멘터리들이 그러한 노력의 사례다.

신자유주의의 작동 양식이 낱낱이 드러나면 이 모델하에서 승자와 패자가 있다는 것이 명백해질 것이고, 우리가 그것을 왜 바꾸어야 하고 왜 그것이 아닌 대안 체제가 훨씬 더 나은지도 명백해질 것이다.

부의 제한주의가 필요로 하는 일 두 번째는 **계급 간의 분리를 줄이는 것**이다. 이는 민주주의를, 구체적으로는 민주주의적 '시민'을 회복시키고 육성하는 데 직접적으로 도움이 되기 때문에 꼭 필요하다. 계급의 통합은 삶의 배경이 서로 다른 사람들 사이에 공감의 문화를 창출하고 계급을 가로지르는 우정의 기회를 더 많이 만들어낸다. 가난한 사람과 취약한 사람을 한 명도 모른다면 가장 취약한 사람들에게 긴축 정책을 부과하는 신자유주의 정부에 투표하기가 더 쉬울 것이고 가난한 사람들이 단지 게으르거나 그들에게 왔을지 모를 기회를 스스로 차버려서 가난한 것이라고 생각하기가 더 쉬울 것이다. 현재 슈퍼 부자들은 물론이고 너무나 많은 부유층과 중산층 사람들이 노동자 계급의 삶을 알지 못한다. 그리고 이는 그들이 내리는 경제적·정치적 결정에 매우 중대하게 영향을 미친다. 부유층이 노동자 계급이 처한 현실을 더 잘 이해한다면 사회적 주거의 해체나 복지 수급자에게 모멸과 통제를 부과하는 복잡한 관료제적 절차처럼 불평등 증가에 일조한 정책과 제도들을 폐지하는 데 도움이 될 것이다. 이것은 단지 누가 부자가 되고 누가 가난해지는지가 운에 영향을 받는다는 점을 분명히 알게 해줄 것이어서만이 아니다. 계급의 분리가 줄면 불평등이 얼마나 심각한지도 드러내줄 것이다. 현재로서 불평등을 제한하자는 정치적 요구는 그리 강하지 않다. 하지만 우리가 문제를 제대로 인식한다면 달라질 것이다. 척 피니와 이본 쉬나드가 검소한 생활을 하기로 하고 궁극적으로 자기 재산을 기부하기로 한 것은 그들 자신이 노동자 계급 출신임을 생각하면 전혀 우연히 일어난 일이라고 볼 수 없다. 가난이 무엇을 의미하는지 경험해보는 것은 중요하다.

계급 간의 분리를 줄이는 것을 개인에게 맡겨야 할까? 누구나 계층적으로 혼합된 스포츠팀이나 클럽에 들어갈 수 있지 않은가? 여기에 정부가 필요할 일이 무엇인가? 개개인이 사회적 교류의 폭을 넓히기로 선택하면 되는 일 아닌가? 애석하게도, 개인의 자발적인 행동으로는 계급 간의 분리를 줄이지 못할 것이다. 자발적인 참여에만 맡긴다면 매우 부유한 특권층은 계급 통합의 노력에 동참하지 않으리라고 쉽게 예상할 수 있다. 그들은 계속 그들만의 단단한 버블에, 별도의 세상에 있을 것이다. 많은 부유한 사람들이 '위를 보면서' 더 부유한 사람들을 기준점으로 삼을 것이다. 연구 결과들은 부유층이 계급 간의 분리를 극복하려는 시도에 저항할 가능성이 큼을 시사한다. 앞에서 보았듯이, 사회적 교류의 범위를 적절한 사람들로만 한정하는 것은 그들이 자신의 재산 때문에 받게 되는 심리적 부담을 피하는 전략 중 하나다. 형편이 더 안 좋은 사람들과 자신 사이의 간극에 직면하고 싶지 않은 것이다.[10]

따라서 계급 간의 상호작용이 자연스럽게 이루어지게 할 구조적인 변화가 필요하다. 주거, 교육 등에서 사회적 통합을 촉진할 공공 정책이 있어야 한다. 예를 들어, 정부는 자가와 임대가 섞여 있고 상업용 주거와 사회적 주거가 섞여 있는 혼합형 주거 동네를 만들어야 한다. 또한 정부가 옛 공공 건물이나 공터 등 사용되지 않고 있는 공공 공간을 어떤 목적으로 사용할지 결정할 때는 단순히 가장 높은 값을 부르는 데 매각할 것이 아니라 시민들 사이에 충분한 접촉이 이뤄지게 하는 것의 중요성을 고려해야 한다.

또한 우리는 시민 모두가 국가를 위해 공민적 의무에 복무하게 하는 시스템을 진지하게 고려해야 한다. 스탠퍼드대학교의 철학 교수 데브라 사츠Debra Satz는 군 복무 중이거나 근로가 불가능한 기저 증상이 있는 경우를 제외한 18~25세의 모든 미국인이 의무적으로 1년간 공공 서비스 분야에서 일하도록 하는 안을 제시했다. 공공 토지의 유지 관리, 노인 돌봄, 교육, 그밖의 공공 프로젝트에서 일하는 것이다. 사츠는 민주적 '시민'은 투표권, 납세 의무, 준법 의무만 필요한 것이 아니라 민주적 과정에 기꺼이 따르고자 하는 태도도 필요하다고 설명했다. 여기에는 공민적 마음가짐이 있어야 하는데, 지난 몇십 년간 모든 사회 경제적 집단이 의무적으로 한데 섞이게 되는 집합적 활동이 거의 없어지면서 이것이 상당히 약화되었다. 이는 서로에 대한 기본적인 이해의 가능성을 점점 더 없앴다. 배심원단으로 참여할 의무가 그러한 제도 중 하나인데(미국이 유일한 사례다), 대부분은 평생 배심원으로 참여해달라는 요청을 받지 않고 참여한다 해도 많은 시간 활동하는 것은 아니며 생애의 나중 시기가 되어서야 참여하는 경우가 많다. 모두에게 공민적 근무를 의무화하는 것은 오늘날 집단 간의 심각한 분절을 해소하는 데 도움이 될 것이다.[11]

부의 제한주의가 필요로 하는 일 세 번째는 **경제 권력에 균형을 잡는 것**이다. 정치 권력에 대해서는 몇몇 핵심적인 시민의 권리가 정부의 통치 영역을 넘어서는 천부의 것이며 정치 권력은 입법, 사법, 행정 사이에 명백하게 분립되어야 한다는 개념을 받아들였다. 자유주의적 민주주의 국가에서 이는 권력의 남용을 막고 시민의 자유를 보호하며 우리를 압제로부터 지키기 위해 꼭 필요하다. 우리 모두 견제와 균형의 시스템이 필요하다는 데 동의한다. 정치 권력을 어느 한 기관에 위임할 때는 다른 기관이 길항 권력을 갖게 해야 한다고 말이다.

그렇다면 경제 권력에서도 그러한 균형을 갖지 못할 이유는 무언가? 몇백 년 전부터도 학자들은 경제 또한 권력의 영역이라는 사실을 잘 알고 있었다. 애덤 스미스Adam Smith는 1776년에 《국부론The Wealth of Nations》에서 핀 공장 소유자와 그곳 노동자들 사이에 커다란 권력 불균형이 있음을 언급했다. 이론적으로는 노동자들이 자신이 수행하는 노동에 비해 임금이 너무 낮다고 생각할 경우 그 노동을 거부할 수 있다. 하지만 현실에서는 먹여야 할 입이 있고 저축해놓은 돈은 없다. 그들은 노동을 거부할 수 있는 선택지가 없거나 협상력이 없고, 그래서 소유주가 제시하는 적은 임금이라도 받아들여야 한다. 소유주는 노동자가 처한 것 같은 시간 압박에 놓여 있지 않아서 더 큰 권력을 행사할 수 있고, 가난한 사람들의 취약성을 악용할 수 있다.[12]

현대의 정치철학자들은 이를 지배와 착취의 상황이라고 묘사할 것이다. 노동자들이 다른 어떤 합리적 선택지도 갖지 못하기 때문이다.

노조가 만들어진 이유가 바로 이것이다. 노동자들이 지배에 저항할 수 있게 하는 것 말이다. 또한 이것은 현재 미국에서 벌어지고 있는 형태의 노조 파괴가 노동자들에게 왜 심각한 타격인지도 말해준다. 노조가 없으면 노동자들이 착취에 더 취약해질 것이기 때문이다.[13]

연구 경력 전체를 빈곤, 불평등, 공공 정책 연구에 바친 영국 경제학자 앤소니 앳킨슨Anthony Atkinson은 2015년 저서 《불평등: 무엇을 할 것인가Inequality: What Can Be Done?》에서 15개의 제안과 5개의 아이디어로 구성된 어젠다를 제시했다. 그가 제시한 제안 중 두 번째는 경제에서 길항 권력을 강화하는 것의 중요성에 초점을 맞추고 있다. 여기에는 회사에서 노동자들이 의사결정에 참여하게 하는 것, 노조를 보호하는 것, '사회적 파트너들 및 비정부 기구들'과 함께 정책 수준에서 노동 문제들을 논의할 수 있는 '사회 · 경제 위원회'를 만드는 것 등이 포함되어 있다. 경제에 길항 권력이 있으면 임금과 노동 조건을 개선해 아래쪽을 들어올림으로써 불평등을 줄일 수 있다. 또한 CEO의 보수가 어마어마한 수준이 되지 않도록 제약해 위쪽을 내리누름으로써도 불평등을 줄일 수 있다.

오늘날 경제 권력에 균형을 잡고자 한다면 우리가 추구해야 할 명백한 전략들이 있다. 하나는 앳킨슨이 지적했듯이 노조를 보호하고 강화하며 노조 파괴 행위를 범법화하는 것이다. 또 하나는 노동자들에게 조직화의 중요성을 교육하는 것이다. 또한 어떤 학자와 활동가들은 일터가 민주화되어야 한다고 주장한다. 독일의 공동 의사결정 시스템(이사회의 절반은 사측 대표, 절반은 노동자 대표다)처럼 기업 경영에 노동자가 참여하는 온건한 방법을 통할 수도 있고 더 급진적으로 노

동자가 직접 경영에 참여함으로써 일터를 민주화할 수도 있다.[14]

막대한 권력 불균형이 있는 경제 영역은 노동만이 아니다. 5장에서 보았듯이, 예를 들어 주주의 이익과 사회의 이익 사이에도 불균형이 있다. 그러므로 우리는 경제 권력의 집중을 피하려면 어떤 다양한 조치들의 묶음이 필요할지 물어야 한다. 기업에서, 산업에서, 금융에서 볼 수 있는 경제 권력의 집중은 CEO 보수가 수백만 달러가 되게 하고 주주의 이익이 노동자, 소비자, 환경의 이익보다 우선하게 하면서 부의 극단적인 집중을 가능케 했다.

부의 제한주의에는 **조세 재정 당국의 역량 회복**도 필요하다. 국가의 조세시스템은 사회 계약의 핵심이다. 세금을 얼마나 내야 하는지, 시민들은 어떤 급부를 받을 자격이 있는지 등의 결정은 사회에서 이득과 부담을 나누는 데서 핵심이다. 잘 기능하는 조세 재정시스템이 없으면 경제 정의는 흔들린다. 부의 제한주의를 위해 노력하든 누진세를 위해 노력하든 그밖의 어떤 조세 체계를 위해 노력하든 간에, 다른 이들이 세금을 회피하고 포탈하는 한 무용지물일 것이다. 따라서 국민들이 그렇게 하기로 결정했다면 국가는 세금을 올릴 수 있어야 하고 조세 회피와 포탈을 엄중하게 단속할 수 있어야 한다.

신자유주의 시대를 거치면서 국가의 조세 권한이 극적으로 약화되었고, 조세에 구멍이 크게 늘었다. 세금 신고를 확인하고 기타 조세 관련 업무를 하는 국가 기관들은 인력과 자금이 부족하다. 조세 피난처는 번성하고 있다. 국경을 넘는 조세 사기를 막을 국제적인 역량은 부족하다.

이런 상황인 한, 국가가 높은 세율을 적용할 수 있는 능력, 특히 자산과 자본 이익에 과세를 높일 수 있는 능력은 너무 약할 수밖에 없다. 오늘날 조세 제도가 기업 소유자와 부자들을 우대하고 있는데도, 느슨한 시스템하에서 대부분 국가가 막대한 세금 회피와 포탈을 겪는다. 자본 이익과 투자 이익에 대한 세율과 소득에 대한 최고한계세율을 높이면 탈세가 더 심해질 것이다. 나는 부자들에게서 세금을 걷는 것을 부자들이 자신에게 유리하게 세법을 왜곡해 해석하지 않고 법의 정신에 따라 납세를 하는 공민적 책임감을 발휘해주리라고 믿는 데만 의존하는 것은 합리적이지 않다고 생각한다. 과거의 경험을 보건대, 그런 것이 가능하리라고 믿을 만한 이유를 찾을 수 없다. 오히려 신자유주의 문화는 피할 수 있는 세금을 내는 것은 멍청한 일이라는 견해를 널리 퍼뜨려 놓았다.

조세 당국의 역량을 회복시키는 것이 가능할까? 국가 간에 조세 경쟁이 있고 그에 따라 자본 도피가 벌어지는 한, 즉 부자들이 자기 돈을 세금이 가장 낮은 데로 옮기는 한, 개별 국가가 조세에 대해 의사 결정을 내리는 데는 한계가 있을 것이다. 하지만 자본의 이동은 중력 법칙이 아니다. 정부들이 협력할 의지만 있다면, 자본의 이동은 규제될 수 있다. 독일계 캐나다 경제학자이자 정치철학자 피터 디치Peter Dietsch는 이 문제에 대한 상세한 해법을 개발했다. 핵심은 간단하다. 정부들이 자국 관할하에서 활동하는 사람들, 즉 자국의 인프라에서 이득을 보는 사람들에게 세금을 물리기로 합의하는 것이다. 이에 더해, 불공정하고 전략적으로 도입되는 조세 정책은 취할 수 없게 해야 한다. 즉 조세 피난처는 없어져야 한다. 버뮤다처럼 세율이 제로인 곳은 없어져야 한다. 또한 국제적인 조세 기관을 세워서 납세 준수 여부를 모니터링하고 분쟁을 조정할 수 있게 해야 한다. 이러한 조치들은 수익 이전을 활용한 세원 잠식과 자본 도피를 최소화할 수 있을 것이고, 그와 동시에 각국은 자신의 조세 정책을 스스로 결정할 여지를 가질 수 있을 것이다. 이밖에도 많은 정치학자, 경제학자, 철학자들이 조세 당국의 역량을 복원하고 국제적으로 세율에 대해 바닥으로 경주를 벌이는 상황을 막기 위한 여러 계획과 제안을 이미 많이 내놓았다. 실행은 우리에게 달려 있다.[15]

부의 제한주의가 필요로 하는 일 다섯 번째는 **부정한 돈을 회수**해 과거의 피해를 회복하는 데 쓰는 것이다. 범죄성이 확실한 돈을 회수하자는 데는 반대가 많이 일지 않을 것이다. 하지만 '얼마나 부정한가'와 관련해서는 회색 지대가 많다. 앞에서 살펴본 사례들에서 알 수 있듯이, 자유주의적 민주주의는 도둑정치적인 행위를 종종 용인한다.

이 다섯 번째 변화와 앞에서 말한 국가의 조세 역량 회복 사이에는 밀접한 관련이 있다. 다섯 번째 변화를 달성하려면 조세 피난처를 닫아야 한다. 이것이 얼마나 중요한지는 과장이 불가능할 정도다. 기자들은 모든 선거에서 후보자들에게 두 가지의 기본적인 질문을 던져야 한다. 어떤 형태로든 조세 피난처에 돈이 있거나 있었던 적이 있는가? 조세 피난처에 대한 당신의 공약은 무엇이며 당신이 집권하면 어떻게 할 것인가?

과거의 피해를 보상하는 데 돈을 쓰자는 것은 조세 포탈을 근절하자는 것보다 대중적으로 널리 동의를 얻기가 더 어려울 것이다. 다른 곳에서 인권을 침해하는 경제 행위에서 이익을 얻어온 많은 나라에서

이 아이디어는 이미 저항에 부닥치고 있다. 종종 우리는 이러한 문제를 차분하고 합리적으로 생각하고 싶어 하지 않으며, 이는 천만장자 계급도 마찬가지다. 하지만 조심스럽게나마 낙관해볼 만한 이유도 있다. 3장에서 보았듯이, 몇몇 가문, 기업, 대학, 심지어 국가가 과거에 노예제와 어떤 관계였는지를 조사하고 회복적 정의 프로그램을 시작하고 있다. 변화가 느릴지는 모르지만, 이러한 선례는 다른 이들이 자기 잘못을 없는 셈치고 그냥 넘어가기가 더 어렵게 만들 것이다.

부의 제한주의에는 이보다 더 광범위한 형태의 경제 정의도 필요하다. 우리는 **국제 경제 구조를 더 공정하게** 만들어야 한다. 교역의 공정성에 문제를 제기하지 않는다면 개발 원조를 찔끔 던져주는 것은 무의미하다. 각 국가가 국내적으로만 경제 권력의 균형을 잡는다고 끝이 아니다. 글로벌 경제, 국제 교역 관계에도 권력의 균형이 필요하다. 2022년에 유럽연합에서는 패션 업체들이 노동자들과 글로벌 공급망의 모든 협력 업체에 정당한 가격을 지불하라고 요구하는 시민 운동이 생겨났다. 이들은 의류 노동자들이 생활 임금(노동자가 양호한 삶의 질을 누리는 데 필요한 임금)을 받는다 해도 최종 소비자 가격은 겨우 1%만 증가할 것이라고 지적했다. 물론 1%는 소비자가 아니라 억만장자인 패션 다국적 기업 소유주가 이윤을 조금 줄여서 충당해도 된다. 노동하는 빈민이 매우 낮은 임금을 받는 것과 부자들이 수십억 달러의 재산을 쌓아두고 있는 것은 긴밀하게 연결된 현상이다. 기업의 주주와 소유주가 무한한 수익이 아니라 적당한 수익에서 만족한다면 사람들의 후생이 막대하게 높아질 것이다.[16]

이는 부의 제한주의가 필요로 하는 또 하나의 핵심 조치로 이어진다. **경영자의 보수를 제한**하는 것이다. 오랫동안 기업 경영자였던 한 지인은 내게 보상에 대한 사회적 규범과 기업 문화가 달라지면서 경영자 보수가 계속 상향 나선을 타왔다고 설명했다. 과거에는 CEO들이 자기 회사에서 임금이 가장 낮은 직원보다 백 배, 천 배를 벌면 부끄러워했는데 이제는 그 부끄러움이 없어졌다는 것이다.

많은 전문가들이 임금 불평등을 줄이려면 아래만 끌어올린다고 되는 것이 아니라 위를 누르기도 해야 한다고 지적했다. 의무적인 최저임금제로 아래에서 하한을 설정하는 것만으로 그쳐서는 안 된다. '최대임금' 수준도 설정해야 한다. 이는 법으로 도입할 수도 있고, 기업들이 자체적으로 도입할 수도 있다. 또한 경영진의 보수에 대한 사회적 규범을 바꾸어서 달성할 수도 있다. 정치 이론가 퍼거스 그린Fergus Green이 보여주었듯이, 한때 널리 행해지던 노예제가 전 세계적으로 도덕적 규범이 달라지면서 비난을 받았고 마침내는 철폐될 수 있었다. 오늘날 화석연료 관련 활동들에 대해서도 이러한 규범의 전환이 일어나기 시작했다. 극단적으로 높은 보수에 대해서도 이러한 일이 생길 수 있다. 여기에는 영향력 있는 사람들이 모범을 보여야 한다(그리고 포기하지 말아야 한다). 유명한 경영자들이 자신의 보수를 스스로 제한하고 그 이유를 말해야 한다. 과도한 보수에 대해 계속 문제 제기하는 사회 운동도 필요하다. 또한 뛰어난 기자, 저자, 그리고 존경받는 사람들이 최고소득자의 소득에 상한을 둘 것을 계속 촉구해야 한다.[17]

어쩌면 이 과정은 이미 시작되었는지도 모른다. 노동 전문기자 샘 피치가티Sam Pizzigati는 2018년 저서 《최대임금제를 주장한다The Case for a Maximum Wage》에서 임금 상한을 주장하는 기자, 활동가, 학자, 정치인들의 다양한 제안을 소개했다. 스위스에서는 민주적 의사결정에 주민투표가 널리 사용되는데, 2013년에 '임금 비율 제한' 법안이 투표에 부쳐졌다. 경영자의 월급이 그 회사에서 가장 임금이 낮은 노동자의 연봉보다 많으면 안 된다는 내용을 담고 있었다. 임금 비율로 말하면 12 대 1을 넘지 말아야 했다. 주민투표 전에 있었던 여론조사에서 44%가 이를 지지했다. 하지만 기업들이 자금을 대서 이에 반대하는 대대적 광고 공세가 벌어졌다. 주민투표에서 찬성 표는 34%였고, 이 법안은 통과되지 못했다. 하지만 매우 중요한 것을 얻었는데, 임금 수준에 상한을 두어야 하는 이유에 대해 공적인 논의가 이뤄진 것이다.[18]

최대임금 제도가 기업 경영자가 천만장자가 되는 것은 막을 수 있겠지만 자본에서 얻는 수익을 제한하는 데는 도움이 되지 않을 것이다. 하지만 자본 수익을 제한하는 것도 꼭 필요하다. 일반적으로 노동소득이 자본 이득, 이윤, 배당보다 세율이 높기 때문이다. 이와 관련해 몇몇 긍정적인 변화가 생겨나고 있다. 2023년 현재 도합 세계 경제의 90%를 차지하는 136개국이 15%의 법인세율을 부과하기로 합의했다. 물론 완벽하지는 않다. 한 가지 문제는 적어도 7억 5,000만 달러 이상의 수익을 내는 기업에만 적용되어서 다국적 기업 중 85%는 해당되지 않는다는 점이다. 명백히 이것으로 모든 것이 해결되지는 않을 것이다. 하지만 옳은 방향이기는 하다는 점도 명백하다.[19]

노동 소득에 자본 소득보다 높은 세율이 적용되는 것이 불공정하다는 데는 굳이 설명이 필요 없을 것이다. 하지만 이것이 많은 국가의 현실이다. 네덜란드에서는 가장 최근의 굵직한 세제 개혁이 있었던

2001년에 노동 소득과 자본 소득에 동일한 세율이 적용되었다. 그런데 그 이후에 작은 수정이 야금야금 이뤄져 자본 소득에 예외가 몇 차례 적용되면서 노동 소득이 자본 소득보다 세율이 11% 높아졌다. 이것은 그 자체로도 정당성이 없을 뿐 아니라 조세시스템을 역진적으로 만들기도 했다. 자본을 소유한 사람들이 주로 부유한 사람들이기 때문이다. 이러한 내용은 2022년에야 대중에게 알려졌다. 정부의 의뢰로 진행된 한 연구가 모든 관련 기관과 정당에서 정보를 확보해 분석한 결과였다. 이러한 정보가 없는 국가에서도 비슷한 연구를 해보는 게 좋을 것이다. 그러면 평등주의적이라는 평판을 가지고 있는 국가에서조차 조세시스템이 노동보다 자본에 유리하게 되어 있다는 사실을 발견하게 될 것이다.[20]

노동 소득과 자본 소득 간의 세율 차이뿐 아니라 전반적 세율 구조도 재검토해야 한다. 1960년대와 1970년대에 OECD 국가들의 세율은 훨씬 더 누진적이었다. 최고한계세율 60~80%는 그리 예외적인 것이 아니었다. 그런데 그 이후 최고한계세율이 크게 낮아져서 이제 많은 나라에서 50% 이하가 되었다.[21]

부의 제한주의를 실현하기 위해 필요한 일로 내가 제시할 마지막은 아마도 가장 시급한 것이기도 할 것이다. 바로 **세대 간 부의 전승을 막는 것**이다. 생애에 걸쳐 허용되는 증여와 상속의 규모에 근본적인 제한이 필요하다. 어떤 철학자들은 유산을 물려줄 권리가 아예 철폐되어야 한다고 주장한다. 당신이 죽으면 당신의 부는 그 부의 원래 기원인 사회에 모두 귀속되어야 한다는 것이다. 정치철학자 스튜어트 화이트Stuart White와 경제학자 앤소니 앳킨스, 토마 피케티 등은 상속세를 대폭 올리고 부유세와 상속세로 거둔 돈으로는 젊은이들에게 자금을 지원해야 한다고 주장했다. 3장에서 보았듯이, 미국에서 부자들에게 재산세를 잘 거두면 모든 미국 아이에게 18세가 될 때까지 매년 6,350달러씩 계좌에 넣어줄 수 있다.[22]

나는 상속을 하는 사람과 받는 사람에게 각각 해당될 도덕적 고려사항들을 감안해 위와 같은 제안의 약간 변형된 버전을 제안하고자 한다. 도덕적인 관점에서, 상속받는 사람은 그 부를 상속받을 자격이 전혀 없고, 상속하는 사람은 자식에게 물려주기 위해 자신의 소비를 줄여가며 저축을 늘린 것에 대해 인정을 받아야 한다. 이 두 가지를 모두 고려해서, 내 제안은 한 사람이 평생에 걸쳐 받을 수 있는 상속과 증여에 제한을 두고 그것을 넘으면 모두 조세 수입으로 귀속시켜 그 국가의 시민들에게 돌아가게 하는 것이다.[23]

국가는 상속세 세수를 다른 세원에서 나온 것과 함께 일반 세수로 합쳐서 도로, 학교 등 공공 지출에 쓸 수도 있지만, 또 다른 그리고 아마도 더 나은 대안도 있다. 상속세로 들어온 돈은 국가의 모든 젊은이에게 재분배하는 용도로 지정해 모든 젊은이가 이전 세대의 부를 나누어 받게 하는 것이다.

여기에는 세 가지의 주요 이유가 있다. 첫째, 자산 소유 민주주의를 주장하는 사람들이 상세히 제시했듯이 약간의 재산을 받으면 수혜자에게 여러 가지 긍정적 효과가 생길 수 있다.[24] 오치베로처럼 지극히 가난한 곳만의 이야기가 아니다. 더 부유한 사회에서도 젊은이들이 사업을 시작할 수 있게 되거나 대학에 갈 수 있게 되거나 그의 아이가 삶에서 좋은 출발을 하게 될 수 있을 것이다. 비교적 적은 액수의 돈은 각자에게 어느 정도 안정성을 제공해줄 수 있고, 그러면 걱정과 스트레스를 줄일 수 있다. 왜 이러한 상태를 부유한 부모를 둔 젊은이들만 누려야 하는가?

두 번째 이유는 상속세 수입을 젊은 층에게 재분배하면 현재 심각한 수준인 세대 간 불평등을 어느 정도 해소할 수 있다는 점이다. 많은 연구자가 세대 간 불평등 때문에 젊은이들이 크게 불리한 처지에 있게 되었다고 우려한다. 종종 상속은 80대인 사람이 사망하면서 50대인 자녀에게 물려준다. 상속받을 것으로 예상되는 사람들은 상속재산을 실제로 받기 전에 이미 상당한 이득을 누린다. 나중에 돈이 생길 것을 알기 때문에 학자금 대출이나 모기지 대출을 더 쉽게 결정할 수 있다. 또 이들은 부모 생전에 상당한 증여도 이미 받았을 가능성이 크다. 상속세로 거둔 세수를 20대 중반인 사람들에게 재분배하면 전체 인구의 번영에 훨씬 더 도움이 될 것이다. 모든 젊은이가 성인으로서의 삶을 돈에 대한 부당한 걱정 없이 시작할 수 있게 될 것이다.[25]

세 번째 이유는 사람들이 상속세에 반감이 깊다는 점과 관련이 있다. 상속세는 모든 세금 중 가장 미움 받는 세금이다. 가장 감정적으로 강하게 결부되는 세금임을 생각하면 놀랍지는 않다. 망자의 죽음을 애도하는 사람들과 직접적으로 관련된 세금이기 때문이다. 사랑하는 사람이 내게 남겨준 것을 국가가 가져가려 하다니! 이러한 감정은 이해할 만하지만, 그렇더라도 상속세에 대한 반대는 합리적이지 않다. 대부분의 사람들은 다음 세대에게 아무것도 물려주지 못하고, 부자와 슈퍼 부자들만 많은 액수를 상속할 수 있다. 상속세 세수를 완전히 재분배한다면 인구 대다수가 매우 빠르게 이득을 얻게 될

것이다.[26]

그런데 상속을 제한하자는 제안을 실현하려면 명백한 질문 한 가지에 답해야 한다. 상속의 제한선은 어디여야 하는가? 정의로운 사회에서라면 당신이 자식을 위해 자신이 쓸 것을 아껴가며 모은 저축보다 상속의 상한선이 낮으면 안 될 것이다. 당연하게도, 사람마다 라이프스타일이 다르니만큼 여기에 숫자를 설정하는 것은 악명 높게 어려운 일이다. 한 가지 가능성은 '평균적인' 사람을 기준으로 상한선을 잡는 것이다. 중산층의 중간에 있는 사람을 기준으로 하면, 이 평균적인 사람보다 인구의 3분의 2는 소득이 낮고 3분의 1은 더 높다. 경제학자들과 사회학자들은 그 평균적인 사람이 검약하는 생활을 했을 때 얼마나 저축할 수 있을지 추산할 수 있다. 자녀 둘이 있는 4인 가구에서 생애 전체에 걸쳐 저축할 수 있는 액수가 40만 달러로 추산된다고 하자. 그러면 자녀 1명당 생애에 걸쳐 증여나 상속을 20만 달러까지 받아도 될 것이고 이를 상속의 상한선으로 삼을 수 있을 것이다. 상속 재산이 그것보다 많으면 추가되는 만큼을 세금으로 내서 그 돈이 모든 사람에게 돌아가게 하면 된다. 생각해볼 수 있는 또 다른 상한선은 그 나라 주택 가치의 중앙값을 잡는 것이다. 부의 정치적 제한선이 다 그렇듯이, 궁극적으로 이것은 그 나라 사람들이 함께 논의해 결정할 문제다. 시민들의 다양한 패널이 조직되어 이러한 질문에 대해 논의하고 입법 기관의 의원들에게 구체적인 안을 제시할 수 있어야 한다.

이러한 제안들은 우리의 경제와 사회가 부의 제한주의가 실현된 세상 쪽으로 가게 하는 데 도움이 되어야 한다. 물론 세계의 가장 절박한 문제들을 해결하려면 여기에 제안된 것보다 훨씬 더 많은 일이 필요할 것이다. 기후변화나 생물종 다양성 위기를 해결하려면 무엇이 필요하냐고 전문가에게 물으면 여기에서 언급되지 않은 많은 것을 이야기할 것이다. 주거 위기나 정신 건강 위기, 그리고 전 세계 수십 억 명이 여전히 겪고 있는 빈곤 문제도 마찬가지다. 여기에 열거된 조치가 마법처럼 모든 문제를 해결해주지는 않을 것이다. 하지만 분명히 도움은 될 것이다.

뭐니 뭐니 해도 가장 중요한 변화는 '탐욕은 좋은 것'이라는 만트라와 '하늘이 부의 한계'라는 만트라를 버리는 것이다. 이러한 개념은 너무 많은 파괴를 가져왔다. 우리가 그것을 믿게 되고 실행하게 되었다는 것은 부끄러운 일이고, 수많은 사례에서 보았듯이 파괴적인 일이었다.

그렇다면 나는 무엇을 해야 하냐고 묻고 싶은 독자들도 있을 것이다. 부의 제한주의에 대해 강연을 하면 꼭 청중 중에서 누군가가 절망한 얼굴로 어떻게 이 모든 긴요한 변화를 이룰 수 있겠냐고 묻는다. 고쳐야 할 너무나 많은 문제를 생각하다 보면 압도되기 쉽다.

하지만 좋은 소식이 있다. 부의 제한주의가 실현된 새로운 경제 체제에서 이득을 볼 사람들이 그 전환에서 돈과 권력을 잃게 될 사람보다 훨씬 더 많다는 사실이다. 일단 이것을 인식하고 우리 자신을 현상태를 바꾸는 쪽에 두기로 하면, 그다음에는 그저 일을 나누어 맡기만 하면 된다. 그러면 압도적으로 보이던 것이 전체적으로는 압도적이더라도 더 감당 가능하고 다루어볼 만한 일로 보일 것이다. 우리는 그저 각자의 관심 영역에서 행동할 지점을 찾고 거기에 노력을 쏟으면 된다. 우리는 서로 다른 기술과 관심사와 사회적 네트워크를 가지고 있다. 우리는 각자 다른 방식으로 사회를 더 인간적으로 만드는 데 기여할 수 있다. 더 나은 세상을 향해 일해가는 과정에서, 우리는 집합 행동이 가져다줄 수 있는 에너지와 기쁨이 얼마나 많은지, 그리고 거기에서 얼마나 많은 영속적인 우정이 생겨나는지 발견하게 될 것이다.

이것은 '99%'에 속하는 우리의 행동에서 생겨날, 아직 건드려지지 않은 막대한 잠재력이다. 더 나은 미래는 우리에게 놓여 있다.

감사의 글

오랫동안 내게 서점은 어린아이의 사탕 가게였다. 나는 이야기와 논리와 지식의 방대한 풍성함을 사랑했다. 다양한 표지를 보는 것이 좋았고 디자이너들의 창조성에 감탄했다. 서점 주인과 이야기하며 책을 추천받는 것도 좋았다. 지금도 이런 감수성은 달라지지 않았다. 여전히 나는 단어와 문장으로 가득한 공기를 마시면서 책방을 돌아다니는 것을 좋아한다. 하지만 책을 몇 권 직접 쓰고 난 지금은, 서점의 그 모든 책을 쓰는 데 들어갔을 방대한 노력과 사고, 저자들의 좌절과 잠 못 들었을 나날들을 점점 더 많이 생각하게 된다. 대개 책에는 저자 한 명의 이름만 쓰여 있지만 모든 책은 많은 사람들의 노력이 담긴 결과물이다. 이 책도 그렇다. 이 책이 나오기까지 정말 많은 분들이 기여했다. 그분들에게 감사 인사를 전하는 것으로 이 책을 마무리하고 자 한다.

나는 2012년 초에 부의 집중화 문제와 부의 제한주의 개념에 대한 정치철학적 연구를 본격적으로 시작했다. 연구의 첫 결과들을 발표할 수 있게 해준 대학과 학회에 감사를 전한다. 특히 기조 연사로 초청해준 '응용철학회Society for Applied Philosophy' 콘퍼런스(2012년 7월, 옥스퍼드)와 NOMOS〔American Society for Political and Legal Philosophy의 학술지〕의 부富에 대한 콘퍼런스(워싱턴, 2014년 8월)에 감사드린다. 2014년 2월에 스탠퍼드대학교 '사회 윤리를 위한 맥코이 센터McCoy Family Center for Ethics in Society at Stanford University'에서, 그리고 2014년 3월에 빅토리아대학교에서 열린 정치, 사회, 법학 이론에 대한 콜로퀴엄에서 즐거운 토론을 했다. 초대해주고 더 깊이 들어가도록 독려해준 데브라 사츠와 콜린 맥리오드에게 감사를 전한다. 그 뒤로 다른 곳들에서도 대면 또는 온라인으로 콘퍼런스가 많이 열렸다. 각국에서 부의 제한주의 개념에 관심을 보여주고 내 아이디어를 시험해볼 수 있게 해준 동료들에게 감사드린다. 특히 우메오대학교 철학과의 칼레 그릴과 얀-윌렘 반 데르 리트에게 2019년에 열린 '버만 강의Burman Lectures'에서 부의 제한주의에 대해 이야기할 수 있게 해준 데 대해 감사드린다.

2017년에는 유럽연구위원회가 연구 자금(#726153)을 지원해준 덕분에 '공정한 제한선Fair Limits'팀과 함께 부에 상한선이 필요한지와 그것이 환경과 어떤 관계가 있는지를 연구할 수 있었다. 이 주제를 탐구하고 배울 수 있는 기회를 함께 만들어준 '공정한 제한선'의 다음

팀원들에게 감사를 전한다. 퍼거스 그린, 콜린 히키, 팀 마이어스, 바트 미랜드, 페트라 반 데르 쿠이, 딕 티머스. 우리의 모임과 글쓰기에 참여해준 학생과 동료들에게도 감사를 전한다. 하지만 이 책에서 개진한 주장들은 '공정한 제한선' 프로젝트 이전과 도중에 진행된 연구로만 한정되지 않는다. 이 책을 위한 연구를 지속할 수 있게 해준 플랙스 재단FLAX Foundation에 감사드린다. 플랙스 재단은 2021년에 내게 엠마 골드먼Emma Goldman상도 주었다.

나는 2018년 6월에 '경제 윤리 네트워크Economic Ethics Network' 모임에서 글을 쓰면서 부의 제한주의에 대한 초기 아이디어들을 시험해보았다. 이곳은 정치철학자들이 경제에 관련된 질문들에 대해 논의하는 비공식 모임이며, 10년째 연례 모임을 하고 있다. 2019년 9월 조지 몬비오트가 〈가디언〉에 기후 정의를 논거로 삼아 부의 제한주의를 주창하는 칼럼을 썼는데, 그 후에 몬비오트의 펭귄출판사 편집자 클로에 커런스가 내게 연락해서 책을 쓸 의사가 있는지 물어보았다. 그래서 모호하게나마 책을 만든다는 계획이 나왔는데, 아쉽게도 내가 일하는 기관에서 임시 디렉터를 갑자기 맡게 되어 시간이 날 때까지 집필이 미뤄졌다. 그럼에도, 그 당시에 조지 몬비오트와 클로에 커런스의 독려는 이 책을 꼭 써야겠다는 다짐을 확고히 하게 해주었다. 이 결정적인 역할을 해준 데 대해 감사드린다.

학계와 대중 공론장 사이의 간극에 다리를 놓을 수 있는 전략을 포함해 몇 가지 아이디어를 블로그 '굽은 가지Crooked Timber'와 함께 시도해볼 수 있었다. 나는 지난 18년간 이 블로그에 글을 썼다. 이곳은 굉장한 논쟁의 자원이었다. 전적으로 외부의 영향이나 개입 없이 독립적으로 운영되는 이 공간을 함께 창조해준 동료들에게 감사를 전한다. 또한 놀랍도록 명민하고 영감을 주는 익명의 논평가들에게도 감사드린다. 누구인지 알지는 못하지만 지난 몇 년 동안 그분들이 부의 제한주의 논쟁에 대해, 그리고 다른 많은 주제에 대해 논의에 참여해준 데 대해 감사하는 마음이 작아지는 것은 아니다. 또한 토론, 강연, 가장 최근에는 이 주제에 대한 인터랙티브 극장 공연에 참여해준 분들과 지난 10년 사이에 나를 인터뷰해준 기자들, 팟캐스트 운영자들, 그리고 소셜미디어에서의 대화에서도 많은 것을 배웠다. 많은 분이 이 주제에 대해 또 다른 측면을 생각해보도록 해주었고, 그러면서 자신도 모르게 이 책에 기여했다.

2022년 5월에 하노버의 라이프니츠대학교에서 열린 워크숍에서 5장의 내용을 토론할 수 있었다. 유용한 자리를 마련해준 사이먼 케이니, 리사 헤르조그, 마티아스 프리시, 앤드루 크랩트리에게 감사를 전한다. 2022년 7월에는 몬트리올 정치 이론Montreal Political Theory 워크숍에서 5장을 논의할 수 있었다. 참여해준 모든 분께, 특히 알렉산드르 가제빅 사예그, 콜린 맥리오드, 파블로 길라버트, 다니엘 와인스톡, 실비 로리오의 논평에 감사드린다. 2022년 12월에는 일군의 동료가 위트레흐트에 와서 초고를 논의해주었다. 내게 매우 유용한 당근(또는 채찍)이었을 뿐 아니라 원고의 어떤 부분을 더 발달시켜야 할지도 파악할 수 있었다. 야라 알 살먼, 콘스탄즈 바인더, 후브 브라우어, 럿거 클라센, 조세트 대먼, 윌렘 반 데르 데일, 리스베스 페이케마, 도로테아 가드케, 콜린 히키, 모리츠 드 존, 조스 필립스, 하노 사우어, 나오미 반 스틴베르겐, 딕 티머, 그리고 나의 네덜란드 출판업자 하에

코니그스벨드에게 감사드린다. 나오미, 조스, 후브, 딕, 콜린, 조세트는 상세한 조언을 글로 보내주었고 다른 분들도 집필의 여러 단계에서 원고의 전체 또는 일부를 읽어주었다. 매우 유용한 조언을 해준 타니아 머크라흐, 크리스 뉴하우저, 존 퀴건, 그리고 특히 톰 말레슨에게 감사를 전한다.

이 책을 쓰는 동안 많은 친구, 동료, 심지어는 모르는 사람들도 나에게 새로운 연구 결과에 대한 링크, 흥미로운 인터뷰, 관련된 새 책, 부와 관련된 시사 이슈 등의 링크를 보내주었다. 또 어떤 분들은 구체적으로 내 질문에 답을 주었다. 여기에 다 언급하지는 못하지만 몇몇 분의 이름은 잊을 수 없을 것이다. 이 목록이 완전하지는 않지만 다음 분들에게 감사를 전한다. 조엘 앤더슨, 크리스토프 바움가트너, 콘스탄즈 바인더, 후브 브라우어, 아넬린 드 드진, 피터 디치, 조나스 프란젠, 도로시아 가데크, 레베카 고울란드, 엘크 힘스커크, 콜린 히키, 아네마리 코르테, 마티아스 크램, 크리스 뉴하우서, 엔리카 치아페로-마르티네티, 팀 메이저스, 제니퍼 옴스테드, 샘 피치가티, 롤랜드 피에리크, 딕 티머.

경제 불평등과 부의 집중화에 대해 지난 몇 년간 사회학자, 정치학자, 경제학자, 역사학자, 철학자들과 나눈 대화에서도 많은 것을 배웠다. 가르침을 주신 분들을 다 언급하지는 못하지만, 특히 다음 분들께 감사를 전하고 싶다. 데이비드 탁셀센, 바스 반 바벨, 타니아 버카츠드, 빈센트 버스켄스, 릿거 클라센, 엔리카 치아페노 마티아네티, 아비데일 데이비스, 이언 구, 태미 하렐 벤사하르, 카트리나 케츠, 리사 헤르조그, 엘레나 이카르디, 크리스 뉴하우저, 라세 니엘슨, 아마르티아 센, 레이첼 셔먼, 리엄 실즈, 조시아 스템플라누스카, 시먼 투사인트, 타니야 반 데르 리페, 마틴 반 히스, 브루노 베르비크, 알렉스 볼카쿠, 레아 이피, 그리고 '공정한 제한선' 회원들.

내 주장들을 시험해보고 정교화하면서 나보다 슈퍼 부자의 세계에 훨씬 더 가까이 있는 사람들에게서도 많은 것을 배울 수 있었다. 그들 대부분은 전에는 나를 알지 못했다. 나를 믿어주고 자신의 견해와 경험을 솔직하게 나누어준, 또 많은 경우에 이 책에 인용을 허락해준 다음 분들께 감사드린다. 애비게일 디즈니, 레베카 고울랜드, 모리스 펄, 주디 파월, 엘리사 반 웨옌버지, 제이크 헤이먼, 야히야 알라즈라크, 마를레네 엥겔호른, 그밖에 익명으로 이야기해준 많은 분들. 이 책을 위해 실명으로 인용을 허용해준 분들께도 감사드리며, 오치베로 마을에 대해 내 기억과 정보를 확인해준 이나 콘라디, 더크 하르만, 클라우디아 하르만에게도 감사를 전한다.

이 책을 쓰는 작업이 너무 어마어마해 보여 압도되었을 때, 그리고 미루고 싶은 유혹이 들었을 때 집필을 독려해준 분들이 있었다. 남편 롤랜드와 아이들, 집을 빌려주어서 방해없이 집필과 퇴고를 할 수 있게 해준 자매 샬롯, 2022년 가을에 집필 파트너를 해준 도미니크 로저에게 감사드린다.

마지막으로 펭귄과 아스트라출판사의 놀라운 분들께 감사를 전한다. 특히 펭귄의 내 편집자 클로에 쿠런스와 아스트라 하우스의 알레산드라 바스타글리는 구조를 잡는 것부터 예시를 고르는 것까지 이 책의 모든 면에 대해 조언해주었고 학계의 개념들을 더 폭넓은 독자에게 닿을 수 있게 해석하도록 도와주었다. 또한 유나이티드 에이전트의 내 담당 에이전트 소피 스카드는 내가 출판 산업계를 헤쳐나갈 수 있게 도와주었다.

나는 이 책의 헌사를 불의에 맞서 싸우고 있는 모든 운동가에게 바친다고 적었다. '운동가'는 폭넓은 의미다. 바리케이트 위에 올라가는 활동가뿐 아니라 신문에 글을 쓰는 사람, 조직을 만드는 사람, 그밖에 여러 방식으로 공공선을 위해 사람과 권력을 조직화하는 사람 모두를 일컫는다. 학계와 정계에, 그리고 일반 대중들 중에 운동가들이 하는 일의 중요성을 잘 알지 못하거나 심지어는 낮추어 보는 사람들이 일부 있다. 이 책은 운동이나 운동가에 대한 책이 아니지만, 이 책에서 개진한 주장이 그러한 생각이 얼마나 잘못되었는지를 분명히 알렸으리라고 믿는다. 잘못된 목적을 촉진하려고 하거나 부적합한 방법을 사용하려고 하는 몇몇 운동가도 있지만, 훨씬 더 많은 운동가들이 온갖 어려움에도, 그리고 종종 개인적으로 큰 비용을 감수해가며 더 나은 세상을 위해 싸우고 있다. 이들은 우리 모두의 삶을 더 나은 쪽으로 밀고 나아가는 데 핵심적인 사람들이다.

그러한 용감한 분들 모두에게 이 책을 바칩니다. 이 책은 여러분을 위한 것입니다.

미주

서문

1. 〈선데이 타임스〉의 부자 순위는 매년 5월 중순에 발표된다. 〈포브스〉의 연례 억만장자 순위는 매년 3월에 수집한 정보를 바탕으로 4월 초에 발표된다. 가장 최근 순위는 다음을 참고하라. https://www.forbes.com/billionaires/. 연례 순위에 더해, 〈포브스〉는 '실시간 억만장자Real-Time Billionaires' 목록에서 전 세계 억만장자들의 총자산 추정액을 날마다 업데이트한다. 다음을 참고하라. https://www.forbes.com/real-time-billionaires/. 별도의 출처가 표시되어 있지 않으면 이 책에서 사용한 억만장자 데이터는 모두 〈포브스〉에서 가져온 것이다.
2. 노벨상 수상 경제학자 조지프 스티글리츠Joseph Stigliz가 쓴 다음의 유명한 칼럼도 참고하라. 'Of the 1%, by the 1%, for the 1%', *Vanity Fair*, 31 March 2011, https://www.vanityfair.com/news/2011/05/top-one-percent-201105. 여기에서 그는 슈퍼 부자들에게 주목해야 할 필요성을 강조했다.
3. 경제학에서의 핵심적인 연구는 다음을 참고하라. Joseph Stiglitz, *The Price of Inequality:*

How Today's Divided Society Endangers Our Future (New York: W. W. Norton, 2012); Thomas Piketty, *Capital in the Twenty-First Century* (Cambridge, MA: Harvard University Press, 2014); Anthony B. Atkinson, *Inequality: What Can be Done?* (Cambridge, MA: Harvard University Press, 2015). 철학에서의 연구는 다음을 참고하라. Elizabeth Anderson, 'What is the Point of Equality?', *Ethics* 109:2 (1999), pp. 287–337; G. A. Cohen, *If You're an Egalitarian, How Come You're So Rich?* (Cambridge, MA: Harvard University Press, 2000); Christian Neuhäuser, *Reichtum als Moralisches Problem* (Berlin: Suhrkamp Verlag, 2018); and T. M. Scanlon, *Why Does Inequality Matter?* (New York: Oxford University Press, 2018). 사회역학 분야에서의 영향력 있는 연구는 다음을 참고하라. Richard Wilkinson and Kate Pickett, *The Spirit Level: Why More Equal Societies Almost Always Do Better* (London: Allen Lane, 2009). 슈퍼 부자들과의 심층 인터뷰를 통한 사회학적 연구는 다음을 참고하라. Rachel Sherman, *Uneasy Street: The Anxieties of Affluence* (Princeton, NJ: Princeton University Press, 2017). 정치경제학 및 정책학적 연구는 다음을 참고하라. Ha-Joon Chang, *23 Things They Don't Tell You About Capitalism* (London: Allen Lane, 2010); Robert Reich, *Saving Capitalism: For the Many, Not the Few* (New York: Alfred A. Knopf, 2015). 최근의 주요 연구로는 다음의 두 저술을 참고하라. Mike Savage, *The Return of Inequality* (Cambridge, MA: Harvard University Press, 2021); Tom Malleson, *Against Inequality. The Practical and Ethical Case of Abolishing the Superrich* (New York: Oxford University Press, 2023). 전자는 주로 사회학적 · 역사학적 관점을 취하고 있으며, 후자는 정치이론 및 그와 관련된 실증 학문들에서의 통찰을 바탕으로 불평등을 분석 · 비판하고 있다.

4. Ingrid Robeyns, 'Having Too Much.' 다음에 수록됨. *Wealth: Yearbook of the American Society of Legal and Political Philosophy*, ed. Jack Knight and Melissa Schwartzberg (New York: NYU Press, 2017), pp. 1–44; 같은 저자, 'What, if Anything, is Wrong with Extreme Wealth?', *Journal of Human Development and Capabilities* 20:3 (2019), pp. 251–66. 부의 제한주의에 대해 최근에 나온 다음의 두 논문 모음집도 참고하라. Dick Timmer and Christian Neuhäuser (eds), 'Limitarianism: Extreme Wealth as a Moral Problem.' 다음 저널의 특별호. *Ethical Theory and Moral Practice* 25:5 (2022); Ingrid Robeyns (ed.), *Having Too Much: Philosophical Essays on Limitarianism* (Cambridge: Open Book Publishers, 2023).
5. 분배적 정의의 문제에서 에토스의 중요성에 대해서는 다음을 참고하라. G. A. Cohen, 'Where the Action is: On the Site of Distributive Justice', *Philosophy & Public Affairs* 26:1

(1997), pp. 3–30; Jonathan Wolff, 'Fairness, Respect, and the Egalitarian Ethos', *Philosophy & Public Affairs* 27:2 (1998), pp. 97–122. 공적인 규칙과 정책으로 정의로운 사회를 일굴 수 있으려면 평등주의적 에토스가 필요하다는 주장은 페미니스트 철학자들이 젠더 간 경제 불평등을 분석할 때 핵심적으로 제시한 주장이기도 하다. 예를 들어 다음을 참고하라. Susan Okin, *Justice, Gender, and the Family* (New York: Basic Books, 1989).

6. 미국에서 조세 정책에 대한 논쟁에서 〔부자에게 과세하자는 주장에 대해〕 '시기심/질투심'의 발로라는 비난이 얼마나 많이 만연해 있는지는 다음을 참고하라. Joseph J. Thorndike, 'Envy Doesn't Explain "Soak the Rich" Taxation', taxnotes, 9 August 2021, https://www.taxnotes.com/featured-analysis/envy-doesnt-explain-soak-rich-taxation/2021/08/06/76zp6. 2019년 독일에서 있었던 논쟁은 다음을 참고하라. 'CDU wirft SPD "billige Neiddebatte" vor', *Zeit Online*, 23 August 2019, https://www.zeit.de/wirtschaft/2019-08/ vermoegenssteuer-spd-cdu-paulziemiak-finanzen; Marcel Fratzscher, 'Bloß keine Neiddebatte!', *Spiegel Wirtschaft*, 26 August, 2019, https://www.spiegel.de/wirtschaft/soziales/vermoegensteuer- wir-brauchen-keine-neiddebatte-a-1283634.html. 닉 클레그에 대한 비판은 다음을 참고하라. Nicholas Watt and Shiv Malik, 'Nick Clegg Wealth Tax "the Politics of Envy", Says Senior Tory', *Guardian*, 29 August 2012, https://www.theguardian.com/politics/2012/aug/29/nick-clegg-wealth-tax-envy. 네덜란드에서 우파 정치인들이 '시기세'라는 신조어를 사용하는 것에 대해서는 다음을 참고하라. 'Wiegel: vermogensbelasting is jaloeziebelasting', RTL Nieuws, 13 September 2015, https://www.rtlnieuws.nl/geld-en-werk/artikel/324451/wiegel-vermogensbelasting-jaloeziebelasting.
7. Simon Johnson, 'Obama Still Doesn't Get It', *Common Dreams*, 10 February 2010, https://www.commondreams.org/views/2010/02/10/obama-still-doesnt-get-it; Victoria McGrane, 'Left Rips Obama Bonus Comments', Politico, 2 October 2010, https://www.politico.com/story/2010/02/left-rips-obama-bonus-comments-032795.
8. 2023년 다보스 포럼 참석자들에게 작성된 공개 서한은 다음을 참고하라. https://costofextremewealth.com/. 빌 게이츠가 이러한 입장을 밝힌 인터뷰는 다음을 참고하라. https://www.cnbc.com/2019/02/13/bill-gates-suggests-higher-taxes-on-those-with-great-wealth.html; https://www.forbes.com/sites/sergeiklebnikov/2020/01/03/bill-gates-urges-lawmakers- to-raise-taxes-on-americas-ultra-rich/?sh=4ce7b3d2f3f5. 2020년 미국 대선 후보들에게 작성된 공개 서한은 다음을 참고하라. https://medium.com/@letterforawealthtax/an-open-letter-to-the-2020- presidential-candidates-its-time-to-tax-us-more-6eb3a548b2fe.
9. Lasse Nielsen and David Axelsen, 'Envy, Levelling-Down, and Harrison Bergeron:

Defending Limitarianism from Three Common Objections', *Ethical Theory and Moral Practice* 25 (2022), pp. 737–53.

10. T. M. Scanlon, *Why Does Inequality Matter?* (New York: Oxford University Press, 2018), pp. 3–7.

11. Conor O'Clery, *The Billionaire Who Wasn't: How Chuck Feeney Secretly Made and Gave Away a Fortune* (New York: Public Affairs, 2013); Steven Bertoni, 'The Billionaire Who Wanted to Die Broke…Is Now Officially Broke', *Forbes*,15 September 2020, https://www.forbes.com/sites/stevenbertoni/2020/09/15/exclusive-the-billionaire-who-wanted-to-die-broke-is-now-officially-broke/.

12. David Gelles, 'Billionaire No More: Patagonia Founder Gives Away the Company', *New York Times*, 15 September 2022, https://www.nytimes.com/2022/09/14/climate/patagonia-climate-philanthropy-chouinard.html. 다음도 참고하라. Yvon Chouinard, *Let My People Go Surfing: The Education of a Reluctant Businessman* (New York: Penguin Books, 2016). 하지만 파타고니아 이야기에 너무 들뜨지는 않게 조심해야 한다. 파타고니아의 노동 조건과 환경 영향에 대한 탐사보도 등에서 또 다른 이야기들이 나올 수도 있기 때문이다. 한 예로 네덜란드의 탐사보도 플랫폼 '돈을 따라서Follow the Money'에 따르면 파타고니아의 제품 중 일부는 스리랑카 카투나야카의 자유무역지대에 있는 공장에서 제조된다. 이 공장은 파타고니아 외에 H&M과 자라 등 15개 글로벌 의류 브랜드의 옷도 만든다. 그런데 보도들에 따르면 이곳 노동자들은 과도하게 장시간 노동을 강요당하고 생활 임금보다 훨씬 낮은 임금을 받는 것으로 알려져 있다. 다음을 참고하라. Yara van Heugten, 'Duurzaam kledingmerk Patagonia produceert in dezelfde fabrieken als fast-fashion, textielmedewerkers uitgebuit', 10 June 2023, https://www.ftm.nl/artikelen/patagonia-heeft-grote-moeite-met-deugen.

13. 슈퍼 부자들 대부분이 불평등과 부의 집중에 대해 이야기하기를 꺼린다는 점은 내가 인터뷰를 한 모든 사람에게서도, 또한 다양한 연구와 저술에서도 확인할 수 있었다. 예를 들어 다음을 참고하라. Sherman, *Uneasy Street; Anand Giridharadas, Winners Take All: The Elite Charade of Changing the World* (New York: Alfred Knopf, 2018); Marlene Engelhorn, Geld (Vienna: Kremayr & Scheriau, 2022).

14. Anand Giridharadas, *The Persuaders: At the Front Lines of the Fight for Hearts, Minds, and Democracy* (New York: Alfred A. Knopf, 2022).

1장. 얼마나 많은 것이 너무 많은 것인가

1. 피케티의 《21세기 자본》이 나오기 전에도 불평등 증가에 대한 학술적인 분석들이 있었지만 어느 것도 대중 담론에서 피케티의 저술만큼 영향력 있지는 못했다.
2. 옥스팜Oxfam 보고서, 《부자생존: 불평등과 싸우기 위해 지금 슈퍼부자들에게 과세해야만 하는 이유Survival of the Richest: How We Must Tax the Super-Rich Now to Fight Inequality》(2023)를 참고하라. https://oxfamilibrary.openrepository.com/bitstream/handle/10546/621477/bp-survival-of-the-richest- 160123-en.pdf.
3. 물론 예외도 있다. 예를 들어 매튜 데스몬드Matthew Desmond의 《미국이 만든 가난Poverty, by America》(New York and London: Crown and Allen Lane, 2023)은 미국에서 빈곤이 만연한 현상을 분석하면서 조세 재정 정책 및 여타 정책들을 가난한 사람들보다 자신들에게 더 이득이 되도록 만들어놓은 부유한 사람들을 면밀히 살펴봐야 한다고 주장했다.
4. 다음을 참고하라. https://patrioticmillionaires.org/; https://patrioticmillionaires.uk/; https://www.taxmenow.eu/; https://millionairesforhumanity.org/.
5. https://www.shell.com/about-us/leadership/executive-committee/ben-van-beurden/_jcr_content/par/textimage.stream/1663219934406/b5668f8ff2c6b5c89158e54cce6d7b3959dce3ba/shell-career-experience-cebb.pdf. 벤 반 뷰어든의 2018년 연봉은 다음을 참고하라. https://www.rtlnieuws.nl/economie/bedrijven/artikel/4642021/shell-ceo-krijgt-twee-keer-zoveel-salaris-20-miljoen-vanbeurden.
6. Lawrence Mishel and Julia Wolfe, 'CEO Compensation Has Grown 940% Since 1978' (Washington, DC: Economic Policy Institute, 2018), https://www.epi.org/publication/ceo-compensation-2018/.
7. Laura Elston, 'Prince William Inherits £23 Million-Per-Year-Income from Dutchy Estate', *Bloomberg*, 14 September 2022, https://www.bloomberg.com/news/articles/2022-09-15/william-s-duchy-finance-team-meeting-after-inheriting-23m-per-year-income.
8. Willem H. Gates Sr and Chuck Collins, *Wealth and Our Commonwealth: Why America Should Tax Accumulated Fortunes* (Boston: Beacon Press, 2002); Chuck Collins, *99 to 1: How Wealth Inequality is Wrecking the World and What We Can Do About It* (San Francisco: Berrett-Koehler Publishers, 2012); 같은 저자, *Born on Third Base* (White River Junction, VT: Chelsea Green Publishing, 2016); 같은 저자, *Is Inequality in America Irreversible?* (Cambridge: Polity Press, 2018). 젊은 시절 콜린스의 선택과 그가 받은 상속액이 2016년 가치로 환산하면 얼마일지는 다음을 참고하라. *Born on Third Base*, 1장.

9. Emma Bubola, 'She's Inheriting Millions: She Wants Her Wealth Taxed Away', *New York Times*, 21 October 2022, https://www.nytimes.com/2022/10/21/world/europe/marlene-engelhorn-wealth-tax.html. 다음도 참고하라. Engelhorn, Geld.

10. 다음을 참고하라. https://resourcegeneration.org/. 영국의 자매 기관 이름은 '자원정의Resource Justice'다. 다음을 참고하라. https://resourcejustice.co.uk/; 캐나다의 자매 기관 이름은 '자원운동Resource Movement'이다. 다음을 참고하라. https://www.resource-movement.org/.

11. 〈포브스〉의 부자 순위에 푸틴은 포함되어 있지 않다. 이 목록이 왕족이나 국가 수반은 제외하고 있기 때문이다. 다음을 참고하라. Rachel Makinson, 'How Rich is Vladimir Putin?', *CEO Today*, 9 March 2022, https://www.ceotodaymagazine.com/2022/03/how-rich-is-vladimir-putin/; 다음도 참고하라. Karen Dawisha, *Putin's Kleptocracy: Who Owns Russia?* (New York: Simon & Schuster, 2015).

12. Abigail Davis, Katharina Hecht, Tania Burchardt, Ian Gough, Donald Hirsch, Karen Rowlingson and Kate Summers, *Living on Different Incomes in London: Can Public Consensus Identify a 'Riches Line'?* (London: Trust for London, 2020). 본문의 이다음 두 단락도 이 연구를 바탕으로 한 것이다.

13. Ingrid Robeyns, Vincent Buskens, Arnout van de Rijt, Nina Vergeldt and Tanja van der Lippe, 'How Rich is Too Rich? Measuring the Riches Line', *Social Indicators Research* 154 (2021), pp. 115–43.

14. Morris Pearl, Erica Payne and the Patriotic Millionaires, *Tax the Rich! How Lies, Loopholes, and Lobbyists Make the Rich even Richer* (New York: The New Press, 2021), pp. 1–11. 다음도 참고하라. https://patrioticmillionaires.org/our-values/.

15. 네덜란드의 기업가이자 저널리스트 산더르 스히멜페니닉Sander Schimmelpenninck은 2,500만 유로를 제안했다. 이 정도라면 부자들이 더 많은 부를 추구하려는 동기를 저해하지 않을 것이기 때문이다. 네덜란드의 역사학자이자 저널리스트 산더르 하이네Sander Heijne는 상위 0.1% 중 최하위의 재산을 제안했는데, 2021년에 이것은 1,000만 유로였다.

16. 캐나다 정치철학자 조지프 히프Joseph Heath는 사회 보장과 복지 제도들이 종종 정의나 연대의 개념, 또는 모든 이에게 기본적인 필요의 충족을 보장해야 한다는 개념으로 정당화하지만 효율성 개념에 기초해서도 정당화할 수 있다고, 즉 자기 이익에 기반한 논리로도 정당화할 수 있다고 주장했다. Joseph Heath, 'The Benefits of Cooperation', *Philosophy & Public Affairs* 34:4 (2006), pp. 313–51.

17. Dick Timmer, 'Thresholds in Distributive Justice', *Utilitas* 33:4 (2021), pp. 422–41;

Ingrid Robeyns, 'Why Limitarianism?', *Journal of Political Philosophy* 30:2 (2022), pp. 249–70.

2장. 극단적인 부는 불평등을 심화하고 가난한 사람들을 계속 빈곤에 묶어둔다

1. Oxfam, *Survival of the Richest*. 인용된 통계는 pp. 15–16에 나온다. pp. 4–7에 나오는 방법론 설명도 참고하라. 모든 문서는 다음에서 볼 수 있다. https://www.oxfam.org/en/research/survival-richest.
2. 경제 불평등을 개념화하고 측정한 연구로는 예를 들어 다음을 참고하라. Anthony B. Atkinson, 'On the Measurement of Inequality', *Journal of Economic Theory* 2 (1970), pp. 244–63; Amartya Sen, *On Economic Inequality* (Oxford: Clarendon Press, 1973); 같은 저자, *Inequality Reexamined* (Oxford: Clarendon Press, 1992); Thomas Piketty and Emmanuel Saez, 'Income Inequality in the United States, 1913–1998', *Quarterly Journal of Economics* 119:1 (2003), pp. 1–41; Anthony B. Atkinson, Thomas Piketty and Emmanuel Saez, 'Top Incomes in the Long Run of History', *Journal of Economic Literature* 49:1 (2011), pp. 3–71; Piketty, Capital ; Lucas Chancel, Thomas Piketty, Emmanuel Saez and Gabriel Zucman (eds), *World Inequality Report 2022* (Cambridge, MA: Harvard University Press, 2022).
3. https://ourworldindata.org/a-history-of-global-living-conditions-in-5-charts.
4. World Bank, *Poverty and Shared Prosperity 2022: Correcting Course* (Washington, DC: World Bank, 2022).
5. 데이터는 다음을 참고하라. https://ourworldindata.org/a-history-of-global-living-conditions-in-5-charts?linkId=62571595. 빌 게이츠가 트위터에 올린 글은 다음을 참고하라. https://twitter.com/BillGates/status/1086662632587907072.
6. Jason Hickel, 'Bill Gates Says Poverty is Decreasing. He Couldn't be More Wrong', *Guardian*, 29 January 2019, https://www.theguardian.com/commentisfree/2019/jan/29/bill-gates-davos-global-poverty-infographic-neoliberal; idem, 'A Letter to Steven Pinker (and Bill Gates for that Matter) About Global Poverty', 4 February 2019, https://www.jasonhickel.org/blog/2019/2/3/pinker-and-global-poverty; idem, 'Extreme Poverty isn't Natural, it's Created', 28 March 2021, https://www.jasonhickel.org/blog/2021/3/28/extreme-poverty-isnt-natural-it-is-created.

7. Robert C. Allen, 'Poverty and the Labor Market: Today and Yesterday', *Annual Review of Economics* 12 (2020), pp. 107–34.
8. Amartya Sen, *Commodities and Capabilities* (Oxford: Oxford University Press, 1985); 같은 저자, *Development as Freedom* (New York: Anchor House, 1999); Jean Drèze and Amartya Sen, *India: Development and Participation,* 제2판 (Oxford: Oxford University Press, 2002); Chang, *23 Things They Don't Tell You About Capitalism;* Thomas Piketty, *A Brief History of Equality* (Cambridge, MA: Belknap Press of Harvard University Press), pp. 48–94. 인용은 p. 48에 나온다.
9. Christopher Lakner and Branko Milanovic, 'Global Income Distribution: From the Fall of the Berlin Wall to the Great Recession', *World Bank Economic Review* 30:2 (2016), pp. 203–32. '코끼리 그래프'는 p. 215의 그림 1(a)를 참고하라.
10. Jason Hickel, 'How Bad is Global Inequality Really?', 9 March 2019, https://www.jasonhickel.org/blog/2019/3/1/global-inequality-from-1980-to-2016.
11. Jason Hickel, Dylan Sullivan and Huzaifa Zoomkawala, 'Plunder in the Post-Colonial Era: Quantifying Drain from the Global South Through Unequal Exchange, 1960–2018', *New Political Economy* 26:6 (2021), pp. 1030–47. 인용은 p. 1031에 나온다.
12. Noam Chomsky, *Profit Over People: Neoliberalism and the Global Order* (New York: Seven Stories Press, 1999). 이러한 전략의 한 사례로, 콩고에서 민주적으로 선출된 첫 지도자인 파트리스 루뭄바Patrice Lumumba의 암살을 들 수 있다. 루뭄바가 소련과 지정학적 협력 관계를 구축할지 모른다고 우려한 벨기에와 미국이 그의 암살을 기획했다. 또 다른 사례는 칠레에서 민주적으로 선출된 살바도르 아옌데Salvador Allende를 미국의 지원을 받은 아우구스토 피노체트Augusto Pinochet가 군부 쿠데타를 일으켜 전복한 것이다. 이는 좌파 활동가와 정치인들을 잔혹하게 고문하고 살해한 것으로 악명을 떨친 우파 독재로 귀결되었다.
13. Hickel, Sullivan and Zoomkawala, 'Plunder in the Post-Colonial Era.'
14. Credit Suisse, *Global Wealth Report* 2022, table 1, p. 10.
15. 정확한 숫자는 다음과 같다. 캐나다(5,510명), 인도(4,980명), 일본(4,870명), 프랑스(4,640명), 호주(4,630명), 영국(4,180명), 이탈리아(3,930명). Credit Suisse, *Global Wealth Report* 2022, pp. 27–8. 미디어에는 러시아의 올리가르히에 대해 온갖 이야기가 나오지만 2022년의 《세계 부富 보고서》는 백만장자가 많은 나라 목록에 러시아를 포함하지 않았다. 하지만 5,000만 달러 이상을 가진 개인 순위 목록에는 러시아 사람들도 포함되어 있다. 러시아가 지니 계수로는 자산 불평등이 세계 2위이고 상위 1%가 가진 자

산 비중(무려 58.6%)으로는 1위임을 생각할 때, 부의 분포는 최상층에 부가 집중되어 있고 울트라 부자 바로 아래에는 덜 집중되어 있는, 극단적으로 불평등한 모습을 띨 것이다. 다음을 참고하라. *Global Wealth Report 2022*, 표5, p. 31.

16. Katharina Hecht and Kate Summers, 'The Long and the Short of It: The Temporal Significance of Wealth and Income', *Social Policy and Administration* 55 (2021), pp. 732–46.
17. Board of Governors of the Federal Reserve System, 'Economic Well-Being of U.S. Households', 22 August 2022, https://www.federalreserve.gov/publications/2022-economic-well-being-of-us-households-in-2021-dealing-with-unexpected-expenses.htm; John Creamer, Emily A. Shrider, Kalle Burns and Frances Chen, 'Poverty in the United States: 2021', 13 September 2022, https://www.census.gov/library/publications/2022/demo/p60-277.html. 미국 연준의 다음 자료를 참고하라. https://www.federalreserve.gov/releases/z1/dataviz/dfa/distribute/chart/#quarter:131;series:Net%20worth;demographic:networth;population:1,3,5,7,9;units:shares;range:2007.2,2022.2.
18. Credit Suisse, *Global Wealth Report* 2022, p. 31, 표5.
19. 프랑스 데이터는 다음을 참고하라. Piketty, *A Brief History of Equality*, p. 32.
20. 1990년과 2022년 데이터는 미국 연준(주석 17번 참고)과 다음을 참고하라. Matt Bruenig, 'Top 1% Up $21 Trillion. Bottom 50% Down $900 Billion', 14 June 2019, https://www.peoplespolicyproject.org/2019/06/14/top-1-up-21-trillion-bottom-50-down-900-billion/.
21. 세계소득데이터베이스World Income Database, https://wid.world/. 또는 다음을 참고하라. Piketty, *A Brief History of Equality*, 2장.
22. 미국의 정확한 숫자는 다음과 같다. 미국 인구의 18.9%를 차지하는 라티노와 히스패닉이 부의 2.7%를 가지고 있고 미국 인구의 13.6%를 차지하는 흑인은 부의 4.5%를 가지고 있으며 미국 인구의 59.3%를 차지하는 백인은 부의 83.2%를 가지고 있다. https://www.census.gov/quickfacts/fact/table/US/PST045221. 세제 혜택이 인종적으로 다르게 영향을 미친다는 점은 다음을 참고하라. US Treasury, Office of Tax Analysis, 'Tax Expenditures by Race and Hispanic Ethnicity', Working Paper 122, January 2023.
23. 여기에 제시된 빈곤 통계들은 하루 6.85달러를 빈곤선으로 한 것이다. 다음을 참고하라. https://pip.worldbank.org/home.
24. '사회 계약'은 사회를 규율하는 기본적인 규칙이나 기대 또는 도덕적 · 정치적 원칙을 지칭한다. '우리가 서로에게 무엇을 빚지고 있는가'라고도 규정할 수 있을 것이다. 어떤 철

학자들은 사회 계약을 원주민에 대한 제노사이드나 광범위한 인종주의와 성차별주의에 책임이 있는 정치적 (또한 학술적) 전통으로 보아서 그 용어를 사용하는 것을 문제로 여긴다. 또 어떤 학자들은 이 용어가 시장 교환이나 법적 규칙에만 초점을 두는 것으로 여겨지기 때문에 쓰지 않으려고 한다. 하지만 이 용어는 많은 학자들이 사용하고 있기도 하다. 예를 들어 노엄 촘스키나 매튜 데스몬드 등은 우리 사회를 규율하는 규칙을 근본적으로 바꾸려 하면서 이 표현을 사용한다. 이 책에서 나는 '사회 계약'이라는 용어를 우리 사회가 더 포용적이고 평등해지는 방향으로 급진적인 변화를 일구고 그럼으로써 '사회 계약' 개념의 철학적 뿌리에 대한 비판들이 지적하는 부정적 함의를 제거하고자 하는 연구자, 저자, 운동가들이 사용하는 방식과 부합하게 독자적인 의미를 갖는 개념으로 사용했다. 사회 계약이라는 개념의 부정적 함의와 관련된 비판으로는 다음을 참고하라. Carole Pateman, *The Sexual Contract* (London: Polity Press, 1988); Charles W. Mills, *The Racial Contract* (Ithaca, NY: Cornell University Press, 1997).

25. 이 책을 쓰고 있는 현재, 애비게일 디스니의 트위터 소개글에 '계급 배반자'라는 표현이 나온다. 운동 단체인 '자원생성'은 이 단체의 링크드인 페이지에서 '계급 배반자'라는 표현을 사용하고 있다. 영국의 자매 단체인 '자원정의'는 그들의 웹사이트에서 이것을 시각적으로 표현했다. 다음을 참고하라. https://resourcejustice.co.uk/what-we-do.
26. Reich, *Saving Capitalism*, pp. xvi–xvii.
27. 이 데이터는 다음에서 가져왔다. Claus Schnabel, 'Union Membership and Collective Bargaining: Trends and Determinants', Working Paper, 표4, https://www.econstor.eu/bitstream/10419/222500/1/1724719793.pdf.
28. 감세에 대해서는 다음을 참고하라. David Mervin, 'Reagan's Place in History', *Journal of American Studies* 23:2 (1989), pp. 269–86, 특히 p. 277을 참고하라. 항공관제사 해고는 다음을 참고하라. Jon Schwarz, 'The Murder of the U.S. Middle Class Began 40 Years Ago This Week', *The Intercept*, 6 August 2021, https://theintercept.com/2021/08/06/middle-classreagan-patco-strike/; Julia Simon and Kenny Malone, 'Looking Back on When President Reagan Fired the Air Traffic Controllers', *NPR Planet Money*, 5 August 2021, https://www.npr.org/2021/08/05/1025018833/ looking-back-on-when-president-reagan-fired-air-traffic-controllers.
29. 신자유주의의 정의는 다양하다. 어떤 이들은 문화적 · 관계적 측면에 주목하고 어떤 이들은 경제사회적 제도와 정치에 주목한다. 이 장에서는 짧게 설명하느라 단순화했지만, 이후의 장들에서 신자유주의 사상에 기반한 몇몇 정책을 더 상세히 살펴볼 것이다.
30. 신자유주의 사상의 역사는 다음을 참고하라. Angus Burgin, *The Great Persuasion:*

Reinventing Free Markets Since the Depression (Cambridge, MA: Harvard University Press 2012); Daniel Stedman Jones, *Masters of the Universe: Hayek, Friedman, and the Birth of Neoliberal Politics* (Princeton, NJ: Princeton University Press, 2012).

31. 《자본주의에 대해 그들이 말하지 않는 23가지23Things They Don't Tell You About Capitalism》에서 장하준은 신자유주의의 많은 기본적인 주장이 틀렸거나 오도의 소지가 있음을 밝혔다. 나오미 오레스케스Naomi Oreskes와 데이비드 콘웨이David Conway는 미국에 초점을 둔 저서 《거대한 신화: 미국의 기업은 어떻게 우리가 정부를 혐오하고 자유시장을 좋아하게 만들었나The Big Myth: How American Business Taught Us to Loathe Government and Love the Free Market》에서 흥미로운 역사적 설명을 제시했다. 미국에서는 '자유시장 근본주의'라는 용어가 신자유주의보다 더 널리 쓰이고 있음에 주의하라. 하지만 본질적으로 동일한 사상을 지칭한다. 네덜란드에서 신자유주의 발달의 역사는 다음을 참고하라. Bram Mellink and Merijn Oudenampsen, *Neoliberalisme: Een Nederlandse Geschiedenis* (Amsterdam: Boom, 2022).
32. 윌렘 바우터Willem Buiter가 〈파이낸셜 타임즈Financial Times〉 '경제학자의 포럼Economists Forum' 코너에 2007년 2월 14일자로 기고한 글이며, 다음에 인용되었다. Robert Wade, 'Why Has Income Inequality Remained on the Sidelines of Public Policy for So Long?', *Challenge*, 55:3 (2012), pp. 21–50. 인용은 p. 35에 나온다.
33. 빈곤과 결핍의 다양한 개념에 대한 연구는 다음을 참고하라. Amartya Sen, 'Poor, Relatively Speaking', *Oxford Economic Papers* 35:2 (1983), pp. 153–69; Anthony B. Atkinson, 'On the Measurement of Poverty', *Econometrica* 55:4 (1987), pp. 749–64; Polly Vizzard, *Poverty and Human Rights* (Oxford: Oxford University Press, 2006); Jonathan Wolff and Avner De-Shalit, *Disadvantage* (Oxford: Oxford University Press, 2007); Savage, The Return of Inequality, pp. 34–42.
34. 불평등이 도덕적으로, 정치적으로 왜 매우 중요한지에 대해서는 현대에 많은 정치철학 연구가 이루어져 있다. 예를 들어 다음을 참고하라. John Rawls, *A Theory of Justice* (Cambridge, MA: Harvard University Press, 1971); Amartya Sen, *Inequality Reexamined* (Cambridge MA: Harvard University Press, 1992); Elizabeth Anderson, 'What is the Point of Equality?' *Ethics* 109:2 (1999), pp. 287–337; Anne Philips, *Which Inequalities Matter?* (Cambridge: Polity Press, 1999); G. A. Cohen, *If You're an Egalitarian, How Come You're So Rich?* (Cambridge, MA: Harvard University Press, 2000); Brian Barry, *Why Social Justice Matters* (Oxford: Polity Press, 2005); Stuart White, *Equality* (Cambridge: Polity Press, 2007); Martin O'Neill, 'What Should Egalitarians Believe?' *Philosophy & Public Affairs*,

36 (2008), pp. 119–56; T. M. Scanlon, *Why Does Inequality Matter?* (Oxford: Oxford University Press, 2018).

35. Desmond, *Poverty, by America.* 인용은 p. 101에 나온다.
36. *Newsnight*, BBC One, 5 June 2011. 인용은 다음에 나온다. Stewart Lansley, *The Richer, The Poorer: How Britain Enriched the Few and Failed the Poor* (Bristol: Policy Press, 2022), p. 2.
37. 엘리자베스 워런Elizabeth Warren, 〈허핑턴 포스트Huffington Post〉가 주관한 토마 피케티와의 토론(Boston, June 2014). 다음에서 볼 수 있다. https://www.youtube.com/watch?v=uEYAS5U5Wuk (인용은 약 1분 58초쯤에 나온다). 트리클다운 경제학에 대한 간략한 논파는 다음을 참고하라. Chang, *23 Things They Don't Tell You About Capitalism*, pp. 137–47.
38. John Quiggin, *Zombie Economics: How Dead Ideas Still Walk Among Us* (Princeton, NJ: Princeton University Press, 2010); Era Dabla-Norris, Kalpana Kochhar, Nujin Suphaphaiphat, Franto Ricka and Evridiki Tsounta, 'Causes and Consequences of Income Inequality: A Global Perspective', *IMF Staff Discussion Notes* 013 (15 June 2015), https://www.imf.org/en/Publications/Staff-Discussion-Notes/Issues/2016/12/31/Causes-and-Consequences-of-Income-Inequality-A-Global-Perspective-42986; David Hope and Julian Limberg, 'The Economic Consequences of Major Tax Cuts for the Rich', *Socio Economic Review* 20:2 (2022), pp. 539–59.
39. Heather Boushey, *Unbound: How Inequality Constricts our Economy and What We Can Do About It* (Cambridge, MA: Harvard University Press, 2019).
40. Phillip Inman and Richard Partington, 'IMF Urges UK Government to Reconsider Tax-Cutting Plans', *Guardian*, 28 September 2022, https://www.theguardian.com/politics/2022/sep/27/kwasi-kwartengs-tax-cuts-likely-to-increase-inequality-imf-says; Fergus Finlay, 'Trussonomics Failings Could Signal the End of Trickle-Down Economics', Irish Examiner, 8 October 2022, https://www.irishex-aminer.com/opinion/columnists/arid-40985438.html; Roger Partington, 'The Mini-Budget that Broke Britain – and Liz Truss', *Guardian*, 20 October 2022, https://www.theguardian.com/business/2022/oct/20/the-mini-budget-that-broke-britain-and-liz-truss.
41. Adam Bychawski, 'Will Think Tanks be Kicked Out of Downing Street After the Truss Disaster?', *Open Democracy*, 27 October 2022, https://www.opendemocracy.net/en/think-tanks-institute-economic-affairs-liz-truss-economy-crash/; Quiggin, Zombie Economics, pp. 149–50.

3장. 극단적인 부는 부정한 돈이다

1. Davis, Hecht, Burchardt, Gough, Hirsch, Rowlingson and Summers, *Living on Different Incomes in London*. 특히 pp. 33–4.
2. 물론 늘 그렇듯이 예외가 있다. 정치 철학에서는 예를 들어 다음을 참고하라. Leif Wenar's *Blood Oil: Tyrants, Violence, and the Rules that Run the World* (New York: Oxford University Press, 2015). 이에 대해서는 뒤에서 다시 언급할 것이다.
3. Giridharadas, *Winners Take All*, and Peter S. Goodman, *Davos Man: How the Billionaires Devoured the World* (New York: HarperCollins, 2022).
4. https://www.auschwitz.org/en/history/auschwitz-iii/ig-farben/.
5. Andreas Wirsching, 'Nazi Legacies? New Research on the Question of Continuities', *German Yearbook of Contemporary History* 5 (2021), pp. 215–31. 인용은 p. 216에 나온다; David de Jong, *Nazi Billionaires: The Dark History of Germany's Wealthiest Dynasties* (Boston, MA: Harper Collins Publishing, 2022).
6. https://www.bloomberg.com/news/articles/2021-03-18/pay-check-podcast-episode-2-how-much-did-slavery-in-u-s-cost-black-wealth. 미국 인구의 인종 구성 데이터는 미국 센서스 홈페이지에서 가져왔다. https://www.census.gov/quickfacts/fact/table/US/RHI625221. 모든 해방 노예에게 '40에이커와 노새 한 마리'를 제공하자는 안에 대한 간략한 역사적 설명은 다음을 참고하라. Henry Louis Gates Jr, 'The Truth Behind "40 Acres and a Mule"'(날짜 미상), https://www.pbs.org/wnet/african-americans-many-rivers-to-cross/history/the-truth-behind-40-acres-and-a-mule/.
7. https://www.gla.ac.uk/news/archiveofnews/2018/september/headline_607154_en.html.
8. 오텔리의 주장은 다음을 참고하라. Olivette Otele, 'The Logic of Slavery Reparations', *Guardian*, 31 March 2023, https://www.theguardian.com/news/ng-interactive/2023/mar/31/more-than-money-the-logic-of-slavery-reparations. 아이티와 프랑스 사례는 다음을 참고하라. Piketty, *A Brief History of Equality*, pp. 68–75.
9. 트레벨리얀 가문의 과거 잘못에 대한 보상은 다음을 참고하라. Laura Trevelyan, 'My Family Owned 1,000 Slaves and Profited from the Trade: This is How I am Trying to Make Amends', *Guardian*, 24 March 2023, https://www.theguardian.com/commentisfree/2023/mar/25/slaves-trade-amends-grenadalaura-trevelyan; Joshua Nevett, 'Laura Trevelyan: My Slavery Link to MP Shows Reality of Reparations', *BBC News*, 2 April 2023, https://www.bbc.com/news/uk-politics-65125332.

10. J. C. Sharman, *The Despot Guide to Wealth Management: On the International Campaign Against Grand Corruption* (Ithaca, NY: Cornell University Press, 2017); Patrick Jackson, 'Teodoro Nguema Obiang Mangue and His Love of Bugattis and Michael Jackson', *BBC News*, 28 July 2021, https://www.bbc.com/news/world-africa-58001750; 'Equatorial Guinea Vice President Threatens to Expel French Ambassador', *Africanews*, 10 June 2022, https://www.africanews.com/2022/06/10/equatorial-guinea-vice-president-threatens-to-expel-french-ambassador-over-corruption-case/; Cecilia Macaulay, 'Equatorial Guinea's Obiang: World's Longest-Serving President Eyes Re-election', *BBC News*, 20 November 2022, https://www.bbc.com/news/world-africa-63674539.

11. Wenar, *Blood Oil.*

12. Tom Burgis, *Kleptopia: How Dirty Money is Conquering the World* (London: William Collins, 2020).

13. Sharman, *Despot Guide to Wealth Management*, p. 26.

14. Anna Politkovskaia, *A Russian Diary: A Journalist's Final Account of Life, Corruption, and Death in Putin's Russia* (London: Random House, 2007); Karen Dawisha, *Putin's Kleptocracy: Who Owns Russia?* (New York: Simon & Schuster, 2014); Miriam Lanskoy and Dylan Myles Primakoff, 'Power and Plunder in Putin's Russia', *Journal of Democracy* 29:1 (2018), pp. 67–85; Bastian Obermayer and Frederik Obermaier, *The Panama Papers: Breaking the Story of How the Rich and Powerful Hide Their Money* (London: Oneworld, 2016), 특히 11장.

15. 러시아가 이탈리아에 미치는 영향력은 다음을 참고하라. 'The Corruption of Italian Democracy: Russian Influence Over Italy's League', *GAB: The Global Anticorruption Blog*, 8 April 2022, https://globalanticorruptionblog.com/2022/04/08/russian-influence-over-italys-league/#more-20054. 러시아가 '민주주의를 위한 포럼' 정당에 자금을 댔으리라는 의혹은 다음을 참고하라. 'Russische connecties rond Baudet: geen geheim meer, toch een zorg', *NOS Nieuws*, 24 February 2022, https://nos.nl/artikel/2465140-russische-connecties-rond-baudet-geen-geheim-meer-toch-een-zorg. 매우 큰 액수를 완전히 익명으로 보내는 것이 법적 테두리 안에서 어떻게 가능한지는 다음도 참고하라. Obermayer and Obermaier, *The Panama Papers.*

16. Brian Solomon, 'The Rise and Fall of Silvio Berlusconi's Fortune', *Forbes*, 10 November 2011, https://www.forbes.com/sites/briansolomon/2011/11/10/the-rise-and-fall-of-silvio-berlusconis-fortune/?sh=172165452906. 부패를 촉진하는 정책에 대한 논의는 다음을 참

고하라. Alberto Vannucci, 'The Controversial Legacy of "Mani Pulite": A Critical Analysis of Italian Corruption and Anti-Corruption Policies', *Bulletin of Italian Politics* 1:2 (2009), pp. 233–64.

17. Barry Meier, 'In Guilty Plea, OxyContin Maker to Pay $600 Million', *New York Times*, 10 May 2007, https://www.nytimes.com/2007/05/10/business/worldbusiness/10iht-10oxy.5653543.html.

18. Alex Morrell, 'The OxyContin Clan: The $14 Billion Newcomer to Forbes 2015 List of richest U.S. Families', *Forbes*, 1 July 2015, https://www.forbes.com/sites/alexmorrell/2015/07/01/the-oxycontin-clan-the-14-billion-newcomer-to-forbes-2015-list-of-richest-u-s-families/?sh=7ba5e2f875e0.

19. 'Profile: Sackler Family', *Forbes*, 16 December 2020, https://www.forbes.com/profile/sackler/?sh=405aaa825d63, and Jan Hoffman, 'Sackler and Purdue Pharma Reach New Deal with States over Opioids', *New York Times*, 3 March 2022, https://www.nytimes.com/2022/03/03/health/sacklers-purdue-oxycontin-settlement.html.

20. 미국에서 구제금융에 들어간 총비용은 5,000억 달러로 추정된다. 다음을 참고하라. Tom Harbert, 'Here's How Much the 2008 Bailouts Really Cost', 21 February 2019, https://mitsloan.mit.edu/ideas-made-to-matter/heres-how-much-2008-bailouts-really-cost. 2008년 금융위기의 원인에 대해 일반인이 이해할 수 있을 만한 쉬운 설명은 2010년작 다큐멘터리 〈인사이드 잡Inside Job〉을 참고하라(감독: Charles Ferguson). 윤리적 측면에 대한 논의는 다음을 참고하라. Loren E. Lomasky, 'Liberty after Lehman Brothers', *Social Philosophy & Policy* 28:1 (2011), pp. 135–65; Rutger Claassen, 'Financial Crisis and the Ethics of Moral Hazard', *Social Theory and Practice* 41:3 (2015), pp. 527–51; Lisa Herzog (ed.), *Just Financial Markets? Finance in a Just Society* (Oxford: Oxford University Press, 2017).

21. Edward Broughton, 'The Bhopal Disaster and its Aftermath: A Review', *Environmental Health* 4:6 (2005), pp 1–6. 데이터는 p. 3에 나온다.

22. Sanjoy Hazarika, 'Bhopal Payments by Union Carbide Set at $470 Million', *New York Times*, 15 February 1989, https://www.nytimes.com/1989/02/15/business/bhopal-payments-by-union-carbide-set-at-470-million.html.

23. 라나플라자에서 제품이 제조된 브랜드 전체는 다음과 같다. 베네통Benetton(이탈리아), 봉마르셰Bonmarch(영국), 케이토 패션Cato Fashions(미국), 칠드런스 플레이스Children's Place(미국), 엘코르테 잉글레스El Corte Inglés(스페인), 조 프레시Joe Fresh(로블로우, 캐나

다), 키크Kik(독일), 망고Mango(스페인), 마탈란Matalan(영국), 프리막Primark(영국/아일랜드), 텍스맨Texman(덴마크).

24. '라나플라자 후원 기금'에 대해서는 다음을 참고하라. https://cleanclothes.org/news/2015/04/17/ccc-believes-benettons-1-1-million-usd-contribution-insufficient. 라나플라자 참사 10년 뒤의 의류 산업 현황은 다음을 참고하라. Olivia Rockeman, 'A Decade After the Rana Plaza Collapse, Garment Workers Are Still Exploited', *Bloomberg*, 19 April 2023, https://www.bloomberg.com/news/articles/2023-04-19/rana-plaza-collapse-a-decade-on-garment-workers-still-exploited.

25. 2019년에 아마존이 시가총액 기준 최대 규모의 상장기업이 된 것은 다음을 참고하라. James Dean, 'Amazon Takes Title of World's Biggest Company for First Time', *The Times*, 8 January 2019, https://www.thetimes.co.uk/article/amazon-takes-title-of-world-s-biggest-company-for-first- time-6k3dhlwz3. 이후 몇 년간은 이 지위를 잃었지만 아마존은 여전히 세계 최대 상장기업 군에 속해 있다. 미국에서 아마존 최초로 스태튼아일랜드 물류센터 노동자들이 노조 결성 투표를 한 뒤 직원 절반이 해고된 것에 대해서는 다음을 참고하라. Karen Weise and Noam Scheiber, 'Amazon Abruptly Fires Senior Managers Tied to Unionized Warehouse', https://www.nytimes.com/2022/05/06/technology/amazon-fires-managers-union-staten-island.html. 물론 모든 기업은 현지의 노동법을 준수해야 하고 유럽연합 국가 등 몇몇 국가에서는 노조를 결성할 권리가 보장된다. 하지만 그렇다고 해서 공정한 대우가 꼭 이루어지는 것은 아니다. 2022년 12월 말에 독일의 아마존 물류창고 여섯 곳의 노동자들은 산별 차원의 단체 협상의 적용을 받는 노동자들과 동일한 노동 조건을 또다시 요구하며 파업에 돌입했다. 이것은 지난 10년간 노조가 요구해온 것이다.

26. James Bloodworth, *Hired: Six Months Undercover in Low-Wage Britain* (London: Atlantic, 2018); 다음도 참고하라. Jodi Kantor, Karen Weise and Grace Ashford, 'Inside Amazon's Worst Human Resources Problem', *New York Times*, 24 October 2021, https://www.nytimes.com/2021/10/24/technology/amazon-employee-leave-errors.html. 네덜란드의 물류창고를 잠입 취재한 기자도 통제의 정도는 약간 덜하지만 열악하고 정신을 파괴하는 노동 조건에 대해 비슷한 묘사를 한 바 있다. Jeroen van Bergeijk, 'Vijf weken undercover in het distributiecentrum van Bol.com', *De Volksrant*, 29 December 2018, https://www.volkskrant.nl/nieuws-achtergrond/vijf-weken-undercover-in-het-distributiecentrum-van-bol-com~b18a9510/.

27. Heather Stewart, '"I Just Want to Live": How UK Amazon Workers Came to Brink of Strike', *Guardian*, 11 October 2022, https://www.theguardian.com/technology/2022/

oct/11/i-just-want-to-live-how-uk-amazon-workers-came-to-brink-of-strike. 노동자들의 결사의 권리에 대해서는 다음을 참고하라. https://www.ilo.org/global/standards/subjects-covered-by-international-labour-standards/freedom-of-association/lang–en/index.htm. 미국 최초의 아마존 노조에 대해서는 다음을 참고하라. Michael Sainato, 'Amazon Workers in New York Make History by Voting to Form Union', *Guardian*, 1 April 2022, https://www.theguardian.com/technology/2022/apr/01/amazon-union-groups-see-hope-workers-vote-alabama-new-york.

28. 베조스가 우주에 올라갔다가 돌아와서 한 인터뷰는 다음을 참고하라. https://youtu.be/NvvVm375daA. 2021년 유럽에서의 매출과 수익 신고는 다음을 참고하라. Rupert Neate, 'Amazon had Sales Income of €44bn in Europe in 2020 but Paid No Corporation Tax', *Guardian*, 4 May 2021, https://www.theguardian.com/technology/2021/may/04/amazon-sales-income-europe-corporation-tax-luxembourg.
29. https://www.irs.gov/newsroom/the-tax-gap.
30. 국세청 웹사이트의 보고서(2023년 6월에 마지막으로 접속함). "2017~2019년 추정치에 기반할 때, 연평균 총세금 갭은 5,400억 달러로 추정된다. 자발적인 준수율은 85.1%로 추정되며, 강제 납부 및 기타 지연된 납부는 700억 달러로 추정된다. 이를 감안하면 순 세금 갭은 4,700억 달러로 추정된다." www.irs.gov/newsroom/the-tax-gap. 미국의 아동 수는 다음을 참고하라. https://www.childstats.gov/americaschildren/tables/pop1.asp (2023년 자료임). 수익률이 4%라면 아동이 18세가 되었을 때 16만 2,848달러를 갖게 된다.
31. Gabriel Zucman, *The Hidden Wealth of Nations: The Scourge of Tax Havens* (Chicago: University of Chicago Press, 2015).
32. 다음의 데이터. Annette Alstadsæter, Niels Johannesen and Gabriel Zucman, 'Tax Evasion and Inequality', *American Economic Review* 109:6 (2019), pp. 2073–103. 다음도 참고하라. idem, 'Who Owns the Wealth in Tax Havens? Macro Evidence and Implications for Global Inequality', *Journal of Public Economics* 163 (2018), pp. 89–100, and Zucman, *The Hidden Wealth of Nations.*
33. '파나마 페이퍼'의 내용은 다음을 참고하라. ICIJ, 'Giant Leak of Offshore Financial Records Exposes Global Array of Crime and Corruption', 3 April 2016, https://www.icij.org/investigations/panama-papers/20160403-panama-papers-global-overview/.
34. Malleson, *Against Inequality*, pp. 27–9.
35. 복지 사기에 대해서는 다음을 참고하라. Tobias Steinmaurer, 'Anzeigen wegen

Sozialbetrugs 2022 stark zurückgegangen', *Der Standard*, 20 March 2022, https://www.der-standard.at/story/2000144671199/anzeigen-im-sozialbetrug-2022-stark-zurueckgegangen. 조세 사기에 대해서는 다음을 참고하라. Christian Domke Seidel, 'Steuerlücke: Österreich wird um 15 Milliarden betrogen', *Arbeit & Wirtschaft*, 8 October 2022, https://www.arbeit- wirtschaft.at/ steuerluecke-oesterreich-wird-um-15-milliarden-betrogen/.

36. '수익 이전'은 다음을 참고하라. Peter Dietsch, *Catching Capital: The Ethics of Tax Competition* (New York: Oxford University Press, 2015); Emmanuel Saez and Gabriel Zucman, *The Triumph of Injustice: How the Rich Dodge Taxes and How to Make Them Pay* (New York: W. W. Norton, 2019).
37. Saez and Zucman, *The Triumph of Injustice*, pp. 75, 77.
38. '재산 방어 산업'은 다음을 참고하라. Jeffrey Winters, *Oligarchy* (New York: Cambridge University Press, 2011); Brooke Harrington, *Capital Without Borders: Wealth Managers and the One Percent* (Cambridge, MA: Harvard University Press, 2016); Jeffrey Winters, 'Wealth Defense and the Complicity of Liberal Democracy.' 다음에 수록됨. Jack Knight and Melissa Schwartzberg (eds), *Wealth, Yearbook of the American Society of Legal and Political Philosophy* (New York: NYU Press, 2017), pp. 158–225; Chuck Collins, *The Wealth Hoarders: How Billionaires Pay Millionaires to Hide Trillions* (Cambridge: Polity Press, 2021).
39. Chuck Collins, 'The Wealth-Defense Industry', *Nation*, 9 October 2018, https://www.thenation.com/article/archive/the-wealth-defense-industry/.
40. Payne, Pearl et al., *Tax the Rich!*; Saez and Zucman, *The Triumph of Injustice*, pp. 13–15.
41. Payne, Pearl et al., *Tax the Rich!*, pp. 55–6.

4장. 극단적인 부는 민주주의를 잠식한다

1. https://www.ohchr.org/en/human-rights/universal-declaration/translations/english.
2. 미국이 과두귀족정이 되고 있다는 지적은 다음을 참고하라. Jeffrey A. Winters and Benjamin I. Page, 'Oligarchy in the United States?' *Perspectives on Politics* 7:4 (2009), pp. 731–51. 빅토르 오르반 치하의 헝가리 상황은 다음을 참고하라. András L. Pap, *Democratic Decline in Hungary. Law and Society in an Illiberal Democracy* (Abingdon:

Routledge, 2018), and Zsuzsanna Szelényi, 'How Viktor Orbán Built His Illiberal State', *New Republic*, 5 April 2022, https://newrepublic.com/article/165953/viktor-orban-built-illiberal-state.

3. 예를 들어 다음을 참고하라. Steven Levitsky and Daniel Ziblatt, *How Democracies Die* (London: Viking, 2018); Yascha Mounk, *The People vs. Democracy: Why Our Freedom is in Danger and How to Save It* (Cambridge, MA: Harvard University Press, 2018). 원주민 학자들의 분석과 비판은 예를 들어 다음을 참고하라. Leanne Betasamosake Simpson, *Dancing on Our Turtle's Back* (Winnipeg: ARP Books, 2011); Glen Coulthard, *Red Skin, White Masks: Rejecting the Colonial Politics of Recognition* (Minneapolis: University of Minnesota Press, 2014).
4. 투표제의 대안으로는 추첨제와 민회가 있다. 대안적 제도에 대한 논의는 매우 중요하고 꼭 이루어져야 하지만 이 장의 주제는 현재 존재하는 형태의 민주주의 제도가 어떻게 훼손되는지다. 추첨제와 민회를 주장하는 논의는 다음을 참고하라. David Van Reybrouck, *Against Elections* (London: Bodley Head, 2016), and John Gastil and Erik Olin Wright (eds), *Legislature by Lot* (London and New York: Verso Books, 2018).
5. Charles Beitz, *Political Equality: An Essay in Democratic Theory* (Princeton, NJ: Princeton University Press, 1989); Harry Brighouse, 'Egalitarianism and Equal Availability of Political Influence', *Journal of Political Philosophy* 4:2 (1996), pp. 118–41; Jack Knight and James Johnson, 'What Sort of Political Equality Does Deliberative Democracy Require?' 다음에 수록됨. James Bohman and William Rehg (eds), *Deliberative Democracy: Essays on Reason and Politics* (Cambridge, MA: MIT Press, 1997), pp. 279–319.
6. Timothy Snyder, *On Tyranny: Twenty Lessons from the Twentieth Century* (New York: Tim Duggan Books, 2017).
7. Mark O'Connell, 'Why Silicon Valley Billionaires are Prepping for the Apocalypse in New Zealand', *Guardian*, 15 February 2018, https://www.theguardian.com/news/2018/feb/15/why-silicon-valley-billionaires-are-prepping-for-the-apocalypse-in-new-zealand.
8. 이것은 2023년 초의 상황이다. 현재는 몇몇 국가에서 황금 비자와 황금 여권 제도를 재검토 중이다. 바로 이와 같은 여러 가지 문제 때문에 많은 논란과 비판이 일었기 때문이다. 다음을 참고하라. https://visaguide.world/golden-visa/; https://www.goldenvisas.com/.
9. Andrew Rettman, 'Russian Elite Flocks to Buy Maltese Passports', *euobserver*, 11 January 2018, https://euobserver.com/rule-of-law/140512; Geraldine Scott, '£2 Million "Golden Visa" Review is Long Overdue, Ministers Told', *The Times*, 7 November 2022, https://

www.thetimes.co.uk/article/2-million-golden-visa-review-is-long-overdue-ministers-told-32xclcvq2.

10. Rettman, 'Russian Elite Flocks to Buy Maltese Passports'. For the recommendation by the European Commission. 다음을 참고하라. https://home-affairs.ec.europa.eu/recommendation-limit-access-individuals-connected-russian-belarusian-government-citizenship_en; https://ec.europa.eu/commission/presscorner/detail/en/IP_22_1731.
11. Judith Sunderland, 'Endless Tragedies in the Mediterranean Sea', *Human Rights Watch*, 13 September 2022, https://www.hrw.org/news/2022/09/13/endless-tragedies-mediterranean-sea. 몰타의 해상 구조 의무 방기에 대해서는 다음을 참고하라. https://ecre.org/14680-2/. 런던 상황은 다음을 참고하라. Mark Townsend, 'Shared Rooms, Rancid Food, No Clothes: New Report Lays Bare Shocking Conditions of Those Seeking Refuge in UK', *Observer*, 22 April 2023, https://www.theguardian.com/uk-news/2023/apr/22/shared-rooms-rancid-food-no-clothes-new-report-lays-bare-shocking-conditions-of-those-seeking-refuge-in-uk. 미국의 정책은 다음을 참고하라. Ari Sawyer, 'Biden "Asylum Ban" Rule Would Send Thousands in Danger', *Human Rights Watch*, 28 February 2023, https://www.hrw.org/news/2023/02/28/biden-asylum-ban-rule-would-send-thousands-danger.
12. Thomas Christiano, 'Money in Politics.' 다음에 수록됨. David Estlund (ed.), *The Oxford Handbook of Political Philosophy* (Oxford: Oxford University Press, 2021), pp. 241–58; 다음도 참고하라. Thomas Christiano, 'The Uneasy Relationship between Democracy and Capital', *Social Philosophy & Policy* 27:1 (2010), pp. 195–217.
13. Andrew Prokop, 'Donald Trump Made One Shockingly Insightful Comment During the First GP Debate', *VOX*, 6 August 2015, https://www.vox.com/2015/8/6/9114565/donald-trump-debate-money.
14. Tom-Jan Meeus, 'Eén man als fondsenwerver, adviseur, donateur, lobbyist: is dit integer, CDA?', *NRC Handelsblad*, 26 June 2021, https://www.nrc.nl/nieuws/2021/06/26/een-man-als-fondsenwerver-adviseur-donateur-lobbyist-is-dit-integer-cda-a4048866. 네덜란드 조세시스템에 대한 정부 보고서는 다음을 참고하라. https://www.weedekamer.nl/kamerstukken/brieven_regering/detail?id=2020Z08891&did=2020D19038.
15. Christiano, 'Money in Politics', p. 250.
16. Martin Gilens and Benjamin Page, 'Testing Theories of American Politics: Elites, Interest Groups, and Average Citizens', *Perspectives on Politics* 12:3 (2014), pp. 564–81; Wouter

Schakel, 'Unequal Policy Responsiveness in the Netherlands', *Socio-Economic Review* 19:1 (2021), pp. 37–57; Ruben B. Mathisen, 'Affluence and Influence in a Social Democracy', *American Political Science Review* 117:2 (2023), pp. 751–8.

17. https://ec.europa.eu/transparencyregister/public/homePage.do?redir=false&locale=en.

18. 'Rupert Murdoch', 브리태니커 온라인 https://www.britannica.com/biography/Rupert-Murdoch; Toby Helm and James Robinson, 'Phone Hacking: Rupert Murdoch "Urged Gordon Brown" to Halt Labour Attacks', *Guardian*, 9 April 2011, https://www.theguardian.com/uk/2011/apr/09/phone-hacking-rupert-murdoch-gordon-brown; Jim Waterson, 'News of the World : 10 Years Since Phone-Hacking Scandal Brought Down Tabloid', *Guardian*, 10 July 2021, https://www.theguardian.com/media/2021/jul/10/news-of-the-world-10-years-since-phone-hacking-scandal-brought-down-tabloid. 〈옵서버〉에 실린 헨리 포터Henry Porter의 논평은 다음을 참고하라. 'Murdoch's Hunger for Power is a Looming Threat to Democracy', *Guardian*, 28 February 2010, https://www.theguardian.com/commentisfree/2010/feb/28/henry-porter-news-international-murdoch. 다음도 참고하라. Peter Hägel, *Billionaires in World Politics* (Oxford: Oxford University Press, 2020), pp. 170–84.

19. Michael Heseltine, 'Even the Murdoch Press is Now Waking Up to the Truth: Brexit was an Act of Self-Harm', *Guardian*, 10 June 2022, https://www.theguardian.com/commentisfree/2022/jun/10/rupert-murdoch-press-brexit-eu.

20. 인종주의적인 총격 사건에 대해 가해자가 온종일 〈폭스 뉴스〉를 시청했던 것이 미친 영향에 초점을 둔 설명은 다음을 참고하라. 동영상 인터뷰. https://edition.cnn.com/videos/us/2023/04/20/klint-ludwig-ralph-yarl-andrew-lester-kansas-city-shooting-cnntm-vpx.cnn. 머독의 비즈니스 모델에 대한 버락 오바마의 발언은 다음을 참고하라. Elias Visontay, 'Rupert Murdoch Has Fuelled Polarisation of Society, Barack Obama Says', *Guardian*, 28 March 2023, https://www.theguardian.com/us-news/2023/mar/29/rupert-murdoch-has-fuelled-polarisation-of-society-barack-obama-says.

21. 〈폭스〉와 머독의 여타 사업체들이 저지른 잘못에 대해 더 일반적인 내용은 다음을 참고하라. Manuele López Restrepo, 'Rupert Murdoch is Under Scrutiny for His Media Empire. It's Far from the First Time', *NPR*, 28 February 2023, https://www.npr.org/2023/02/28/1160137620/rupert-murdoch-fox-news-dominion-lawsuit-defamation-jan6-riot-trump-election. 트럼프 정권에 〈폭스〉가 미친 근본적인 영향은 다음을 참고하라. Jane Mayer, 'Trump TV', *New Yorker*, 11 March 2019, https://www.newyorker.com/

magazine/2019/03/11/the-making-of-the-fox-news-white-house. 도미니온과의 합의는 다음을 참고하라. Dominic Folkenflik and Mary Yang, 'Fox News Settles Blockbuster Defamation Lawsuit with Dominion Voting Systems', *NPR*, 18 April 2023, https://www.npr.org/2023/04/18/1170339114/fox-news-settles-blockbuster-defamation-lawsuit-with-dominion-voting-systems; Susan B. Glasser, Jane Mayer and Evan Osnos for commentary: https://www.newyorker.com/podcast/political-scene/with-the-fox-dominion-settlement-were-still-at-the-mercy-of-a-billionaire-dynasty.

22. Umberto Eco 'Ur-Fascism', *New York Review of Books*, 22 June 1995, https://www.nybooks.com/articles/1995/06/22/ur-fascism/. 다음도 참고하라. Jason Stanley, *How Propaganda Works* (Princeton, NJ: Princeton University Press, 2016).
23. Jane Mayer, 'Covert Operations: The Billionaire Brothers who are Waging a War Against Obama', *New Yorker*, 30 August 2010; Theda Skocpol and Alexander Hertel-Fernandez, 'The Koch Network and Republican Party Extremism', *Perspectives on Politics* 14:3 (2016), pp. 681–99; Hägel, *Billionaires in World Politics*, pp. 155–70.
24. 공화당에 의해 기본적인 민주주의 원칙이 어떻게 무너졌는지는 다음을 참고하라. Zack Beauchamps, 'The Republican Revolt Against Democracy, Explained in 13 Charts', *VOX*, 1 March 2021, https://www.vox.com/policy-and-politics/22274429/republicans-anti-democracy-13-charts. 총기 규제에 대해 공화당이 입장을 바꾸지 않는 이유는 다음을 참고하라. Carl Hulse, 'Why Republicans Won't Budge on Guns', *New York Times*, 26 May 2022, https://www.nytimes.com/2022/05/26/us/republicans-gun-control.html. 총기 폭력의 피해자에 대해서는 다음을 참고하라. Kiara Alfonseca, 'More than 13,900 People Killed in Gun Violence So Far in 2023', *ABC News*, 2 May 2023, https://abcnews.go.com/US/116-people-died-gun-violence-day-us-year/story?id=97382759.
25. Giridharadas, *Winners Take All, and Goodman, Davos Man.*
26. *Ibid.*
27. Leslie Sklair, *The Transnational Capitalist Class* (Oxford: WileyBlackwell, 2000); William K. Carroll, *The Making of the Transnationalist Capitalist Class* (London: Zed Books, 2010); Peter Philips, *Giants: The Global Power Elite* (New York: Seven Stories Press, 2018).
28. 큰 부를 소유한 사람들의 핵심 목표가 자본 축적을 한층 더 늘리는 것이라는 데 대한 증거는 다양한 원천에서 볼 수 있다. 그 세계의 일부이거나 그 세계에서 성장한 사람들에 대한 사회학적 연구도 그러한 원천에 속한다. 또한 다음의 자전적인 설명도 참고하라. Collins, *The Wealth Hoarders*, pp. 1–15; Abigail Disney, 'I was Taught from a Young Age to

Protect My Dynastic Wealth', *Atlantic*, 17 June 2021, https://www.theatlantic.com/ideas/archive/2021/06/abigail-disney-rich-protect-dynastic-wealth-propublica-tax/619212/; Engelhorn, *Geld*.

29. Dean J. Machin, 'Political Inequality and the "Super-Rich": Their Money or (Some of) Their Political Rights', *Res Publica* 19 (2013), pp. 121–39.

5장. 극단적인 부는 지구를 불태운다

1. 이 회사들의 재무 정보는 다음을 참고하라. Hanna Ziady, 'Big Oil Faces Scrutiny After Huge Jump in Profits', *CNN Business*, 8 February 2023, https://edition.cnn.com/2023/02/08/energy/big-oil-profits/index.html. 바이든 대통령의 언급은 다음을 참고하라. https://www.whitehouse.gov/briefing-room/speeches-remarks/2022/10/31/remarks-by-president-biden-on-recent-reports-of-major-oil-companies-making-record-setting-profits/. 그린피스의 성명은 다음을 참고하라. https://twitter.com/GreenpeaceUK/status/1623346811002884101?lang=en. 관련된 또 다른 보도는 다음도 참고하라. Sam Meredith, 'Big Oil Poised to Smash Annual Profit Records–Sparking Outcry From Campaigners and Activists', *CNBC Energy*, 27 January 2023, https://www.cnbc.com/2023/01/27/big-oil-earningspreview-energy-giants-to-smash-annual-profit-records.html.
2. 전지구적인 온실가스 배출 수준 변화에 대해서는 세계기상기구World Meterological Organization의 '온실가스 공지Greenhouse Gas Bulletin'를 참고하라. https://public.wmo.int/en/greenhouse-gasbulletin.
3. 2022년 초의 한 연구는 거대 화석연료 회사들이 장기 투자('자본 지출')의 매우 낮은 비중(12%)만 저탄소 활동에 썼음을 보여주었다. 아이러니하게도, 그들의 홍보 문서 대부분은 적어도 하나의 친환경 주장을 담고 있으며 그들은 기후 관련 홍보에 매년 7억 5,000만 달러를 쓴다. 다음을 참고하라. 'Big Oil's Real Agenda on Climate Change 2022,' *Influencemap*, September 2022, https://influencemap.org/report/Big-Oil-s-Agenda-on-Climate-Change-2022-19585. 석유 업계가 기후 변화 대응을 실천하지 않고 있다고 지적한 마크 반 발의 논평은 다음을 참고하라. Andrew Ross Sorkin et al., 'Following Setbacks, Climate Activists Rethink Their Approach', *New York Times*, 30 May 2023, https://www.nytimes.com/2023/05/30/business/dealbook/climate-shareholder-activists-oil.html.
4. George Monbiot, 'For the Sake of Life on Earth, We Must Put a Limit on Wealth',

Guardian, 19 September 2019, https://www.theguardian.com/commentisfree/2019/sep/19/life-earth-wealth-megarich-spending-power-environmental-damage; Thomas Piketty, 'Redistributing Wealth to Save the Planet', *Le Monde*, 8 November 2022, https://www.lemonde.fr/blog/piketty/2022/11/08/ redistributing-wealth-to-save-the-planet/.

5. 온실가스는 종류마다 화학적 특성이 다르다. 메탄은 대기 중에 100년 이상 머물 수 있는 이산화탄소보다 훨씬 짧게 머물지만 더 강력해서 대기 중에 있는 동안에는 피해를 더 많이 일으킨다. 하지만 이 책의 논의에서는 대체로 이 차이가 그리 중요하지 않다. 나는 때로는 모든 온실가스를 '탄소'라고 칭했다. IPCC 등 기후 과학자들은 여러 온실가스의 효과를 하나의 단위로 이야기해야 할 때 '이산화탄소 등가'라는 개념을 사용한다. 기후변화와 해법에 대한 최신 연구를 일별한 저술로는 다음을 참고하라. Greta Thunberg (ed.), *The Climate Book* (London: Allen Lane, 2022).
6. Neela Banjeree, Lisa Song and David Hasemyer, 'Exxon's Own Research Confirmed Fossil Fuel's Role in Global Warming Decades Ago', *Inside Climate News*, 16 September 2015, https://insideclimatenews.org/news/16092015/exxons-own-research-confirmed-fossil-fuels-role-in-global-warming/; G. Supran, S. Rahmstorf and N. Orekes, 'Assessing ExxonMobil's Global Warming Projections', *Science* 379 (2023), article no. eabk0063.
7. Piers Forster, Debbie Rosen, Robin Lamboll and Joeri Rogelj, 'What the Tiny Remaining 1.5C Carbon Budget Means for Climate Policy', *Carbon Brief*, 11 November 2022, https://www.carbonbrief.org/guest-post-what-the-tiny-remaining-1-5c-carbon-budget-means-for-climate-policy/.
8. 이러한 영향들 모두에 대한 가장 상세한 설명은 IPCC가 펴낸 보고서들에서 볼 수 있다. 예를 들어 다음을 참고하라. IPCC, *Global Warming of 1.5°C* (Cambridge: Cambridge University Press, 2018), https://www.ipcc.ch/sr15/. 다음도 참고하라. IPCC, *Climate Change 2022: Mitigation of Climate Change. Contribution of Working Group III to the Sixth Assessment Report of the Intergovernmental Panel on Climate Change* (Cambridge: Cambridge University Press, 2022). IPCC의 모든 보고서는 다음에서 내려받을 수 있다. https://www.ipcc.ch/reports/. 기후 위기 및 생물종 다양성 위기에 대한 입문서로는 다음을 참고하라. Mike Berners-Lee, *There is No Planet B: A Handbook for the Make or Break Years* (Cambridge: Cambridge University Press, 2019). 다음도 참고하라. David Wallace-Wells, *The Uninhabitable Earth. Life After Warming* (New York: Penguin Random House, 2020). 관련 영화로는 다음도 참고하라. *A Life on Our Planet.* 이 영화는 데이비드 아텐버로David Attenborough가 평생에 걸쳐 지구의 건강이 악화되는 것을 목격한 내용을 담고

있다. 남아프리카공화국의 물 부족은 다음을 참고하라. 'Likelihood of Cape Town Water Crisis Tripled by Climate Change', *World Weather Attribution*, 13 July 2018, https://www.worldweatherattribution.org/the-role-of-climate-change-in-the-2015-2017-drought-in-the-western-cape-of-south-africa/.

9. 'Heavy Rainfall Which Led to Severe Flooding in Western Europe Made More Likely by Climate Change', *World Weather Attribution*, 23 August 2021, https://www.worldweatherattribution.org/heavy-rainfall-which-led-to-severe-flooding-in-western-europe-made-more-likely-by-climate-change/.
10. 산불로 동물이 대대적으로 죽는 데 대해서는 다음을 참고하라. Walfrido Moraes Tomas et al., 'Distance Sampling Surveys Reveal 17 million Vertebrates Directly Killed by 2020's Wildfires in the Pantanal, Brazil', *Nature Scientific Reports* 11 (2021), article no. 23547. 기후변화로 태평양의 섬들이 거주 불가능해지는 것은 다음을 참고하라. Curt Storlazzi et al., 'Most Atolls Will be Uninhabitable by the Mid-21st Century Because of Sea-Level Rise Exacerbating Wave-Driven Flooding', *Science Advances* 4:4 (2018), article no. eaap9741.
11. Lucas Chancel, 'Global Carbon Inequality over 1990–2019', *Nature Sustainability* 5 (2022), pp. 931–8; data on p. 932.
12. *Ibid.*, pp. 931–2.
13. *Ibid.*
14. 고품질 탄소상쇄 크레디트를 판매하는 기업 사례는 다음을 참고하라. https://www.atmosfair.de/en/offset/flight/. 경제학자들 사이에서 이것은 '탄소의 사회적 비용'에 대한 논의다. 이 개념이 기후에 대한 개인의 의무를 생각하는 데 어떻게 사용될 수 있을지는 다음을 참고하라. Colin Hickey, 'The Social Cost of Carbon, Abatement Costs, and Individual Climate Duties', *Ethics, Policy & Environment* (2022), https://doi.org/10.1080/21550085.2022.2133939.
15. https://vu.nl/nl/nieuws/2021/rechtenstudenten-tonen-misleidende-reclame-shell-aan.
16. Ingrid Robeyns, 'For a EU-Wide Tax on Air Travel to Fight Climate Change.' 다음에 수록됨. Twelve Stars Initiative, Bertelsmann Stiftung (eds), *Twelve Stars: Philosophers Chart a Course for Europe* (Gütersloh: Bertelsmann Stiftung, 2019), pp. 109–16.
17. 'Private Jets: Can the Superrich Supercharge Zero-Emissions Aviation?', *Transport & Environment*, 27 May 2021, https://www.transportenvironment.org/discover-private-jets-can-the-super-rich-supercharge-zero-emission-aviation/; Jasper Faber and Sander Raphaël, 'CO2 Emissions from Private Flights to the World Economic Forum', *CE Delft*, February

2023, https://cedelft.eu/publications/co2-emissions-from-private-flights-to-the-world-economic-forum/.

18. 정치철학자 카트리오나 매키논Catriona McKinnon은 기후 부인론의 배후에 있는 사람들과 기후변화에 대해 행동하지 않는 사람들을 국제형사재판소에 세워야 한다고 주장했다. 다음을 참고하라. 'Climate Crimes Must be Brought to Justice', *UNESCO Courier*, July–September 2019, pp. 10–12, https://www.un-ilibrary.org/content/journals/22202293/2019/3/2/read.
19. 주주 가치 극대화 원칙에 따른 회사의 의무가 이러한 변화를 가로막는다면, 우리는 화석연료 산업을 국유화하는 방안을 생각해야 할 것이다. 이 가능성에 대한 분석은 다음을 참고하라. Fergus Green and Ingrid Robeyns, 'On the Merits and Limits of Nationalising the Fossil Fuel Industry', *Royal Institute of Philosophy Supplement* 91 (2022), pp. 53–80. 화석연료 산업이 국유화되어야 한다는 주장에 대한 추가 논의는 다음을 참고하라. Kate Aronoff, 'The Death of the Fossil Fuel Industry Could Be Disastrous for Workers. Now's the Time to Nationalise It', *Novara Media*, 8 December 2020, https://novaramedia.com/2020/12/08/; Johanna Bozuwa and Olúfémi O. Táíwò, 'It's Time to Nationalize Shell. Private Oil Companies Are No Longer Fit for Purpose', *Guardian*, 7 June 2021, https://www.theguardian.com/commentisfree/2021/jun/07/its- time-to-nationalize-shell-private-oil-companies-are-no-longer-fit-for-purpose; Robert Pollin, 'Nationalize the U.S. Fossil Fuel Industry to Save the Planet', *The American Prospect*, 8 April 2022, https://prospect.org/environment/nationalize-us-fossil-fuel-industry-to-save-the-planet/.
20. Naomi Oreskes and Erik Conway, *Merchants of Doubt: How a Handful of Scientists Obscured the Truth on Issues from Tobacco Smoke to Global Warming* (New York: Bloomsbury Publishing, 2010). 2014년 연구는 다음을 참고하라. Robert J. Brulle, 'Institutionalizing Delay: Founding Funding and the Creation of U.S. Climate Change Counter-Movement Organizations', *Climatic Change* 122 (2014), pp. 681–94.
21. 탄소 예산은 여러 요인을 고려해 계산되며 정확한 규모에 대해서는 논란이 있다. 하지만 우리에게 남은 시간이 얼마 없고 매우 급진적으로, 그리고 매우 빠르게 탄소 배출을 줄여야 한다는 데는 논란이 없을 것이다. 또한 여기에 제시된 탄소 예산은 바이오산업에서 주로 나오는 메탄 등 여타의 온실가스를 포함하고 있지 않다. 탄소 예산 논의는 다음을 참고하라. Forster et al., 'What the Tiny Remaining 1.5C Carbon Budget Means for Climate Policy.'
22. 슈퍼 부자들이 사설 소방관을 고용하는 현상은 다음을 참고하라. Ethan Varian, 'While

California Fires Rage, the Rich Hire Private Firefighters', *New York Times*, 26 October 2019, https://www.nytimes.com/2019/10/26/style/private-firefighters-california.html; Alexandra Ulmer, 'Insight: Private Firefighers Fuel Tensions While Saving California Vineyards and Mansions', *Reuters*, 14 May 2021, https://www.reuters.com/world/us/private-firefighters-fuel-tensions-while-saving-california-vineyards-mansions-2021-05-14/. 억만장자들이 벙커를 구매하는 현상은 다음을 참고하라. Douglas Rushkoff, 'The Super-Rich "Preppers" Planning to Save Themselves from the Apocalypse', *Observer*, 4 September 2022, https://www.theguardian.com/news/2022/sep/04/super- rich-prepper-bunkers-apocalypse-survival-richest-rushkoff; idem, *Survival of the Richest: Escape Fantasies of the Tech Billionaires* (New York: W. W. Norton 2022).

23. 이러한 질문들에 대한 나의 사고는 기후변화와 관련된 도덕적 쟁점들을 연구한 정치철학자들과 정치학자들의 통찰에서 크게 영향을 받았다. '기후 윤리' 관련 연구는 예를 들어 다음을 참고하라. Steve Vanderheiden, *Atmospheric Justice: A Political Theory of Climate Change* (New York: Oxford University Press, 2008); Simon Caney, 'Climate Change and the Duties of the Advantaged', *Critical Review of International Social and Political Philosophy* 13:1 (2010), pp. 203–28; Stephen Gardiner, *A Perfect Moral Storm: The Ethical Tragedy of Climate Change* (Oxford: Oxford University Press, 2011); Elizabeth Cripps, *Climate Change and the Moral Agent: Individual Duties in an Interdependent World* (Oxford: Oxford University Press, 2013); Henry Shue, *Climate Justice: Vulnerability and Protection* (Oxford: Oxford University Press, 2014); Simon Caney, 'Two Kinds of Climate Justice: Avoiding Harm and Sharing Burdens', *Journal of Political Philosophy* 22:2 (2014), pp. 125–49; Clare Heyward and Dominic Roser (eds), *Climate Justice in a Non-Ideal World* (Oxford: Oxford University Press, 2016); Dominic Roser and Christian Seidl, *Climate Justice: An Introduction* (Abingdon: Routledge, 2017); and Simon Caney, 'Climate Justice', *Stanford Encyclopedia of Philosophy Archive* (Winter 2021), https://plato.stanford.edu/archives/win2021/entries/justice-climate. 생태경제학자들도 분배적 질문을 중심에 놓고 있으며 우리가 무엇을 해야 할지에 대해 시나리오를 제공한다. 많은 연구가 있지만 예를 들어 다음을 참고하라. Tim Jackson, *Prosperity Without Growth: Economics for a Finite Planet*, second edition (London: Routledge, 2016); Kate Raworth, *Doughnut Economics* (London: Penguin Random House, 2017); Ian Gough, *Heat, Greed and Human Need* (Cheltenham: Edward Elgar, 2017).

24. Lucas Chancel and Thomas Piketty, 'Carbon and Inequality: From Kyoto to Paris', WID

(World Inequality Database), Working Paper 2015/7 (November 2015), p. 28; Lucas Chancel, Philipp Bothe and Tancrède Voituriez, *Climate Inequality Report* 2023 (Paris: World Inequality Lab, 2023), p. 19. 앳모스페어가 제시한 개인당 탄소 예산은 다음을 참고하라. https://www.atmosfair.de/en/green_travel/annual_climate_budget/.

25. Elke Stahfest, Lex Bouwman, Detlef P. van Vuren, Michel G. J. den Elzen, Bas Eickhout and Pavel Kabat, 'Climate Benefits of Changing Diet', *Climate Change* 95 (2009), pp. 83–102; Peter Scarborough, Paul N. Appleby, Anja Mizdrak, Adam D. M. Briggs, Ruth C. Travis, Kathryn E. Bradbury and Timothy J. Key, 'Dietary Greenhouse Gas Emissions of Meat-Eaters, Fish-Eaters, Vegetarians and Vegans in the UK', *Climate Change* 125 (2014), pp. 179–92; George Monbiot, *Regenesis: Feeding the World Without Devouring the Planet* (London: Allen Lane, 2022).
26. Ingrid Robeyns, 'Freedom and Responsibility–Sustainable Prosperity Through a Capabilities Lens', *CUSP Essay Series on the Morality of Sustainable Prosperity*, no. 4 (2017), pp. 1–17, https://cusp.ac.uk/themes/m/m1-4/.
27. Emrys Westacott, *The Wisdom of Frugality* (Princeton, NJ: Princeton University Press, 2016).
28. Keith Hyams, 'A Just Response to Climate Change: Personal Carbon Allowances and the Normal-Functioning Approach', *Journal of Social Philosophy* 40:2 (2009), pp. 237–56.
29. Martin L. Weitzman, 'Is the Price System or Rationing More Effective in Getting a Commodity to Those Who Need it Most?', *Bell Journal of Economics* 8 (1977), pp. 517–24.
30. Bill Gates, *How to Avoid Climate Disaster* (London: Allen Lane, 2022); Mark Jacobson, *No Miracles Needed: How Today's Technology Can Save our Climate and Clean Our Air* (Cambridge: Cambridge University Press, 2023). 다음도 참고하라. Damian Carrington, '"No Miracles Needed": Prof Mark Jacobson on How Wind, Sun and Water can Power the World', *Guardian*, 23 January 2023, https://www.theguardian.com/environment/2023/jan/23/no-miracles-needed-prof-mark-jacobson-on-how-wind-sun-and-water-can-power-the-world. 미국이 '넷제로'로 어떻게 갈 수 있을지에 대해 구체적인 시나리오를 제시한 연구는 다음을 참고하라. Eric Larson et al., *Net-Zero America: Potential Pathways, Infrastructure, and Impacts, final report* (Princeton, NJ: Princeton University, 2021), https://netzeroamerica.princeton.edu/the-report. 이 보고서는 긴급히 동원되어야 할 자본의 양을 위험 요인 중 하나로 들고 있다. 이 보고서에 따르면, 적어도 추가 자본이 2조

5,000억 달러 필요하다.

31. '저감 프로젝트Project Drawdown'는 기후변화를 멈추고 어쩌면 되돌릴 수도 있을 전략들을 다양하게 개발해왔다. 다음을 참고하라. https://drawdown.org/solutions.

32. Andreas Malm, *How to Blow Up a Pipeline* (London: Verso Books, 2021). 우리가 적어도 기후변화, 생물종 다양성 소실, 환경 문제 등에 대해 실현가능성 있는 계획을 가진 정당에 투표해야 한다는 주장은 다음을 참고하라. Aaron Maltais, 'Radically Non-Ideal Climate Politics and the Obligation to At Least Vote Green', *Environmental Values* 22:5 (2013), pp. 589–608.

6장. 천만장자, 억만장자가 될 자격이 있는 사람은 없다

1. Thomas Hobbes, *Leviathan*, ed. Richard Tuck (Cambridge: Cambridge University Press, 1996; 1651년에 최초 출간), p. 89.

2. 분명히, 늘 이렇게 되지는 않았다. 많은 사람이 사회 계약에서 배제되었다. 많은 사람들이 식민주의자의 억압에서 고통을 겪었거나 겉으로는 민주주의를 표방하는 사회에서도 이등 시민 취급을 받았다. 억압받고 주변화된 사람들은 현재의 사회 계약이 그들이 만든 것이 아니라고 합당하게 주장할 수 있을 것이고 민주적 정부가 진정으로 자신의 약속을 지키는 더 공정한 조건의 계약을 요구할 수 있을 것이다. 어떤 면에서 이것은 20세기의 매우 영향력 있는 정치철학자 중 한 명인 존 롤스John Rawls가 믿었던 바와도 같다. 그는 우리가 사회의 규칙을 '무지의 베일' 뒤에서 결정해야 한다고 주장했다. 즉 그 사회에서 자신이 어떤 위치에 있게 될지 모르는 상태로 사회의 규칙을 정해야 한다는 것이다. 이상적으로 이러한 사고실험은 우리가 공정하고 불편부당한 사회적 규칙을 고안하게 할 것이다. 롤스는 '무지의 베일' 뒤에서 결정하면 시민들이 정치적 자유를 공정하게 보호하고 모두에게 기회를 공정하고 평등하게 제공하며 가장 가난한 사람들에게 이득이 될 때만 불평등이 허용되는 사회경제적 제도를 만드는 정의의 원칙을 선택하게 될 것이라고 보았다. 몇몇 정치철학자들은 롤스의 정의론에 부의 제한주의 개념이 내포되어 있다고 본다. 우리가 살아갈 세계의 규칙과 규범을 선택할 수 있는 가설적인 상황에서, 공정성과 불편부당성을 최우선순위로 놓는다면 자연히 개인이 축적할 수 있는 부의 범위에 제한을 두는 규칙을 받아들이게 될 것이다. 다음을 참고하라. John Rawls, *A Theory of Justice*, revised edition (Cambridge, MA: Harvard University Press, 1999); idem, *Justice as*

Fairness: A Restatement, ed. Erin Kelly (Cambridge, MA: Harvard University Press, 2001). 롤스의 자유주의적 평등주의가 부의 제한주의 개념을 포함한다는 주장은 다음을 참고하라. Christian Neuhäuser, 'The Self-Respect Argument for Limitarianism.' 다음에 수록됨. Ingrid Robeyns (ed.), *Having Too Much: Philosophical Essays on Limitarianism* (Cambridge: Open Book Publishers, 2023), pp. 271–96; Lisa Herzog, 'Liberal Egalitarianism Beyond Methodological Atomism', 다음에 수록됨. Ingrid Robeyns (ed.), *Pluralizing Political Philosophy* (Oxford: Oxford University Press, 2024).

3. Liam Murphy and Thomas Nagel, *The Myth of Ownership: Taxes and Justice* (New York: Oxford University Press, 2022). 시장에서 내가 획득한 것은 도덕적으로 마땅히 내 것이라는 주장에 대한 철학적 반박은 다음을 참고하라. John Christman, *The Myth of Property* (New York: Oxford University Press, 1994); Serena Olsaretti, *Liberty, Desert, and the Market: A Philosophical Study* (Cambridge: Cambridge University Press, 2004).
4. Facundo Alvaredo, Bertrand Garbinti and Thomas Piketty, 'On the Share of Inheritance in Aggregate Wealth: Europe and the USA, 1900–2010', *Economica* 84 (2017), pp. 239–60.
5. https://www.cerulli.com/reports/us-high-net-worth-and-ultra-high-net-worth-markets-2021.
6. D. W. Haslett, 'Is Inheritance Justified?', *Philosophy and Public Affairs* 15:2 (1986), pp. 122–55; David G. Duff, 'Taxing Inherited Wealth: A Philosophical Argument', *Canadian Journal of Law and Jurisprudence* 6:1 (1993), pp. 3–62; Daniel Halliday, *The Inheritance of Wealth. Justice, Equality, and the Right to Bequeath* (Oxford: Oxford University Press, 2018); Jørgen Pedersen, 'Just Inheritance Taxation', *Philosophy Compass* 13 (2018), article no. e12491; Stefan Gosepath, 'What, if Anything, is Wrong with Bequest? A Preliminary Sketch' 다음에 수록됨. Hans Christoph Schmidt am Busch, Daniel Halliday and Thomas Gutmann (eds), *Inheritance and the Right to Bequeath* (London: Routledge, 2023), pp. 15–35.
7. D. W. Haslett, 'Inheritance.' 다음에 수록됨. H. Lafollette (ed.), *International Encyclopedia of Ethics* (Wiley Online Library, 2013), https://onlinelibrary.wiley.com/doi/10.1002/9781444367072.wbiee004.
8. Sem de Maagt and Ingrid Robeyns, 'Inheritance and Inheritance Tax: An Ethical Analysis', *Ethical Annotation* #3 (Utrecht: Utrecht University, Ethics Institute, 2017), https://www.uu.nl/sites/default/files/Ethical-Annotation-3-Inheritance-and-inheritance-tax.pdf; Jens Beckert, 'Why is the Estate Tax so Controversial?', *Sociology* 45 (2008), pp. 521–8.

9. Andrew Carnegie, 'The Advantages of Poverty', *Nineteenth Century* 29:169 (1891), pp. 367–85. 인용은 p. 371에 나온다.

10. Philippe Van Parijs, 'Nothing Wrong with Unearned Wealth?' 다음에 수록됨. Guido Erreygers and Toon Vandevelde (eds), *Is Inheritance Legitimate?* (Berlin: Springer Verlag, 1997), pp. 202–9.

11. 상속을 폐지하거나 상속세를 급진적으로 높이기 위한 다양한 방안이 여러 연구에서 제시되었다. 예를 들어 다음을 참고하라. John Stuart Mill, *Principles of Political Economy*, Volume III, Book V, ed. John M. Robson (Abingdon: Routledge, 1965; 1848년에 최초 출간), pp. 799–912; Atkinson, Inequality, pp. 192–6; Cornelius Cappelen and Jørgen Pedersen, 'Just Wealth Transfer Taxation: Defending John Stuart Mill's Scheme', *Politics, Philosophy & Economics* 17:3 (2018), pp. 317–35.

12. 소득에 외모에 따른 차별이 있다는 연구 결과는 다음을 참고하라. Daniel Hamermesh and Jeff Biddle, 'Beauty and the Labor Market', *American Economic Review* 84:5 (1994), pp. 1174–94.

13. Jos Bivens and Jori Kandra, *CEO Pay Has Skyrocketed 1,460% Since 1978* (Washington, DC: Economic Policy Institute, 2022), https://www.epi.org/publication/ceo-pay-in-2021/. 다음도 참고하라. Josh Bivens and Lawrence Mishel, 'The Pay of Corporate Executives and Financial Professionals as Evidence of Rents in Top 1 Percent Incomes', *Journal of Economic Perspectives* 27:3 (2013), pp. 57–77.

14. 2023년 음바페의 보수는 다음을 참고하라. Antonio Losada, 'PSG Players, Kylian Mbappe Earn the Highest Ligue 1 Salaries', *PSG Post*, 30 March 2023, https://psgpost.com/posts/psg-players-kylian-mbappe-earn-the-highest-ligue-1-salaries-01gwp5ss6hke. 2023년 호날두의 보수는 다음을 참고하라. Joshua Thomas, 'Cristiano Ronaldo Salary in Saudi Arabia: How Much CR7 is Paid by Al Nassr Contract, Earnings and Net Worth', *Sporting News*, 3 September 2023, https://www.sportingnews.com/us/soccer/news/cristiano-ronaldo-salary-saudi-arabia-contract-net-worth/acb5hk0gkqdl1yxwfmhrupfx. 엔터테인먼트 업계의 보수는 다음을 참고하라. Lisette Voytko, 'The Highest-Paid Entertainers 2022', *Forbes*, 9 February 2022, https://www.forbes.com/sites/lisettevoytko/2022/02/09/the-highest-paid-entertainers-2022/.

15. Morris Pearl, 'Foreword.' 다음에 수록됨. Collins, Born on Third Base, p. ix. 임금 불평등을 보는 여러 방식에 대한 개괄은 다음을 참고하라. 이 모든 논의가 CEO의 보수가 너무 많다고 여기고 있다. Jeffrey Moriarty, 'Do CEOs Get Paid Too Much?', *Business Ethics*

Quarterly 15:2 (2005), pp. 257–81.

16. 데이터 출처: 미국 https://www.bls.gov/oes/current/oes399011.htm; 영국 https://nationalcareers.service.gov.uk/job-profiles/nursery-worker; 네덜란드 https://www.nationaleberoepengids.nl/salaris/pedagogisch-medewerker-kinderopvang.
17. Carola Hoyos and Michael Steen, 'Departing Shell Chief Calls for Pay Shake-up', *Financial Times*, 9 June 2009, p. 15.
18. Robert H. Frank and Philip J. Cook, *The Winner-Takes-All Society: Why the Few at the Top Get So Much More Than the Rest of Us* (New York: Free Press, 1995); Robert H. Frank, *Success and Luck: Good Fortune and the Myth of Meritocracy* (Princeton, NJ: Princeton University Press, 2016).
19. 생애 첫 1,000일의 중요성은 예를 들어 다음을 참고하라. James J. Heckman, 'The Economics of Inequality: The Value of Early Childhood Education', *American Educator* (Spring 2011), pp. 31–47; Frances Campbell, Gabriella Contin, James J. Heckman, Seong Hyeok Moon, Rodrigo Pinto, Elizabeth Pungello and Yi Pan, 'Early Childhood Investments Substantially Boost Adult Health', *Science* 343 (28 March 2014), pp. 1478–85.
20. Rawls, *A Theory of Justice*, p. 103.
21. Huub Brouwer and Willem van der Deijl, 'More Onerous Work Deserves Higher Pay.' 다음에 수록됨. Anders Örtenblad (ed.), *Debating Equal Pay* (Cham: Palgrave Macmillan, 2021), pp. 55–69.
22. Daniel Hausman, 'When Jack and Jill Make a Deal', *Social Philosophy and Policy* 9:1 (1992), pp. 95–113; Rutger Claassen, 'Externalities as a Basis for Regulation: A Philosophical View', *Journal of Institutional Economics* 12:3 (2016), pp. 541–63.
23. Jason Hickel, Dylan Sullivan, and Huzaifa Zoomkawala, 'Plunder'; https://www.business-humanrights.org/en/.
24. MacKenzie Scott, '116 Organizations Driving Change', *Medium*, 28 July 2020, https://mackenzie-scott.medium.com/116-organizations-driving-change-67354c6d733d.
25. Mariana Mazzucato, *The Entrepreneurial State* (London: Anthem Press, 2013); 같은 저자, *The Value of Everything: Making and Taking in the Global Economy* (London: Penguin Books, 2018).
26. 소아마비에 대해서는 세계보건기구World Health Organization 웹사이트를 참고하라. https://www.who.int/news-room/spotlight/history-of-vaccination/history-of-polio-

vaccination.

27. Herbert A. Simon, 'UBI and the Flat Tax', *Boston Review*, 17 July 2000, https://www.bostonreview.net/forum_response/ herbert- simon-ubi-and-flat-tax/.
28. 영국에 대해서는 다음을 참고하라. Andrew Eyles, Lee Elliot Major and Stephen Machin, *Social Mobility: Past, Present and Future* (London: Sutton Trust, 2022). 미국에 대해서는 다음을 참고하라. Raj Chetty, David Grusky, Maximilian Hell, Nathaniel Hendren, Robert Manduca and Jimmy Narang, 'The Fading American Dream: Trends in Absolute Income Mobility Since 1940', *Science* 356 (28 April 2017), pp. 398–406. 다음도 참고하라. Jens Beckert, 'Durable Wealth: Institutions, Mechanisms, and Practices of Wealth Perpetuation', *Annual Review of Sociology* 48 (2022), pp. 233–55.
29. Michiel van der Heest, 'Als je met 10–0 achterstand begint is hogerop komen geen klim op een ladder. Het is een tunnel waarin je moet blijven kruipen', *De Volkskrant*, 25 June 2021, https://www.volkskrant.nl/columns-opinie/als-je-met-10-0-achterstand-begint-is-hogerop-komen-geen-klim-op-een-ladder-het-is-een-tunnel-waarin-je-moet-blijven-kruipen~b41eb81b/; Tim 'S Jongers, *Beledigende Broccoli* (Amsterdam: Van Gennep, 2022).

7장. 그 돈으로 정말 많은 일을 할 수 있다

1. 영국은 다음을 참고하라. George Dibb, Carsten Jung, Henry Parkes and Shreya Nanda, *Prosperity and Justice after the Pandemic* (London: Institute for Policy Research, 2021); Jasper Jolly, 'Number of Billionaires in UK Reaches New Record During COVID Crisis', *Guardian*, 21 May 2021, https://www.theguardian.com/business/2021/may/21/number-of-billionaires-in-uk-reached-new-record-during-covid-pandemic. 미국은 다음을 참고하라. Giacomo Tognini, 'Meet the 44 Newcomers Joining the Forbes 400 List of America's Richest People', *Forbes*, 5 October 2021, https://www.forbes.com/sites/giacomotognini/2021/10/05/meet-the-44-newcomers-joining-the-forbes-400-list-of-americas-richest-people/. 2023년의 옥스팜 보고서 '부자생존Survival of the Richest'도 참고하라.
2. 'Bidder Pays $28m for Space Trip with Amazon's Bezos', *BBC News*, 12 June 2021, https://www.bbc.com/news/world-us-canada-57457378.

3. 6,200명이 생명을 구했을 것이라는 추산은 한 명을 살리는 비용을 4,500달러로 잡았을 때의 숫자다. 다음을 참고하라. https://www.givewell.org/cost-to-save-a-life.
4. Claudia Haarmann and Dirk Haarmann, 'From Survival to Decent Employment: Basic Income Security in Namibia', *Basic Income Studies* 2:1 (2007), article no. 11.
5. Basic Income Grant Coalition, *Making the Difference! The BIG in Namibia. Basic Income Grant Pilot Project Assessment Report*, April 2009.
6. Francesca Bastagli, Jessica Hagen-Zanker, Luke Harman, Valentina Barca, Georgina Sturge, Tanja Schmidt and Luca Pellerano, *Cash Transfers: What Does the Evidence Say?* (London: Overseas Development Institute, 2016); Johannes Haushofer and Jeremy Shapiro, 'The Short-Term Impact of Unconditional Cash Transfers to the Poor: Experimental Evidence from Kenya', *Quarterly Journal of Economics* 131:4 (2016), pp. 1973–2042.
7. https://www.jeffsachs.org/recorded-lectures/5jf86pp5lxch35e6z3nct6xnmb8zy5.
8. 평균 빈곤율 자료는 다음에서 가져왔다. *How's Life? Measuring Wellbeing* (Paris: OECD, 2020), p. 16. OECD의 상대빈곤 통계는 다음을 참고하라. https://data.oecd.org/inequality/poverty-rate.htm. 여기에 제시된 데이터는 2021년 것이다. 또 다른 추산치는 영국의 빈곤 인구 비중을 20%로 제시했다. 다음을 참고하라. Joseph Rowntree Foundation, *Poverty in the UK* (York: Joseph Rowntree Foundation, 2023), https://www.jrf.org.uk/sites/default/files/jrf/uk_poverty_2023_-_the_essential_guide_to_understanding_poverty_in_the_uk_0_0.pdf.
9. 뉴욕시의 공립학교 무상 급식은 다음을 참고하라. https://www.schools.nyc.gov/school-life/food/menus.
10. https://americandreamdoc.com/. 영화평은 다음을 참고하라. Ingrid Robeyns, 'Film Review: The American Dream and Other Fairy Tales', *Crooked Timber*, 11 January 2023, https://crookedtimber.org/2023/01/11/film-review-the-american-dream-and-other-fairy-tales/.
11. Cathy Free, 'Farmer Dies; Town Learns He Secretly Paid Strangers' Pharmacy Bills', *Washington Post*, 19 January 2023, https://www.washingtonpost.com/lifestyle/2023/01/19/alabama-farmer-hody-childress-prescriptions/; Emily Schmall, 'A Farmer Secretly Paid for His Neighbors' Prescription for Years', *New York Times*, 25 January 2023, https://www.nytimes.com/2023/01/25/us/alabama-pharmacy-donor.html. 처방약을 구매하는 것이 어렵다고 말한 미국인 수는 다음을 참고하라. https://www.kff.org/health-costs/press-release/poll-nearly-1-in-4-americans-taking-prescription-drugs-say-its-difficult-to-afford-

medicines-including-larger-shares-with-low-incomes/. 수익 마진에 대해서는 다음을 참고하라. https://www.ncbi.nlm.nih.gov/pmc/articles/PMC7054843/.

12. 공공 제공 대 민영화에 대해서는 다음을 참고하라. Chiara Cordelli, *The Privatized State* (Princeton, NJ: Princeton University Press, 2020).

13. Mazzucato, *The Entrepreneurial State*; 같은 저자, *Mission Economy: A Moonshot Guide to Changing Capitalism* (London: Penguin Books, 2021).

14. 다음에 나온 요약을 참고하라. Paul Krugman, 'The Economics of Soaking the Rich', *New York Times*, 5 January 2019, https://www.nytimes.com/2019/01/05/opinion/alexandria-ocasio-cortez-tax-policy- dance.html#:~:text=What%20this%20implies%20for%20economic,to%20buy%20whatever%20they%20want. 토마 피케티, 엠마누엘 사에즈, 스테파니 스탠치바의 연구는 CEO가 성과를 반영하지 않는 소득을 가질 경우[CEO 보수가 노동시장 요인만으로 결정되지 않는 경우를 말한다. 저자들은 세율이 오를 때 CEO들이 노동 공급량 조정, 조세 회피, 그리고 보수에 대한 협상이라는 세 가지 방식으로 반응한다는 가정하에 모델을 세웠다.] 최적의 최고세율은 83%라고 추산했다. Piketty, Saez and Stantcheva, 'Optimal Taxation of Top Labor Incomes: A Tale of Three Elasticities', *American Economic Journal* 6:1 (2014), pp. 230–71.

15. G. A. Cohen, 'Incentives, Inequality, and Community', 스탠퍼드대학교, '인간 가치에 대한 태너 강연Tanner Lectures on Human Values), 1991년 5월 21일과 23일.

16. Malleson, *Against Inequality*, pp. 96–8.

17. 하지만 이 주장이 오용되는 것에 주의해야 한다. 교사, 간호사, 과학자 등이 개인적 이득을 극대화하는 것보다 공공재에 기여하는 것에 더 강하게 동기부여된다는 사실은 그들이 그만큼의 보수를 받지 말아야 한다는 주장의 근거로 사용되거나 그들이 구조적으로 과다한 무보수노동을 하는 것을 당연히 여겨야 한다는 주장의 근거로 사용되곤 한다. 하지만 교사 등 공공 분야 종사자들의 직업 윤리가 그들을 착취하거나 그들의 직업적 헌신에 무임승차하는 것을 정당화하는 주장으로 쓰여서는 안 된다.

8장. 자선은 해답이 아니다

1. Conor O'Clery, *The Billionaire Who Wasn't: How Chuck Feeney Secretly Made and Gave Away a Fortune* (New York: Public Affairs, 2013).

2. Jim Dwyer, 'Out of Sight, Till Now, and Giving Away Billions', *New York Times*, 26

September 2007, https://www.nytimes.com/2007/09/26/nyregion/26about.html; Jim Dwyer, '"James Bond of Philanthropy" Gives Away the Last of His Fortune', *New York Times*, 5 January 2017, https://www.nytimes.com/2017/01/05/nyregion/james-bond-of-philanthropy-gives-away-the-last-of-his-fortune.html; Bertoni, 'The Billionaire Who Wanted to Die Broke··· Is Now Officially Broke'.

3. 데이터는 다음에서 가져왔다. https://data.oecd.org/inequality/poverty-rate.htm; https://data.oecd.org/inequality/income-inequality.htm#indicatorchart. 빈곤율은 빈곤을 어떻게 정의하느냐에 따라 크게 달라진다는 점에 주의하라. OECD는 '해당 국가 가구 소득 중앙값의 절반 이하'를 빈곤선으로 사용한다. 각 국가의 빈곤선을 사용하면 빈곤율이 더 높거나 낮을 수 있다. 하지만 각국을 비교한 여러 연구를 보면 미국이 영국보다, 영국은 서유럽 국가들보다 빈곤율이 높다는 것이 공통적인 결과다.
4. https://www.arcolab.org/en/worlds-100-largest-philanthropic-foundations-list/.
5. 예를 들어, 자선이 더 큰 사회적 역할을 수행하는지는 네덜란드가 최근 펴낸 과학 자문 보고서에서 핵심 질문이었다. 정치철학자 팀 마이어스Tim Meijers와 나는 그 보고서에서 자선에 대한 윤리적 분석을 다룬 장을 작성했다. 다음을 참고하라. Wetenschappelijke Raad voor het Regeringsbeleid, *Filantropie op de Grens van Overheid en Markt* (The Hague: WRR, 2018). 화석연료 회사가 받은 조세보조 총액에 대한 가장 최근 추산치는 다음을 참고하라. Alman Metten, 'Belastingvoordelen voor fossiele brandstoffen nóg veel groter', Me Judice, 23 March 2023, ttps://www.mejudice.nl/artikelen/detail/belastingvoordelenvoor-fossiele-brandstoffen-nog-veel-groter.
6. 다음 책에 쓴 모리스 펄Morris Pearl의 서문. Collins, *Born on Third Base*.
7. Robert E. Goodin, *Reasons for Welfare: The Political Theory of the Welfare State* (Princeton, NJ: Princeton University Press, 1988); Joseph Heath, 'The Benefits of Cooperation', *Philosophy and Public Affairs* 34:4 (2006), pp. 313–51.
8. Chomsky, *Profit Over People*.
9. Disney, 'I was Taught from a Young Age to Protect my Dynastic Wealth.'
10. Oreskes and Conway, *The Big Myth*. 초창기 신자유주의 사상가와 그들의 네트워크, 그리고 1930년대 이후의 활동은 다음을 참고하라. Philip Mirowski and Dieter Plehwe (eds), *The Road from Mont Pèlerin: The Making of the Neoliberal Thought Collective*, 제2판, 새로운 서문 수록 (Cambridge, MA: Harvard University Press, 2015).
11. 번영 신학은 다음을 참고하라. https://www.britannica.com/topic/prosperity-gospel; Tara Isabella Burton, 'The Prosperity Gospel, Explained: Why Joel Osteen Believes

that Prayer Can Make You Rich', *VOX*, 1 September 2017, https://www.vox.com/identities/2017/9/1/15951874/prosperity- gospel-explained-why-joel-osteen-believes-prayer-can-make-you-rich-trump.

12. Jens Beckert, 'Durable Wealth: Institutions, Mechanism, and Practices of Wealth Perpetuation', *Annual Review of Sociology* 48 (2022), pp. 233–55. 이러한 재산 방어 관행이 네덜란드에 얼마나 널리 퍼져 있는지는 다음을 참고하라. 'Vermogenden gebruiken eigen goede doelen als belastingconstructie', *NOS*, 15 August 2022, https://nos.nl/artikel/2440715-vermogenden-gebruiken-eigen-goede-doelen- als-belastingconstructie.

13. 자선에 대한 윤리적 · 정치적 분석을 담은 통찰력 있는 연구는 예를 들어 다음을 참고하라. Rob Reich, Chiara Cordelli and Lucy Bernholz (eds), *Philanthropy in Democratic Societies* (Chicago: Chicago University Press, 2016); Rob Reich, *Just Giving: Why Philanthropy is Failing Democracy and How It Can Do Better* (Princeton, NJ: Princeton University Press, 2019). 어떤 자선 기금에 대해서라도 가장 먼저 던져야 할 질문은 그 자금이 어느 면으로든 부정한 돈은 아닌지, 즉 도덕적으로 부당한 방법으로 축적된 것은 아닌지다. 대답이 '그렇다'라면 자선을 하려는 사람이 취해야 할 합당한 행동은 그 돈을 기부하는 것이 아니라 과거의 잘못을 고치고 보상하는 데 쓰는 것이다. 그리고 현재의 부자들이 그 돈을 어떻게 분배할지 결정하는 것은 도덕적으로 옳지 않다. 적어도 그들은 자신의 잘못으로(또는 조상의 잘못으로) 피해를 본 사람들에게 조언을 구하거나 피해자들이 의사결정 과정에 참여하게 해야 한다. 다음을 참고하라. Chiara Cordelli, 'Reparative Justice and the Moral Limits of Discretionary Philanthropy.' 다음에 수록됨. Reich et al. (eds), *Philanthropy in Democratic Societies*, pp. 244–65.

14. '기부에 권력이 따라오는 막대한 금액의 돈'이 어느 정도인지 정확하게 말할 수 있는 일반적인 규칙이 있다고는 생각하지 않는다. 기부자가 아주 작은 조직에 10만 달러를 준다면 그 조직에 권력을 행사할 수 있을 것이다. 하지만 빌 게이츠가 현재 글로벌 보건 기구들에서 행사하는 만큼의 권력을 갖기에는 충분하지 않을 것이다. 자선의 사회적 영향을 평가할 때 거액 기부와 소액 기부를 구별하는 것이 왜 중요한지에 대해서는 다음을 참고하라. Chuck Collins, Josh Hoxie and Helen Flannery, *Gilded Giving 2018: Top-Heavy Philanthropy and Its Perils to the Independent Sector and Democracy* (Washington, DC: Institute for Policy Studies, 2018).

15. Reich, *Just Giving*, Chapter 2.

16. *Ibid.*, 4장.

17. Ingrid Robeyns, book review of Just Giving by Rob Reich, *Perspectives on Politics* 17:4

(2019), pp. 1175–6.

18. Chouinard, *Let My People Go Surfing*, pp 151–5.

19. https://www.goodancestormovement.com/.

20. Peter Singer, 'Famine, Affluence, and Morality', *Philosophy & Public Affairs* 1:3 (1972), pp. 229–43; Peter Singer, *The Life You Can Save: How to Do Your Part to End World Poverty* (New York: Random House, 2009).

21. 〔정체성을 가진 주체로서〕 자기 자신의 프로젝트를 추구하는 것의 중요성은 다음을 참고하라. Bernard Williams, 'A Critique of Utilitarianism.' 다음에 수록됨. *Utilitarianism: For and Against*, with J. J. C. Smart (Cambridge: Cambridge University Press, 1973). 공리주의적 주장이 과도한 요구라는 데 대해서는 다음을 참고하라. Garrett Cullety, *The Moral Demands of Affluence* (Oxford: Clarendon Press, 2004); Jørn Sønderholm, 'World Poverty, Positive Duties, and the Overdemandingness Objection', *Philosophy, Politics and Economics* 12:3 (2013), pp. 308–27.

22. https://www.givingwhatwecan.org/blog/how-much-money-should-we-donate-to-charity.

23. https://www.givingwhatwecan.org/pledge; William MacAskill, Andreas Mogensen and Toby Ord, 'Giving isn't Demanding.' 다음에 수록됨. Paul Woodruff (ed.), *The Ethics of Giving: Philosophers' Perspectives on Philanthropy* (Oxford: Oxford University Press, 2018), pp. 178–203.

9장. 부자들에게도 이득이 될 것이다

1. https://www.cnbc.com/2020/01/22/davos-2020-patriotic-millionaires-letter-calls-for-higher-taxes-on-global-elite.html.

2. https://costofextremewealth.com/.

3. Nick Hanauer, 'The Pitchforks are Coming…for Us Plutocrats', *Politico*, July/August 2014, https://www.politico.com/magazine/story/2014/06/the-pitchforks-are-coming-for-us-plutocrats-108014/.

4. Plato, *The Laws*, ed. Malcolm Schofield and trans. Tom Griffith (Cambridge: Cambridge University Press, 2016) p. 193.

5. 산더르 스히멜페니닉의 주장은 다음을 참고하라. *Sander en de Brug* (Amsterdam: De Correspondent, 2023).

6. Collins, *Born on Third Base*, p. 13.

7. 애비게일 디즈니가 묘사한 심리적 경향은 이 이슈에 대해 몇몇 연구에서 나온 결론과도 부합한다. 다음을 참고하라. Jessie H. O'Neill, *The Golden Ghetto: The Psychology of Affluence* (Center City, MN: Hazelden, 1997).

8. *Ibid.* 오닐은 부유한 사람을 '상류층 생활 습관을 유지하기 위해 노동을 할 필요가 없는 사람'으로 정의했다. 정치적 제한선인 1,000만 달러(또는 유로 또는 파운드)를 넘는 사람은 모두 여기에 해당한다.

9. Lauren Greenfield, *Generation Wealth* (New York: Phaidon Press, 2017). 웬디와의 인터뷰는 p. 33에 나온다.

10. Mihaly Csikszentmihalyi, 'If We Are So Rich, Why Aren't We Happy?', *American Psychologist* 10 (1999), pp. 821–7.

11. Morgan Housel, *The Psychology of Money: Timeless Lessons on Wealth, Greed, and Happiness* (Petersfield: Harriman House, 2020). 인용은 p. 42에 나온다.

12. Danielle Zwarthoed, 'Autonomy-Based Reasons for Limitarianism', *Ethical Theory and Moral Practice* 21 (2018), pp. 1181–204.

13. Housel, *The Psychology of Money*, p. 42.

14. Sam Polk, 'For the Love of Money', *New York Times*, 18 January 2014, https://www.nytimes.com/2014/01/19/opinion/sunday/for-the-love-of-money.html.

15. Michael W. Kraus, Paul K. Piff, Rodolfo Mendoza-Denton, Michelle L. Rheinschmidt and Dacher Keltner, 'Social Class, Solipsism, and Contextualism: How the Rich are Different from the Poor', *Psychological Review* 119 (2012), pp. 546–72; Paul K. Piff, Daniel M. Stancato, Stéphane Côté, Rodolfo Mendoza-Denton and Dacher Keltner, 'Higher Social Class Predicts Increased Unethical Behavior', *Proceedings of the National Academy of Sciences of the United States of America* 109 (2013), pp. 4086–91.

16. Richard Rodems and Fabian T. Pfeffer, 'Avoiding Material Hardship: The Buffer Function of Wealth', *Journal of European Social Policy* 31:5 (2021), pp. 517–32.

17. 런던의 포커스그룹 인터뷰에서 발견된 내용에 대한 분석은 다음을 참고하라. Katharina Hecht, Tania Burchardt and Abigail Davis, 'Richness, Insecurity and the Welfare State', *Journal of Social Policy* (2022), pp. 1–22. 불평등의 현실과 이에 대한 우려 사이의 역설에 대해서는 다음을 참고하라. J. J. B. Mijs, 'The Paradox of Inequality: Income Inequality and Belief in Meritocracy Go Hand in Hand', *Socio-Economic Review* 19:1 (2021), pp. 7–35.

18. Heath, 'The Benefits of Cooperation'; Rodems and Pfeffer, 'Avoiding Material Hardship'; and Collins, *Born on Third Base*, pp. xv–xvi.
19. Robert Skidelsky and Edward Skidelsky, *How Much is Enough? The Love of Money, and the Case for the Good Life* (London: Allen Lane, 2012). 서구의 정치, 경제 사상사에서 부의 제한주의를 주창한 이론가의 원형이라 할 수 있는 사상가들을 일별한 간략한 설명은 다음을 참고하라. Matthias Kramm and Ingrid Robeyns, 'Limits to Wealth in the History of Western Philosophy', *European Journal of Philosophy* 28 (2020), pp. 954–69.

10장. 우리 앞에 놓인 길

1. Carina Engelhardt and Andreas Wagner, 'What Do Germans Know About Income Inequality? A Survey Experiment', *Socio-Economic Review* 16:4 (2018), pp. 743–67.
2. Michael I. Norton and Dan Ariely, 'Building a Better America–One Wealth Quintile at a Time', *Perspectives on Psychological Science* 6:1 (2011), pp. 9–12. 사람들이 불평등의 정도를 어떻게 인식하고 있는지와 관련된 설문 결과는 마이클 노튼이 이메일로 알려주었다.
3. Sorapop Kiatpongsan and Michael Norton, 'How Much (More) Should CEOs Make? A Universal Desire for More Equal Pay', *Perspectives on Psychological Science* 9:6 (2014), pp. 587–93.
4. Chiara Cordelli, *The Privatized State* (Princeton, NJ: Princeton University Press, 2020).
5. Robert E. Goodin, *Protecting the Vulnerable: A Reanalysis of Our Social Responsibilities* (Chicago: Chicago University Press, 1985); Eva Kittay, *Love's Labor* (New York: Routledge, 1999); Daniel Engster, *The Heart of Justice: Care Ethics and Political Theory* (Oxford: Oxford University Press, 2007); Tom Malleson, 'Interdependency: The Fourth Existential Insult to Humanity', *Contemporary Political Theory* 17:2 (2017), pp. 160–86.
6. 기본소득 제안에 대해서는 다음을 참고하라. Philippe Van Parijs and Yannick Vanderborght, *Basic Income: A Radical Proposal for a Free Society and a Sane Economy* (Cambridge, MA: Harvard University Press, 2017); Ingrid Robeyns, 'Unconditional Basic Income: Why Would We (Not) Want to Have It?', *Ethical Annotation* #6 (Utrecht: Utrecht University, Ethics Institute, 2018), https://www.uu.nl/sites/default/files/EthicalAnnotation-6-Unconditional-basic-income.pdf. 자산 소유 민주주의는 다음을 참고하라. Martin O'Neill and Thad Williamson (eds), *Property-Owning Democracy: Rawls and Beyond* (London:

Wiley-Blackwell, 2012); Alan Thomas, *Republic of Equals: Predistribution and Property-Owning Democracy* (New York: Oxford University Press, 2017). 복지 국가를 자산 소유 민주주의에 대비해 옹호하는 주장은 다음을 참고하라. Christian Schemmel, 'Distributive and Relational Equality', *Politics, Philosophy and Economics* 11:2 (2011), pp. 123–48. 크리스티안 펠버Christian Felber의 아이디어는 그의 저술인 다음을 참고하라. *Change Everything: Creating an Economy for the Common Good* (London: Zed Books, 2015).

7. 탈성장과 대안적 경제 시스템에 대한 핵심적인 연구는 다음을 참고하라. Tim Jackson, *Prosperity Without Growth: Economics for a Finite Planet*, 제2판 (London: Routledge, 2016); Jason Hickel, *Less is More: How Degrowth Will Save the World* (London: Penguin Books, 2020). 도넛 경제학에 대해서는 다음을 참고하라. Kate Raworth, *Doughnut Economics* (London: Penguin Books, 2017). 웰빙 경제에 대한 이론틀은 다음을 참고하라. K. Trebeck, 'Building a Wellbeing Economy.' 다음에 수록됨. L. Macfarlane (ed.), *New Thinking for the British Economy* (London: Open Democracy, 2018), pp. 47–61; 웰빙경제연맹Wellbeing Economy Alliance: https://weall.org/.
8. 정치철학자의 중요한 역할 중 하나는 시민의 역량과 민주주의를 강화하는 종류의 잘 숙고된 사상과 분석을 공공 담론의 장에 제시하는 것이라는 주장은 다음을 참고하라. Avner de-Shalit, 'Political Philosophy and Empowering Citizens', *Political Studies* 52 (2004), pp. 802–18. 다음도 참고하라. Michael Walzer, 'Philosophy and Democracy', *Political Theory* 9:3 (1981), pp. 379–99; Rutger Claassen, 'Making Capability Lists: Philosophy versus Democracy', *Political Studies* 59 (2011), pp. 491–508.
9. 물론 신자유주의에 대해서는 논할 내용이 훨씬 더 많고 학술 문헌도 아주 많다. 다음을 참고하라. Damien Cahill, Melinda Cooper, Martijn Konings and David Primrose, *The SAGE Handbook of Neoliberalism* (London: Sage, 2018).
10. 나는 이것이 레이철 셔먼Rachel Sherman과 같은 사회학자들이 수행한 실증연구의 연장선이라고 생각한다. 셔먼의 저서 《불안한 거리Unseasy Street》 자체는 이런 결론을 직접적으로 내리고 있지는 않지만 말이다.
11. Debra Satz, 'In Defense of a Mandatory Public Service Requirement', *Royal Institute of Philosophy Supplement* 91 (2022), pp. 259–69.
12. Adam Smith, *The Wealth of Nations*, Book I (London: Penguin, 1999), pp. 167–71.
13. Serena Olsaretti, 'Freedom, Force and Choice: Against the Rights-Based Definition of Voluntariness', *Journal of Political Philosophy* 6:1 (1998), pp. 53–78; Matt Zwolinski, Benjamin Ferguson and Alan Wertheimer, 'Exploitation.' 다음에 수록됨. Edward N.

Zalta and Uri Nodelman (eds), Stanford Encyclopedia of Philosophy Archive (Winter 2022), https://plato.stanford.edu/archives/win2022/entries/exploitation; Christopher McCammon, 'Domination.' 다음에 수록됨. Edward N. Zalta (ed.), *Stanford Encyclopedia of Philosophy Archive* (Winter 2018), https://plato.stanford.edu/archives/win2018/entries/domination; Dorothea Gädeke, 'Who Should Fight Domination? Individual Responsibility and Structural Injustice', *Politics, Philosophy & Economics* 20:2 (2021), pp. 180–201.

14. Atkinson, *Inequality*, pp. 123–32. 다음도 참고하라. Elizabeth Anderson, *Private Government: How Employers Rule Our Lives (and Why We Don't Talk About It)* (Princeton, NJ: Princeton University Press, 2017); Roberto Frega, Lisa Herzog and Christian Neuhäuser, 'Workplace Democracy–The Recent Debate', *Philosophy Compass* 14:4 (2019), article no. e12574, pp. 1–11.
15. Peter Dietsch, *Catching Capital: The Ethics of Tax Competition* (New York: Oxford University Press, 2015); Peter Dietsch and Thomas Rixen (eds), *Global Tax Governance: What is Wrong with It and How to Fix It* (Colchester: ECPR Press, 2016).
16. '좋은 옷, 정당한 임금' 운동은 다음을 참고하라. https://www.goodclothesfairpay.eu/.
17. Fergus Green, 'Anti-Fossil Fuel Norms', *Climate Change* 150 (2018), pp. 103–16.
18. Sam Pizzigati, *The Case for a Maximum Wage* (London: Polity Press, 2018), pp. 115–17.
19. https://www.oecd.org/tax/ international-community-strikes-a-ground-breaking-tax-deal-for-the-digital-age.htm. 추가적인 논의는 다음을 참고하라. Tove Maria Ryding and Alex Voorhoeve, 'Is the Organisation for Economic Co-operation and Development's 2021 Tax Deal Fair?', *LSE Public Policy Review* 2:4 (2022), pp. 1–11, https://ppr.lse.ac.uk/articles/10.31389/lseppr.72/.
20. https://www.rijksoverheid.nl/documenten/rapporten/2022/07/08/ibo-vermogensverdeling-5-juli-2022.
21. Facundo Alvaredo, Lucas Chancel, Thomas Piketty, Emmanuel Saez and Gabriel Zucman, *World Inequality Report* 2018 (Paris: World Inequality Lab, 2018), pp. 257–60.
22. 다음의 제안들을 참고하라. Bruce Ackermann and Anne Alstott, *The Stakeholder Society* (New Haven, CT: Yale University Press, 1999); Stuart White, *The Civic Minimum: On the Rights and Obligations of Economic Citizenship* (Oxford: Oxford University Press, 2003); Miranda Perry Fleischer, 'Divide and Conquer: Using an Accessions Tax to Combat Dynastic Wealth Transfers', *Boston College Law Review* 57:3 (2016), pp. 913–46; Atkinson,

Inequality, pp. 192–6; Piketty, *A Brief History of Equality*, pp. 137–8, 159–66.

23. Mill, *Principles of Political Economy.* 하지만 상속에 대한 밀의 제안에 대해서는 다른 해석도 존재한다. 다음을 참고하라. Cornelius Cappellen and Jørgen Pedersen, 'Just Wealth Transfer Taxation: Defending John Stuart Mill's Scheme', *Politics, Philosophy & Economics* 17:3 (2018), pp. 317–35.
24. Ackermann and Alstott, The Stakeholder Society; White, *The Civic Minimum.*
25. Juliana Bidadanure, *Justice Across Ages: Treating Young and Old as Equals* (Oxford: Oxford University Press, 2021).
26. 상속세(용도 지정 없는 상속세)에 대한 저항은 다음을 참고하라. Jens Beckert, 'Why is the Estate Tax so Controversial?', *Society* 45 (2008), pp. 521–8; Rajiv Prabhakar, 'Why Do the Public Oppose Inheritance Taxes?' 다음에 수록됨. H. P. Gaisbauer, G. Schweiger and C. Sedmak (eds), *Philosophical Explorations of Justice and Taxation* (Cham: Springer, 2015), pp. 151–66. 상속과 상속세에 대한 상세한 철학적 분석은 다음을 참고하라. Daniel Halliday, *The Inheritance of Wealth: Justice, Equality, and the Right to Bequeath* (Oxford: Oxford University Press, 2018).

찾아보기

ㄱ

ㄴ

ㄷ

ㄹ

ㅁ

ㅇ

ㅈ

ㅊ

ㅋ

ㅌ

ㅍ

ㅎ

부의 제한선

초판 1쇄 인쇄 2024년 10월 25일
초판 1쇄 발행 2024년 11월 10일

지은이 잉그리드 로베인스
옮긴이 김승진

펴낸이 오세인 | **펴낸곳** 세종서적(주)

주간 정소연
편집 이상희 | **표지디자인** co*kkiri | **본문디자인** 김진희
마케팅 조소영 | **경영지원** 홍성우
인쇄 탑 프린팅 | **종이** 화인페이퍼

출판등록 1992년 3월 4일 제4-172호
주소 서울시 광진구 천호대로132길 15, 세종 SMS 빌딩 3층
전화 (02)775-7012 | 마케팅 (02)775-7011 | 팩스 (02)319-9014

홈페이지 www.sejongbooks.co.kr | 네이버 포스트 post.naver.com/sejongbooks
페이스북 www.facebook.com/sejongbooks | 원고 모집 sejong.edit@gmail.com

ISBN 978-89-8407-544-3 (03330)

· 잘못 만들어진 책은 구입하신 곳에서 바꾸어 드립니다.
· 값은 뒤표지에 있습니다.

중산층 해체와 엘리트 파멸을 가속하는 능력 위주 사회의 함정

엘리트 세습

대니얼 마코비츠 지음 ‖ 서정아 옮김 ‖ 원제 : The Meritocracy Trap

중산층의 기회는 사라지고, 엘리트는 자기착취로 우울한
능력주의 시대의 함정을 예리하게 포착

예일대 법대 교수 대니얼 마코비츠의 20년 역작!

마코비츠 교수는 자신이 마주해온 미국 엘리트 사회가 어떻게 변해왔는지, 그 변화가 미국 사회를 어떻게 바꾸었는지 탁월하게 추적한다. 능력주의는 결국 현대판 귀족 사회, 즉 엘리트 신분제를 양산하기 시작했다. 과거의 귀족은 땅과 재산을 물려받았다면, 현대의 엘리트는 값비싼 교육을 통해 '인적자본'으로 대물림된다. 축적된 능력 그 자체가 공정하지 않다는 것이다. 저자는 대표적인 능력주의 사회로 한국을 지목하기도 한다. 오늘날 엘리트는 일생을 전력투구해서 인적자본을 쌓고 '멋진 일자리'를 얻은 뒤에도 자신의 재능을 끊임없이 입증하다가 탈진한다. 능력주의의 허구를 낱낱이 파헤치는 《엘리트 세습》은 능력주의의 두 중심축인 엘리트 교육과 엘리트 위주 일자리의 가속에 가해야 할 대안 역시 제시하고 있다.